# みんなで戦争——銃後美談と動員のフォークロア

目次

# 第1部　銃後美談とは何か

# 第2部　銃後美談が動員する社会

装画――寺内万次郎絵「ニイサン　バンザイ」
（出典：『支那事変大勝記念号』〔「講談社の絵本」第五十巻〕、大日本雄弁会講談社、一九三八年）
装丁――神田昇和

# 凡例

［1］引用文中の旧字体の漢字は人名を除いて新字体に改め、原則として現代仮名遣いに改めた。

［2］銃後美談の引用文中、原典では実名表記になっているものを原則として仮名にした。ただし、第3章「増殖する銃後美談」の「山内中尉の母」の美談は、当時人口に膾炙してほぼ伝説化していたと見なしうることから、仮名にしなかった。第6章「妻そして母たちの銃後」の『軍国の母の姿』からの引用は、タイトルと人物名が分かちがたく結び付いていること、ならびに一定の質をもった当時の生活史的記録であることから仮名にしなかった。同章の『日本の母』からの引用は文学者の作品と見なして、仮名にしなかった。

［3］引用文中、引用者による注記などは〔　〕で示した。引用文の一部省略は（略）と示した。

［4］引用文中に、現在では不適切とする表現が存在するが、正確性を期すために、時代を示す史・資料として削除や言い換えなどの改変をおこなわなかった。

# はしがき

照明を消した電車内は昼間にもかかわらずやけに暗く、またそのせいだけではなかったと思うが、沈鬱だったのを覚えている。

二〇一一年三月、東日本大震災と名付けられた地震によって東京電力福島第一原子力発電所の事故が発生し、東京で暮らす私たちは、自分たちの生活が福島の負担と危険の上に成り立っていたという現実を突き付けられ、これまでいかに無自覚に電気をむさぼってきたかを思い知らされていた。昼間の電車が車内灯を消していたのも、そんな現実の現れの一つだった。

あのとき私は、ちょうど三月の末をもってそれまで二十年弱単身赴任で勤めてきた北九州での職を辞して、東京に戻る支度のために九州と東京を何度か往復していた。そして東京の自宅で書棚を整理しているときに、あの地震がきた。積んだ本がドサドサと塊になって落ちてきて、それまで経験したことがない揺れに、子どもの頃からいつかくると言われ続けてきた巨大直下型地震がついにきたのだと思った。しかし本当に大変なことになっていたのは、東京ではなく、東北だった。

そのときから、東京でも異様な日々が続いた。テレビからは企業コマーシャルが一切消えて、公共広告機構のおせっかいなメッセージ広告の繰り返しになり、新聞も震災関連の記事ばかりになった。ある種の自粛の雰囲気が蔓延する一方で、激励と鼓舞の言葉が日常を覆っていった。

あれから私は、東北を訪れていない。そこに行く人にはそれぞれの必然があり、そこに向かった多くの人たちがいたことを知っている。しかし私には、そこに行かなければならない理由はなく、何かをしようと行ってみたところで、何の心得も備えもない私は、まちがいなく無責任な物見遊山の客という以上の存在にはならないだろうという確信があった。だから、動かずにいた。もちろん、仲間内には、そこに長年調査に通い続けてきた場所があるとか、かつての勤め先があるなどといった抜き差しならない立場や関係性、そして思いを抱えて、そこに赴いた者たちが何人もいた。

こう書いていても、どこか言い訳がましく、そのこと自体がすでに、自分が何かにとらわれていることを表しているように思う。

そのうち、いくつかの大学が学生を募って被災地のボランティアとして派遣しているという話を耳にした。確かに、そこに行けば誰もがそれぞれなしうることがあり、学生にとっても貴重な経験になる可能性があることは、否定はしない。しかし、それに参加することで、何か単位認定につながるような仕組みとセットになっているのだろうか、教員が募集し引率していくのだろうか……などの詳しい事情はわからなかったが、大学という制度のなかでいわば学生の生殺与奪の権利をもった教員がそれを主導しているのだとしたら、それは単なる「動員」でしかないのではないか、と深い疑念をもたざるをえなかった。確かに、未曾有の災害だったことはまちがいなく、おそらく現場ではそうした「動員」の危うさを十分に認識しながら工夫している教員がいるだろうことも想像できる。しかし、それならなおさらそれは巧妙な「動員」ではないのか、この学校単位のボランティアにはいまだに違和感がある。

しかし当時は、そんなことを表明するのもどこか後ろめたくなるような空気を感じていた。

そんななかで私は、日中戦争期の銃後の美談集を読み始めた。二十年近く前に一度集中して読み、銃後の美談を素材に、戦時下の日常がどのように語られたかを検討する試論を書いて以来、集め続けてきていた銃後の美談集をあらためて読み直しはじめたのである。

それは、震災後の空気にはどこか既視感があり、その感覚をたどっていくと、日中戦争期の銃後の美談を読んだときの感覚に至ったからだ。「非常時」という言葉にすべてが収斂することが当たり前になっていく感覚、とでもいったらいいだろうか。

日中戦争が勃発した一九三七年七月以降は、銃後美談を集めた出版物が目に見えて増えていった。兵士たちが戦う前線に対して、銃後という戦場の後方にある日常生活の場で、私たちがいかに献身的に時代の状況に前向きに関わろうとしたかを語る物語の群れである。「美談」など、単なるプロパガンダの道具であり虚構にすぎず、そんなものは私たちのありようの真の姿をゆがめたものだから、真面目に向き合う必要などない、という考え方もあるだろう。

しかし、二十年弱前に私が銃後美談の数々にふれたとき、「赤誠」や「献身」「愛国」といった決まり文句で飾られた戦争に対する積極的な姿勢を語る物言いの向こうに、いたたまれなさや、追い詰められていくような閉塞感、そして切なさをひしひしと感じたことが印象に残っていた。その、いたたまれなさや切なさが、三・一一後の空気に対する既視感と重なったように思う。

もちろん、このように戦争と自然災害を一緒にすることには批判もあるだろう。

しかし、日本の近代の歴史は、災害と戦時体制の構築が連続していたことを示している。一九二三年九月に起きた関東大震災とそれに続く大火災で焼け野原となった帝都・東京の光景に、当時の陸軍は、来るべき戦災の光景を重ね合わせて見ていた。その直前まで欧州で展開していた第一次世界大戦では、飛行機をはじめとする近代兵器が使われ、国力を競う国家総力戦という新たな戦争の形態が現れていたことに、日本の陸軍は深い関心を寄せていたのである。関東大震災の約二カ月後の新聞は、「飛行機一台で容易に／破壊される我が帝都／空の防衛に気をもんで／陸軍が頻りに献策」(1)という記事を掲載し、災害を戦争のシミュレーションとして考えようとしている陸軍の動きが感じられる。

そしてさらにその年末に、「空中攻撃を受けると／大震災の比ではない／山の手まで全滅する／飛行大尉 渡辺広太郎」(2)という、来たるべき戦争の恐怖をあおるような啓蒙的な記事を掲載している。明らかに、震災を契機に、総力戦という新たな戦争を遂行するために国の形を整えていこうとする動きが進んでいるのが感じられる。

また、東京府は十七人の小学校教師に関東大震災後の十月から十二月にかけて焼け跡で「美績調査」をさせ、震災後一周年の一九二四年九月に東京府編『大正震災美績』という七百七十四ページにのぼる美談集を発行している。同書の「凡例」には、この「調査の基準」を八項目挙げている。「職務及び責任観念」「危機に際して現わされたる美しき情操」「冷静沈着」「社会公共の為に尽瘁」「隣保共助」「報恩感謝」「訓練されたる団体の力」「平素の周到なる用意」などがそのキーワードだった。こうした基準にしたがって、災害に直面した人たちの「美績」（すなわち立派なおこない）を集めた本を編纂したのである。

それから十三年後、日中戦争の時代に展開した国民精神総動員運動では、内閣情報部『国民精神総動員実施概要』第一輯（内閣情報部、一九三八年）によれば、「皇軍兵士」に対する「報恩感謝」、自らの持ち場で責任を果たす「勤労報国」、流言に惑わされない「冷静沈着」な「心構え」、そして何より近隣の関係性を基礎とした「隣保共助」が重視された。この『大正震災美績』が国民精神総動員運動と直接結び付くわけではないが、それは結果的に戦争の時代の「緩急時」すなわち非常時のあり方を先取りすることになり、非常事態のもとでの理想的振る舞いを示すものになった。

災害と戦争は、「非常時」という概念を媒介にして通底している。

一九三七年七月に始まる日中戦争の時期は、それまでにない大きな戦争に日本が関わり始め、応召して戦地に赴く男性たちが増加していくものの、震災のあとに飛行大尉が新聞で述べていた「空中攻撃を受けると大震災の比ではない」というような空襲はまだなく、日常生活の仕組みそのものが破綻するような状況ではなかった。銃後の美談は、そうしたなかで当時の国民が前傾姿勢で戦争という非常時に関わっていったありさまを映し出しているのではないか、と考えている。

本書では、日中戦争期の銃後の美談をことさらに「分析」するのではなく、私自身が感じた、いたたまれなさや、追い詰められていく感覚の恐ろしさ、そして切なさが浮かび上がるように語り直していきたい。

注

（1）「東京日日新聞」一九二三年十一月一日付

（2）「東京日日新聞」一九二三年十二月二十六日付

# 序章　美談の読み方——からみつくつながりと銃後

## 1　「銃後美談」へ

本書でこれから取り上げるのは、「銃後」と呼ばれていた戦時下の暮らしを背景にしたこんな話の数々である。

　足立区河原町でタイル商を営む長田太一さんの長男正一ちゃん（六歳）は去る九日午前、家の近くで遊んでいた時に、現金二十五円を拾ったので、直ぐ交番へ届けておいたところ、落とし主が判明、千住署署員立会の上でその報労金三円也を貰って大喜び、日頃、兵隊さんが大好きな正一ちゃんは、そのお金でお母さんに軍帽をねだってみた。するとお母さんは、二十六歳の若いお母さんであったが、しっかりした心根の人なので、正一ちゃんに、支那で戦っている兵隊の偉い話や、ご苦労な話をして、このお金を、戦地の兵隊さんに贈りましょうねと説いた。

　正一ちゃんは、直ちに賛成、お母さんに連れられて区役所の兵事係を訪れ、片言交じりに、「兵隊ちゃんにあげるんだ」と、その三円入りの封筒を差し出した。係員の感激は如何ばかりであったろう。係員は、

「御ほうびですよ」と、日の丸の小旗を進呈すれば、正一ちゃんは大喜び、廻らぬ舌で軍歌を歌いながら、旗をふりふりお家へ引き揚げていった。(1)

これは、日中戦争下の一九三九年十月に発行された『支那事変恤兵美談集』第一輯に収められているエピソードの一つだ。同書は、盧溝橋事件勃発直後の三七年七月十一日から九月十一日までの二カ月間に、戦時下の「銃後」の庶民が陸軍に対しておこなった献金や寄付などのエピソードを時系列順にまとめている。この美談集は、このあと「第三輯」まで発行されたことがわかっている。

この六歳の男の子のエピソードは、日中戦争が始まった一週間後の七月十四日の出来事とされている。同じ日のエピソードとしてこのほかに収録されているのは、陸軍省に持ち込まれた一日の恤兵金（将兵の慰問や援護に使われる献金）が、東京日日新聞社の十万円という大口献金を含めて総計十五万円に達するという話、「女給さん」十五人が銀座の街頭で街行く女性たちに千人針を依頼しているという話、「杖を曳き曳き」三宅坂の陸軍省を訪れた七十七歳の女性が五円を献金したという話などだった。

「銃後」とは、もともとは、小銃を構える兵士そのものを意味する言葉として使われていたものが、ちょうど一九三一年に満洲事変が始まったころから、戦闘がおこなわれている前線に対して、直接は戦闘に参加はしないがその背後で前線を支援する立場を意味するようになり、日中戦争期前後には、戦争を支える国民の日常生活全域を意味するものとして使われるようになったという。(2)「銃後」は、兵士を戦地に送り出し、応援し、また残された兵士たちの家族を「後援」することを期待された戦時下の人々のありようを語る言葉として盛んに使われるようになっていく。

また「美談」とは、その時代や社会の状況のなかで称賛される言動に関する「話」であり、受け手が心を動かし、その内容に自ら感動することを前提にした言説である。しばしば、私たちはこのような「美談」言説を、ことさらに粉飾と演出を施したプロパガンダのためのフィクションに近いものと見なそうとする。特に、戦争に関わる美談は、そのように捉えられがちでもある。

しかし、「美談」という言葉が担っていた意味は、今日の私たちが考えるような単なるプロパガンダというものとは少し異なっているのではないだろうか。明治期以降、「美談」という言葉を冠したおびただしい数の出版物を縦覧すると、「美談」とは、近代的歴史学が管理してきた「歴史」とは別次元の歴史語りの実践のなかで、受け手が一つの規範として受け取ることを前提に過去の事績を語る際に使われた「歴史」を指示する概念なのではないか、と考えられるのである。

ところが、こうした戦時下の銃後「美談」に対して、現在の私たちは、それは建前の「話」であり、本当はそうではなかった、という受け取り方をしようとする。確かに、戦争の時代のただなかで称賛されることを前提として語られた美談を距離をもって捉えようとすることは重要である。しかし一方で、そうした態度によって、現在の価値観に基づいて、建前と本音、または理想と現実という二項対立の枠組みを当てはめて、美談を捉えることになってしまう危うさもある。

冒頭で紹介したエピソードにしても、軍帽がほしいといった子どもの欲望を「兵隊さん」への献金へと誘導した母は、当時の軍国教育のせいでそういう振る舞いをするように仕向けられていたのだとか、または当時の新聞などが軍事献金をあおっていたからだとか、または、どうせ美談なのだからこんな母親は存在しないにちがいない、といった解釈まで出るかもしれない。

そうした捉え方をしてしまうのは、現在の私たちから見ると、そこに描かれた過去の人々の戦争に対する前のめりの姿勢が、どこかできすぎていて不気味に感じられるからなのかもしれない。そのような感覚の背景には、歴史の遠近法の難しさが横たわっている。みんな本音では戦争に反対だったが、いやいやながらに時代を生きていかざるをえなかったのだ、というイメージは、実は現在の私たちの願望の投影でしかないのかもしれない、ということも考えておく必要がある。

そもそも、六歳の子どもが三円を献金したことが、なぜこのようにことさらに記録されているのだろうか。そんな素朴な疑問も、これを単なるプロパガンダのフィクションと見てしまえば歴史の片隅に埋もれてしまいかねないだろう。

## 2　銃後美談との向き合い方

戦時下に出版された美談集は、読み手である現在の私たちが想像力をめぐらす前に、すでに想像力によって何重にも媒介されている。そういう意味では、現在の私たちの想像力だけが特権的に中立かつ客観的であるわけではない。つまり、私たちもまたその想像力の連鎖の末端にあるにすぎない。

それをふまえたうえで、過去の美談と私たちがどう向き合うことができるか、もう一度問う必要があるだろう。はなから、国民を扇動するために、時代の理想像として脚色された単なるフィクションとしてしか捉えないのであれば、美談は、ただそれだけのものでしかなくなる。本書では、美談もまた、私たちの問いかけと想像力次第で一定のリアルな事実を語りかけてくる記録になりえるのではないか、という立場をとりたい。

戦争が終わってすでに七十年以上がたつが、その間、戦後の日本では先の大戦の記憶と記録が数多く語られ続けてきた。その語られ方と受け止められ方は、七十年の間で決して一様ではない。敗戦という経験を引きずった、ひどく疲弊した深い喪失感を背景にした文脈、一九九〇年代以降の「加害者」としての「日本国民」と国家を問いただす姿勢を背景にした文脈、そして昨今の時計の針を戻すかのように近代国家「日本」という自意識を積極的に前景化するような文脈など、それぞれの文脈が入り交じりながら、託された記憶と記録が意味づけられてきた(3)。

しかし、戦後の日本で語られ続けてきた記憶に、なぜわれわれは戦争へと向かってしまったのか、と問いかけても、少なくとも私自身は十分な説明を得ることができないままであり、そこにいまだ明確に語られてはいない空白部分があると感じてしまう。軍部のあり方も含む政治、そして国民を導く教育やマスメディアの責任という議論だけでは釈然とせず、当時を生きていた人々が戦争という時代状況にどのように関わっていったのか、それが十分には見えてこない。

そうした記憶・記録への問いかけのなかで出合ったのが、戦中に「事実」としておびただしい数の逸話が収集され、活字をはじめとする大衆文化的なメディアを通して幅広く流布していながら、戦後は、ほとんどまともに扱われずにいる銃後の美談の群れである。

かつてはみんなが共有すべき「事実」として喧伝された美談は戦後の歴史のなかで忘れ去られ、いまでは、作りもののグロテスクな「お話」として扱われてしまっている。しかし、そうしたグロテスクな印象は、美談そのものの性質というより、美談が語られた時代と私たちの「いま、ここ」との距離の問題として考えることもできる。戦時下の総動員体制を、当時の庶民の主体的な同調という視点で問うた長浜功は、「美談というものは決まって権力の側が作りあげる」としながら、「実際のところ美談そのものは作り話ではなく実話である」と指摘している。そして、「爪に灯を点すようにして一身を国家の為に敢然と犠牲にし、奉公の誠を尽すのである。この場合その主人公は大抵が貧しい生活者であり、誠意と善意の人であって、このことが美談の民衆性を獲得する所以となる(4)」という。

長浜が、美談を「実話」と位置づけていることに着目しておきたい。決して豊かではない生活者が、国家のために一身を犠牲にして奉公の誠を尽くす、という筋は、確かに多くの銃後の美談に当てはまる一つの話型といってもいいだろう。それは選択され語られた「事実」の形である。

長浜は、美談は「権力」の側の要請で語られるものではあるが、同時に、庶民の側も「誠意と善意を権力に真理として求めていく」傾向があり、結局「悪意でもなく、よかれとしたことが自分たちの首を締めるという歴史」が美談なのであり、結果として庶民自身を苦しめることになったのだという。長浜がいう「権力」を、ここでは政府や軍部など特定の主体ではなく、私たちの日常にはたらくもっと可視化しにくい「力」の作用として考えておきたい。さらにいえば、私たち自身もまたそれを作り出し再生産する側にいる、それは「空気」としか呼ぶことができないような力である。

その「空気」が私たちを拘束するとともに、私たち自身がその「空気」を作り出してもいる。そうした「空気」が結果的に「自分たちの首を締める」ことになる過程を、本書では銃後の美談を通して読み取っていきたい。

## 3　「日中戦争期」という状況

この「空気」の内実についてもう少し別の説明をするなら、私たちの日常での直接的な人との関わりのなかで、まわりの人々が一定の方向に向かって前のめりになっている状況を、自らも受け入れて同じ態度をとるようになっていくような関係性のありよう、ということになるだろうか。本書では、その「空気」を、一九三七年七月七日に盧溝橋事件を契機に勃発した日中戦争期に的を絞って検討する[5]。

一九三一年九月十八日の柳条湖事件を契機に、「満洲事変」「第一次上海事変」から四五年九月二日の降伏文書調印までの約十五年にわたって戦争状況が続いた日本の戦争は、今日では「十五年戦争」と名付けることがある。自ら戦争へと踏み出し、破局で幕を閉じるというひと続きの過程を言い表すのに適した呼称といえる。そして、その十五年は、おおまかに区分すると、三一年からの「満洲・上海事変」の時代、三七年七月の盧溝橋事件から本格化する「日中戦争」の時代、そして、四一年十二月から、太平洋地域に拡大してアメリカ・イギリスとも開戦するに至る「大東亜戦争」の時代の三つの時期に分けることができる。おそらく、実際に戦争を経験していた人々にとってこの三つの時期はそれぞれ質が異なる戦争だったのではないだろうか。

「玉砕」や特攻隊、本土空襲、沖縄戦、そして広島・長崎の原爆など、戦後の日本人の戦争観を強く規定するとともに、戦後の「日本／人」というアイデンティティを構成する要素ともいえる戦争の経験が集中しているのが、第三段階の「大東亜戦争」である。戦争でひどく痛めつけられたという被害者としての戦争観は、そこから生み出されたといっていいだろう。今日、「先の戦争」といって私たちが想起するのは、主にこの戦争である。

また、第一段階の「満洲・上海事変」の時期には、当時の人々は、大きな戦争を遂行しているという実感は、それほどもっていなかったのではないだろうか。動員された兵員の数も、現役兵が中心で約三十万人ぐらいだった。農村地帯は、恐慌のあおりを受けてどん底の経済状態にある一方で、都市部の人々は、華やかなモダン文化とも言われる現代的な消費中心の生活を謳歌していたのである。

一九三七年七月から、当初「北支事変」と呼ばれ戦線の拡大とともに「支那事変」と呼ばれるようになった第二段階の戦争「日中戦争」が本格化する。本書がこの日中戦争期に着目するのは、まずこの戦争で日本は明確に国家総力戦を遂行する体制を整えていくからだ。戦争に駆り出される兵士の数も百万に近づき、人々は満洲事変とは比べようもないくらい大きな戦争が始まりつつあることを実感し始めていたはずだ。三七年十月に縦割りの省庁を横断して総力戦を遂行する要になる企画院が、それまでの企画庁と資源庁を統合して設置された。さらに同月、「尽忠報国」「挙国一致」「堅忍不抜」などの標語を掲げて結成した国民精神総動員中央聯盟と、同聯盟が中心となって推進した国民精神総動員運動は、「国民」の意思を戦争に動員しようとしたものだったといえる。翌年四月には、国家総動員法が公布され、物資、人員そして情報（モノ、ヒト、コトバ）を戦争遂行に向けて国家が動員していく法的根拠が整う。ここに、三八年一月に設けられた、国民の体育衛生と総力戦下の援護など福祉を管理・統括する厚生省も、総力戦のために設置された機関として加えていいだろう。十五年戦争期の第二段階の日中戦争になって、こうした総力戦の体制が整えられていった。

この時期、百万近い兵員の動員がおこなわれていて、身近な家族や隣人が応召し、また戦死するなどの経験が増えていっただろうことは確かだが、その一方で、この段階ではまだ本土に空襲があったわけではなかった。都会では、まだモダニズムの消費生活が活況を呈していたのである。

戦後になって語られるようになる戦争体験で、南京事件をはじめとする中国大陸での日本軍の暴虐など、アジアに対する加害者としての戦争体験が問われるときには、この日中戦争が語られることになる。しかし、その国家総力戦の体制が整えられていった日中戦争期の「銃後」の人々のありようは、それほど多く語られることはない。本書は、そうした戦争に向けてモノ、ヒト、コトバが、一つの方向性を与えられていこうとしていた動員の時代の「銃後」の暮らしの一つのありようを描く。

日本がほとんど大きな損害を被らずに戦勝国になることができた第一次世界大戦は、実は、飛行機や潜水艦、戦車などの新たな近代兵器と大規模な兵力を投入しなければならない国家の総力をかけた新たな形の戦争だった。その第一次世界大戦のヨーロッパでの戦場の状況を、日本の陸軍は、関東大震災の経験に重ね合わせて見ようとしていた。一九二三年の関東大震災がもたらした焦土に、陸軍は、新たな戦争のカタストロフを重ね合わせ、自然災害への対応に、来るべき戦争で生じる空襲災害への対応を一体化させ、「動員」の体制づくりを進め、地域の共同体の再編などをおこなっていったのである。[6]

特に、総力戦では人員と物資だけでなく、国民の意思を戦争に向けて動員すべく、心構えや精神が盛んに語られることになる。日本でそうした動員の体制が制度として具体化されていくのが、一九三七年七月の日中戦争以降だった。

## 4　「動員」と銃後美談の読み方

「動員」は、制度が整えば可能になるのだろうか。動員を意味する英語 mobilization は動詞 mobilize から派生しているが、これは、十九世紀初頭のフランス語 mobiliser に基づいており、「動きやすい」という意味の mobil に「～にする」という～ ize を接合した単語である。つまり、動きやすい状態にする、ということであり、それは無理やり動かすという意味ではない。

つまり、動員には、状況に対する自発的な姿勢が求められるのである。その意味では、「動員」は、むしろ自発性を含意した言葉であり、今日私たちになじみがあるボランティアという言葉に近い意味として捉えたほうがいいだろう。(7)

ここでは、その自発性は、ある時代的状況に置かれた人々のつながりのなかで醸成される「空気」とでもいうべきもののなかに現れると、とりあえずは考えておきたい。ある空気のなかで、私たちが一つの方向に向けて言葉を発し、また行動し始める。その空気のなかで、私たちは「その気になって」前傾姿勢になるのではないか。そうした私たちの〝その気になった〟言葉や振る舞いが、さらに「空気」を生み出し補強していく。本書では、そうした「空気」のありようを探るための素材として、銃後美談に着目する。

では、そうした約八十年前の戦時下の日常を語る銃後美談に、現在の私たちは、具体的にどのように向き合えばいいのだろうか。

一つは、美談が、いかに出来事を都合よく歪曲もしくは捏造しているかを暴露していくという読み方がある。「美談」が作り出される過程と背景を、当事者の記憶なども含めて掘り起こしていくことは、今後は史・資料が消滅して当事者がいなくなっていくことを考えると次第に難しくなることが予想されるが、その作業は「美化」というカラクリを解き明かしていって、時代の理念や理想を喧伝しようとした美談を脱神話化していくことになり、その効力は大きい。山中恒『戦中教育の裏窓――子どもが〈少国民〉といわれたころ』(朝日新聞社、一九七九年)は、かつて戦時下に子ども時代を過ごして美談の主人公になった人たちを訪ね歩き、その美談として語られた当事者の記憶を掘り起こしている。例えば、「欲しがりません、勝つまでは」という標語はあまりに有名だが、この標語は一般からの公募に入選したもので、作者の少女は当時非常にもてはやされた。しかし彼女は山中に対し、標語を作って応募したのは実は父だったと告白し、その事実を背負いながら生きた自らの人生を語っている。そうした当事者の記憶から美談を相対化していくことも、歴史の彼方にある美談と現在を切り結ぶ重要な読み方であることはまちがいない。

ただ、この方法は、次第に当事者がいなくなっていくという現状をふまえた場合に、限界があるといわざるをえない。そのとき、美談そのものとどう向き合い、それをどう読むかについてさらなる問いを発しなければ、美談はすべて意味のない「紙屑」になってしまうにちがいない。

また、こうした「美談」の背景に隠された事実を暴露する読み方は、「美談」はやはり虚構にすぎないという結論に落ち着き、「美談」がある種の「事実」として何らかのリアリティを担っていたこと自体が、歴史の彼方に置き去りにされる危うさもある。本書では、単に美談を相対化する読み方ではなく、当時、「事実」として語られた話そのものに向き合う読み方を試みたい。

そこでまず、美談の内容そのものにふれる前に、美談が活字化され美談集という「モノ」として形を与えられたこと自体に着目する。

このモノとしての美談集という視点については、歴史社会学者・佐藤健二がおこなった、一九二〇年の第一回国勢調査の際に集められた「美談逸話」の分析が参考になる。[8]佐藤は、「データとしてのテクストの分析においては、いわゆる内容分析だけでなく、「内容」を支えている資料の存在形態、すなわち「形式」ともいうべき事実の付置連関の把握もたいへん重要」だと指摘する。そしてまず第一回国勢調査の調査員に関する「美談逸話」がどのようなかたちで編まれたかを問う。第一回国勢調査が完了したあとで恒次九水編『日本国勢調査記念録』（全三巻、日本国勢調査記念出版協会、一九二二年。以下、『記念録』と略記）が編纂された。これは三巻本で、第三巻は各県別の編集になっていて、国勢調査の調査員を顔写真付きで紹介した記事などを掲載していた。「美談逸話」は全国共通部分の第二巻に掲載されていた。それはこの一大国家プロジェクトに関わった調査員たちを主人公にした「美談」だった。佐藤は、この『記念録』自体から、この第一回国勢調査という国家プロジェクトのありようを問い、そのなかで調査員がどのような位相に置かれたのかを探り、彼らの調査票を携えた調査そのもののありようを明らかにしていく。そのうえで、調査に動員された調査員たちをめぐる「美談逸話」が語る内容の分析を展開する。「美談逸話」が収録された『記念録』という素材そのものを問題化し、国勢調査という国家による一つの動員のプロジェクトのありようを問うたうえで、そこに編集された美談テクストを位置づけているのである。

具体的なモノとしての形を与えられた美談の「資料としての存在形態」を問う佐藤のこうした視点は、日中戦争期に多様な組織によって編纂されることになる銃後美談集についても有効だろう。本書の第1部「銃後美談とは何か」は主に、銃後美談のテクストがどのような形を与えられて私たちの前に現れたのかを中心に論じている。

次に、銃後の美談の内容を読み解いていく際のある視点についてふれておきたい。具体的な銃後の美談の例を一つ挙げて見ていこう。ここに示すのは、「浜の人びとの義心」と題され、日中戦争が始まっておよそ八カ月後、当時の代表的大衆雑誌「キング」の一九三八年三月号の付録「支那事変忠勇談・感激談」に収録された話である。そこには、戦時下に苦境に立たされたある家族を取り巻く近隣の人々の振る舞いと、それに応えるように奮闘する家族が描かれている。

鳥取市の漁夫、森本市之助さん（五八）の一人息子英雄君は、今事変に逸早く応召し、長野部隊に属し、暴支膺懲の第一線に立っているが、家庭には老いた病弱の両親と、懐妊の妻女があり、家計は豊かでなく、その日その日の生活にさへ困るやうになった。付近の人々は、軍事扶助を願い出てはと、家族の人達にすすめるのであるが、市之助さんは、

「親一人子一人というやうな家庭で、倅が出征して、親を養ふ者がないというなら軍事扶助を願い出てもいいが、私のような家庭が、そんなことをお願いしては、お国に相済まぬし、また倅に対しても申し訳がないから、このことだけはお断りいたします。」

と、いってどうしても聞かないので、これを聞いた同港太陽丸乗組員一同は、市之助さんの意気に非常に感激し、当時市之助さんは病気で、漁労に従事していないが、今後出漁毎に配当金の一人前の半額を出し合い、この一家の面倒を見てやらなければ銃後を護る自分達の責任が相済まぬと、衆口一致最初の慰問金たる分け

前を市之助さん一家に持参した。すると市之助さん「折角のお志は有難いが、私たち一家は皆様と一緒に仕事をしていないのだからそんなお金は尚更ら頂く訳には行きません、お志だけ頂戴します。」と、云っててんで受けようとはしないので、組合側ではますます市之助さん一家の態度に感心し、どうしてもこの金を受取って貰はなければ自分達の義務が果たせぬからと再三同家に赴き、強いて受取ってくれるようにと云ったので、市之助さん一家も折角これまでに親切にしてくれる皆のお志に反してはならないと、快くその金を受取った。

しかし律儀な市之助さんは無報酬で組合から配当金をもらうことを潔しとせず、痂気で臥床していた身を無理矢理に引き起こし、腰の痛みにも屈しないで、その後は太陽丸の漁具の整頓、修理等をして間接に漁業の手助けをしているので、病弱な妻女のヒデさん（五九）も坐して食うに忍びないとてこの寒さも厭はず毎日のように遠い所まで魚行商に出かけている。

一方病弱な両親のこの有様を見た英雄君の妻女光子さん（二二）は、「私もおめおめと遊んでいることは出来ない。」と、妊娠で不自由な身であるにも拘わらず、製糸女工となり、隣村の製糸工場に雪吹き荒ぶ暁を蹴って通い、一生懸命に働いている。

このように一家三人が一体となって健気に働き戦線の英雄君を激励してこそ英雄君も何等後顧の憂いもなく思う存分活躍ができる訳で、出征兵を家庭から出しているのをいい口実として、ややもすれば他人の同情を求め坐して食おうとする不心得者もある中に、この市之助さん一家の涙ぐましい生活戦闘ぶりは、地方民の感激の的となっている。(9)

この話は、読む者にいたたまれなさを感じさせる。ある漁師の一家が、稼ぎ手の息子を戦地に送り出し、あとには身体に不調を抱える父母と身重の妻の三人が残された。たちまち暮らしが苦しくなっていく様子に、見かねた近隣の人々や漁師仲間が救いの手を差し伸べた。ことさらに戦争を鼓舞する人物が描かれているわけではない。むしろどちらかといえば、そっとしておいてほしい、自分たちで頑張ることができるから、といって頭を下げているかのように見える一家に、執拗にからみついていく周囲の善意が印象に残る。

同じ漁船に乗っていた仲間がこの家族を支えようとしたことの背景には漁師の労働組織の相互扶助があるという点も考慮すべきだと思われるが、考えてみたいのは、仲間の慰問金を市之助が受け入れてからの展開である。

病身の夫婦と身重の女性の三人が周囲の人々の「善意」によって「美談」の主人公へと追い込まれていく過程が語られている、と読み取ることもできるのではないだろうか。善意とは、他人のために純粋によかれと思って行動しようとする姿勢を意味する。近しい関係にある人々のその善意こそが、動員の時代のなかで、問題を抱え込んだ一家にからみつき、ついにはその一家を問題を克服したたくましい存在として位置づけ直していくという展開に、この美談の要点がある。

そしてここには、出征兵士の家族に対する「軍事扶助」が、この家族を支えるはずの制度として存在している。日露戦争を経て、出征兵士の家族や戦死者遺家族を支える扶助制度を求める国民の要求に応えるようにして、第一次大戦中の一九一八年一月に軍事救護法が施行される。同法は、日中戦争が始まる直前の三七年七月に軍事扶助法に改定された[10]。

少なくとも、この漁村の家族に当初勧められたのは、そうした日露戦争以降に次第に整えられていった制度だった。しかし、この日本の軍事救護の制度では、あくまでも当事者の出願主義が貫かれていた。出征兵士を出した家族がすべて扶助の対象になるのではなく、当事者の側から、苦しいので助けてほしいと願い出なければならなかった。みだりに申請させることで、それが当然の権利であるかのように認識されることを防ぐためだった[11]。

この出願主義という扶助制度のあり方こそが、「軍事扶助」を願い出ないという振る舞いを推奨して称賛する余地を生み出していたということになる。この美談は、動員制度を支える役割を担うはずの軍事扶助そのものを当事者が拒否することを美化し、その公的扶助に代わって、当事者を囲む近隣による相互扶助と当事者の涙ぐましい努力をたたえる話として構成されている。

こうした話が美談として語られてしまうこと自体に、動員をめぐる制度の根本的な矛盾が現れているといっていいだろう。そしてそこには、互いの善意を前提とした日々の関係がどのように家族や一人ひとりの人間にからみついていたか、いわば、動員の時代の日常の関係性が生み出す力の作用の仕方が、あからさまに語られているのではないだろうか。

ことさらに美談の裏側やその陰に隠蔽された事実を暴くのではなく、美談が語っていることそのものを読み取ることで、その美談のなかに意図せずに表れてしまった総力戦の制度の矛盾や、銃後の暮らしのなかの人々の関係性のあり方、さらにそこに胚胎する日常生活に作用する力のかたちを読み取ることができるのではないだろうか。その力は、ここでは上から無理やり何かを強制してくるのではなく、身近な人間同士が、日常的に助け合うという関係のなかに具体的に姿を現すものとして語られている。

そして、その「力」の効力を特定の規範にするのが、先の引用の最後に挿入された「出征兵を家庭から出しているのをいい口実として、ややもすれば他人の同情を求め坐して食はうとする不心得者」という表現である。

しばしば私たちは、美談を読む際に戦争をあおったのは誰だったのかというある種の犯人捜しをしてしまう。一部の政治家や軍人のせいだ、学校教育がいけなかった、マスメディアがあおったからだ、美談には脚色した犯人がいるだろう……などを問題にしがちである。しかし私は、少なくとも本書で問題にしたいことにとっては、おそらくそうした議論をいくら重ねてもほとんど意味がない、と思っている。なぜなら、仮に私があの時代にいたなら、まちがいなく時代の状況のなかで少なからず高揚し、銃後美談を読んですっかりその気になっているにちがいないという、自分自身に対する確信に近い恐れがあるからだ。動員という「空気」が、自分の身近にどう立ち現れ自分を包み込んでいくのか、それを知りたいのである。動員の仕組みに対して賢く疑念を抱いた人間や果敢に抵抗した者がいるという事実は、それはそれで尊い。しかし、そうした事実をいくら重ねても、私が自分自身に抱くこの恐れは決して払拭されない。

だからこそ、空から爆弾を落とされて街に死屍累々の光景が拡がるようになる以前の、日中戦争期の銃後の美談を取り上げるのである。それも、美談が志向する「感動」の方向性とは反対の問いと視点で美談を読みたい。それは、西洋中世の異端審問を目的に構築された史料を、その記録が生み出された意図に抗って読解し、当時の人々の宗教的世界観を析出した歴史家カルロ・ギンズブルクの言葉を借りれば、「逆なでに読む」作法だともいえる。(12) 美談という、特定の時代のなかで共有され感動を前提として語られた物語から、私たちに作用すると同時に私たち自身が誰かに及ぼしていたかもしれない力を読み解きたいのである。

「浜の人びとの義心」に見たように、銃後の美談は、それぞれが日常のなかでの何らかの困難を抱えた人々が、それでも献身的な振る舞いを選択するという展開が基本になる。困難というよりむしろ、それぞれの立場や置かれた状況に根差した、生きていかなければならない事情とでもいうべきものかもしれない。往々にしてそれは切実で、抜き差しならない事情である。私は、銃後の美談の数々を読みながら、行間に刻まれているそうしたそれぞれの事情の前で立ち止まらざるをえなかった。

そうした事情のもとで選択された振る舞いを、美談はたいてい「赤誠」「献身」または「愛国」といった言葉によって装飾する。そうした言葉は、人々の状況の切実さとは遊離しているにもかかわらず、それぞれの事情を抱えた「なんでもない人々」を、美談の主人公の座へと持ち上げていくのである。

しかしそもそも、過去の人々の振る舞いの選択の背後にある内面すなわち思惟や感情などは、簡単に語ることができるものではない。だから、その内面を「本音」などと位置づけて語るのではなく、あくまでも、そうした時代の装飾語彙の下にうずくまるそれぞれの事情に焦点化しながら銃後の美談を読み解くこと、それが、ここでいう「逆なでに読む」ということでもある。

## 5　「美談」を編むこと、「戦意」を測ること

「キング」の付録に「浜の人びとの義心」と題して収められたエピソードは、その後、陸軍画報社が編集した『支那事変恤兵美談集』第二輯に、一九三七年十二月のエピソードとして、ほぼ同じ内容で「荒波に咽せる純情」というタイトルで収録されている。

「キング」の付録では地の文で説明されていた登場人物の発話が直接話法に変えられるなど、より劇的な脚色がほどこされているが、筋は変わらない。大きな違いは次のようなくだりが最後に付け加えられていることだ。

このようにして一家三人は、期せずして奮起して、働き出したために、どうやら生活も楽になり、月々いくばくかの余裕すら生ずるようになって来た。

この時、市之助さんは思い出したのだ。

「――世間の人達のまごころを、今度位有難く思ったことはない――それにつけても、自分たちのようにどうやら働くことの出来る身と違って、全然身動きならない銃後の家庭もあるであろう、――そうした人達にせめて温かい味噌汁の一椀でも――」

と、妻や嫁と相談をして、五円の金を村役場へ、それから三円の金を、陸軍省へ、それぞれ献金したのであった。

――係官の瞼には、まるで活動写真のように、この人達や、そして人情こまやかな漁村の姿が映っていた。(13)

「義心」「純心」と名付けられた漁村の善意の相互扶助が、病身の老人や身重の女性を奮起させ、ついには軍事

献金をするまでになったというこの話の内容の真偽は、ここではあえて問わない。

この逸話が、「キング」の付録や『支那事変恤兵美談集』で、少なくとも「事実」に基づく読み物として読者に提供されている点から考えたいことは、まずこうした話が収集されている事実そのものである。

そこで表現されているのは、まさに老若男女、国民の総動員への積極的な姿勢だ。

これを戦時下の虚像として見ることをあえて控えるならば、どこに当時のリアルを読み取ればいいのだろうか。荻野富士夫は、戦時下の「士気」「愛国心」「敵愾心」などと語られていた「戦う気持ち」を「戦意」と名付け、戦時中の内務省警保局と、その実働部隊である特別高等警察、そして憲兵隊などによって続けられていた取り締まりや調査、学生に対する文部省の調査などを史料にして、「どのように大多数の国民が戦争を支持し、協力していったのか、どこまで本気に国民は戦争に関わっていったのか[14]」を問うている。そこから浮かび上がるのは、銃後美談が映し出したような戦況によって高まる「戦意」もあるが、一方でまさにそれとコントラストをなすような、戦争に対する「倦怠」や「厭戦」の様相である。しかしだからといって、「美談」は単に「理想」を語ったフィクションにすぎず、「倦怠」や「厭戦」にこそ当時の「現実」があるという読み方をするなら、人々は結局「だまされていた」のだとか、いやいやながら戦争を支持していたのだとか、面従腹背の物語が生み出されてしまうだけだろう。

荻野の刺激的な仕事から浮かび上がることは、何よりまず、総力戦の動員の時代に当局がどれほど熱心に国民の「戦意」を測ろうとしたか、という事実だろう。物資の横領など動員体制の妨げになるような事例を数え上げ、流言に神経をとがらせ、ともかく人々の振る舞いや発言を集め、「戦意」を測ろうとしている。そこからは、「戦意」の確立を望み、その動揺を恐れていた総力戦システムを構築する側の心理が浮かび上がる。しかし同時に、強い敵愾心と愛国心は、かえって容易に体制に対する批判にも転じ、「戦意」という曖昧な気分はたやすく揺らぐことも見えてくる。

銃後の美談集は、称賛すべき人々の言動を収集して編集することで戦時下の理想的な国民像を喧伝し、他方、荻野が着目した「戦意」をめぐる取り締まりと調査は、時代のなかで不都合な人々の言動をひそかに集め、監視していたということで、双方は、動員の時代に収集された「事実」として表裏をなしているとみる必要があるだろう。

## 6　フォークロアという視点

出来事や体験は言葉によって語ることを通してはじめて、社会的に共有しうる「事実」になる。現在、私たちは、日々の暮らしのなかで、口伝えの会話の場から活字や電子的メディアを介したコミュニケーションの場に至るまで、さまざまな言葉の実践を通して「話」をやりとりし、自分たちが生き、かつ生かされている世界のありようを認識している。

ここで、情報といった言葉を使わずに「話」としたのは、多くの場合、それが「事実」か否か、確かな根拠がないにもかかわらず、媒介するメディアのありようや、受け手との関わり方のなかで、「事実である」という判断が生み出されるという点で、民俗学や口承文芸学での「伝説」や日常談話研究の対象としての「世間話」などの延長上で捉えることができると考えているからだ(15)。

現在私たちは、活字や電子媒体、映像など日常を覆うさまざまなメディアから多様で大量の「話」を与えられている。さらに、そこでふれたことについて身のまわりの人々と会話を交わす。いまや電子メディア上の「つぶやき」を通して、不特定多数の他者と「話す」こともここに含まれる。昨日のテレビで……、今朝の新聞で……、そして昨晩ネットで……、などと他人と話を交わすことで、私たちは自らの知識を確認し、また相手の話とすり合わせてその知識を更新していく。その過程は、私たちが、生き、そして生かされている世界に対する認識を作り上げていく具体的な過程にほかならない。ここでいう「話」とは、そうした言葉の実践の広がりも含んでいる。

その過程は、戦時下の動員の時代も当時のメディア状況のなかで、また変わらなかったはずである。
そしてこの「話」に、フォークロアという言葉を重ね合わせておきたい。フォークロアとは、人々が日常で「当たり前」のこととしてあまり疑うことがない事柄を意味してもいる。理想か現実か、虚構か事実か、という二項対立ではなく、「事実」として流通し、またそのように受け止められ、さらには似たような振る舞いと「話」が再生産されていく過程をフォークロアという考え方で捕捉してみたい。

動員の時代の日常で、私たちはどのような話の群れにふれていたのか、そこを見据えることから、私たちが前傾姿勢で時代の状況に「その気になる」とはどういうことなのか、を考えてみたいのである。

本章の最後に、もう一度、本書では銃後美談という素材にどのように向き合っていくのか、その手続きを整理しておきたい。

まず、これまでは単なるプロパガンダや扇動の道具と見なされてきた銃後美談を一つの記録として見る。日中戦争を契機として総力戦体制が整えられていく過程で、それを下支えする各種団体などが、その活動を通して、積極的に評価できる人の振る舞いに関する記録を作成し、それをまとめたものの一つが銃後美談と名付けられた話群となった。それは「話」であって記録などではない、という批判が聞こえてきそうだが、「記録」もまた、私たちが言葉を使って物語ることによって生産されるものであるかぎり、どんな「記録」も何らかのたわみを宿している。本書では、資料には真なる記録か偽なる記録しかないという単純な二項対立の発想をあえてとらなかった。出来事を語る言葉に刻まれたたわみも含めて、これらの銃後の「記録」がどのようなリアルをかたどっていたのか、それを読み取ることを心がけたい。

## 収集され編まれる過程

まず、銃後美談集を編纂した発行主体やその背景にあったシステムなどがどのように情報を収集したのか、その結果として美談集という「かたち」が与えられた過程に注目する。そこから、その「話」の群れがどのように生み出されたのか、そしてどのような関係性のなかに投げ込まれ、どのような意味を担うことを期待されたか、が見えてくるだろう。第1章「銃後美談集を編む」から第3章「増殖する銃後美談」では、そうした経緯を、いくつかの美談集そのものに記された記述をもとに検討する。

　銃後美談のテクストを読むにあたっては、基本的に次のような手続きをとることを念頭に置いている。

## 銃後美談のレトリックをふるい分けること

　銃後美談の脚色には一つの傾向がある。銃後美談集をある種の記録として読むとしても、そこに一切の脚色がない、などとはもちろん考えられない。銃後美談は主に庶民が、献金をする、出征兵士の家族の援助をする、出征兵士の家族や遺族が生活に奮闘するなど、一定のおこないをしたことを描き出す。当事者の内面は、基本的には不可視の領域であるにもかかわらず、そうした振る舞いや行為の動機や意味づけが、「皇国のため」「赤誠」「愛国の至誠」などの時代に要請された言葉によって語られる。銃後美談を構成する行為を報告する言葉と、その動機をことさらに意味づける言葉との間には、位相の違いというべきものがある。そうした時代特有の決まり文句を取り除き、銃後美談がどのような銃後の庶民の振る舞いを焦点化して語ろうとしたかに着目する。

## 逆なでに読むこと

　そのうえで、銃後美談に添加された称賛と感動を前提とした枠組みに逆らうように読むこと、つまり「逆なでに」読むことを心がける。それは、言い換えるなら、美談そのもののなかに、美談という枠組みを裏切るような要素を読み込む姿勢であるといってもいい。銃後美談は、称賛されるべきこととして語られた個人ないし人々の振る舞いを際立たせるために、そこに厳然と存在する問題や、それを克服しようとする本人やまわりの奮闘や努力を前面に押し出す傾向がある。そのため結果的に、しばしば総力戦下の矛盾や、そのなかで生きる個々人にどのようなしがらみがつきまとうのかが垣間見えるだろう。

## 共通する場面《シーン》を重ね合わせること

銃後美談は一つひとつは独立した断片にすぎないが、共通する状況を語っている別の話をできるだけ重ね合わせてみる。口頭伝承などフォークロアの研究では、似たような話を「類話」と呼ぶ。銃後美談の場合、類話と呼べるような似た話が複数存在するのは、説話を成立させている想像力の類似性や伝播が原因というより、まずその背景にある総力戦のための動員をめぐる仕組みの共通性がもたらした類似性であると考えるべきだろう。応召をめぐる仕組み、軍事献金をめぐる仕組み、軍事扶助の仕組みなど銃後を支える制度のなかで人々の経験がどのように作り出されていったかが、それが銃後美談の「類話」を分析することで見えてくるといえる。

第1章で述べるように、動員に関わる活動のなかで集められた情報をもとに各組織が銃後美談集を編纂していた。応召の現場に関わった在郷軍人会、献金・献納の窓口である陸軍の恤兵部、そして出征兵士の家族などの援護を担当する軍事保護院など、それぞれの動員の仕組みを通して銃後の暮らしがあぶり出されている。類似の銃後の美談の蓄積は、多くの銃後美談が、そうした銃後の制度を前提に編まれていった過程によってもたらされたともいえる。

## メディアを横断する流用・転用に着目すること

銃後美談は、しばしば複数のメディアのなかで転用・流用されているために、それらを互いに照合して検討した。新聞記事、複数の書籍化された美談集、手紙の書き方の文例集である文範など、印刷メディアでも、質が異なる媒体のなかで繰り返し登場するテクストに注意をはらった。

本書は、以上のような分析手続きによって、銃後美談を素材に戦時下の暮らしのありようを再構成していく。

注

（1）『兵隊ちゃんに…』、陸軍画報社編纂『支那事変恤兵美談集』第一輯所収、陸軍恤兵部、一九三九年、一〇ページ

（2）加納実紀代『女たちの〈銃後〉増補新版』インパクト出版会、一九九五年、六五ページ

（3）成田龍一は、「戦争の経験は、あらゆる意味においてその人の人生を規定するがゆえに、戦争を語ることは自らのアイデンティティを確認する作業となり、戦争とどう向き合い、戦争をどう受け止めるかによって「主体」が形づくられる。このことは、直接に戦争を生き経験した世代のみならず、戦後に成長した世代にとっても同様である」とし、一九四五年から六五年を「体験」としての戦争、六五年から九〇年を「証言」としての戦争、九〇年以降を「記憶」としての戦争が語られる時期として、そのときどきにどのような文脈でどのような立場から戦争が語られたかを追うことによって、戦後史での「語られた戦争像」の変容を探っている。成田龍一『「戦争経験」の戦後史――語られた体験／証言／記憶』（戦争の経験を問う）、岩波書店、二〇一〇年

（4）長浜功『国民精神総動員の思想と構造――戦時下民衆教化の研究』明石書店、一九八七年、一一―一二ページ

（5）以下、本書では、この戦争を日中戦争という名称で統一する。ただし、引用資料のなかでは当時使われていた北支事変や支那事変という名称をそのまま使用する。

（6）関東大震災後に「防空」と動員の制度が具体化されていく過程については、原田勝正「総力戦体制と防空演習――「国民動員」と民衆の再編成」（原田勝正／塩崎文雄編『東京・関東大震災前後』所収、日本経済評論社、一九九七年）、土田宏成『近代日本の「国民防空」体制』（神田外語大学出版局、二〇一〇年）を参照。

この総力戦体制を、階級社会から均質性を前提としたシステム社会への移行という社会の仕組みの変革として位置づけ、それが戦後の社会のありようまでを規定しているという視点を提起しているのが、山之内靖の総力戦体制論である。この山之内の議論を具体的に展開したものに、山之内靖／ヴィクター・コシュマン／成田龍一編『総力戦と現代化』（［パルマケイア叢書］第四巻）、柏書房、一九九五年）、山之内靖／酒井直樹編『総力戦体制からグローバリゼーションへ』（［グローバリゼーション・スタディーズ］第一巻）、平凡社、二〇〇三年）がある。これらに収録された山之内の論考も含め、総力戦体制論をテーマにした山之内の論文集として、山之内靖、伊豫谷登士翁／成田龍一

／岩崎稔編『総力戦体制』（〔ちくま学芸文庫〕、筑摩書房、二〇一五年）がある。山之内の議論は、総力戦の動員を問うことが現在の私たちの日常を問いただすことに接合している根拠を与えてくれる。山之内の総力戦体制論については、終章であらためてふれたい。

またカール・クラウゼヴィッツやエーリヒ・ルーデンドルフの戦争論から山之内の議論に至るまで、「総力戦」の捉え方と、日本、アメリカ、イギリスの総力戦のあり方を具体的に検討したものに、三宅正樹／庄司潤一郎／石津朋之／山本文史編著『総力戦の時代』（〔検証太平洋戦争とその戦略〕第一巻〕、中央公論新社、二〇一三年）がある。

そして、こうした総力戦論の展開を見据え、山之内の総力戦論が、総力戦を単にファシズムと重ね合わせるのではなく、より「射程の長い」捉え方をしていることを評価したうえで、具体的な歴史研究を展開したものに、小林啓治『総力戦体制の正体』（柏書房、二〇一六年）がある。小林は、京都府のある村の兵事文書や村報を通して、「徴兵」という動員のメカニズムを焦点にして、地域の日常がどのように総力戦体制を備えていったのかを詳細に描き出している。

これらの総力戦をめぐる議論に、本書も多くの示唆を受けている。

（7）中野敏男は、今日、市民運動の一つのかたちとして称揚されているボランティアが、国家システムにとってどれほど実効性が高い「巧妙なひとつの動員」であるかということを指摘し、戦時期のナショナリズムでの動員も、戦後の市民運動への動員も、いずれも普遍主義的な価値を媒介としていたことを問いただしている。中野敏男『大塚久雄と丸山眞男――動員、主体、戦争責任』青土社、二〇〇一年、二四九―三〇〇ページ

（8）佐藤健二「史料としての美談――国勢調査の物語」（現代風俗研究会編『物語の風俗』〔「現代風俗研究会年報」第二十三号〕所収、河出書房新社、二〇〇一年）、のちに佐藤健二『社会調査史のリテラシー――方法を読む社会学的想像力』（新曜社、二〇一一年）二九九―三二八ページに所収。

（9）「浜の人びとの義心」、淵田忠良編「支那事変忠勇談・感激談――付 支那事変誌」（大日本雄弁会講談社編「キング」一九三八年三月号〔第十四巻第三号〕付録）、大日本雄弁会講談社、一八一―一八二ページ

（10）軍事扶助の歴史については、郡司淳『近代日本の国民動員――「隣保相扶」と地域統合』（刀水書房、二〇〇九年）。

（11）同書

(12) カルロ・ギンズブルグ『歴史を逆なでに読む』上村忠男訳、みすず書房、二〇〇三年
(13)「荒波に咽せる純情」、陸軍画報社編纂『支那事変恤兵美談集』第二輯所収、陸軍恤兵部、一九四〇年、六五―六七ページ
(14) 荻野富士夫『「戦意」の推移――国民の戦争支持・協力』校倉書房、二〇一四年
(15) 世間話とは、日本の民俗学と口承文芸学では、日常の談話から生み出され、自由な様式で語られる「話」のジャンルを意味する。口承文芸学では、一九八〇年代までは型と形式を中心とした昔話の研究が中心であり、世間話については、昔話研究を補うかたちで、狐狸に化かされた話などの昔話と共通性がある類型的で「伝承性」がある話を取り上げる傾向が強かった。
しかし一九九〇年代以降、「世間話」に関する議論が進み、日常の談話のなかで交わされるより多様な「話」を対象化しうる方向へと、世間話研究は開かれていった。そして奇事異聞ばかりでなく、近代化による生活の変化や個人の経験などを語る話まで、「世間話」として対象化しうる射程が生み出された。また、より日常的な談話実践を視野に収めることで、「口承性」を特権化するのではなく、重層する多様なメディアを流通する話との相関関係のなかで「世間話」を捉える視点を重視するようになった。

その結果、「世間話」は、広範な日常の言語実践のなかで「話」を対象化するコンセプトになったのである。そして、私たちの日常が「話」を生み出し、それを共有しまた更新していくことで、人と人の関係性や時代や世界との関わりの認識と知識を生産しているという視点が開けていった。こうした世間話研究の展開については重信幸彦「「話」という言語実践へのまなざし」（日本口承文芸学会編『こえのことばの現在――口承文芸の歩みと展望』所収、三弥井書店、二〇一七年）を参照。

本書のもとになった銃後美談をめぐる試論である重信幸彦「銃後の美談から――総力戦下の「世間」話・序説」（「口承文芸研究」第二十三号、日本口承文芸学会、二〇〇〇年）も、こうした世間話研究の試みの一つとして執筆したものである。

# 第1部

# 銃後美談とは何か

銃後美談は、どのようなかたちで私たちの前に現れたのだろうか。銃後美談が編まれるようになる満洲事変期から日中戦争期にかけての時期を対象に、総力戦という仕組み、「銃後美談」と出合う場、そして銃後美談を流布するメディアという三つの視点から検討する。第1章「銃後美談集を編む」では、総力戦体制のなかで銃後美談集がどのように編纂されたかについて論じる。満洲事変時には、陸軍が国民の献金活動などの「赤誠」を積極的に記録した恤兵美談集を制作していた。そして一九三七年七月に勃発した日中戦争以降、総力戦体制が整備されていく過程で、軍も含めた戦争を下支えする複数の組織が、その活動を通して得た情報をもとに多様な銃後美談集を編纂し始める。第2章「銃後美談と活字メディア」では、モダニズムの大衆文化的出版物を代表する雑誌「キング」の付録の軍事美談集を主に取り上げ、兵士をめぐる武勇の美談と一対のものとして集められた銃後美談が、どのような「銃後」を構築しようとしたのかを検討する。そして第3章「増殖する銃後美談」では、戦死した航空兵・山内達雄中尉の母をめぐる美談に焦点化し、出版物をはじめ、レコード歌謡、映画、百貨店の展覧会など多様な大衆文化メディアのなかで表象された例を取り上げ、美談テクストのメディア横断について見ていく。

# 第1章　銃後美談集を編む

## 1　総力戦——満洲事変から日中戦争へ

### 戦争の時代

満洲事変と国民

一九三一年九月十八日、満洲に展開していた関東軍の謀略で起きた柳条湖事件を契機に満洲事変が起きる。第一次世界大戦で出現した新たな戦争のかたちである総力戦を遂行できる体制を日本にも整えていこうとする動きが陸軍を中心に起こり、同時に兵器を生産するための原料や動力資源の確保が大きな課題になり、鉄をはじめとする朝鮮半島の金属資源、中国東北部の撫順や鞍山の石炭・鉄などに関心が集まっていた。それらを支配するために、日本陸軍は満洲事変を画策し、三二年三月、関東軍司令部の傀儡国家である満洲国を中国北東部に作り上げた。しかしこのことは、中国の抗日運動をどのようにして抑えるかというさらなる問題を生み出すことになった。三三年五月、塘沽《タンクー》停戦協定を結び、中国軍の長城以南からの撤退と日本軍の長城線への撤退を定め、非武装中立地帯を設ける取り決めをしたものの、日本は中国への強硬な態度を維持し、陸軍は華北地域への展開を策動するなど、日中の関係はまったく改善には至らなかった[1]。

この満洲事変から、現在、「十五年戦争」と呼ばれる一九四五年九月まで続く戦争の時代が始まる。日本国民は、日露戦争以降日本が経営していた南満洲鉄道の権益が中国によって侵されたので日本の「生命線」である満洲を守るために出兵した、という「物語」を与えられることになった。

満洲事変の際の国民の反応について、藤井忠俊『国防婦人会』[2]をもとに見ておこう。満洲事変から一九三二年の上海事変に至る過程で、大阪港から大陸へ出征する兵士たちに湯茶を振る舞うなどの接待を自発的に始めた「兵隊ばあさん」と呼ばれていた大阪の主婦たちが中心になって大阪国防婦人会が結成され、それが陸軍の思惑などに利用されながら、大日本国防婦人会へと成長していく過程を藤井は描き出している。それによると、三二年に四十人だった同婦人会は、十年後には全国に会員をもつ一千万人規模の組織にまで成長するのである。既存の愛国婦人会が比較的裕福な家庭の女性たちで構成していたのに対して、大日本国防婦人会には庶民層の女性たちが参加していった。割烹着という台所の作業着が同会のシンボルとなったように、それは庶民の主婦たちが、時代のなかで与えられた役割を自覚したうえで、台所、すなわち家庭の日常から街頭という公共の場へと進出していったという意味で、ある種の社会参加だった。

大日本国防婦人会が、満洲・上海事変が進行する過程で発展していった背景を、藤井は、事変の勃発と、戦争に対する庶民の積極的支援の盛り上がりのなかに探っている[3]。満洲事変が始まり、最初に動員された東北の部隊の戦死者が発表された直後から、神社祈願とお守り札を送るために、特に身内を戦地に送り出している人たちの神社参りが頻繁になったという。

それに続いて起きた人々の行動を、藤井は「献金現象」と名付けている。兵士への慰問献金から、総力戦での花形兵器である飛行機を献納するための飛行機献金などが盛んにおこなわれるようになる。それらの献金は総称して、一九三二年には「国防献金」と呼ばれるようになった。特に大都市部の献金は、新聞社がおこなうキャンペーンによって大きな盛り上がりを見せた。

この飛行機献金によって、「○○県民号」「○○市民号」などと名付けた飛行機の献納がおこなわれ、一九三二年一月から六月までの半年でその数は五十四機を数えた。こうした献金の背景には、軍が県にはたらきかけた結果、県知事を会長にした在郷軍人会や男女青年団、愛国婦人会などが参加し、市町村単位の割り当て制で献金を募る体制が多くの県で構築されていた(4)。

このように、確かに軍がはたらきかけをしているが、それに積極的に応じる者がいなければ、献納や献金がここまで活発にはならない。こうした献金や献納の大衆的な盛り上がりを、軍当局が軍と戦争に対する庶民の支持の表れとして利用しようとしていたことも事実だった。

藤井の議論で注目しておきたいことは、こうした献金現象は、主に都市部を中心に起こったものだということである。昭和初期の農村疲弊のただなかにあって、例えば山梨県では一戸あたり平均千百二十八円の借金を抱えており、農村部では、飛行機献納のための献金を割り当てられても、その要請に応えるのは難しかったのだという(5)。それら満洲事変時の献金現象は、ある意味では確かに軍を支持した行為といえるかもしれないものの、結局は一過性のものだったと藤井は分析している(6)。つまり、献金をしたことで、それなりの満足感を得て、人々の熱狂はいったん終息するのである。

## 都市のモダニズム文化のなかで

一九三〇年代という時代は、今日の私たちにとってはイメージを捉えにくい。満洲・上海事変の時期である三一年から三三年当時は、農村部は大正時代から社会問題化していた「疲弊」に加え、昭和恐慌のあおりを受けて衰退の極みにあった。その一方で、都市部では新たに生まれたサラリーマンという職種からなる新中間層を中心に、消費中心の現代的な都市文化が花開いた時期であり、ラジオやトーキー映画、カフェやデパートなどが、人々に新たな消費と娯楽を提供し始めていたのである。

また、満洲事変を契機に、「十五年戦争」と名付けられる戦時下での暮らしが始まろうとしていた時期と捉えることもできる。一九三二年には陸・海軍の青年将校らが首相官邸を襲って犬養毅首相を殺害する五・一五事件が起きるが、関係者の処罰は軽くすまされている。三三年三月には、日本の中国大陸への侵略を批判する国際連盟の勧告に抗議して、日本は国際連盟から脱退して国際的な孤立へと踏み出す。そして、三六年に二・二六事件が起き、結果的に、国家総力戦体制に向けて、軍の政治的な力が増していくことになる。時系列でこのような出来事を見ていくと、明らかに戦争に向けて時代が動いていく。したがってこの時代に、「暗い戦争の時代の始まり」というイメージを見ることもできる。

しかし、当時を経験した評論家・山本夏彦は、一九四五年の敗戦直後に、あの頃はよかったと官民ともに思い出したのが三三年だった、と指摘している。[7] 山本は、満洲事変とともに一気に暗い時代が始まったという、戦前・戦中に対する今日のイメージを批判する。その後、三七年七月に日中戦争が始まって中国大陸での戦争が本格化していくことになるが、山本は、それでもなお三九年は、まだ消費物資はあふれ、盛り場にはネオンが輝いていたといい、自身の日記をめくると、四〇年にはカネもないのに銀座のバーで飲み歩いていたことを記しているという。

モノ不足を実感するようになるのは一九四一年頃からであり、同年十二月のアメリカ・イギリスとの開戦を経て四二年二月に味噌醤油切符制配給が実施されたときに、それがはっきりと意識されるようになったという。新聞社が大々的に公募した標語のなかから前述した「欲しがりません、勝つまでは」が選ばれたのは、同年十二月のことだ。つまり山本の印象では、十五年戦争の第三期である「大東亜戦争」開始前後までは、戦時下の日常でのモノ不足などはそれほど感じられていなかったことになる。こうした山本の指摘は、都市部の庶民の日常的な実感を表していると捉えていいだろう。つまり、二〇年代の後半から三〇年代にかけては、モダニズム文化の成熟とともに花開いた都市生活と戦時下の生活が併存していたのである。[8]

日中戦争以降の総力戦はモダニズムの大衆文化のなかで展開し、銃後美談はしばしば、大衆文化として花開いた出版文化はもちろん、トーキー映画やレコード、浪曲などの上演を媒介にして喧伝されることになる。藤井が、満洲事変での庶民の献金現象が主に都市部に見られたものだったと指摘していたことは、それが経済的にある程度の余力がある都市中間層の行動だったことを示しているのではないかと思われる。

## ルイーズ・ヤングの満洲事変と「美談」をめぐる議論

ここで、「満洲事変」下の日本を「総動員帝国」と名付けて大衆動員型の文化が形成されていく過程として分析したルイーズ・ヤングの議論[9]にふれておきたい。「満洲事変」から始まる十五年戦争第一期は、日本が中国に傀儡国家である満洲国を樹立して植民地統治を展開していく過程であり、ヤングは、日本が実質的に植民地統治の仕組みを作り上げていく過程を帝国主義として捉え、その構築の過程を経済と政治そして文化など多角的な視点から捉えようとする。

そのなかでヤングは、国民が「満洲事変」という戦争と満洲という場所にどれほど熱狂したかを問い、満洲事変の際に流布した美談を分析の俎上に載せている。特にそうした美談が、この時代に発展した活字やラジオなどいわゆる大衆文化的なメディアを通じて流通したことが、「英雄的な自己」という時代の価値観や物語を作り上げていくうえで大きな役割を果たしたという。美談を通して、戦場での非凡な「武勇」や銃後の献身的犠牲が、この時代の「国民的徳目」の最高の表現として国民の心に刻まれた。

ヤングが戦場での武勇の美談のなかで取り上げるのは、例えば騎兵連隊長・古賀伝太郎の話である。古賀は錦洲の掃討作戦で指揮官を務めたが、上からの命令を無視して無謀な攻撃を試み、結局、古賀以下将校全員だけでなく総計十九人の戦死者を出したが、それにもかかわらず作戦上の何の成果も上げなかった。この出来事が美談になったこと自体にヤングは着目する。

日清戦争と日露戦争のときにも、廣瀬武夫や橘周太、バルチック艦隊を破った東郷平八郎などの軍人を主人公にした美談が広まったが、それらはいずれも知略にたけた高潔な人格者として語っていた。しかしこの古賀連隊長の武勇の美談はそれらとは異なり、技能ではなく大胆さ、知恵ではなく勇気を称賛するものに変わっているというのである。このことからヤングは、武勇は、集団のための犠牲から、「英雄的自己」を表出する「個人の競争」へと移ったとする。

そしてこの「英雄的自己」をめぐる「個人の競争」という要素はこの満洲事変から一つの美談のかたちとして次第に増え始めていき、銃後の美談にもつながっていくとヤングは分析する。ある銃後の美談では、一人の農家の婦人がその地方の交番に二十円という大金を献金として持ち込み、名前を告げずに去る。警察が、その婦人の素性を調べると、長男は召集され、夫と次男は病の床にあり、田の世話は婦人と十五歳の娘、そして七十四歳の母の三人でおこなっているような状態だった。村役場は扶助を申請するようはたらきかけ、まわりが助けの手を差し出そうとしても婦人は「どのように困ってもお金をいただくわけにはいかない」とかたくなに拒否したという。

ヤングは、こうした共同体的な相互扶助を拒絶するところに、国家が掲げる目標に向けて雄々しく一人で奮闘するといった「犠牲のそぶりを競う」、ある種の「自滅的な出し抜きゲーム」を読み取る。互いに助け合うことよりも、そうした犠牲的な振る舞いを競うことがいっそう愛国心を大きく見せる効果をもったのだという。

ヤングが満洲事変下の武勇と銃後の美談に共通して見いだしたものは、一方は兵士の大胆さと勇気の競争であり他方は銃後の女性の自己犠牲の競争だが、いずれも「個の競争」という要素だった。ヤングが「個の競争」という要素を導き出したのは、大正デモクラシーから昭和初期にかけての自由主義の時代をくぐり抜けてきた末に生み出された文化的な価値と慣習が、総力戦の動員のダイナミズムのなかに組み込まれたと考えているからである。

確かにヤングの主張には説得力がある。前述した農家の一家の話は、序章で引用した「浜の人びとの義心」という日中戦争期の美談と似ている。一家の稼ぎ手が出征し、残されたのは病身の家族と非力な妊婦という状況でありながら、まわりが軍事扶助を申請するよう勧めても受け入れず、当初は近隣の救いの手も断り続けるのである。

しかし、それが「犠牲のそぶりを競う」身ぶりであるというのは、少なくとも私の印象とは違う。むしろ問題を抱えた一家に近隣との関係性のなかで自分たちにからみついてくる善意の重さと力に圧倒され、追い詰められているような印象のほうが強い。美談は、そうした当事者の戸惑いさえ「奮闘」と「献身」の競い合いとして語ってしまう仕掛けなのではないだろうか。

ヤングが指摘する競争の論理は、手柄を競わされる軍人を主人公にした美談には当てはまるだろうが、銃後の美談にどれほどそれが通用するだろうか。もし、あえて「競争」という要素を見るなら、周囲の扶助を断る側ではなく、相互扶助を申し出る周囲の善意のなかに、そうした競い合いの要素を読み取ることができるように思う。

## 満洲事変の時期の銃後の美談集

満洲・上海事変から一九三七年七月の日中戦争勃発までの時期に、銃後の国民の美談集はどのように編まれていたのだろうか。もちろん、すでに述べたように、新聞は「献金現象」をめぐるエピソードをはじめ、さまざまな種類の銃後の逸話を多数掲載していた[10]。また週刊誌では、例えば大阪毎日新聞社学芸部が、三二年六月に「日支事変忠勇美談集」(「サンデー毎日臨時特別号」)を編集して発行している(図1)。冒頭に海軍大臣(海軍大将)大角岑生による「題詞」、陸軍大臣(陸軍中将)荒木貞夫の「序」を配し、巻頭記事として「忠魂義丹たぐいなき 古賀連隊血戦始末記 親泊中尉陣中手記」を置いて、そのあとに「この人にしてこの最期 想起す軍神古賀聯隊長――語り伝えられる人徳の数々」が続く。あの古賀連隊長

図1　「日支事変忠勇美談集」(大阪毎日新聞社学芸部編、〔「サンデー毎日臨時特別号」〕、大阪毎日新聞社学芸部、1932年)

についての記事に、挿絵も含めて十六ページを割いている。

この「日支事変忠勇美談集」は、古賀連隊長以外にも、例えば「江南の花・爆弾三勇士」や、一度戦場で捕虜になって解放されたあとで自殺した空閑昇陸軍少佐を取り上げた「壮烈、空閑少佐の自刃」など、主に軍人の武勇の美談を集めている。最後に「銃後の花」として、国民の美談を六話紹介している。小商いをして金を稼ぎ、それを献金した女学生（「納豆を売る姉妹」）、上海の海軍病院で傷病兵を看護した女性（「海軍のをばさん」）、前線で取材中に殉職した大阪毎日新聞社の記者（「貴き鮮血の報道」）、「事変」勃発以来「般若心経」を写経した東京の若い女性（「美女の写経」）、そして出征した夫に後顧の憂いがないようにと自刃した将校の妻（「死のはなむけ」）、上海の陸戦隊本部を訪れて炊事や洗濯などの手伝いを申し出た上海在住の二人の邦人女子学生（「やまと撫子、二輪」）などの話である。

「日支事変忠勇美談集」は、ほぼ軍人の武勇の美談で構成され、収録された銃後の美談は分量からいえば全体の一割程度にすぎない。しかし、分量は少ないものの、前線に美談があるのと同様に「銃後」にも美談があることを意識的にかたちにしようとした構成だとわかる。そして末尾には、七ページにわたって一九三二年三月十五日現在の陸・海軍戦死者の名簿が収録されている。軍人の武勇の美談に付属するようにして銃後の国民の美談を載せるというスタイルは、その後の日中戦争期でもしばしば見かけるようになるものである。

こうした満洲・上海事変期の美談集のなかで、もっぱら「銃後」の「話」だけを集めた美談集があった。陸軍省新聞班が編集した『満洲事変の生んだ美談佳話』の第一輯である。これは、「国民銃後の熱誠」を中心とした美談集であり、体裁は十二・五センチ×十八・六センチ、総ページ数百五十八ページと小ぶりの冊子である（図2）。その「はしがき」には次のように書かれている。

> 零下三十余度の酷寒、風も凍る満洲の廣野に絶大なる困苦を忍びて奮闘しつつある我将兵の忠勇と労苦とに対しては我国民は老も若きも男も女も挙って限りなき同情と感謝の念に燃え或は血書、血判を以て激励の辞

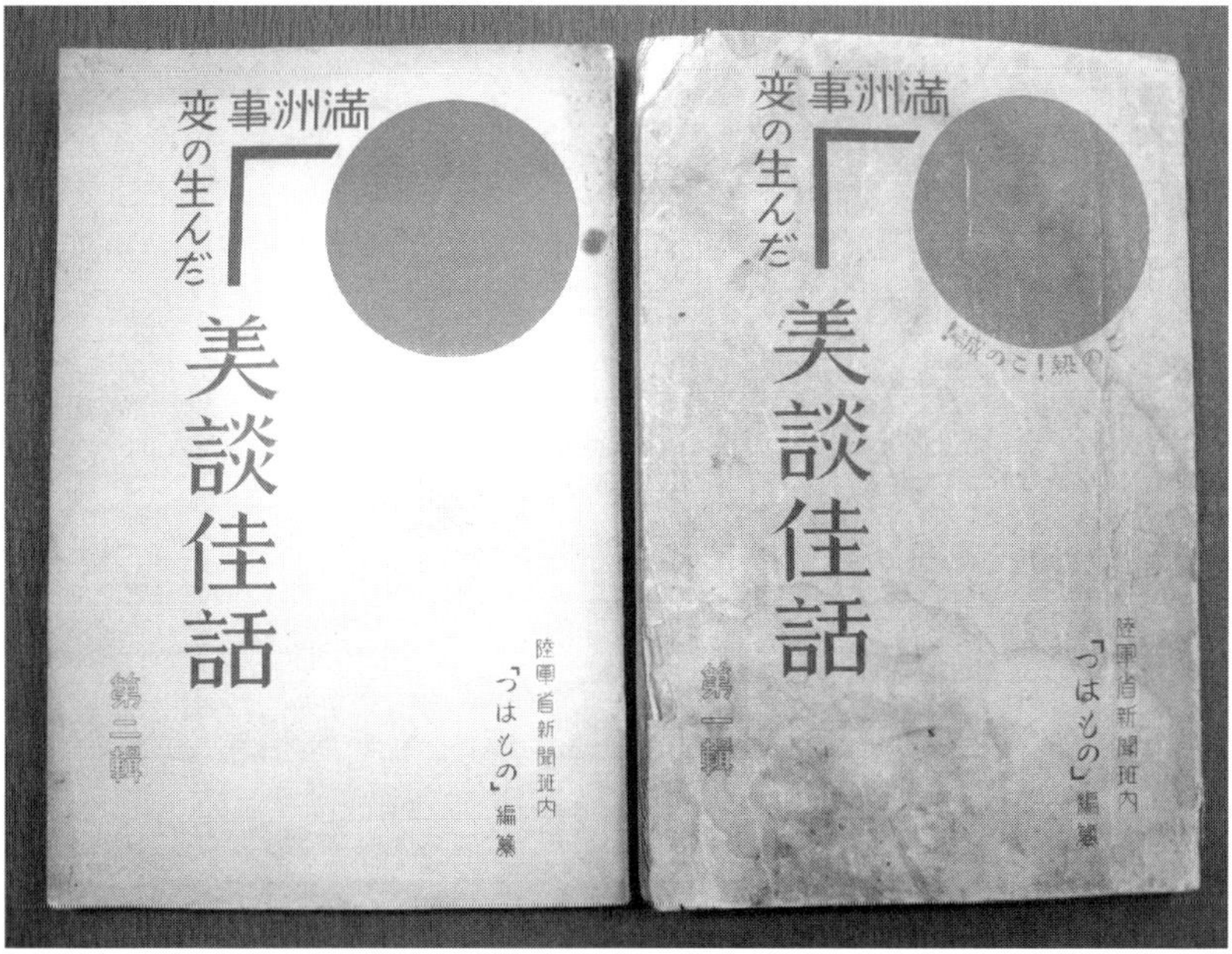


図2　右：『満洲事変の生んだ美談佳話』第1輯、左：第2輯（いずれも陸軍省新聞班内「つはもの」編輯部編、帝国在郷軍人会本部内つはもの発行所、1931年）

> を寄せ或は撫恤慰問の金品を贈らるるもの等日夜引きも切らず、中には貧困の身を以て骨を削るが如き浄財を投ぜらるるあり或は可憐なる児童にして零細なる貯蓄の全部を提供し来るあり、之等のものは積り積って十二月上旬迄に陸軍省に届けられたるもののみを以ても既に四十余万円、慰問袋に於いて七十余万個に達している而も此活動は今や満洲出動部隊のみならず、其の家族並に戦死者遺族の救済慰問等にも及び益々拡張せられんとしつつあり、而して其間には実に感激嘆賞に値すべき美談、佳話の甚だ少なからざるものあるを知るのである。
>
> 　当班は事変以来是等国民銃後の熱誠なる後援に直面して感激禁ずる能わず、乃ち茲に余力を以て事変が生んだ美談集を編纂し一つは以て在満将士一同に対し国民声援の真情を伝うると共に又一つは国民の熱誠に酬えんとするものである。[11]

陸軍が、戦争を支持する「国民」の「銃後の熱誠なる後援」があると強調していることは明らかである。そして、「此書を忠勇なる我在満在支将校以下一同に贈る」と前扉に記していることと、「在満将士一同に対し国民声援の真情を」伝えることを一つの目的として掲げていることから、中国大陸に展開する陸軍将兵に配布することをもくろんでいたことがうかがえる。その小ぶりの判型も、携帯を前提としているのかもしれない。構成は「一般男子の部」五十話、「一般女子の部」八十話、「児童の部」四十六話、「学生の部」二十七話、「諸団体他の部」十八話と、全体を五部構成とし総計二百二十一話を収めている。

どのような話を収めているかを知るために、いくつかの話のタイトルを抜き書きしておこう。

「第一、一般男子の部　◇学校の小使さんから◇男女職工の化粧料と煙草代を◇引きも切らぬ無産階級の浄財◇荒木中将に寄せた美しい恤兵金◇一千人が五銭ずつを◇薄給の中より◇電車をやめて献金◇鮮人職工の赤誠に南陸相の感激◇リヤカー三十台◇酒、煙草、白粉を節約して東京駅員の義金◇汗と膏の結晶を献金◇」

「第二、一般女子の部　◇明治神宮宝物中から血書に添えて黒髪◇健気な母親◇令女会の街頭拠金◇葬式の費用を献金◇「喜」の字の老婆が五百円◇匿名婦人の一千円◇大和乙女の意気かずかず〔恤兵金に添えた手紙：引用者注〕◇お馬ににんじん◇毛糸に真綿製新考案耳袋◇戦勝祈願の三女◇千人結びの御守◇繃帯百個◇六五一名の血判◇処女会員全部が指を切って感激◇」

「第三、児童の部　◇お正月のまりかわないの◇一銭銅貨で一円六十銭を◇孝行納豆売りの誠心◇金七十銭を添えた可愛い坊やの手紙◇二銭ずつ貯めたお金七円寄贈◇五十銭を兵隊さんに上げてください◇私たちはお菓子を買ったりしていられません◇熱情一束◇雨煙る街頭に◇少年少女の心にひびく満洲事変◇埼玉師範付属小学生の健気な行い◇」

図3　師団単位で編集された満州・上海事変に関連する銃後美談集。右：第16師団司令部留守部編『銃後美談集』第1号、1935年、第16師団編制地は京都、左：第9師団司令部留守部編『銃後美談集』第1輯、1936年、第9師団編制地は金沢。ともに56ページで判型もほぼ同規格になっていて、ほかの師団も同様の冊子を編集している可能性が高いと思われる。第16師団の美談集は4つの連隊区ごとに「団体之部」「個人之部」の2部構成、第9師団の美談集は師団全体で「軍隊之部」「官公衙学校之部」「各種団体之部」「一般個人之部」の4部で構成している

続いて第二輯も、第一輯の十日ほどあとに発行されているが、同じ判型の百四十八ページの冊子である。「出征軍人の部」「家族の部」「遺族の部」の三部に分かれ、「出征軍人」は戦地に赴いた兵士の武勇の美談であるのに対し、「家族の部」は兵士を送り出した留守家族と戦死者の家族の美談を集めていた。しかしここでは、戦地で戦う兵士とその家族の美談よりも先に、「国民銃後の赤誠」を語る話を集めて第一輯としたことに注目したい。たまたまその順番になったわけではないだろう。銃後の「国民」の支持を具体的にかたちにする必要があったのだ。

この美談集を編集した陸軍省新聞班とは、一九二二年、田中義一陸軍大臣のときに陸軍省内に設置された組織で、情報統制や世論の誘導などを担う部局であり、満洲事変を経て日中戦争勃発後の三八年九月には陸軍情報部に改編

された。[12]

関東軍の画策で満洲事変を引き起こし、「満蒙問題」の解決を強硬に図ろうとした陸軍にとって、満洲事変に沸く国民の姿こそが、自分たちに対する国民の支持として意味があったのではないかと推測される。第一次世界大戦を契機に、来るべき戦争のかたちである国家総力戦を日本でも可能にしようと模索していた陸軍にとっては、「銃後国民」の動向は特に重要だったはずだ。

この陸軍新聞班による冊子以外にも群馬県学務部教育課・高崎聯隊区司令部の『日支事変上毛の生んだ美談佳話』（群馬県学務部教育課・高崎聯隊区司令部、一九三二年）、長野県発行の『満洲事変・上海事変に長野県の生んだ美談佳話』（長野県学務部・松本聯隊区司令部、一九三二年）を確認できる。これらはいずれも県学務部と連隊区司令部が制作した銃後の「県民」の美談集だが、その装丁と判型は、先の陸軍省新聞班が編集・発行した『満洲事変の生んだ美談佳話』とほぼ同じであり、右開きの表紙の右上に赤い日の丸を描いている。いずれも陸軍が積極的に関与しているのではないかと思われる。このほかにも、地域発行の銃後の美談集を同様のかたちで編んでいるかどうかは未確認だが、満洲・上海事変の時期に特に陸軍が熱心に「国民銃後の熱誠」を集めようとしていたことは確かだったといえるだろう。

陸軍は一九三六年には、満洲事変の際の「国民銃後の熱誠」の記録の集大成ともいえる五百三十四ページにものぼる大部の陸軍大臣官房編『満洲事変恤兵美談集』（愛国恤兵会）を刊行している。献金などを中心とした軍への支援活動である「恤兵」に関わる美談を、以下の七部構成で掲載したものである。各部の収録話数とともに紹介すると、「一般男子の部」百十八話、「一般女子の部」二百十七話、「児童小児の部」二百二十七話、「男女学生の部」七十二話、「各種団体の部」八十五話、「在外邦人の部」十二話、「外国人の部」二十六話、の総計七百五十七話の美談を収めている。この分け方は、先に紹介した新聞班が編集した『満洲事変の生んだ美談佳話』第一輯の構成をほぼ踏襲したものだとわかる。陸軍大臣官房は、臨時部局である恤兵部が設置されていない際には、陸軍への国民の献金、つまり恤兵金を受け付ける窓口になった。また発行元の愛国恤兵会とは、満洲事変下の三三年に、軍部の指導のもとで軍事扶助の充実を目的に設立された団体であり、主に恤兵金をもとに軍事扶助事業を展開していた。

満洲・上海事変の時期に、前線との対概念としての「銃後」という言葉を使って戦争と軍隊に対する「国民」の支持や支援活動に関する美談を編集したのは、ほかならぬ陸軍だったのである。

このほか、陸軍大臣と海軍大臣を監修者に国際連合通信社が編集した『輝く皇国の精華』は、七百六十八ページにわたる満洲・上海事変の総括的な記録集だが、そのなかに、銃後の美談も所収している。同書は、第一篇が「日支事変の概要」、第二篇が「日支事変将士美談」で満洲派遣軍、熱河渡航作戦、上海派遣軍の三部にわたって将兵の軍事美談を収録し、第三篇「帝国の国防」の第一章を「銃後の美談」として、「童心報国」「丹心報国」「愛国美談」などの分類で約五十六ページにわたって銃後美談を掲載している。

満洲事変を経て一度沈静化したこうした国民の熱狂は、一九三七年七月の日中戦争の勃発によって、再び高揚することになる。日中戦争は、総力戦の仕組みが具体的に整えられた戦争になり、そのため「銃後の熱誠」を語る話がより盛んに発掘され編集されていくことになる。

## 日中戦争へ

日中戦争

一九三七年七月七日、北京郊外の盧溝橋で、日本軍と中国軍の衝突が起こり、それをきっかけに日中戦争が本格化していく。塘沽停戦協定以降も、日本陸軍は中国東北部ばかりでなく華北への展開などを画策していたが、そうした陸軍の強硬論にひきずられるように、中国での日本の戦線は拡大していった。

満洲事変勃発のときに盛り上がったあと一時さめていた庶民の熱気は、この日中戦争の勃発で再び盛り上がっていくことになった。陸軍の強硬姿勢に押され、隣国として長い交流の歴史がある中国と戦火を交えなければならなくなったことを言いつくろうために、日本の言うことをきかない中国を懲らしめる戦いであるという意味のスローガン「暴支膺懲」を掲げることになった。

満洲事変では、前述の藤井忠俊が指摘した「献金現象」や新聞社が募った飛行機献金運動に対する国民の熱狂的支持があったが、日中戦争勃発の際も盛り上がりをみせている。ここで、満洲事変の際の恤兵献金の額と、日中戦争初期の献金の額とを比べておこう。

満洲・上海事変期に、勃発から一九三四年一月十七日までに陸軍省が扱った国防献金は千二百二十一万千七十二円二十五銭、三三年末までに陸軍省恤兵部が受け付けた恤兵金は五百四十三万五千円だったという[13]。そして、日中戦争の場合は、三七年七月から翌年八月末までに陸軍省が直接扱った恤兵金は約千百五万円にのぼり、各師団が受け付けたものは四百九十七万円、約一年で総額約千六百二万円になった[14]。

満洲事変と日中戦争の際の国民の盛り上がりの差は量的に把握することもできる。ここで、日中戦争開戦からの月ごとの陸軍への恤兵金の額を記した資料を見てみよう（表1）。同表は、一九三八年九月に刊行した陸軍恤兵部による『支那事変恤兵概観』に掲載された「恤兵金品受理状況」に基づいている。

一九三七年十二月十三日の南京陥落の翌月は恤兵金が約三倍に、また三八年六月十五日の武漢陥落の翌月は四倍近くになっている。提灯行列で戦勝を祝ったその興奮がこうした恤兵金の額に反映していると思われ、報道される戦況に応じて増額していることがわかる。いずれも翌月になると再び激減していて、戦況に一喜一憂していた国民の姿を反映しているともいえるだろう。満洲事変の際の熱狂が一時的なものだったという先の藤井の指摘は、日中戦争の場合にもある程度当てはまりそうである。

勝利が報じられているにもかかわらず、それが戦争の終結になかなか結び付かなかったことに、この戦争の特質があった。その原因の一つは、陸軍が展開した戦法にあった。日中戦争での陸軍は、主に包囲殲滅という、敵を包囲しては一網打尽を狙う戦い方をしていた。しかし中国軍はしばしばその包囲から広大な大陸で戦線を抜け出して展開したため、日本軍は十分な戦果を上げられなかった。確かに日本軍は北平（北京〔一九三七年七月二十九日〕）、南京（一九三七年十二月十三日）、武漢（一九三八年十月二十七日）など主要都市を攻略し、そのつど銃後は盛り上がった。しかし、それは実際には点としての都市の占領と、そこへの連絡・補給の経路、すなわち線を確保しただけで、広大な中国大陸を面として確保できたわけではなかったのである。[15] のちに述べるように、兵士の武勇の美談では、勇敢な日本軍に対してすぐに逃げだす中国軍という対照的な描き方になっているが、それは、単純な勇敢さの問題ではなかった可能性がある。古賀連隊長のように、日本軍はしばしば中国軍を深追いし、結果的に戦線が大陸に拡大すればするほど、中国軍のゲリラ戦法で線を攻められ、苦戦を強いられることになったのである。

結局、日中戦争でも、緒戦の頃に比べて恤兵金の額は時の経過とともに低調になっていることがわかる。銃後の美談を編集することは、国民の高揚がこのように「一過性」であることに対処するために、戦争に対する国民の前向きの姿勢を記録して語り続けることで人々の戦意を高める仕掛けになることを期待していたといえるだろう。

## 2　総力戦の制度と銃後美談集

### 銃後という「至誠」

動員の仕組みのなかで

日中戦争が始まり、日本はいよいよ本格的な総力戦を経験することになった。「本格的」というのは、一九三七年以降、総力戦を支える「銃後」の制度が具体的に構築されていくことになるからだ。

まず、日中戦争が勃発して約一カ月半がたった八月二十四日に国民精神総動員実施要綱を閣議決定し、一九三七年十月、有馬良橘海軍大将を会長として、国民精神総動員中央聯盟を結成する。[16] 同実施要綱は、運動の目的として「「挙国一致」「尽忠報国」ノ精神ヲ鞏ウシ事態ガ如何ニ展開シ長期ニ亘ルモ「堅忍持久」総ユル国難ヲ打開

| 軍師団 | | 摘要 |
|---|---|---|
| 慰問袋 | 件数 | |
| 71,440 個 | 10,021 件 | 恤兵品ハ慰問袋ノ外ニ雑品トシテ酒、煙草、手拭等多数ヲ受理シテ居ル之ヲ点数ニ換算スルト無慮壱千九百万点ニ又銀紙ハ七千八百貫目ニ達シテ居ル |
| 156,381 | 13,994 | |
| 344,232 | 15,808 | |
| 437,864 | 17,472 | |
| 811,149 | 20,839 | |
| 1,109,166 | 18,629 | |
| 337,871 | 14,114 | |
| 236,875 | 12,211 | |
| 1,306,771 | 16,468 | |
| 284,817 | 18,308 | |
| 283,347 | 15,560 | |
| 400,858 | 10,592 | |
| 353,086 | 14,704 | |
| — | — | |
| 6,133,857 | 198,720 | |
| | | |
| | | |

表1　陸軍恤兵金品受理状況（1937年7月－38年8月）

恤兵金品受理状況

支那事変勃発以来陸軍恤兵部及軍、師団ニ於テ受理シタ恤兵金及慰問袋ヲ月別ニ依リテ表示スルト次ノ通リデアル

| 恤兵金品受理月別一覧表 | | | | | | | |
|---|---|---|---|---|---|---|---|
| 月別／区分 | 恤兵部 | | | | 軍師団 | | |
| | 恤兵金 | | 慰問袋 | 件数 | 恤兵金 | | |
| 昭和12年7月 | 1,348,645円 | 80銭 | 65,132個 | 10,943件 | | 93,501円 | 25銭 |
| | | | | | 銀 | 6,637 | 45 |
| 8月 | 1,960,836 | 11 | 169,692 | 19,717 | | 310,787 | 00 |
| | | | | | 弗 | 38 | 70 |
| 9月 | 1,340,478 | 16 | 210,717 | 14,340 | | 309,288 | 97 |
| 10月 | 1,639,354 | 09 | 120,667 | 36,160 | | 191,079 | 29 |
| | | | | | 弗 | 458 | 30 |
| 11月 | 441,683 | 00 | 258,334 | 13,577 | | 1,049,908 | 90 |
| | | | | | 銀 | 2,656 | 05 |
| 12月 | 284,476 | 97 | 337,341 | 10,433 | | 834,233 | 64 |
| | | | | | 銀 | 1,501 | 24 |
| 昭和13年1月 | 832,768 | 05 | 199,556 | 7,576 | | 343,103 | 65 |
| 2月 | 359,739 | 22 | 205,301 | 7,815 | | 245,415 | 01 |
| | | | | | 銀 | 208 | 63 |
| | | | | | 弗 | 570 | 00 |
| 3月 | 363,561 | 65 | 124,787 | 5,369 | | 319,403 | 44 |
| 4月 | 856,655 | 28 | 37,606 | 4,433 | | 303,369 | 13 |
| 5月 | 192,214 | 93 | 72,017 | 4,642 | | 289,983 | 80 |
| | | | | | 銀 | 20 | 00 |
| 6月 | 195,931 | 67 | 291,549 | 4,725 | | 277,684 | 58 |
| 7月 | 983,041 | 84 | 45,104 | 7,767 | | 406,002 | 58 |
| 8月 | 254,300 | 30 | 69,623 | 5,699 | | ― | |
| 合計 | 11,053,687 | 07 | 2,207,426 | 153,196 | | 4,973,761 | 24 |
| | 円 | 銭 | 個 | 件 | 銀 | 11,023 | 37 |
| | | | | | 弗 | 1,067 | 00 |
| 備考 | 受理総数 | | | | | | |
| | 恤兵金 | | | | | 16,027,448.32円 | |
| | 慰問袋 | | | | | 8,341,283袋 | |
| | 件数 | | | | | 351,916件 | |

（出典：陸軍恤兵部編『支那事変恤兵概観』〔陸軍恤兵部、1938年〕の付録3をもとに作製）

※同冊子は、付録1として「恤兵美談ノ数例」に12例、ならびに付録2「慰問袋有難う」として、慰問袋に対する前線からの礼状1例を紹介している

シテ所期ノ目的ヲ貫徹スベキ国民ノ決意ヲ固メ之ガ為必要ナル国民ノ実践ノ徹底ヲ期スルモノトス」と掲げ、具体的な実施の機関としては内閣情報委員会、内務省、文部省が主務官庁となり、各省総がかりで実施にあたり、中央に有力な外殻団体を置くとしていた。内閣情報委員会はその後、内閣情報部になり、さらに四一年に内閣情報局へと改組される言論統制と宣伝を主務とする部局だった。

そして同要綱は、道府県ごとに官民合同の地方実行委員会を組織化し、市町村の各種団体の総合的動員を求め、部落または町内さらに会社、銀行、工場、商店などもそれぞれ実施計画を立てることを求めていた。また言論機関の協力、特に当時新たなメディアだったラジオの利用なども盛り込んでいた。「事変」という「非常時」に対して国民の生活のすべてが前向きの姿勢で関わっていくシステムを構築しようとしていたのである。一九三七年十月の時点で、同聯盟には全国町村長会、愛国婦人会、帝国在郷軍人会、大日本国防婦人会、愛国恤兵会、壮年団中央協会、大日本連合青年団など七十四団体が加盟していた(17)。

同年十月には、国家総動員体制の中枢機関としてそれまでの企画庁と資源局を統合した企画院を内閣に設置し、国民経済の動員体制を牽引する役割を担うことになった。

年が明けた一九三八年一月には、前年六月に閣議決定した社会保険省設置要綱をふまえて厚生省が設立され、戦時下の総動員体制の礎となる国民の壮健な身体と生活の福祉を下支えしていくことになる。そして、同年四月には国家総動員法が公布されて五月から施行される。これは戦時体制のなかで、人員と物資を統制的に運用する権限を政府に与える法的根拠になるものだった。

日中戦争期には、国民の心と身体、モノを戦争に動員していく仕組みが日常のなかに張り巡らされていくことになり、そのなかで銃後の美談を集めて編纂されていったのである。それは、満洲事変での銃後の美談集が主に陸軍によって記録され編纂されていたのとは大きく異なる点だったといえるだろう(「巻末資料　銃後美談関連図書一覧」を参照)。

ここで、そうしたいくつかの銃後美談集を取り上げ、どのような動員の仕組みのなかでこの時期の美談集が編まれたのかを見ておきたい。

### 国民精神総動員運動

日中戦争のさなかに結成された国民精神総動員中央聯盟は、『銃後家庭美談』第一輯を発行している。十五センチ×二十一センチ、総三十六ページのパンフレットのような体裁の冊子である（図４）。「はしがき」には、出版の目的が次のように述べられている。

昨夏七月、盧溝橋事件を機として、わが帝国が暴支膺懲の師を進むるや、銃後国民の間には愛国の赤誠が澎《ほう》湃《はい》として起り、銃後に於ける美談、佳話が数限りなく語り伝えられている。黒髪を切って、前線の夫を激励した妻、愛息の壮烈なる戦死を喜び讃える母、出征勇士の一家を背負って奮闘するいたいけな少年少女等――一つとして我等の胸を打たぬものはない。

国民精神総動員の真髄は、国民全体が支那事変の真相に徹し、銃後に出征する心意気を以て、愛国の至誠を日常生活の上に現わすことに外ならぬ。

国の礎とも云うべき家に重点を置き、家庭生活の中に根強く培わるべきである。

全国各家庭内に尽忠報国の精神が満ち溢れてこそ、国民精神総動員の大目的が初めて達成せられるのである。(18)

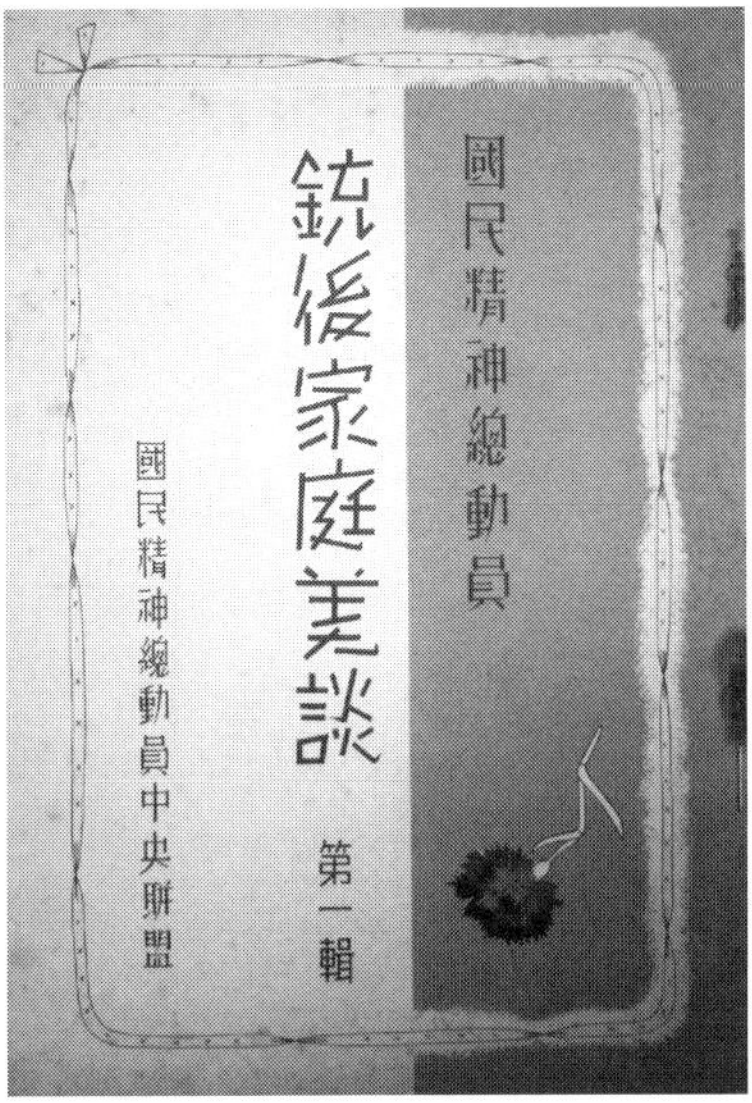

図4　瀬尾芳夫編『銃後家庭美談――国民精神総動員』第1輯（国民精神総動員中央聯盟、1938年）

「暴支膺懲」は、陸軍にひきずられた日本の中国大陸への野望を正当化するために仮構された、既存の日本の権益を損ねる中国を懲らしめるための戦であるという日中戦争のスローガンだった。そして、家庭という社会の最小単位を基盤に、国民精神総動員という体制を具体化するためにこの美談集を編んでいたことがうかがえる。「国の礎としての家」と「家庭生活」という言葉を二つ重ねているが、日本の近代家族を規定する「家」と「家庭」という、場合によっては矛盾することもある考え方を接合しているといえる。家は、祖先という過去の記憶を共有する縦の系譜を前提とした関係性であるのに対して、家庭は、子どもの未来を共有する親子を軸とした関係性を意味していた。「家庭」という概念は、一八九七年前後以降、西欧から入ってきた新たな家族の理念であり、一九二〇年代後半以降に都市の俸給労働者（サラリーマン）階層を中心に具体化され始めたものだった。「家」とは異なり、親子を中心とした愛情あふれる関係性のなかで、子どもを育てるというイメージをかけがえがない価値としていた。

「万世一系」の天皇への忠義と親への孝行を接合させた「忠孝一本」イデオロギーに、この新たな「家庭」という理念を重ね合わせ、その親密な家族関係を「国民精神総動員」のなかに位置づけたのである。国民精神総動員運動は、次のような「家庭報国三綱領」を定めていた（図5）。

健全なる家風の作興
適正なる生活の実行
皇民としての子女の養育(19)

第6章「妻そして母たちの銃後」で詳しくふれるが、総力戦へと日常生活を動員していく過程と、一九三〇年代に「母子一体」が強調され母や母子関係がクローズアップされていく過程とが重なっていたといっていいだろう。戦時下の制度のなかに「家庭」が位置づけられる具体的な契機の一つは、四二年五月に文部省社会教育局が

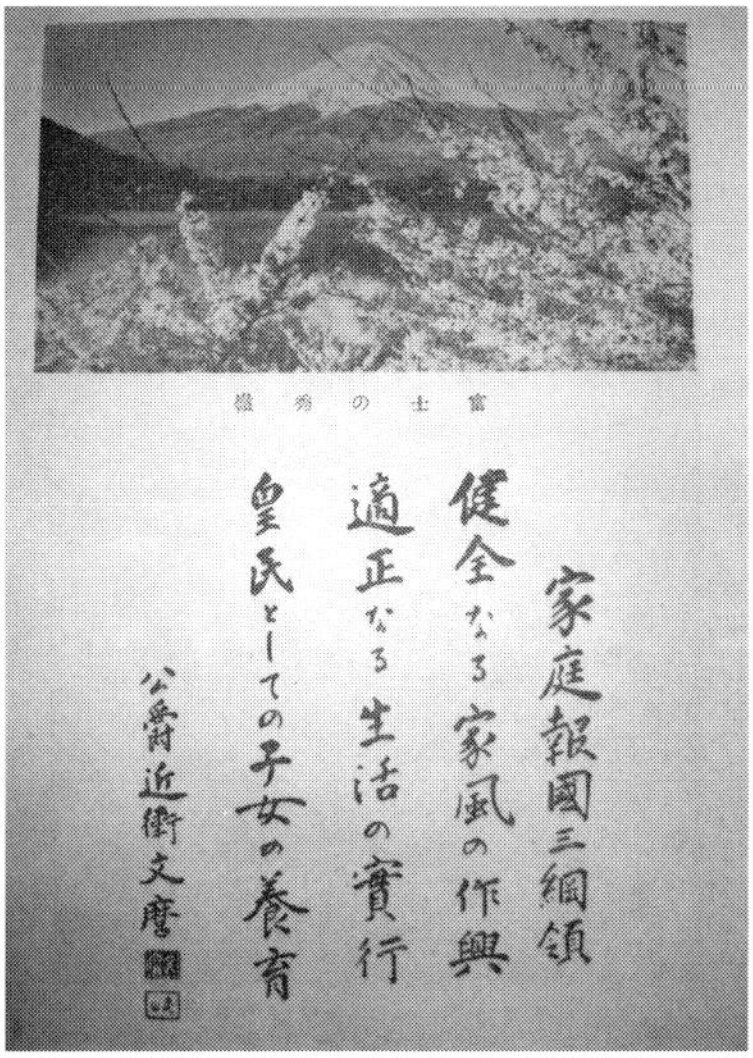


図5　近衛文麿による「家庭報国三綱領」（日本的性格教育研究会編、内務省・国民精神総動員中央連盟校閲『国民精神総動員のお話』文明社、1938年）。なお、同書は総ルビで、「歴史に残る国民精神総動員」の章には、将兵の忠勇美談1例、手紙を中心とした銃後美談3例を紹介している

発布した「戦時家庭教育指導要項」だった。それを先取りしていたのが、「全国各家庭内に尽忠報国の精神」を行き渡らせることをうたった国民精神総動員中央聯盟による『銃後家庭美談』だったといえるだろう。

「凡例」では、「必ずしも代表的なもののみを選んだのではなく、確実に調査をなし得たもの」を収録したと記し、事実の記録であることを強調している。調査方法については、「資料は新聞紙掲載のものを主とし、夫々当該市町村長、警察署長、その他に照会し、調査を依頼して確実を期した」と記している。

合わせて二十五話が掲載されていて、「黒髪を切って夫を激励」「覚悟は揺るがぬ荒鷲の母」「秘められた父の死」「豆腐を売る孝行少女」「夫の職場を守る貞婦」「女ながらも大黒柱」など、銃後の家族、特に女性の奮闘を描く話がある一方で、「禁酒して愛国献金の老小使さん」「街の無名商人が合同慰霊祭」「九六媼の千人針」など「家庭」や家族のあり方とは関係がない話も含まれている。ここでの銃後の「家庭」とは、美談として語られる対象としてよりはむしろ、銃後美談を受容する場として位置づけられていたのではないかとも考えられる。「第一輯」としているが、調査した限りでは「第二輯」以降を目にしたことはない。

次に、国民精神総動員運動に関連する美談集として、壮年団中央協会『銃後風土記――潑溂たる各地壮年団の活躍』（壮年団中央協会、一九三七年）を見ておこう。十二・五センチ×十八・五センチ、総ページ七十二ページの小ぶりの体裁の冊子である。

壮年団とは、青年団に参加する年齢層よりも上の中年層以上で構成した、郷土生活を支えることを目的とした団体である。壮年団中央協会の起源は、青年団活動に長年にわたって関わってきた人々が、壮年団の結成を促進することを目的として一九二九年十二月に設立した壮年団期成同盟にある。当初、日本青年館のなかに仮事務所を置いて活動を開始したが、その後、満洲事変を経て壮年団設置運動を強化すべく、東京・麴町区丸の内に事務所を移し、機関誌発行や講演会の実施などを進めた。そして三六年一月に、壮年団組織の全国中央団体として、壮年団中央協会と名称を変更し[20]、国民精神総動員運動中央聯盟の傘下に入っている。同書によれば、三六年末の段階で、全国の壮年団と同類の団体は約二千五百を数え、そのうち壮年団中央協会に加盟している団体は三百六十だった[21]。

『銃後風土記』は、全国的に組織化されていく途上にあった壮年団の活動を銃後の体制のなかに位置づけて語ろうとするものであり、やや硬い文体などからは、「話」を集めた美談集というよりも各地の壮年団からの報告書を編集したものであることをうかがわせる。しかし、それぞれの壮年団が銃後の後援活動にどれほど邁進していたかを語るものにもなっている。これは個人の行動を集めたものではないが、応召者の家族に対する支援を中心とした組織的活動の記録として、美談集に準じるものとみることもできる。

このほかに、壮年団よりも歴史が古く規模が大きかった青年団に関連する文献としては、例えば大日本連合青年団編『全国青年団銃後活動の概況』第一輯（大日本連合青年団、一九三八年）がある。一九〇五年以降、内務省が若者組織の近代化を図ることをもくろみ、同時に文部省が高等小学校以降の補習教育機関として青年層の組織

図6　右から『軍国の母の姿』第1・2輯（厚生省／国民精神総動員中央聯盟編、厚生省／国民精神総動員中央聯盟、1939年）、同書第3輯（軍事保護院／国民精神総動員中央聯盟編、軍事保護院／国民精神総動員中央聯盟、1940年）、同書第4輯（軍事保護院／大政翼賛会編、軍事保護院／大政翼賛会、1941年）、同書第4輯続篇（大政翼賛会宣伝部編、大政翼賛会宣伝部、1942年）、同書第5輯（軍事保護院／大政翼賛会編、軍事保護院／大政翼賛会、1943年）

化に着目したことから、二五年四月に大日本連合青年団が結成された。同書は日中戦争勃発以降、各地の青年団が郡県レベルから市町村レベルに至るまでどのような活動をおこなったかを網羅的に記録している。その後、三八年四月に「昭和十三年三月末現在」の概況を記録した第二輯が、三八年十二月に「昭和十三年十月末現在」の概況を記録した第三輯が刊行されている。第一輯と第二輯はほぼ同じ構成をとっているが、第三輯は第三部を「美談佳話」として、北海道から鹿児島、さらに台湾までを網羅し、青年団に関連する三十二話の美談を紹介している。

## 援護と銃後

現実的な要請からいえば、銃後の体制には、出征軍人の留守家族や戦死者の遺族への支援こそが期待されていた。理念としての総力戦は、そうした支援制度が十全に備わってはじめて可能になる。厚生省／国民精神総動員中央聯盟編『軍国の母の姿』第一輯（厚生省／国民精神総動員中央聯盟、一九三九年）は、そうした具体的な支援制度との関わりのなかで編んだと考えられる美談集である。同書は、巻号は記されていないものの、その後同じ書名で第五輯まで発行していることを確認できる（第四輯は「続篇」を含めて二冊）。十五センチ×二十一センチという判型は第五輯まで変わらない。いずれも九十ページから百三十ページ前後の冊子である（図6）。

取り上げている美談は、第一輯の十一話と第二輯の九話が、いずれも日露戦争の戦没者の妻と家族のエピソードである。そして第三輯の十四話、第四輯の十二話、第四輯続編の十三話、第五輯の二十話、計五十九話が日中戦争以降の事例となっている。それぞれ一話につき十ページ前後の分量を割き、今日的な言い方をすれば、戦争で夫を亡くした女性の詳細なライフヒストリーになっている。

こうした境遇の女性のライフヒストリーを、どのような組織が編集したのだろうか。それはこの『軍国の母の姿』の編集・発行主体が、第一輯から第五輯にかけて変化していくことのなかにうかがうことができる。各輯の発行年月とともに、整理しておこう。

第一輯　一九三九年四月　厚生省／国民精神総動員中央聯盟編・発行
第二輯　一九三九年十月　軍事保護院／国民精神総動員中央聯盟編・発行
第三輯　一九四〇年十月　軍事保護院／国民精神総動員中央聯盟編・発行
第四輯　一九四一年十月　軍事保護院／大政翼賛会編・発行
第四輯続篇　一九四二年二月　大政翼賛会宣伝部編・発行
第五輯　一九四三年三月　軍事保護院／大政翼賛会編・発行
（第一輯にあたる冊子だけ、巻号と奥付がないため、厚生省臨時軍事援護部長の「序」に記された年月をもって発行年月とした。）

第三輯までは、国民精神総動員中央聯盟が編集と発行に関わっていたが、一九四〇年十月、第二次近衛文麿内閣が新たな国民の統合と動員を目指し「新体制」運動を進めるために大政翼賛会を組織すると、国民精神総動員本部（一九四〇年に設置）はそこに吸収されることになった。第四輯から大政翼賛会が関わるようになるのは、そうした戦時下の翼賛体制の展開を反映している。

また、第一輯の編集には厚生省が関わっていたが、第二輯からは軍事保護院となっている背景には、出征兵士の家族や戦死者遺族に対する軍事扶助制度の変遷という事情がある。近代日本での動員制度の一つとしての軍事援護の歴史的展開に関する郡司淳の研究[22]に基づき、こうした援護の制度の歴史を概観しておきたい。近代日本で初めての対外戦争だった日清戦争のときの出征兵士の家族と戦死者遺族に対する援護は、基本的に各市町村レベルでおこなわれていて、国として統一した援護システムが存在していたわけではなかった。一八八九年に、国民皆兵という原則のもとで徴兵令が改正され、地域を単位とした軍隊編成がとられた。日清戦争時（一八九四—九五年）には、おおむね連隊区が徴兵単位とされ、それにしたがって、地域の徴兵制を下支えするために「徴兵慰労義会」や「尚武会」などの私的な団体が各地に作られた。内務省はこうした各地の動きを後追いして、府県の地方税をその資源にあてることを奨励しただけだった。したがって、日清戦争時には、こうした援護の実態について国が統一的に掌握しうる制度を擁していたわけではなかったと考えられる。

日露戦争（一九〇四—〇五年）は日清戦争に比べて大規模な対外戦争になった。戦争期間も日清戦争の九カ月に対して日露戦争は十九カ月、動員された兵力も日清戦争が約二十四万人だったのに対して日露戦争は約百九万人だった。日露戦争での大規模な動員を具体化する施策の一つとして、開戦当初の一九〇四年四月二日に、出征兵士の家族の援護のために「下士兵卒家族救助令」が公布されて国費による下士兵卒出征家族に対する救助の道が開かれ、五月一日から施行された。

これによって、国家のもとで地方行政組織が援護の執行機関となる仕組みを整えることになった。実質的な業務は多くの場合各地の兵事会などの私設団体が担うことになったが、地方の行政機関が管理する戸籍をもとに留守家族の調査をおこない、援護の対象の選択などを実施するようになった。これによって、援護に国費をあてる道が開かれることになる。郡司によれば、この「下士兵卒家族救助令」は、戦時の応召軍人の留守家族を対象としたもので、現役兵の家族や傷病兵とその家族、あるいは戦没者の遺族を対象から除外していたという。しかし、当事者が救助を願い出るというこの制度の「出願主義」の思想などは、その後の軍事援護制度にも受け継がれていくことになった。

そして日露戦争以後、出征遺家族、戦死者遺家族の援護の体制整備に対する世論の高まりを受けて、第一次世界大戦中の一九一七年一月に「軍事救護法」が施行される。同法は日中戦争が始まる直前の三七年七月一日に「軍事扶助法」に改定され、一般救貧行政と軍事援護行政を明確に分離して軍事援護に対する国家の制度を整えていった。そして同年十一月に、軍事援護行政を担う部署として内務省内に臨時軍事援護部が設けられた。

一九三八年一月に厚生省を新設すると、その下部局として臨時軍事援護部を設置し、また厚生省の外局として傷兵保護院を設置した。この臨時軍事援護部と傷兵保護院が三九年七月に合併し、厚生省の外局、軍事保護院になる。

以上のように銃後の後援制度の変遷を見てくると、厚生省から軍事保護院へと移り変わった『軍国の母の姿』の編集体制の変化は、その間の軍事扶助制度の展開、特に日中戦争以後の後援制度の整備の過程を反映していることがわかる。したがって、編集にあたっては、軍事援護の行政のなかで収集した情報がもとになっていると推測できる。

また、この『軍国の母の姿』が日露戦争以降の事例から収集していることも、先に述べたように日露戦争時に国によるこうした軍事援護の制度の整備が始まったことと無縁ではないだろう。

日露戦争に関する美談を集めた第一輯には、厚生省臨時軍事援護部長・新居善太郎による「序」を付し、そこには「今回国民精神総動員中央聯盟に於いて、国民精神作興の資とし過去の戦役事変に於ける戦没軍人遺族の善行美談を蒐集しました処、其の事蹟は実に帝国軍人の遺族として又軍国の母として将又《はたまた》日本婦人として、実に一世の亀鑑とするに足るものであります」と記してある。銃後の暮らしのなかでも、特に「母」や「婦人」の行動に注目すると宣言しているのである。

日露戦争にまでさかのぼったうえで、時代に必要とされている「母／妻」の像を語ろうとしていたと考えられる。このように、しばしば日露戦争の経験と記憶を同時代に召喚しようとする傾向がみられるのが、日中戦争期の美談の特色の一つでもあった。

特に、日中戦争の戦死者の妻をめぐる美談を扱っている第三輯の「序」では、軍事保護院援護局長・数藤鐵臣が次のように述べている。

国民精神総動員中央聯盟に於いてはさきに過去の戦役に於ける戦没勇士遺族の美談集を「軍国の母の姿」と題して二回に亘り発行せられ銃後国民に多大の感銘を与えると共に、多数の遺族をして感奮興起せしめるのに大いに貢献せられたのであるが、今般さらに本年秋季靖国神社臨時大祭を機とし、今度は今事変の戦没遺族に関する篤行美談を「軍国の母の姿第三輯」として、国民精神総動員本部より発刊せられることになったのは、実に時宜に適した企てであって慶賀に堪えない次第である。（略）茲に一言お断りして置きたいことは、本書に収めた美談は各府県の推薦に係るものの一部に過ぎないのであって、此の外之に劣らない数々の佳話があるのであるが、紙数の関係上之を次回に譲るの余儀なきにいたったことである。最後に本書の刊行に当られた国民精神総動員本部並に之に協力せられた関係府県、市町村当局の御厚意に対して深甚なる感謝の意を表する次第である。

第二輯までが、主に日露戦争という「過去の戦役」の戦死者遺族の美談だったこと、そしてこの第三輯からは日中戦争の戦死者遺族の話が集められたという編集方針を確認することができる。さらに末尾の謝辞からは、そ

図7　『傷痍軍人成功美談集』（大日本軍人援護会編、大日本軍人援護会、1938年）

の情報が、市町村から府県へ、そして国へと、軍事援護事業の対象者の情報が上がってくる制度上の筋道を通してもたらされたことをうかがうことができる。この銃後美談のなかで語られる「母」の姿については、あらためて第6章で詳述する。

もう一つ、援護の制度に関わる美談集を取り上げておきたい。

日中戦争が勃発して半年たった頃に発刊された大日本軍人援護会編『傷痍軍人成功美談集』（大日本軍人援護会、一九三八年）である。十三・〇センチ×十八・六センチの判型に、総ページは三百三十九ページで、扉裏には「本冊子は印刷を以て謄写に代え今事変に於ける傷痍軍人各位に配布するものである。昭和十三年二月　財団法人大日本軍人援護会」とあり、これが日中戦争の傷痍軍人とその家族を読者として想定したものだったことがわかる（図7）。

戦傷を負った部位ごとに章が分かれ、「上肢負傷者の部」十八話、「下肢負傷者の部」二十一話、「頭部負傷者の部」十一話、「体幹負傷者の部」六話で構成され、ここまでが本文にあたる。それに続いて「啓成社に於ける職業再教育終了者の成功談」八話、最後に「大日本傷痍軍人会大阪支部座談会に於ける体験談の一部」が付録のような位置づけで掲載されている。損傷部位によってその後の生活の状況が異なってくるため、損傷部位ごとの構成こそがリアルだったと考えられる。それはまた、戦傷者自身を読者として想定していたことを示している。

本文として掲載された五十六話は一話が西南戦争の戦傷者であるほかはすべて日露戦争の傷痍軍人の例であり、「啓成社に於ける職業再教育終了者の成功談」八話が、満洲事変と第一次上海事変の傷痍軍人の例で構成されている。この美談集は、日露戦争の傷痍軍人が、戦傷による身体的なハンディキャップをどのようにして克服したかに関する約三十年にわたる奮闘の体験談を集めることで、日中戦争の傷痍軍人に一つの「成功」のモデルを提示しようとしたものだった。同美談集の大日本軍人援護会による「はしがき」は、出版の目的を次のように語っている。

> 今次事変に不幸傷痍を受けられし将兵各位に対しては満腔の感謝と敬意とを表するものである。切に今後の加療に努めらるると共にその恢復を祈って已まない次第である諸氏の中には或は郷に帰って従前の家業に精進せられる者もあろう或は適職を求めて新しい方向に邁進せんと企図して居る者もあろう。何れにしても不自由を感ぜらるるだろうが各々志す業に御精励ありたい。茲に婆心ながら現存の先輩諸兄の成功美談を座右に贈る、何等かの指針ともならば望外の幸せである。

図8　『改訂 傷痍軍人の為に』（陸軍省、1939年）

銃後の仕組みの一つである、戦場で傷ついて帰還した将兵を援護する制度のなかで、傷ついた将兵が銃後を下支えする力としてどのようにして復帰したかという話が収集され、銃後の美談の一画を構成することになる。一見すると日露戦争に基づく経験と記憶を語る美談といえるが、しかし一方で、この美談集が刊行された一九三八年二月という時点で、日中戦争の傷痍軍人で「成功」といえるような物語を語りうる者はおそらくまだいなかったのではないだろうか。だからこそ、日露戦争の傷痍軍人の約三十年にわたる物語が規範として提示されることになったのだと思われる。それは過去の記憶というより、現在も続いている奮闘の物語だといえる。

　ここで、この日中戦争の傷痍軍人の援助制度について、当時、傷痍軍人とその家族のために陸軍が配布したパンフレット『改訂 傷痍軍人の為に』（陸軍省、一九三九年）をもとにみておこう。この四十二ページほどの冊子は、傷痍軍人を対象に、どのような恩給や医療、各種の援助、特典などがあるかを明らかにしたうえで、それらの申請手続きの方法を説明している。文章には、お役所言葉の硬さがあるが、すべての漢字にルビをふっていて、普段活字に接することが少ない人々を読者として想定していたことを示している（図8）。

　冒頭には陸軍省人事局恩賞課長の陸軍歩兵大佐・佐々真之助の「巻頭之辞」を掲げている。「既に身は軍籍から離れて、再び往年の如く国防の第一線に立ち得ずと雖も、其の隻手隻足の余生を以て、平時に在っては宜しく国運の興隆《おこりさかえる》に貢献《ことささげ》し、戦時に在っては宜しく銃後の戦線に立って、報国尽忠の誠を致さねばならぬと思う」とあるが、これは、傷痍軍人を総力戦の「尽忠」「報国」の体制のなかに位置づけることで日常に復帰させようとする論理だといえる。現在から見れば、戦争で傷ついた者を再び戦時下の動員の体制に組み込むこと自体が一つの暴力にみえる。しかし当時の現実的な空気のなかでは、「傷痍」という負を背負わされた人々が自らを再び生かす場所を見いだす最も確実な道は、総力戦下の銃後の再生産の論理に沿うことだったのも事実だろう。

　このパンフレットが発行された一九三九年十月当時、傷痍軍人にはどのような制度が用意されていたのだろうか。

　まず、先に述べたように軍事扶助法があったが、それを主管するのが厚生省の外局である軍事保護院だった。傷病兵とその家族あるいは遺族は、居住地の地方長官に出願すれば同法の規定に従って生活扶助や医療、助産と生業の扶助を受けることができた。

『傷痍軍人成功美談集』でも述べている就職や新たな技能習得については、実質的に十分だったかどうかは別にして、陸軍省内に在郷軍人職業輔導部が置かれ、全国の各師団、連隊区司令部と「事変地」に輔導部主事を設けて傷痍軍人の職業上の相談や就職斡旋にあたる体制が作られていた。そして、道府県の職業紹介所にも傷痍軍人や帰還軍人のために「特別の技能を有する」専任の職員を置いて職業指導や紹介にあたっていたという。ただし、それらがどれだけ実質的な効果を発揮していたかは別の問題である。

『傷痍軍人成功美談集』の「はしがき」には、収録した話について、「本冊子の蒐録する所は師団よりの調査に基き長谷川伸、加藤武雄、吉川英治、村松梢風、野村愛正、桜井忠温、三上於兎吉、白井喬二、子母澤寛の諸氏並に故直木三十五氏に委嘱し適宜潤色執筆せられたものである」と記している。誰がどの美談を執筆したかは明記していないが、当時人気の書き手をそろえたことはまちがいない。そして「師団よりの調査に基き」とは、各師団や連隊区司令部に置いていた傷痍軍人の職業相談・斡旋に関わる輔導部からの情報に基づいているという意味だと考えていいだろう。

また、満洲事変と第一次上海事変の傷痍軍人の美談である「啓成社に於ける職業再教育終了者の成功談」に登場する啓成社とは、もともと身体に障害をもった一般の人々の職業訓練施設として東京に置かれていた財団法人であり、国が傷痍軍人の職業訓練を委託した機関だった。このほかの国の傷痍軍人職業再教育機関には、傷痍軍人大阪職業輔導所や傷痍軍人福岡職業輔導所などがあった。

なお、『傷痍軍人成功美談集』の発行主体である大日本軍人援護会は、一九一九年に実業家などが資金を出して設立した報效会と、満洲事変下の三三年に軍事扶助の充実を目指して軍部の指導のもとに設立された愛国恤兵会とが、日中戦争による総力戦の本格化のなかで合併し、三七年十一月十五日に設立されたものだった。その意味では、この美談集は同会が設立されて間もない時期に発行した刊行物だったことになる。

この大日本軍人援護会は、その後、一九三八年十月に天皇が下賜した資金をもとに、政府の軍人援護事業強化の方針に基づき、日露戦争期からの沿革をもつ帝国軍人援護会、振武育英会などとともに解散・合併し、恩賜財団軍人援護会となる。

ここで一例だけ、『傷痍軍人成功美談集』から「下肢負傷者の部」に収められた「土と共に三十年　平凡のなかに輝く川又圭一氏」[23]という話を紹介しておこう。戦傷の程度については「負傷程度　右大腿部盲貫銃創兼骨折

（跛行）」と記している。
日露戦争に従軍した圭一が負傷して故郷に帰還し、彼が戻ったことを祝う村人たちに「……まだ戦争も終らないのに、こうした姿となって帰郷しまして、何ともお恥ずかしい次第です」と述べると、村人は圭一を励ます。それに対して圭一は、「戦場では志半途にして倒れたが、この不名誉は、これから取り戻すぞ。皆さん見ていて下さい」と応えている。
圭一は、一九〇一年に香川の歩兵第十二連帯に入隊し、〇四年に、旅順要塞の攻撃に加わって重傷を負い、内地に送還されることになった。もともと彼の家は「小作田二段しか持たぬ貧農」だったが、不自由な右足をひきずりながら朝早くから星が出るまで農作業に精を出した。「性来《(ママ)》誠実な彼の性格は、村での評判となり、地主はよろこんで彼のために田畑を貸した」。しかし田畑が増えると、さらに圭一の労苦は増えた。その非常に長いはずの過程を、この美談集では次のように一気に語ってしまう。

二年三年――彼はどうやら泥濘のような貧農の生活から抜け出ることが出来た。
五年六年――努力の結果はそろそろ実を結び始めた。
十年経つ――僅かながらも余裕が出来て来た。
十五年が夢のように過ぎる。
二十年が慌ただしく飛び去る。

このあとに続けて現在の境遇を、戦傷者として帰郷してから農夫として働き「三十年――彼は今や、宅地一三六坪、田八段九畝、畑一段四畝、別に家屋三棟を有して、村内でも中流以上の生計を営んでいるのだ」と、まとめている。戦傷で身体的な不自由を抱えながら、三十年の刻苦勉励で貧しい小作から中流以上の生活になったというわけだが、どうやって田畑一町歩近くを有する自作農になったか、農村疲弊という現実のなかにあるはずのその過程は、詳細に語られることなく、「粉骨砕身」という言葉でしか表現されていない。自分たちに与えられた生活の場で地道に長きにわたって奮闘することが、一つの規範として強調されているだけである。

日中戦争期の銃後美談集の特色の一つは、総力戦が遂行される過程で軍事扶助に対する銃後の制度が整えられ、そうした援護に関わる機関が、そのシステムのなかで収集しえた情報をもとに、記録としての銃後美談集をまとめていったことにあった。目下展開している日中戦争の銃後に、日露戦争で夫を亡くした女性や傷痍軍人の奮闘例をモデルとして提示しようとしていたのである。

## 教育と銃後

銃後美談集を教育の分野で編纂していた例も少なくない。文部省が国民精神総動員運動の主務官庁の一つだったこと、また地方長官が長となって、各地で官民合同の総動員運動の実行委員会を結成していたことなどを考えれば、県教育会に連なる教育現場が、銃後美談を収集して編纂するシステムの一つになることは必然だったともいえる。例えばそれは、県が銃後の美談集を編集する際に、どの部局にその仕事をさせるかによって、美談集のかたちも異なってくるといえるだろう。今日の教育委員会にあたる学務部や、教員を中心とした団体である各地の教育会などが実質的な編集作業にあたる例が、実際に少なくなかった。

図9 『愛知県銃後美談集』（愛知県教育会編、川瀬書店、1938年）

ここで取り上げるのは、愛知県教育会編『愛知県銃後美談集』（川瀬書店、一九三八年）である（図9。十九センチ×十三センチ、総百五十五ページ）。その編集・発行の趣旨、そして情報の収集の仕方などについて、愛知県教育会による「緒言」から見ておこう。


わが愛知県に於いては、今回の支那事変に際し、千載の記念とし、且つ学校教育の資料、青少年修養の鑑となさんがために、昭和一三年二月八日学務部長より小学校長に通牒して、各町村に於ける銃後美談の蒐集を行わしめ、同年四月七日に、之が第一次の報告をなさしめられた。

本会は、これが刊行の任にあたることになり、本会社会教育調査部に命じて、報告書二百五十余篇中より、感激深きもの百篇を抜かしめ、支那事変勃発一周年記念として発行することとした。(略)

文章は、体裁統一上、其の内容を損せざる程度に、学校長提出の原稿に多少の訂正を加えたものがある。

日参少年隊や、学校及び団体が、主体となって施行した行事に関しては、他日調査発表の機あるを思い、特殊なものの外は、本書に掲載をば差しひかえた。

本書に漏れた感激美談も、尚多々あることと信ずるが、小学校長から再度報告を願い、続編・続々編と、順次刊行したい念願である。


一九三八年二月八日に、県の学務部長が教育会を通して小学校長に銃後美談の報告を命じ、同年四月七日に第一次の報告約二百五十編が集まり、その刊行作業は県教育会があたり、同会社会教育調査部が小学校長の報告から百編を選んだという。小学校という地域生活の一つの拠点が、銃後の人々の行動に関する情報を収集する役割を担ったことになる。収録された百話には、すべて文末に小学校名が付され、それぞれが学校を中心とした地域の話であることを明示している。

話の中心人物は、町長、在郷軍人や方面委員、班長またはその夫人、婦人会役員など地域の役職者であるケースが目立つ。そこから、校長による情報収集が、主に地域の諸団体を通じておこなわれたのだろうということがある程度推測できる。もちろん、学校を舞台にした話や子どもが中心人物になっている話も多い。

例えば、海部郡七宝尋常高等小学校の「百枚の雑巾にこめた女性の心願」は次のような話だ。ある日学校の「小使室」の横の廊下に白布に包まれた大きな包みが置いてあった。校長がそれを開けると、百枚の雑巾と匿名の手紙が出てきた。同校の卒業生で女子青年団に所属する者が、日中戦争勃発以来、百カ日の行の心願を立てて病のときも毎夜一枚ずつ雑巾を縫い続けて達成したので、学校への感謝にしたいと思い寄贈したと手紙には記されていた。また、他家の仕立ての手伝いをして得た工賃も「適当にお取扱いを願います」と同封されていた。校長は児童と職員に手紙と雑巾を示し、「床しい女性を鑑として、銃後の務めに弛緩なき様毎日毎日互に精進しょう」と誓った。そして校長は、女性が同封してきた金を軍に送るための献金手続きをとった。

話は、「此の匿名の処女の掲げた一燈は全村に輝き、殊に女性の魂を照らして長期持久の時局に対する覚悟を固からしめた」と結んでいる。「一燈は全村に輝き」と述べていることからも、地域を代表する銃後のエピソードの一つとしてこの話を位置づけることが重要だったのではないだろうか。また、こうして銃後の「心願」が学校に向けられていることにも、地域の日常における学校の役割を示しているといえる。この話を銃後美談として示すことで、学校にもたらされた雑巾百枚には、総力戦下の「長期持久」という倹約節約の「意義」が与えられているのである。

この『愛知県銃後美談集』（川瀬書店）は、一九四〇年六月に第二輯が刊行されている。第二輯も、やはり第一輯と同様に学校の行事や団体などの事例は除き、基本的に個人を中心にした美談を百話集めている。その百話を、「成人（男子）之部」「成人（婦人）之部」「青年（男女）之部」「少年、少女之部」の四部に分けて構成しているところが第一輯と異なっている点である。

こうした教育の現場が関与してまとめた例としては、このほかに第三神戸中学校校友会編『国に尽す道』（兵庫県立第三神戸中学校校友会、一九三七年）、山梨県／山梨県学務課編『銃後美談』（山梨県、一九三八年）、名古屋市教育会編『名古屋市戦線銃後美談集』第一輯（星野書店、一九三九年）、同編『名古屋市戦線銃後美談集』第二輯（星野書店、一九四〇年）などが確認できる。このうち、第三神戸中学校校友会がまとめた『国に尽す道』は、日中戦争の経緯を時系列でたどるとともに、「大阪朝日」「大阪毎日」両紙の記事から美談を再編集して掲載したもので、独自に美談を収集したものではない。

このほかにも、学校を含む関係機関から発行された銃後美談集が、少なからずあったのではないかと考えられる。教育・学校という制度を通して、地域や子どもたちをめぐる銃後の美談を集めて編んでいたのである。

軍隊と銃後

軍に関係する組織が、直接に銃後の美談集を編集・刊行している例として、甲府の在郷軍人会が発行していた会報雑誌の特集号を取り上げておこう。

甲府連隊区司令部内帝国在郷軍人会甲府支部編「甲府支部報」第百九十六号（甲府連隊区司令部内帝国在郷軍人会甲府支部、一九三八年三月）（図10）は、雑誌の特集号という扱いだが、内容は「銃後美談集」として構成されている。市町村名と個人・団体名が明記された話を合計で百六十二話収録し、巻末に、甲府連隊区司令部の受付係が一九三七年七月八日から十二月末日までに受領した寄付金品の金額・品目、寄付した個人名か団体名、居住地などを一覧表で掲載している。当時の甲府連隊区の管轄域は、山梨県と神奈川県の全域だった。

井口駿三歩兵中佐による「序」から、その編纂の趣旨を確認しておこう。まず、「支那事変勃発以来」「我が陸海軍将士」が活躍するとともに、国内では「尽忠報国、挙国一致、堅忍持久」の「三大原則」にのっとり、人々は「銃後の護り」に邁進していると国民精神総動員運動の四文字スローガンを述べたてて銃後の状況を表現し、この美談集をまとめた目的について次のように語っている。

戦場に於いての輝く美談や、武勇談は、陸海軍当局にて、既に戦場美談として蒐録された幾多の小冊子もあるし、又部隊に於ける陣中日誌や功績調査書類等によって残さるるものがあるが、銃後国民として尽した、幾多の美談は、之をそのまま放置しておいたら日のたつと共に忘却せらるる恐れがある。まだ感激の新なる内に之を集録して置きたい。こんな意味から今回管内の各方面より材料の送付を得て、茲に事変美談号を発行することになったことは、まことに御同慶の至りに堪えない次第であります。

戦場の美談・武勇談は功績調査書類などの記録が残るが、銃後の美談は記録に残りにくいという認識は興味深い。日中戦争期は、すでに見てきたように銃後の「国民精神総動員」や後援の仕組みを整えるなかで、その仕組みを通して情報が集められて多様な銃後美談集を編集することになった。満洲事変時にも銃後美談集や恤兵美談集と名付けられた冊子が発行されていたが、本格的に銃後美談集が編まれるのは日中戦争期であるといっていい。この「序」は、陸軍の現場の将校から見て、このときに銃後の活動を記録する必要性を意識する状況があったことを示している。銃後の美談集には、前線の兵士や銃後の国民に対する宣撫という目的だけでなく、総力戦のなかで機能する仕組みが生み出す記録としての価値が期待されていたのだといえるだろう。

帝国在郷軍人会は、日露戦争後の一九一〇年十一月、陸軍の予備役や退役軍人の団体を統合して設立された。一四年には海軍も参加するようになり、三〇年代に入ると約三百万人を組織する団体になっていた。

各地の聯隊区司令部に支部が置かれ、その下の郡市に連合部会、町村には分会が置かれていた。当初は、地域生活の手本になるような「良兵良民」という思想を体現する団体として期待されていたが、満洲事変以降には、軍と一体になって総力戦を下支えする役割を担うようになる[24]。特に、一九三六年十月の「勅令第三六五号

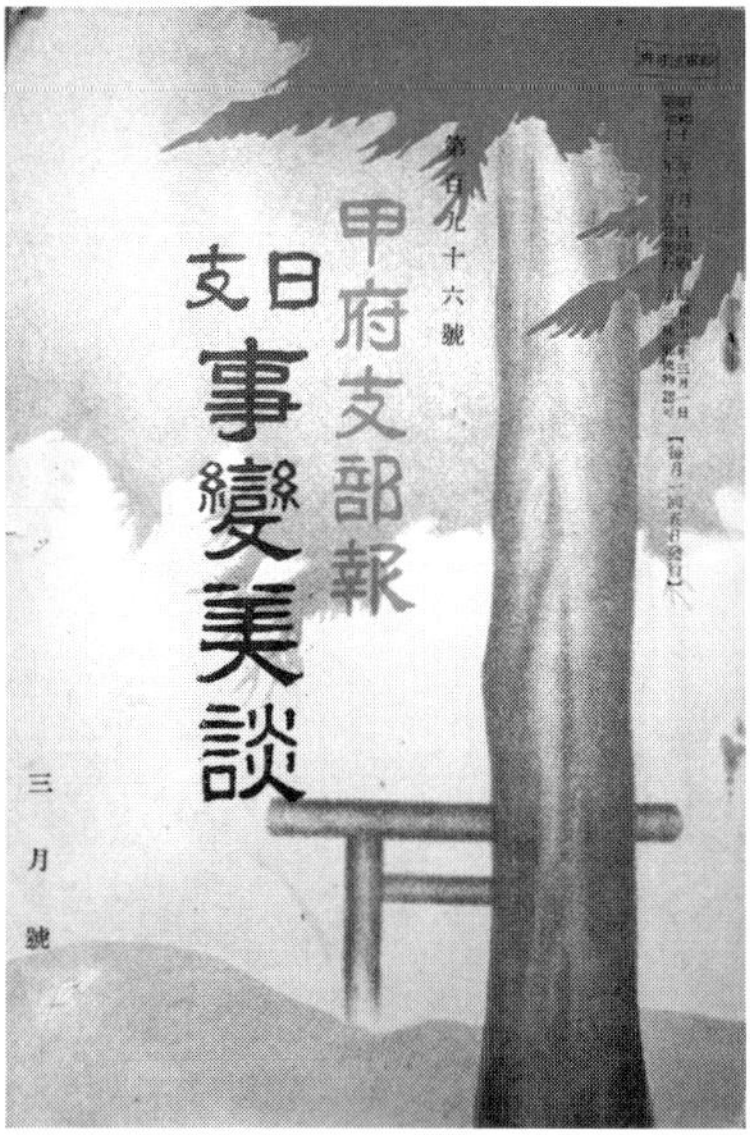

図10　「甲府支部報」第196号（井口駿三／甲府連隊区司令部内帝国在郷軍人会甲府支部編、甲府連隊区司令部内帝国在郷軍人会甲府支部、1938年）

帝国在郷軍人令」と「陸軍・海軍令第一号帝国在郷軍人会規定」によって軍の公的機関に位置づけられ、陸軍大臣と海軍大臣が所管する組織になった。このことは結果的に各地の在郷軍人会の自治を抑制し、在郷軍人会に対する軍の統制を強化することになった。藤井忠俊はそうした経緯について、「満洲事変からの五年間、在郷軍人会ははじめてといえるような銃後活動をおこなった。ひきつづき軍縮会議から国体明徴に至る国家主義運動を展開するにいたった。在郷軍人会が国家規模の運動体になったのはこの期間の特徴といえる」[25]と指摘している。

甲府の帝国在郷軍人会支部がまとめたこの銃後美談集は、満洲事変以来銃後の活動の中核の一つとなり、さらに勅令団体となった在郷軍人会が、日中戦争期に本格的な総力戦の体制が整えられるなかで、管轄地域町村の分会からの情報をもとにまとめたものだといえるだろう。

## 恤兵と銃後

### 『支那事変恤兵美談集』

最後に、陸軍が編集した銃後の美談集にふれておく。

日中戦争が始まって約二年三カ月たった一九三九年十月下旬に『支那事変恤兵美談集』第一輯が刊行されている。総ページ数百九十九ページで、奥付に発行は陸軍恤兵部、編集は陸軍画報社・中山正男と記されている。先に三六年に陸軍大臣官房が編纂した『満洲事変恤兵美談集』を取り上げたが、日中戦争でも陸軍は国民の恤兵行為の記録を美談集にまとめる活動を続けている[26]。「恤」とは、憂える、心配する、同情するなどの意味をもち、「恤兵」とは、戦地にある兵士に「同情する、思いを馳せる」という意味になる。つまり「恤兵美談集」とは、兵士に思いを馳せ、兵士のために献金した銃後の国民についての話を集めた美談集ということである。

この第一輯は、盧溝橋事件から約一週間後の一九三七年七月十一日、それまでの不拡大方針と拡大方針のせめぎ合いから拡大方針に舵が切られて北支派兵が決定された日から九月十一日まで、戦争に沸き立つ国民の姿が日誌のように収録されている。

図11　『支那事変恤兵美談集』第1輯（陸軍画報社編纂、陸軍恤兵部、1939年）、同書第2輯（陸軍画報社編纂、陸軍恤兵部、1940年）、同書第3輯（陸軍画報社編纂、陸軍恤兵部、1941年）

実質的な美談が収録され始める七月十二日の最初に紹介されている話は、日比谷小学校五年生六人の逸話である。大日本飛行少年団加入の日比谷小学校五年生六人が、「皇国のために、僕達の手で飛行機を献納しましょう」と、「健気な誓い」を立てて、銀紙やチューブをためたり小遣い銭を割くなどして集めた四十二円九銭を陸軍省に献納した。大日本飛行少年団とは、一九三二年に、全国の小学児童に対する航空思想の普及と、「制空鉛筆」の頒布によって利益を得て飛行機を献納することを目的として結成された団体だった[27]。小学生六人の団員の献金行動は、組織的に実施されたとも考えられるが、この話の恤兵美談としてのポイントは小学生という点にあっただろう。第一輯に収録された約百四十話のうち、美談の主人公として最も多いのが、十代の少年少女を含む子どもの四十九話、それに次ぐのが老人と朝鮮人・中国人のそれぞれ十話である。

その後『支那事変恤兵美談集』は第三輯（陸軍画報社編纂、陸軍恤兵部）まで発行されていることを確認している。第二輯は、第一輯と同じ編集・発行で、一九四〇年八月一日に刊行された。総ページ百九十二ページで、第一輯に続くように三七年九月から月ごとに話を編集し、三八年七月までの逸話を収めている。第一輯との違いは、日誌的な編集だった第一輯に対して、月ごとの章立てになったことだった。

『支那事変恤兵美談集』第三輯が発行されたのは、十五年戦争の第三ステージである「大東亜戦争」が始まる直前にあたる一九四一年十月三十日だった。編集・発行の体制は第一輯・第二輯と変わらず、総ページ百九十三ページと分量もほぼ同じである。第二輯の続きとして三八年八月から三九年十二月までの話を月ごとに編集している（図11）。

調査した限りでは、第三輯まで編まれたこの『支那事変恤兵美談集』は、一九三七年から始まった日中戦争期の、戦争を支援した銃後の人々の「熱誠」にまつわる話を際立って多く集めた美談集の一つである。その後、ほぼ同じ判型・体裁で、四一年十二月から四二年十二月までの事例を収めた『大東亜戦争恤兵美談集』第一輯（陸軍画報社編纂、陸軍恤兵部、一九四四年）があるが、それ以後は確認できていない。

## 「恤兵」という現場

発行元である陸軍恤兵部とは、戦争の際に国民の献金や献納を受け付けるために設置される臨時部署だった。日中戦争が始まって約二カ月後の一九三七年九月十一日の陸軍省告示第三十八号で「明治三十七年陸達第六十五号陸軍恤兵部条令第一条ニ依リ陸軍恤兵部ヲ陸軍省内ニ設置ス」との訓示が下り、日中戦争のための恤兵部が置かれることになった。そのときまでは、三四年七月十九日の陸軍省告示第三十二号によって、陸軍大臣官房が陸軍恤兵事務取り扱いをしていた。

「官報」に基づいて陸軍恤兵部の設置について確認すると、一九三一年九月十八日に満洲事変が始まり、その年の九月末に陸軍恤兵に関する事務取り扱いを陸軍大臣官房がおこなうように定められ、翌年七月一日に、陸軍省内に陸軍恤兵部が設置され、三四年七月十八日まで同部が恤兵事務を取り扱っていた。以後、再び大臣官房の事務取り扱いに戻されているのは、戦争や事変の開始時など国民の恤兵行動が盛んになると恤兵部が設置され、それほど盛んではないときには大臣官房が携わっていた、という事情からではないかと考えられる。
日中戦争が勃発し、国民が戦争に沸き立つなかで、以上のように一九三七年九月に再び恤兵部が設置されることになった。陸軍恤兵部の設置と組織のかたちについては、陸軍恤兵部条令によって次のように定められている。

陸軍恤兵部条令（明治三十七年陸達六十五号）
第一条　陸軍恤兵部ハ戦時又事変ニ際シ陸軍大臣必要ニ応ジ之ヲ設置ス
第二条　陸軍恤兵部ハ恤兵ニ関スル事務ヲ掌ル
第三条　陸軍恤兵部ニ恤兵監一人部員二人若ハ三人ヲ置ク
　恤兵監ハ陸軍佐官、部員ハ陸軍佐尉官同相当官ヨリ之ヲ補ス
　恤兵部ニ下士判任文官若干人ヲ置ク
　部員ハ必要ニ応シ之ヲ増加スルコトヲ得
第四条　恤兵監ハ陸軍大臣ニ隷シ部中一切ノ事務ヲ総理ス
　恤兵監ハ恤兵品ノ輸送ニ関シテハ兵站総監ノ区署ヲ受クヘシ
第五条　恤兵監ニ作戦軍ノ情態ヲ明カニシ各高等司令部野戦衛生長官部兵站官衙其他恤兵ヲ主旨トスル結社団体等ト常ニ相連絡シ相互間事情ノ疎通ヲ図ルヘシ
第六条　部員ハ恤兵監ノ命ヲ受ケ事務ヲ掌ル
第七条　下士判任文官ハ上官ノ指揮ヲ承ケ庶務ニ従事ス

この条令から、恤兵部が陸軍大臣に直属する部署であり、佐官、尉官という将校クラスによって構成することがわかる。日中戦争当時の新聞記事や恤兵美談からうかがえる恤兵部というところは、子どもたちや老人たちが、

なけなしの小遣いや貯金を持って思い思いにやってくる場所のように見える。しかし、人々が献金や物資の献納をするには相応の決まりが存在していた。「陸軍恤兵金品取扱手続摘要」（昭和十二年一月十九日陸軍省告示四十八号）から、それを見ておこう。

第二条　恤兵金ヲ寄付セントスルモノハ寄付申出書（第一号様式）ニ現金又ハ有価証券ヲ添ヘ陸軍恤兵部ニ差出スモノトス但シ寄付申出人ノ便宜ニ依リ銀行為替、郵便為替又ハ電信為替ヲ以テ送付スルコトヲ得前項ノ郵便為替又ハ電信為替ハ東京市麴町区平河町郵便局指定トスルモノトス
第三条　恤兵品ヲ寄付セントスル者ハ寄付申出書（第二号様式）ヲ現住所ノ市区町村長（朝鮮ニ在リテハ府尹又ハ邑面長、台湾ニ在リテハ市尹又ハ街庄長、関東州ニ在リテハ民政署長外国ニ在リテハ領事館以下之ニ同ジ）ヲ経由シ又ハ直接ニ陸軍恤兵部ニ差出シ承認ヲ受クルモノトス〔申出書書式は略〕

基本的に、誰がいくら献金するのか、誰が何をどのくらい献納するのかを明らかにし、申出書という公文書の書式に従って記録を残すことになっている。したがって、匿名での献金・寄付は原則として不可能ということになる。さらに同「陸軍恤兵金品取扱手続摘要」は、第五条で「受理セザル」場合について規定している。第一に特定の個人や部隊、さらには使用の方法などを指定した「恤兵金品」を受け付けないこと、第二に、第一条に規定された「種類及数量ヲ制限」されたものの受付制限、そして第三に「恤兵ノ趣旨ニ合セザルモノ」は受け付けないとしている。「恤兵ノ趣旨」という規定は曖昧だが、例えば、その献金や献納品が窃盗など犯罪に基づくものではないなど、「恤兵金品」の素性の問題なども含まれているのではないかと推測できる。

ここに、陸軍省に献金をした東京のある小学生が書いた日中戦争期の陸軍省の「献金場」での光景を描いた作文がある。そこがどのような場だったのかを、ある程度うかがうことができる。

先生が
「よく続きましたね、せっかくためたのですから、陸軍省に持っていらっしゃい。」とおっしゃいましたから、僕は学校から帰って早速お母さんに、お話しましたら、

「一人で行かれますか。」

とおっしゃいました。僕は
「行かれます。」

と言って、陸軍省へ出かけました。陸軍省へ着いて、門衛さんにお尋ねして、献金場へ行きました。献金場の前には人が一ぱい来ていて、中は大へんこんざつしていました。僕は中へ入って、献金掛の所へ行きました。そこには、軍人さんがいらっしゃって、持って来た人に、住所や姓名を聞いていらっしゃいました。僕が箱を差出しますと、

「此のお金はどうして、おためになりましたか。」

とお聞きになりましたので、僕は、

「一昨年お湯銭のおつりを見て、此のお金が何かのお役に立つだろう、と思いましてため始めました。すると去年支那事変で学校へ愛国献金日の時に持っていきました。それからも毎日毎日続けていましたが、今日支那事変の一周年記念にあたりますので、持って参りました。」

と言いました。軍人さんが、

「そうですか。有りがとう御座いました。」

とおっしゃって、同じように住所と姓名をお聞きになりましたので、それにお答えしました。そして、

「しばらく休息所でお待ちください。」

とおっしゃいました。休息所へ来て、待っていました。すると、どこかの学校の女生徒が来ました。しばらくすると、中尉の肩章をつけた軍人さんが

図12-1　陸軍恤兵部の様子（陸軍省新聞班内「つはもの」編集部編『支那事変恤兵佳話』〔「つはもの叢書」〕、つはもの発行所、1937年、口絵）。この写真には「小さな胸に大きな赤心」というキャプションを付している

「山口丈夫さん」

とおっしゃったので
「はい」

と返事をして、中尉さんの所へ行きましたら、「感謝状」を下さいました。僕は嬉しくて中尉さんに、

「さようなら。」

といって陸軍省を出ました。帰る途中、度々、感謝状を見ました。家へ帰って、お母さんとお二階のお兄さんに、お見せしますと、

「立派な感謝状ですね。」

とおっしゃいました。僕はこれからもなお、お母さんにたのんで、一生懸命銅貨貯金を続けて、今度は、海軍省へ献金しようと思っています。[28]（図12）

図12-2

「支那事変一周年」の日に陸軍省に行ったということから、一九三八年七月七日のことだろう。前年の九月中旬に陸軍省恤兵部が設置されているので、これは確かに陸軍省の「恤兵部」窓口の光景と思われる。ここで注目しておきたいことは、お金が入った箱を差し出す少年に、窓口の軍人が尋ねた「此のお金はどうして、おためになりましたか」という質問だ。どのようにしてその金銭を得たのかをさりげなく尋ねている。子どもの持ち込んだ献金に対しても、後ろ暗い

金ではないかという疑いの視線を注ぎ、そして、住所・氏名も問いただす。

つまり、献金や献納品を受け取る現場が、同時に人々の恤兵という行動の背景を取り調べる現場だったということになる。そしてそれは結果的に、恤兵美談を収集する調査の現場でもあったのだ。

陸軍省の恤兵部を訪れた人々についての美談のなかには、名前を告げずに去った者の後を係官が尾行して素性を確認している例や、地方から匿名で郵送されてきたものについて、その地の連隊に調査をさせて送り主を明らかにしている例がある。恤兵部は、そこに集まる献金や献納品の背景を調査する現場でもあり、この『支那事変恤兵美談集』に集めた美談は、そうした制度のなかで得た情報に基づいた話の群れだということができる。

### 陸軍画報社と中山正男

ここで『支那事変恤兵美談集』(第一―三輯)の書誌を確認しておこう。各輯の中扉には、次のような書誌を記している。

陸軍恤兵部指導
陸軍画報社編纂
支那事変　恤兵美談集　(第○輯)
陸軍恤兵部発行

さらに奥付の印刷・発行年月日以外の記述を見ると、第一輯から第三輯まで、「編者 陸軍画報社」となっていて、「指導」として陸軍恤兵部の係官と思われる佐官級の軍人の名前がある。そして「発行者」「発行所」はすべて陸軍恤兵部になっている。

ただ、第一輯には、「編者 陸軍画報社」とともに「著者 中山正男」という名前を記している。中山正男はこの当時、陸軍画報社の社長を務めていた。中山には何点か小説作品があるが、それ以外に戦後に書かれた自伝的な著作『一軍国主義者の直言』がある。主に同書から、中山自身の経歴と陸軍画報社について見ておこう。

中山は、一九一一年に北海道のサロマ湖に近い佐呂間村で生まれた。専修大学に進学し、在学中に松岡洋右の国際連盟脱退の演説をラジオで聴いたという。「当時の新聞の論調は、愛国心に燃える若い私たちの心を大いにかきたて、多くの学生を国家主義者につくりあげた(29)」と回想している。その後中山は、専修大学を中退し、平凡社の下中弥三郎社長が経営する維新社に入社する。

維新社は平凡社の下中社長が経営していた。雑誌『維新』は時流にのった日本主義標榜の雑誌で、右翼と称せられる人々が毎号論陣を張って自由主義や共産主義と戦っていた。然し、いまふりかえってそれらの論文を読んでみると、多分に軍国主義昂揚の前座的、或いは院外団的な役割にたっているものが多い。

私ははじめこの維新社の営業部員になって、広告とりや雑誌の特殊販売を受持った。ところが下中社長はいまひとつ、維新社の経営で『陸軍画報』というものを発行していた。この雑誌を維新社の名で、在満将兵の慰問品に売りさばくのが私の仕事である。私は入社早々この販売に相当の成績をあげて下中社長に認められた。まもなく維新社は経営困難の理由で『陸軍画報』の発行を分離した。

『陸軍画報』はやがて陸軍省新聞班の応援のもとに、原口健三が主宰して発行を始めた。ところがこれも半年ぐらいで経営困難になった。そのときピンチヒッターとして登場したのが二十四歳の私である。以後終戦まで十年、『陸軍画報』の経営者として、国防思想と軍事知識の普及に全力をつくすとともに、多くの軍人とも知り合った。(30)

中山は一九三五年から、平凡社の下中弥三郎が実質的な経営者だった陸軍画報社の社長に就任したことになる。(31)雑誌「陸軍画報」（一九三二—四四年）はもとより陸軍画報社そのものが陸軍の後援のもとに運営されていたが、

「陸軍画報」が、在満陸軍将兵への慰問品として売られていたことは興味深い。雑誌「陸軍画報」は、一九三二年に創刊されていて、以後陸軍画報社が刊行していった出版物を見渡しておこう。

まず一群は、陸軍の存在を国民にアピールして啓蒙することを目的としていると考えられる陸軍画報社編『列強陸軍現勢』（一九三五年）、伊藤和夫編『防空大鑑』（一九三六年）、陸軍画報社編『昭和十一年度特別大演習画報』（一九三六年）、陸軍画報社編『陸軍士官学校』（一九三七年）などがある。『列強陸軍現勢』は、一万二千三百七十八部が全国の小学校に寄贈されている。一九三六年度の特別大演習は、満洲事変以後の中国大陸での戦争を視野に収め、類似した自然環境の北海道で実施された国家的なイベントの一つだった。

もう一群は、戦史に関わる出版であり、三原敏男記述、陸軍画報社編纂『日本古戦史』（一九三八年）、フェルヂナン・フォッシュ『戦争論――戦争の原則とその指導』（伊奈重誠訳、一九三八年）、伊奈重誠『名将・ナポレオンの戦術』（一九三八年）などがある。フォッシュは、史上初の国家総力戦だった第一次世界大戦に、連合国側の指揮官の一人として参戦したフランスの将官である。

さらに、一九三七年二月に刊行した伊藤和夫ほか『銃後の花』は、「花」すなわち銃後の女性たちを語る、娯楽性が高い総合雑誌のような体裁の書籍だった。啓蒙的な評論、女性を主人公とした小説、北原白秋らによる詩、そして軍歌歌詞集などで構成し、全体にわたって若い女性の写真を多く挿入している。「発刊の辞」は、「北満の広野」の「皇軍兵士慰問」のために企画した書籍であることをうたっている。それは銃後での女性の役割を強調しているという点では、日中戦争以降の本格的な総力戦の時代を先取りしていた一方で、「女性」を語って前線の将兵を慰問・慰撫しようとしていたある意味であざとい一冊でもあった。

そして一九三七年から増えていくのが、日中戦争そのものをテーマにした出版である。陸軍省新聞班歩兵大佐・雨宮巽の『私の見た支那』（一九三七年）、中山正男『防共北支建設論――資源と文化 付録・北支従軍記征野に禱る』上・下（一九三八年）、さらにロシアの動向について論じた陸軍画報社編『赤軍読本』（一九三八年）などもそこに加えていいだろう。

中山は、日中戦争が始まって間もない一九三七年十月二十六日に天津に上陸し、以後約一カ月にわたって「寺内部隊本部付嘱託」という身分で「北支戦線」を従軍取材している。先の中山の『防共北支建設論』は、その際の見聞に基づくとともに、同書には日誌的につづった「北支従軍記　征野に禱る」を五十九ページにわたって付していた。これは、日中戦争勃発直後に『支那の対日作戦計画――附・支那国防組織（対日作戦）要図』（一九三七年）を自費出版して「支那軍研究」を世に問うた中山の、総力戦への言論人としての本格的な関与だった。のちに中山はさらに中国大陸への従軍取材の機会をもつことになるが、この最初の取材の見聞を読み物としてまとめた『一尺の土』（一九四〇年）を出版している。

図13　陸軍画報社編『支那事変 戦跡の栞』上・中・下、陸軍恤兵部、1938年。上・中・下セットで箱入りになっているが、上巻は9月、中巻は11月、下巻は12月の発行になっている。非売品

そして、現在でもしばしば古書店で見かける陸軍画報社編『支那事変戦跡の栞』上・中・下（陸軍恤兵部、一九三八年）は、十センチ×十三センチの小さな判型で、上・中・下三冊を一つの箱に収めている（図13）。中国大陸で陸軍が占領した地域の地誌とその場所での戦闘の経緯などをまとめていて、戦争を遂行しながら、支配下に治めた地域の地誌と歴史を知るためのものだったといえる。その小ぶりの判型からも『戦跡の栞』は非売品扱いだったが、明らかに携帯されることを前提にしていたと思われる。陸軍恤兵部による「刊行主

旨」には、「現地将兵の慰問品として分配する」とあり、「大体占領地域を中心として体験せし実践の経過を追憶し併せて支那事情、主として人文地理的事情を説術し、以て現地の将兵の便に供し、更に銃後への通信及び、帰郷の時に際して、之を広く郷党に普及伝達し、以て日支の真の親善に資せん」という目的を掲げている。無料で将兵に頒布されたものだとわかるが、さらに、現地での戦闘の記録としても期待し、地理的知識とともにそれが将兵から銃後の故郷にまで及んでいくことを想定していたといえる。[32]

こうした出版物の延長上に、一九三九年十月刊行の陸軍画報社編纂、中山正男、陸軍歩兵中佐川上護指導『支那事変恤兵美談集』第一輯がある。同書も非売品扱いで、十三センチ×十九センチの判型であることを考えると、戦地の将兵に慰問品として頒布されることを想定していたのではないだろうか。

恤兵という現場が作られ、その業務のなかで国民の個々の恤兵行動に関する話が情報として収集され、陸軍の後援を得た出版社が、その話を一つの記録として銃後の恤兵美談集へと編み上げていったのである。

## 3 検閲と銃後美談

時代の価値観に沿った話である美談に、検閲という制度はどのように影響したのだろうか。当時の戦時美談集をめくっていくと、例えば、エピソードのなかに引用された書簡などで、地域の出征状況など軍事動員に関わる地名が伏せ字になっている例が少なくない。書簡の段階で削除されたものか、出版段階で伏せ字にされたものかは、わからない。また、兵士の武勇の美談でも銃後美談でも、兵隊の所属を表記する際には、すべて指揮官名と「部隊」だけで統一されていて、小隊、中隊、大隊のいずれなのか、その規模は一切わからない。

当時の出版物一般にはどのような規制がかかっていたのか、あるいは特に美談そのものを対象にした何らかの規制があったのかについて知るために、「出版警察報」を見ておこう。

一九三七年七月七日に日中戦争が勃発すると、その直後に、現役兵の退営延期の命が出されるが、内務省警保局は、それに関して具体的な部隊、またはそれを推測できるような記事の差し止めを命じたのを皮切りに、主に動員や軍の編成、作戦、運輸通信、そして国土防衛などに関わる事項を扱った記事を掲載禁止にするなどの措置を発表していった。

さらに、同年七月三十一日に、陸軍省令第二十四号と陸軍大臣発各庁府県長官宛の訓令が出され、省令では、軍事と外交に関する記事の禁止と制限を定めた新聞紙法第二十七条に基づいて、「当分ノ内軍隊ノ行動其ノ他軍機軍略ニ関スル事項ヲ新聞紙ニ掲載スルコトヲ禁ズ但シ予メ陸軍大臣ノ許可ヲ得タルモノハ此ノ限リニ在ラズ」とした(33)。

「事変」勃発から約一カ月後までの状況は、「今次の事変に際会しての出版取締は満洲事変当時と異なり新聞紙法第二十七条依拠の陸軍省令が交付せられたる外、差止通牒等も相当多数発せられる等特段の取締方策が講ぜられた(34)」と総括された。

陸軍と同様、海軍もまた掲載禁止事項があり、陸軍省令よりも遅れたが、一九三七年八月十六日に新聞紙法第二十七条による「海軍省令第二十二号」が発令された。海軍の場合、艦隊や艦船、航空機、部隊の行動などが軍事機密とされたが、陸軍の場合は、連隊区ごとに全国津々浦々の町や村から大量に兵が召集されていくので、海軍に比べて動員がおこなわれていることが感知されやすかったのではないだろうか。人々の日常生活により近く、かつより広範に召集・応召が展開されたのは陸軍だった。理屈から言えば、どこの誰がどの連隊に応召していったか、そのきわめて個人的な情報を集めていけば動員の全体像を示す機密の情報へと近づくことができるのである。

一九三七年七月に、具体的に検閲処分の対象になった銃後の美談を見ておこう。「軍動員ノ内容ヲ推知セシムルモノ」のなかに複数の美談言説を見いだすことができるが、そのうち二例を挙げる。

『下野新聞』第一四・四一八号　宇都宮市同社発行　七月十八日発行／七月十八日禁止
一、「招集に先立ち香奠四円国防費に献金」ト題スル記事ハ軍動員ヲ推知セシメ。
二、「招集兵から五円の小為替」ト題スル記事ハ軍動員ノ内容ヲ推知セシムルニ因リ禁止。
一、栃木市出身の一等兵石川三郎君は去る十四日召集に先立ち実母に他界され第二中隊招集兵八十一名の戦友からもらった香奠四円五銭を国防献金した。
二、第五十九聯隊第十二中隊の招集兵大内敏夫君は金五円の小為替と共に在支兵の慰問の一片とされたい旨の書状を添え送付。(35)

おそらく一の記事には、具体的な所属部隊とその中隊の人数が記されていて、二にも、所属部隊が中隊レベルまで記されているので、その点が「軍動員ヲ推知」させるものとして、「禁止」の措置がとられたと思われる。
次も同様の事例である。

『愛岐通信』第二・一五七号　岐阜市同社発行　七月二十一日発行／七月二十一日禁止
「応召者の父が軍事費献金」ト題スル記事ハ軍動員ノ内容ヲ推知セシムルニ因リ禁止。
去る十五日動員下令十八日飛行第一聯隊応召者第一補充兵輜重兵特務兵（自動車）郡上郡利良村大字三庫応召者伊藤政五郎君の父伊藤勇松さんは軍事費として五十円献金郡上郡利良大澤村長より知事宛送付。(36)

これは、連隊だけではなく輸送を担う輜重兵特務兵という兵種に加え「（自動車）」という特殊技術まで明示されていた。戦場に旅立つ者や、肉親を戦地に送った家族による献金という「赤誠」を語る美談が、図らずも、動員の実態という軍事上の機密を語ってしまったのである。
一九三七年八月五日、「内務省警保局長」が「各庁府県長官（除東京府知事）」に宛てた文書「北支事変関係記

事取締ニ関スル件」は、こうした検閲による禁止の状況を次のように述べている。同年七月十七日付警保局図（図書課）発第十四号によって、各庁府県長官に出した通牒に基づき「夫々適切ナル措置ヲ講ジ対処セラレ」、さらに七月三十一日に交付された陸軍省令第二十四号の実施でも「克ク其ノ趣旨ニ則リ鋭意目的達成ニ努力セラレタル結果其ノ成績概シテ良好ナルモノアリト認メラレ候」と、検閲の効果があったことを評価している。

しかし、問題がないわけではなかった。

昨今部隊ノ出動其ノ他ノ事象ニ関連シテ主トシテ比較的頒布部数僅少ナル地方的新聞又ハ各種業界新聞或ハ市町村報、青年団報、在郷軍人会報其ノ他之ニ類スル特殊出版物等ニ於テ軍ノ動員其ノ他軍機暴露ニ亘ルガ如キ記事ヲ掲載シタルニ依リ止ムヲ得ズ処分ニ付シタルモノ相当有之然ル処之等地方的新聞紙又ハ特殊出版物等ニ於テ郷土部隊等ノ出動ニ際シ士気ヲ鼓舞シ又ハ銃後ノ赤誠ヲ披瀝セントスルノ余リ之ガ報道ヲ冀求スルノ心情洵《まこと》ニ諒トスルニ足ルモノ有之候モ時局ノ柄軍機保持或ハ外諜防止ノ見地ヨリ此ノ種報道ヲ許容シ得ザルハ当然ノコトニ有之候(37)

つまり、地方の新聞や各種団体の発行物などが、出動する郷土部隊の「士気ヲ鼓舞」しようとし、またそれにまつわる「銃後ノ赤誠」を報道しようとすると、つい軍機にふれてしまうことになるのだと注意を促しているのである。この文書は、こうした報道自体については「心情洵ニ諒トスルニ足ルモノ有」と、やや同情していることに注意しておきたい。動員をめぐる庶民の反応は、第4章「応召する男たちをめぐって」で詳しくみるように、兵員の動員が軍機に属するという現実がある一方で、できるだけみんなで鼓舞して出征兵を送り出すことに意義があるという判断との間で評価が揺らぐのである。

この内務省警保局長の文書「北支事変関係記事取締ニ関スル件」が発せられた十日後、八月十五日付で「陸軍省報道検閲係」が出した「陸新発一七九号　動員関係事項中一部掲載許可ノ件」は、それまでの取り締まりの基準を緩和するもので、特に、「応召・招集美談」「銃後美談」に関わる措置だった。同文書は次のように述べている。

陸軍省令第二四号ニヨリ動員ニ関スル事項ハ推知事項ト雖モ従来新聞掲載ヲ禁止セラレアリシガ国民ノ士気ヲ鼓舞シ愛国的気勢ヲ高揚持久スル為今般別紙ノ如ク一部ノ掲載ヲ許可セラルルコトトナリタルニ付通牒ス

追テ召集美談及銃後ノ美談等ノ紹介ニ当リテハ明朗ナル記事ヲ主トシ徒ニ感傷的ニ流レ或ハ国家又ハ社会施設ノ欠陥ヲ裏書スルガ如キ記事ヲ避クル様指導相成度為念(38)

つまり、「国民ノ士気ヲ鼓舞シ愛国的気勢ヲ高揚持久スル」ために、動員に関する従来の記載禁止事項をゆるめるというのである。ここには、動員をめぐって、ある種の背反する事情があったことがうかがえる。どこの地域の軍隊がどれだけの規模で動員されているのかは、まちがいなくこれから展開しようとしている戦争の規模と形を示す機密にあたることであり、その実態は動員がおこなわれる現場を見れば一目瞭然である。どこの誰が応召していったのかを、組織的な諜報活動によって観察して情報を集積していくことで、動員の実態は明らかになる。理屈から言えば、当局が動員の動向を推測できる情報に神経質になっていたことはよくわかる。

しかしその一方で、みんなで出征兵士を鼓舞することで兵士も銃後も士気を高め、さらに戦争へと積極的になっていく国民をめぐる物語を生産し共有していくことも動員の重要な要件だった。軍事機密の保護と、士気を高めることという二律背反のなかで、結局、士気を高め、動員に前向きになった国民を語るという物語のために譲歩せざるをなかったのである。

特に、「召集美談」や「銃後美談」に言及していることは本書の問題にとって重要である。庶民がそれぞれの切実な事情や苦境を乗り越えて、動員に対して献身し努力していくことを感動的に語ろうとする美談は、「感傷的ニ流レ」がちなだけでなく、結果的に、動員によって苦境を抱えることになる庶民を本来なら支えていかなければならないはずの「国家又ハ社会施設ノ欠陥ヲ裏書スル」ことになりかねないと指摘しているのである。これは美談の本性を、当時の当局が理解していたということを示しているといっていいだろう。

戦後になって、私たちは、戦時中の銃後の美談などはまやかしのでっち上げだと考えがちだが、当時の動員の遂行者は、銃後の「美談」には、動員の制度がはらむ不都合な現実を露呈させてしまう危険性があることを、よく認識していたということになる。それでも結局、ある種のジレンマを抱えながらも、召集美談や銃後美談が人々の個別の具体的な戦時下の経験を語りながら受け手の感情に訴えて、動員を支えていく可能性を選んだのである。

さらに、陸軍省報道検閲係は先の「陸新発一七九号」と同時に、一九三七年八月十五日「動員関係事項中一部掲載許可ニ関スル件」を出し、「召集美談」「銃後ノ美談」のあり方について、次のように規定している。

動員関係事項中一部掲載許可ニ関スル件

昭和一二年八月一五日　　陸軍省報道検閲係

今次事変ニ関シ中華民国ニ上陸ヲ終リタル部隊ニ関連スル動員関係事項中爾今左記標準ニ該当スルモノハ許可申請アリタル場合新聞掲載ヲ許可ス

但シ他ノ禁止事項ニ抵触セザルモノニ限ル

左記

一、招集美談

本人ノ原籍、現住所、職業、氏名ヲ記載スル外従来通常掲載ヲ禁止シアリタル字句ノ中招集、応召ノ両字句ニ限リ記載スルコトヲ得但シ招集ノ種類ヲ示スコトヲ得ズ

許可例、何県何郡何村何某ハ先般招集ヲ受ケテ勇躍シテ応召シタガ本人ハ平時ヨリ義勇奉公ノ念厚ク云々
二、銃後ノ美談
右ニ準ズ
　許可例、何県何郡何村デハ何某ガ今回応召シタガ本人応召間云々
三、応召者又ハ部隊ノ出発見送ノ状況
応召者ニアリテハ一ニ準ズ。部隊ニアリテハ部隊号、出発又ハ見送ノ場所又其日時、部隊ノ行先等ヲ示サザル抽象的ノモノニ限ル
四、右ニ関連スル各種団体ノ活動状況
右ニ準ズ(39)

その後、これに関連する規定は、何度か改定されている。一九三七年九月九日に陸軍省報道検閲局が出した「新聞掲載事項許否判定要領」は、その「三、左ニ列挙スル事項ハ掲載ヲ許可ス」として、美談については「(4)明朗ナル招集美談　／部隊号、部隊所在地、招集応召ノ日時、召集ノ種類役種年齢ヲ記載セサルモノニ限ル／但シ招集、応召等ノ字句ヲ用フルハ差支ナシ　／(5)銃後ノ美談　／右ニ準ズ」とある。そして九月十三日付の「差止通牒第五四号」では「従来支那ニ上陸終リタル部隊ニアラザル限リ招集、銃後ノ美談又ハ部隊ノ出発等ニ関シ記事掲載ヲ差止メツツアリタルガ今般九月九日付ヲ以テ陸軍省令関係新聞掲載事項許否判定要領ノ改正ニ伴ヒ前記事項ニシテ許可セラレタルモノニ付テハ部隊ノ上陸ノ有無ニ拘ラズ記事掲載差支ナキニ至リタル」としていた。つまり、次第に掲載差止事項が緩和されていったことを読み取ることができる。

そして繰り返して述べ続けている招集美談や銃後美談に対する「明朗ナル」という規定が興味深いが、これに抵触し「明朗でない」ために検閲の対象になった具体的な事案を、この日中戦争開戦から半年あまりの「出版警察報」に見ることはできない。事案に散見する掲載差し止めになった「美談」は、いずれも禁止された動員の具

体的な情報にふれたものばかりである。
結局、人々の奮闘や努力は、それを不可避にし、人を苦境に追い込んでいく何らかの要因とセットで語られなければ、「美談」という受け手の感情に訴える言説として成立しないのである。そしてそこに、銃後の美談を、「逆なでに読む」ことの一つの可能性が開かれることにもなるだろう。

注

(1) 日中戦争の概要については、秦郁彦『日中戦争史 増補改訂版』(河出書房新社、一九七二年)、同『日中戦争史 復刻新版』(河出書房新社、二〇一一年)、橋川文三編著『アジア解放の夢』(〔ちくま学芸文庫、「日本の百年」第七巻〕、筑摩書房、二〇〇八年)、藤原彰『日中全面戦争』(〔「昭和の歴史」第五巻〕、小学館、一九八二年)などを参照した。
(2) 藤井忠俊『国防婦人会——日の丸とカッポウ着』(岩波新書)、岩波書店、一九八五年
(3) 以下、満洲・上海事変時の銃後のありようについては同書を参照。
(4) 同書一六—二四ページ
(5) 同書二一ページ
(6) 同書二六—三四ページ
(7) 山本夏彦『「戦前」という時代』(文春文庫)、文藝春秋、一九九一年、一〇—四六ページ(初出：同『「戦前」という時代』文藝春秋、一九八七年)
(8) 有馬学は、総力戦の時代がモダニズムの時代でもあったことから、「非常時」としての戦時社会が同時に「モダン空間」でもあったことをふまえて、昭和初期の歴史過程を叙述している。有馬学『帝国の昭和』(講談社学術文庫、「日本の歴史」第二十三巻)、講談社、二〇一〇年、三二六—三五六ページ(初出：同『昭和の帝国』〔「日本の歴史」第二十三巻〕、講談社、二〇〇二年)
(9) ルイーズ・ヤング『総動員帝国——満洲と戦時帝国主義の文化』加藤陽子／川島真／高光佳絵／千葉功／古市大輔

訳、岩波書店、二〇〇一年。特に戦時文化については一九―九六ページ。

(10) 満洲・上海事変時の軍国美談については、主に「東京日日新聞」に掲載された美談について藤井忠俊が収集・整理している(藤井忠俊「新聞資料構成 〝軍国美談〟の構造――東京日日新聞一九三二~三五 戦陣美談 銃後美談 美談の背景 軍国社会」、現代史の会編「季刊現代史」一九七三年五月号、現代史の会)。藤井は美談言説の構造にしたがった分類を試み、軍人の美談である「戦陣美談」、銃後の国民の「銃後美談」、軍人援護などの制度に関する「美談の背景」、日露戦争の時代の回想などを含む「軍国社会」などに分けている。

(11) 「はしがき」、陸軍省新聞班内「つはもの」編輯部編『満洲事変の生んだ美談佳話』第一輯所収、帝国在郷軍人会本部内つはもの発行所、一九三一年、一―二ページ

(12) 陸軍省新聞班については、上法快男『陸軍省軍務局史(昭和編)』下(〔芙蓉軍事記録リバイバル〕、芙蓉書房出版、二〇〇二年)所収の「陸軍省新聞班小史」を参照。

(13) 国際連合通信社編『輝く皇国の精華――日支事変美談と帝国の国防』(国際連合通信社、一九三四年)の第三篇第一章「五、国防献金と恤兵金の二年間の総計」から。国防献金とは、航空機をはじめとする兵器の製造などに使われる献金であり、恤兵金とは、将兵の慰問や援護に使われる献金を指す。

(14) 陸軍恤兵部編『支那事変恤兵概観』陸軍恤兵部、一九三八年、一ページ。なお総ページ三十三ページの同冊子には、十二話の「恤兵美談ノ数例」も収録されている。

(15) 前掲『日中戦争史 復刻新版』二七八―二七九、二八七ページ、大濱徹也/小沢郁郎編『帝国陸海軍事典』同成社、一九八四年、二二二―二二三ページ

(16) 以下、国民精神総動員実施要項については、前掲『国民精神総動員の思想と構造』三三――三六ページ

(17) 同書

(18) 瀬尾芳夫編『銃後家庭美談――国民精神総動員』第一輯、国民精神総動員中央聯盟、一九三八年

(19) 日本的性格教育研究会編『国民精神総動員のお話――日本の大使命』文昭社、一九三八年

(20) 壮年団中央協会編『壮年団中央協会事業概要 昭和11年度』(壮年団中央協会、一九三七年)の「沿革」から。

(21) 同書九〇―一〇一ページ

(22) 前掲『近代日本の国民動員』三五―七二、一四五―一九七ページ
(23) 以下、話の概要と引用は、「土と共に三十年 平凡のなかに輝く川又圭一氏」、前掲『傷痍軍人成功美談集』所収、一〇〇―一〇三ページ。
(24) 藤井忠俊『在郷軍人会――良兵良民から赤紙・玉砕へ』岩波書店、二〇〇九年
(25) 同書二五三―二五六ページ
(26) 陸軍に対して、日中戦争期の海軍に関連する美談集は、以下の三種類の美談集が発行されている。①海軍省海軍軍事普及部発行『支那事変報国美談』第一輯―第十輯、②海軍省海軍軍事普及部編纂『支那事変報国美談　輝く忠誠』第一輯―第十輯、海軍協会発行、③『支那事変海軍報国恤兵美談』第一輯―第七輯、愛国婦人会発行
①と②は発行元と装丁は異なっているが、内容は同一である。①については第十輯が未見だが、②の第十輯の扉裏に①の第十輯と同一である旨のただし書きがあり、①の第十輯が存在している蓋然性が高い。③は途中でタイトルが微妙に変わっているが、内容の構成や発行所などから一連の刊行物と推測できる。この③については二輯、四輯が未見だが、一輯と五輯から七輯までが確認できるので、二輯と四輯も刊行されたものと考えられる。
①の発行主体である海軍省海軍軍事普及部は、主に広報を担当した部局であり、陸軍省の新聞班にあたる。①にはいずれも奥付がない。表紙の記載から、第一輯が一九三七年十月に発行され、第九輯は三八年十一月の発行で、ほぼ一カ月ごとに発行されてきたことがうかがえる。第五輯までは七十ページ前後、第六輯以降は九十ページ前後の分量がある。すべての巻に同趣旨で掲載されている「序」によれば、海軍軍事普及部の報道班が「新聞等に発表して国民精神作興の資料とした」ものを「其散逸を防ぐ為」に編集したという。
内容は、前線の軍人の美談と、銃後の海軍出征兵士の家族の美談や、国民による献金の美談が、混在した構成になっている。例えば第一輯の一章「軍国の母」は、「空の勇士、山内中尉の母」「空の勇士、梅林中尉の母」の二件のエピソードが収められている。山内中尉の母については第3章第1節「メディアと美談」で詳しくふれるが、二件とも、戦死した海軍航空士官の母が海軍省人事局に送った「感謝」の手紙を中心に構成している。①のシリーズの海軍軍人の家族に関する美談は、こうした戦死者の家族の気丈な振る舞いの話や、戦地の息子や夫を動揺させないために家族の死を知らせなかったという話が中心になる。そして、数例の話で構成した国民の献金行動を取り上げる「献金美

談」という章が、第二輯（六話）、第三輯（三話）、第六輯（四話）、第七輯（三話）、第八輯（四話）、第九輯（六話）、第十輯（四話）に設けられている。また、第五輯には「次の大日本帝国を背負う少国民の心意気」という章を置いて、樺太から海軍大臣に書き初めとともに感謝状を送った三兄妹の話や、先生にも内緒で納豆売りをして十五円を献金した東京の瀧野川尋常小学校高等科の女子生徒三十八人の話など六話を収録している。

②の内容は、①とまったく同じである。海軍省海軍軍事普及部が編纂し、海軍協会が発行している。すべての巻が文字だけの素っ気ない表紙である①と異なり、この②のシリーズは、巻ごとに海軍をテーマにした写真を使った表紙をあつらえて、定価の表示がなかった①に対して、すべての巻に定価十銭という値段をつけていた。

海軍協会とは、同会編『海軍協会要覧』（海軍協会、一九三八年）によれば、一九一七年十月に、海軍力増強政策を背景に創立され、海防・海事に関する世論を喚起して指導することを目的にした海軍を後援する民間団体だった。海外の海軍事情の調査研究から展覧会による啓蒙活動までさまざまな事業を実施し、さらには三二年の上海事変からは海軍への恤兵金募集事業も始めている。②のシリーズの第六輯（一九三八年十月二十九日刊）の奥付前のページにある「我が海軍と海軍協会」によれば、「各府県寺社兵事課内に支部を置き、老若男女の別なく、本会の趣旨に賛同せらるる人士を会員とし」、毎月機関誌「海之日本」を会員全員に配布していて、「現在二十二万人の会員」であるという。一連の②のシリーズも、同協会会員を主な対象にしていたのではないかと推測される。

②は、①の各巻発行後、初期は一カ月から二カ月後に発行されていたが、次第に遅れ始め、第九輯については、①が一九三八年十一月に発行され、②の第九輯が発行されたのは一九四一年三月一日だった。

愛国婦人会が発行主体となった③は、基本的に①と②との内容の重なりは顕著ではなく、別に編纂されたものと思われる。『支那事変海軍報国恤兵美談』第一輯（一九三七年）を皮切りに発行が開始され、現在確認されている最後の巻である鈴木眞編『海軍報国献金美談』第七輯（愛国婦人会）は一九四〇年二月に発行されている。前述したが、第二輯と第四輯については現物の確認がとれていない。第三輯以降のタイトルは、第一輯のタイトルにあった「支那事変」を削除して、さらに「恤兵」を「献金」に置き換えている。愛国婦人会は、〇一年に奥村五百子が創設し、皇族を総裁に置いて上流・中流の婦人を中心に組織した軍事援護を目的とした団体であり、日中戦争期には、恤兵活動などの援護事業に携わっていた。

各巻とも八十ページ前後で、第一輯は十二銭、第三輯は十三銭、第五輯は十五銭の定価をつけているが、第六輯と第七輯には定価はつけていない。

各巻に目次はなく、本文は、前半の海軍軍人の武勇の美談を収録した「戦線の報国」と、後半の海軍への献金行動をめぐる美談を収録した「銃後の赤誠」の二部構成であり、どの巻も最後に、海軍省経理局の主計少佐で海軍軍事普及委員・石淵知定の国民の赤誠に謝すという趣旨の章を置いている。

例えば、第一輯は総八十ページであり、前半は航空兵を中心とした武勇の美談を集め、後半四十ページから六十九ページが「銃後の赤誠」の美談にあてて三十三話が収められている。また、飛行機献納に関する「報国号飛行機一覧表」を付している。この③のシリーズの特色は、①に比べて「荒鷲」「大鷲」などと呼ばれる海軍の航空兵の武勇談が目立つことで、飛行機献納のための献金を促す目的もあったものと推測される。

一九四〇年二月発行の第七輯には、「支那事変」勃発以来三九年までの海軍への献金額をまとめていて、兵器の製造などにあてる国防献金は二千六百九万二千九百十七円五銭、将兵への援護に使われる恤兵金は千七百十二万千四百五十五円二十一銭、そして特に航空術や砲術などの技術奨励に使われる学芸技術奨励金は百十六万二千四百四十九円五十二銭だったと記している。

この第七輯のあと、日中戦争に関する同「報国献金美談」を発行しているかどうかは確認できていない。

①②③の海軍の美談集は、陸軍が「恤兵美談」だけで美談集を編集しているのとは異なり、常に前線の美談と銃後の美談をセットで編んでいることが特色だ。一方陸軍は、「銃後」の国民の支援をことさらに意識して集めて編集しようとしていたともいえるだろう。

(27) 野溝光編『大日本飛行少年団拾年史』野溝光、一九四一年
(28)「お役に立った銅貨貯金」、東京市役所編「銃後の護り」所収、東京市役所、一九三八年、八七―八九ページ
(29) 中山正男『一軍国主義者の直言』鱒書房、一九五六年、一七ページ
(30) 同書一七―一八ページ
(31) 中山正男は敗戦後、公職追放の処分を受け、それ以後は作家として活躍するようになる。自身の実家の家業を題材にした『馬喰一代』(目黒書店、一九五一年)、『馬喰一代 続』(日本出版協同、一九五二年)、『無法者』(日本出版協

同、一九五三年）などの作品があり、『馬喰一代』は、一九五一年に木村恵吾監督、三船敏郎・京マチ子・志村喬らの出演で映画化している。さらに、中山は日本ユースホステル協会の設立に関わり、副会長と会長を歴任し、また大東文化大学理事も務め、六九年に死去している。

(32) もともと小型の判型の三分冊だったが、一九三九年には大きな判型に変えて一冊にまとめた陸軍省情報部監修、陸軍畫報社編纂『戦跡の栞――支那事変』（陸軍畫報社）が出版されている。

(33) 以上、内務省警保局編「出版警察報」第百七号（内務省警保局図書課、一九三七年）二一―二二ページ。

(34) 同誌二五ページ

(35) 同誌六五―六六ページ

(36) 同誌六七ページ

(37) 内務省警保局編「出版警察報」第百八号、内務省警保局図書課、一九三七年、二三ページ

(38) 同誌二八ページ

(39) 同誌二八―二九ページ

# 第2章 銃後美談と活字メディア

第1章では、日本が総力戦を本格的に開始した日中戦争の始まりの時期に、総力戦を支援する制度や団体によって銃後美談集が編集されていった事実を確認した。本章では、そうした銃後の美談が戦時下の日常でどのように人々の目にふれ、そしてどのような現状認識を構築していたのかを、開戦一カ月後の新聞紙面と、雑誌「キング」の付録として刊行された美談集を取り上げて検討したい。

## 1　新聞のなかの銃後美談

### ある日の紙面から

戦時下の日常で人々が最も身近に銃後の美談にふれた機会の一つとして、新聞紙面をあげることができる。

秦郁彦によれば、新聞や雑誌の論説や記事での日中戦争勃発の取り上げ方は、「読売新聞」「東京日日新聞」「国民新聞」「中外商業新聞」各紙や雑誌「エコノミスト」（大阪毎日新聞社、一九二三年―）などは、陸軍の拡大派の主張に従った「一撃膺懲主義」を主張するものが多く、一方「東京朝日新聞」と雑誌「東洋経済新報」（東

図14 「東京朝日新聞」1937年8月2日付11面。周囲の記事切り抜き4件は、左上から右下へ、同紙1937年8月11日付、同紙同年8月12日付、同紙同年9月1日付、同紙同年9月1日付

洋経済新報社、一八九五―一九六〇年）には、比較的穏健な不拡大論を見いだすことができるという。しかし、一九三七年七月十二日から十六日にかけて、陸軍内部の拡大派と不拡大派の対立が拡大派による「一撃論」に支配されるようになっていった時期から、「東京朝日新聞」を除く各紙が「一撃論」へと傾いていった。そして、八月十六日には、それまで、日中関係の破綻を懸念し、中国側の良識と日本政府の平和への努力に期待し続けていた「東京朝日新聞」も、「今は只一撃あるのみ」と報じるようになる。(1)

ここで、「東京朝日新聞」の八月二日の十一面、今日の社会面にあたるページを見てみよう。日中戦争勃発から、およそ一カ月がたった時点での紙面の様子である（図14）。

中国大陸の戦況は、直前の七月二十八日に、日本の「支那駐屯軍」が北平（北京）周辺の中国軍に総攻撃を加えるとともに、天津、塘沽、通州など平津地方の主要地区の掃討を進め、七月三十一日にはそれを完了したとされた頃だった。

紙面では、右上に、八月二日から七日にかけて東京帝国大学安田講堂で第七回世界教育会議が開かれるという記事があり、海外から千人、日本国内から二千人が参集するとある。座長であるアメリカの教育学者ポール・モンロー博士（元コロンビア大学学長）は、どのような大会でも政治問題を禁じてきたので、「勿論今回も北支問題などには触れません」と語ったと報じているが、記事のリードは反対に「はからずも北支の戦乱を臨んで大会の意義は一層重大なるものがある」と述べている。

この紙面で目立つのは、軍用機献納資金の記事だろう。「東朝社一日受付分」という献金者の名前と金額の一覧とともに、紙面中央には「三百万円を超ゆ／日曜ぬきの空陣献金隊」と題し、「本社提唱の軍用機献納運動に対する挙国の赤誠は空の鉄壁目指して以来五日にして百万円突破、旬日にして二百万円突破と驚異的記録を作り燃える第十三日を迎えた一日遂に総累計三百万円を突破するにいたった」とうたっている。開戦直後の七月二十日に「朝日新聞」は軍用機献納運動を提唱し、「一口一円以上」として国民に協力を呼びかけていた。そして、まず朝日新聞社自身が、社として二万円、本社役員一同として一万円、本社従業員一同として一万円、計四万円を献金し、寄託の「金員」を有楽町の本社で受け付ける旨も告知していた。[2] この八月二日の紙面は、前日の一日は日曜日であるにもかかわらず、東京朝日新聞社、大阪朝日新聞社本社、九州支社、名古屋支社などに献金者が相次いだと報じている。

「東京朝日新聞」が軍用機献納のキャンペーンを展開したのに対し、「毎日新聞」は「在支在満皇軍慰問金」と「遺家族救護」を、「読売新聞」は「陸海軍国防献金」を、「報知新聞」は毛布の献納をキャンペーンとして掲げて成果を競っていたが、なかでも、日中戦争勃発の三カ月前に世界一周の「欧亜連絡飛行」を達成した神風号で有名になった「朝日新聞」の軍用機献納キャンペーンは他を圧倒していた。[3] 朝日新聞社の神風号は、イギリスのジョージ六世の戴冠式に合わせて一九三七年四月六日に日本をたって同月十日にロンドンに到着した。この軍用機献納キャンペーンは、四五年の終戦までに募金総額三千二百万円を超え、「全日本号」の名称で軍用機三百十機を陸・海軍に贈ることになった。[4]

## 沸き立つ人々

この八月二日の紙面には、さらにこんな記事も載っている。「午後にかけて益ます殺到、世田谷区北沢小学校三年の小林浩君（一〇）が弟さん輝君（八）と夫々一円宛を、葭町の村上さくさん外六名も旅行会の貯金百円を献金、零時半学習院中等科三年の安場保雄君（一六）が二十円寄託、小石川区竹早町八二の室井せいさんは七十三歳の高齢にも拘わらず親戚の娘さんに付添われて自ら十円を献金」、夕方になると「本郷区湯島福門町講按寺信徒一同から三円四十七銭、杉並区桃井第二小学校二年の福田靖朗君（八）がお母さんに伴われて来社ポスト型貯金箱の蓋を開け「支那へ行っている兵隊さんもつと、もつと一生けんめいやつて下さい」との手紙を添へて二円三十銭」を寄託した、という。

高齢者や子ども、学生などの実名が列挙されているが、直接戦争と関わりがない人々が個人として、または商店の店員や寺の信徒などが集団で献金の呼びかけに応えている様子を報じている。この記事に添えてある写真は献金に訪れた人々の姿をコラージュしたもので、キャプションは、写真の右下が母親に伴われてポスト型の貯金箱を持ってやってきた小学生、その左が親戚の娘に伴われてきた七十三歳の女性だと記している。

このように個人名とともに子どもや老人の姿をことさらに前面に押し出すスタイルは、のちに盛んに語られるようになる「恤兵美談」と同様である。

この軍用機献納資金献金の記事とともに、上段中央には「天津特電一日発」として「吉田本社特使／香月司令官と語る／〝圧倒的空軍の威力〞／軍用機献納運動に感謝す／衷心岡部君を哀悼」という記事を掲載している。北支に展開する陸軍への慰問のために東京朝日新聞社から派遣された東亜問題調査会の吉田敦が、天津の日本租界に駐留する第一軍・香月清司中将に、東京朝日新聞社社長からの感謝状を伝達したことを報じる記事である。感謝状は、平津地域掃討の功労に対するものだったと考えられる。東亜問題調査会は、軍・民が連絡をとりながら「東亜事情」を研究することを目的として、一九三四年九月に東京朝日新聞社内に設置された組織であり、初代会長は、元・台湾総督府民政長官で移民問題に関心が深かった朝日新聞社副社長・下村宏だった。(5)

感謝状に応えて、香月は、平津地方平定は、地上部隊の武勇はもちろんのこと、「天津の空中爆撃は実に戦況を徹底的に我が方を有利に導く強力な力を発揮しました」と「空軍の威力」を称賛している。そして東京朝日新聞社の軍用機献納運動が三百万円に達したことについて、空軍の力を「今後益々充実しなくてはなりません。この際全国民の空軍に対する関心がかくの如く燃え既に三百万円の巨額に達したといふことは御社の計画が時機を得たもので全国の皆様に対しても厚く御礼を申述べます」と、軍用機の意義と軍用機献納に対する感謝の言葉を述べた。

この記事は、「皇軍」の活躍をたたえる記事であると同時に、軍用機献納運動の盛り上がりを伝える先の記事と呼応したものになっていた。この紙面は、前線の部隊と銃後の国民の「運動」が両輪となって戦争を有利に導いているという物語を構成しているといえる。

「衷心岡部君を哀悼」とは、香月中将が、従軍記者として派遣され亡くなった記者をたたえて、「前線の苦労」

を銃後の国民に伝える従軍記者の役割の意義を評価していることを報じている。

その後、八月十四日の同紙朝刊は「四百万円を突破 拡り行く愛国の波紋」と軍用機献納運動の献金が四百万円を突破したことを伝え、九月一日には「第一次献納」について報じている。九月一日の記事では、すでに「五百万円」が集まったとし、そのうち四百万円を「第一次献納」として「最優秀新鋭軍用機六十機（陸、海軍各々三十機）」を製作し、九月上旬までに十二機が完成したという。そして、それらの機に「全日本号」と名付けて、一刻も早く「第一線」に投入するために当初予定していた東京と大阪での献納命名式をとりやめて前線に送ったと述べている。同記事は、「この機会にこの運動を一層徹底せしめ全国民の赤誠を以て強力無比の空軍の建設を期するものであります、茲にご報告を兼ね重ねて各位の協力と支持を希望する次第であります」と締めくくっている。

## もう一つの銃後

八月二日付の紙面に戻るが、軍用機献納運動への国民の「赤誠」を報じる記事と、新聞社が主導したこの運動に感謝する前線の将官の言葉を中心に構成したこの紙面のなかで、そのトーンとは対照的な二件の記事があることに注目しておきたい。

「国辱 ニセ記者 戦死者遺族を騙る」は、戦死者遺家族に対する寸借詐欺事件を報じている。東京・向島区で駄菓子商を営む女性（六十四歳）が、盧溝橋の戦いで歩兵上等兵だった長男を失い、「読経三昧」で暮らしていたところに、七月三十一日に一人の男が新聞記者を名乗って訪れたという。

戦地から帰ったばかりの新聞記者と称する三五、六才の男が訪れた。安久君の壮烈な戦死の模様を伝える様、中隊長から頼まれた、というのでよろこんでもてなすとしきりに戦地の話をし焼香しながら霊前の写真を見て「是非複写させてくれ」と借り受けた。

そして「一寸複写してくる」と出ていったが間もなく引返して「来る時の円タクの中に金を入れた鞄を忘れた」と五円ださせて姿を消してしまった。

翌日の八月一日になっても写真が戻らず、男が名刺も出さなかったことを不審に思い、近所の人に相談して警察に届け出たのだという。

同じ紙面の「青鉛筆」というコラムも、銃後の詐欺犯罪にふれている。豊島区の仕立て職人のもとを訪れた男が、在郷軍人が近く雑司ヶ谷鬼子母神脇で防空演習をするので制服の大量発注をしたいと言い、翌日再び訪れると主人を一緒に連れ出したうえで、「班長のところへ寄る」からと言って主人を先に行かせ、一人で店に戻って家人に「ありったけの制服を」と、五、六十円分相当の制服二十数着を持って姿を消したという。

同じ紙面に航空機献納運動に沸き立つ庶民の姿と戦死者遺族への寸借詐欺などの話が併存していることが、リアルに「銃後」の日常を表しているといっていいだろう。このうち、献納に沸き立つ庶民の姿だけを集めると、「銃後美談集」が生み出されることになる。そして、後者のような銃後に潜む「悪意」は、第8章「もう一つの銃後」であらためて述べるように、美談集とは別の目的で収集されていった。ここでは、両者は対照をなす一対の話群であることを指摘しておきたい。

## 2　前線の美談と銃後の美談——雑誌とその付録

### 雑誌と銃後美談

モダニズム大衆雑誌「キング」

「キング」は、一九二五年に大日本雄弁会講談社が創刊したモダニズムの大衆文化を代表する雑誌である。毎号約三百ページのボリュームで五十銭という低価格は、当時発行されていた雑誌のなかでは破格だった。内容も、時代を正面から論評するような記事もあれば娯楽性が高い記事もあり、硬軟取り交ぜていたという点では文字どおりの総合雑誌である。「キング」は、「一家に一冊」をうたい文句にして、広い世代に受け入れられる雑誌を目指していた。(6)

一九〇〇年前後から「家庭」という新しい言葉で、仲むつまじい親子関係を中心とした家族のありようが一つの理想として語られ始めていたが、それは、二〇年代から三〇年代にかけて、都市部の俸給労働者(サラリーマン)層を中心とした新中間層によって次第に具体化されていくことになった。家族全員が一緒に楽しく過ごす「一家団欒」が「家庭」の典型的なイメージだが、「一家に一冊」といううたい文句を掲げた「キング」は、まさにそうした新たな家族のイメージを象徴する雑誌だったともいえるだろう。

「キング」は、都市部はもちろん農村部でも、地域や職業、性別などを超えて読者を獲得し、発行部数は五十万部とも七十万部ともいわれていた。

職場や学校で「キング会」や「キング朗読会」などが組織されたことも特筆すべき点である。朗読という身近な「声」の共同性のなかにこの大衆雑誌を埋め込んで享受する仕掛けが存在していたことは注目に値する。

「キング」は、一九三七年九月に刊行された十月号の「日支事変大特集」から、日中戦争を前面に押し出した特集を繰り返すようになり、翌三八年四月までのほぼ毎号で六回そうした特集を組んでいる。(7)

特に一九三八年三月の「戦いは之からだ! 刻下緊要の大文字」という特集は、前年十二月の中国の国民政府の根拠地・南京の陥落で、日本国内では提灯行列が起きるほど勝利に沸いたものの、中国大陸での戦争が一向に終わる気配をみせないことに厭戦的になり始めていた銃後の庶民に対して檄を飛ばした特集だった。

## 「付録」という仕掛け

「キング」は、一九三八年一月号と、「戦いは之からだ」という特集を掲げた三月号で、日中戦争をテーマにし

図15　淵田忠良編「支那事変美談武勇談」（大日本雄弁会講談社編「キング」1938年1月号〔第14巻第1号〕付録、大日本雄弁会講談社）、淵田忠良編「支那事変忠勇談・感激談――付 支那事変誌」（大日本雄弁会講談社編「キング」1938年3月号〔第14巻第3号〕付録、大日本雄弁会講談社）

た以下のような「美談集」を付録にした。淵田忠良編「支那事変美談武勇談――付事変誌並解説」（『大日本雄弁会講談社編「キング」一九三八年一月号（第十四巻第一号付録）』、大日本雄弁会講談社、総ページ数四百三十二ページ。以下、「美談武勇談」と略記）と前掲「支那事変忠勇談・感激談」（以下、「忠勇談・感激談」と略記）だが、両者はいずれもかなりのボリュームで、独立の単行本といっていいほどの「付録」である（図15）。

一九三八年一月号の「キング」の新聞広告を見ると、この付録に力を入れていたことがうかがえる（図16）。この広告が載った一九三七年十二月九日の四日後に、日本軍は国民党政府が置いてあった南京を占領して銃後の人々は勝利に沸き立つことになるが、この一月号はそうした熱狂のなかに投じられるのである。

新聞の半ページを使った広告は、「見よ！無敵の大附録」とその三分の二以上のスペースを使って付録をアピールしている。
付録の「美談武勇談」というタイトルが、「全家必備、之ぞ万代に遺る記念の大附録!!」というコピーとともに真っ先に目を引く。さらに、付録に収録する美談の細目が細かな文字で一覧になっている。もう一つの付録は「最新支那明細大地図（裏面）満蒙・ソ聯国境大地図」で、「新聞を見る時、ラヂオを聴く時、この地図は絶対必要」と傍点強調付きのコピーを添えている。
「キング」にとって、付録の地図は目玉の一つだった。一九三三年一月号には「最近世界大地図」、同年四月創刊百号記念には「最近日本地図」を付録にしているが、どれも精巧な地図で、一般に出回っている地図よりも優れていたという。「キング」の地図は、銅板彫刻法という費用はかかるが美麗な印刷ができる方法を使って制作していた。戦地の兵士が、慰問袋のなかに入っていた「キング」の付録の地図で初めて自分たちがいる場所を知ることができたというエピソードも残っている。[8]
この「キング」の一九三八年一月号の付録「美談武勇談」に大日本雄弁会講談社の社長・野間清治が難色を示したという話が伝わっている。当時の編集者の一人である黒川義道は、『講談社の歩んだ五十年 昭和編』で次のように述べている。

図16 「キング」1938年1月号新聞広告（1937年12月9日付の「東京朝日新聞」）。新聞片面の半分を使った大型の広告、ほとんど付録の「支那事変美談武勇談」と「最新支那細明大地図（裏面）満蒙・ソ聯国境大地図」の広告で占める

支那事変の起きたときに、「キング」では「支那事変美談武勇談」をやりました。その見本ができた夕方、「潮田君、橋本君、黒川君、堀江君すぐこい」という電話があって目白に呼ばれました。一体何事だろうと思って、出掛けたわけです。詳しい話は省きますが、社長がいうには「諸君は、編集者として、こういうものを作らないと売れないのか、戦争を謳歌するようなものを付録につけないと売れないのか」ということで、だいぶお叱りをこうむった。「とにかく戦争がこういう風になるのは国家として非常な不祥事である。下手に国民に戦争というものの関心をもたせると、世界と戦争をしなければならないようになる、米英と戦争すると日本は勝てない」というようなことを十二時過ぎまでお説教をくらったことを覚えております。[9]

確かに、出版に新機軸を打ち出すことで大衆的な啓蒙のかたちを具体化していった野間にとって、あからさまな戦争賛美に見える書籍で大衆をあおることには抵抗があったのかもしれない。

しかし野間は、一九三七年九月に、満洲事変を契機として三六年に内閣情報委員会を改組して作られた内閣情報部に民間から参与として就任している。内閣情報委員会は主に報道機関などの監督を目的に設立されたものだったが、内閣情報部もその機能を踏襲していた。特に内閣情報委員会は、三六年一月に発足した国策通信会社・同盟通信社を実質的に監督し指導する立場にあった。[10] 民間の出版社の社主を参与として関わらせることで、統制の効果を上げようとしたとも考えられる。

当時、野間のほかに、参与に任じられた者のなかには大阪毎日新聞社の高石真五郎、東京朝日新聞社の緒方竹虎、松竹の大谷竹次郎、ジャパンタイムスの芦田均などがいた。野間がこの内閣情報部でどのようなはたらきをしたかはつまびらかではないが、当時の野間を知る者たちの回想によれば、「内閣情報局の参与になりましたが、戦争ということに対して非常にいやがっておりました。ですからほとんど会議に列席していない」（堀江常吉）、「戦争には非常に反対されておった人です。だが一度近衛内閣の（内閣情報部）参与になられると、これは国民に正しい状態を知らせなければならないということで、当時日比谷公会堂で開かれた、時局大講演会の話を、一週間以内に全部集めて特集して入れるようにとの緊急案を出されたこともあります」（黒川義道）、「日本の国が暗くなるようなときになったから、野間さんは非常に苦労されたと思います。野間さん自身は平和主義者なのに、世界が戦争へ戦争へと向かって進んでいく。その曲がり角に立って、ただ反対すれば雑誌はつぶされるし、ちょうちん持ちはしたくない、といっておられました」（鶴見祐輔[11]）、といったように、野間が「時局」のなかで葛藤していた姿が浮かび上がる。

ここからうかがえるのは、戦争に協力した者が黒で、戦争に反対し抵抗した者が白という、後世による単純な二項対立では割り切れない、灰色の領域に野間がいたということである。黒川が叱責されたという話を文字どおりの事実として受け止めるなら、一九三八年一月号付録「美談武勇談」は、野間にとって微妙な一線を越えてしまった企画だったのかもしれない。

## 絵本に描かれた銃後の団欒――日中戦争初期に発行された戦争を題材にした「講談社の絵本」

ちょうど、「キング」一九三八年一月号が世に出た頃、同年一月一日付の奥付で、大日本雄弁会講談社は『支那事変大勝記念号』（「講談社の絵本」第五十巻）を発行している。「講談社の絵本」は、社長・野間清治の構想のもとに、三六年の新年に、『乃木大将[12]』『岩見重太郎[13]』『四十七士[14]』『漫画傑作集[15]』の四冊を発行して、以後、毎月四冊から三冊のペースで刊行し、講談社を代表する出版物になっていった。

一九三六年一月に創刊された「講談社の絵本」は雑誌扱いで、日中戦争当時は毎月一日・五日・十日・十五日と四回発行されていた。同絵本は、日中戦争が始まると戦争をテーマにした本を多数発行することになる。以下、調査したかぎりで、日中戦争開戦以後約一年半の間に発行された戦争を主なテーマとした絵本のタイトルと通巻号数、発行年月を示す。ほぼ毎月、日中戦争に関係するテーマの絵本を出していたことがわかる。この間に出版した同社絵本のほぼ三割が、こうした戦争に関する絵本だったことになる。

『忠勇美談』（第三十九巻、一九三七年十月）

『支那事変美談』（第四十三巻、一九三七年十一月）
『漫画と軍歌画集』（第四十五巻、一九三七年十一月）
『支那事変武勇談』（第四十六巻、一九三七年十二月）
『支那事変大勝記念号』（第五十巻　一九三八年一月）
『飛行機画報』（第五十一巻、一九三八年一月）
『漫画と武勇絵話』（第五十三巻、一九三八年一月）
『支那事変奮戦大画報』（第五十四巻、一九三八年二月）
『支那事変大手柄絵話』（第五十七巻、一九三八年三月）
『漫画と軍国美談』（第五十九巻、一九三八年三月）
『忠勇感激美談』（第六十巻、一九三八年四月）
『兵隊さん画報』（第六十四巻、一九三八年五月）
『空中戦画報』（第六十八巻、一九三八年六月）
『漫画と忠勇絵話』（第七十五巻、一九三八年七月）
『漫画と愛国美談』（第八十三巻、一九三八年九月）
『支那事変海軍大画報』（第八十四巻、一九三八年十月）
『漫画と支那事変美談』（第九十二巻、一九三八年十二月）

このうち『支那事変大勝記念号』は、明らかに南京陥落の時勢に合わせた一冊であり、ほとんどの見開きページを大陸での戦闘の光景で構成するなかで、「ニイサン バンザイ」は銃後の家族の光景を描き出している（図17）。戦地から届いた「敵ノ陣地ヘ一バンノリヲシマシタ」という「兄サン」からの手紙に、父親と母親、三人の子ども、そして祖父母に、お手伝いの女性と思われる八人が居間で卓を囲んで喜びに沸いている光景を描いている。卓上には大判の地図を広げ、背後の棚にはラジオが置いてある。卓上の地図はおそらく、「キング」付録

図17―1　寺内万次郎絵「ニイサン　バンザイ」
（出典：『支那事変大勝記念号』〔「講談社の絵本」第50巻〕、大日本雄弁会講談社、1938年）

の地図ではないだろうか。兵士の家族が戦地の肉親に思いを馳せる様子を「一家団欒」のイメージで描いたものであり、「新聞を見る時、ラヂオを聴く時、この地図は絶対必要」とうたった「キング」付録の地図が想定していた光景そのものでもあるといえる。「美談武勇談」もまた、付録の地図とともにこうした一家団欒の場で読まれることを期待されていたのだと思われる。

## 読者の反響

一九三八年一月号付録を読者がどのように受け止めたかを、二月号の読者投書欄「読書倶楽部」から見てみよう。「読者倶楽部」の、「記者」による前書きで編集部は、「キング新年号の評判は素晴らしく、重版また重版で六回も増刷、これは近年にない大盛況です。二大付録が大評判で「流石にキングの地図は違う、地図はキングに限る」とお褒め頂きましたし、別冊付録「美談武勇談」は涙なしには読めない、よくもあんなに集めたという大評判でした」と自賛している。もちろん、編集部が投書を選別していることを前提に読まなければならないのは言うまでも

図17―2 「支那事変」に関連する「講談社の絵本」の広告
（出典：同書巻末）

ないが、それでも読者がかなりの熱狂をもって受け止めたことが伝わってくる。

まち焦がれていたキング新年号の発売日に店頭に馳せつけた私は御誌を手にして先づ付録の立派なのに驚嘆いたしました。新聞四頁大の地図の素晴らしさ、又美談武勇談の見事さ実に他誌に見られない物凄さです。これを見ても我等のキング雑誌界の王者に君臨すると言っても過言ではありますまい。私は二月号の発売日を一日千秋の思いで待っています。（東京市芝区　KY）〔投書者氏名はイニシャルに変えた。以下同じ：引用者注〕

キング新年号付録支那事変美談武勇談は入手後直に閲読致し遂に夜を徹し候　将士の上下相変らざる尽忠報国の生々しき事実を眼の辺り見るが如く不知不識合掌して遠征将士に感謝の至情を捧げ読み終わるまで感激感謝に候　此付録を一読する者は等しく必ずや国民精神総動員の根本を固め其の実を挙げざれば止まざるの大覚悟を為すと確信仕候　何卒何れかの方法により至急第二輯を御発刊下さる様切望に不堪候（福岡県浮羽郡　KN）

後者は、漢語交じりの候文の文面から相応の教養を身につけた男性ではないかと推測できる。このほかにも、「特に新年号の豪華な内容及大付録、殊に美談武勇談を読む者は皇軍将士に対する感謝と感激を新たにすると思います。あの後の分を何とかしてもう一冊別冊付録にしていただけませんでしょうか」「堂々と新年号を賑わしたのは何といっても二大付録です」などと付録を評価する投書がみられる。

そうした読者の投書のなかでも、次のような戦地にいる兵士からの投書は、戦時下での「キング」の読まれ方を示すものとして興味深い。

〇〇鎮が落ちてから我軍の全面的進出は物凄く、毎日追撃追撃で日を送っています。この中で戦線に送られる慰問袋の中身を見て驚いたことはどれもこれも『キング』が這入っていることです。『キング』は雑誌の王者と唄い出したい位です。これによって前線に活動している我々がどの位慰められるか、とても下手な筆では云い表せません。そしてその中の戦場美談、其の他の記事などが我々を奮い立たせるのです。（略）浅岡部隊KT

銃後で編集された雑誌やその付録は、慰問袋という回路を通して、「武勇」や銃後の美談を、前線の将兵にまで伝えていたのである。

「美談武勇談」

「無敵の大付録」とうたわれた一九三八年一月号付録「美談武勇談」の概要を見ておこう。

大きさは四六判、総ページ数四百三十二ページ、口絵写真には白馬に乗った「大元帥陛下」の写真があり、それに続いて内務大臣・馬場鍈一、陸軍大臣・杉山元、海軍大臣・米内光政の「序」が掲載され、「編纂の辞　本書を満天下一億の同胞諸君に捧ぐ」「凡例」と続く。

「序」で、馬場内務大臣は、「支那事変勃発以来、我が陸海軍の将兵諸士が、北支に中支に或は南支に、凡ゆる困苦欠乏を忍びながら、到る処連戦連勝、克く皇威を発揮しつつあることは、誠に感謝感激に堪えない」と述べ、「又、翻って国内の情勢を見ますると、我が国民が挙国一致、長期抗戦を覚悟して、銃後の守りを固くし、或は国防献金に、慰問袋に、その赤誠を披瀝し、或はまた出征将兵諸士遺家族の慰問、生活の扶助、家業の手伝等に於て、我が国古来の美風たる隣保共助の実を挙げつつある涙ぐましい情景を見て、私は深く心を打たれているものであります」と、前線と銃後の奮闘ぶりをたたえている。

馬場が、「我が国古来の美風」として「隣保共助」を強調しているのに対して、「総力戦」という考え方を説いているのが陸軍大臣である。

ご承知の通り近代戦は、単に軍人のみの戦争ではなく、国民全体の戦争であり、真の国力戦であります。従って国民一人残らずが戦う意志を持たなければ、一日と雖も戦争ができないのでありまして、戦の場に立つも立たぬも、等しく一大覚悟を必要とします。従って我々はこれら勇士の忠魂義丹に対して、深く感謝するとともに相戒めて益々銃後の護りを強固にしなければなりません。

ここには、第一次世界大戦で現れた「総力戦」という戦争のかたちに早くから関心を寄せて研究してきた陸軍の考え方が反映していると見ていいだろう。

本文は、「北支戦線美談武勇談」と「上海（並に中南支）戦線美談武勇談」とに分かれ、それぞれが「其一」から「其三」まで、戦況の展開に合わせて時系列になっている。それら六つの章のあとに「応召美談・銃後美談」の章が置いてある。

軍人の武勇を語る六つの章では、それぞれの冒頭に戦況と地図が掲載されている。「北支戦線美談武勇談 其一」から「上海（並に中南支）戦線美談武勇談 其三」までがどのような時系列になっているかを見ておこう。「北支戦線美談武勇談 其一」は一九三七年七月七日の盧溝橋事件から八月下旬までで、「上海（並に中南支）戦線美談武勇談 其一」は同年八月十三日に上海で海軍陸戦隊と中国軍の間で戦闘が起きてから同月下旬までである。また「北支戦線美談武勇談 其二」は同年九月半ばに山西省の大同を占拠した頃から同月下旬までで、「上海（並に中南支）戦線美談武勇談 其二」は同年九月半ばから同月下旬までであり、「北支戦線美談武勇談 其三」は同年十月初旬から十月下旬までである。「上海（並に中南支）戦線美談武勇談 其三」は同年十月初旬から蘇州河の渡河作戦を成功させた十一月初旬までである。この六章だけで、日中戦争勃発から四カ月間の戦闘の「武勇談」を百十六話収録しているが、さらに最終章「応召美談・銃後美談」として三十一話を収めている。

読者は、新聞などで知っている約四カ月間の大陸での戦況の情報をもとに、各章の冒頭に掲げた戦闘での経過をふまえ、その戦闘での将兵の「武勇」の「美談」を、将兵の名前とともに情報として受け取ることになった。それは、「戦況」として抽象的に伝えられていた戦争のありようを、より具体的な固有の身体を伴った現場として想起させるはたらきをもっていたといえるだろう。

## 「武勇」のかたち

まず、この付録冊子のほとんどを占めている前線の将兵の武勇を語る美談の特質についてみておきたい。同じ「軍事美談」とされる銃後の美談と、どのような相違があるのだろうか。

### 「武勇」の美談の語り方

当時は、おびただしい数の将兵の武勇談がさまざまな活字メディアのなかで語られていた。ある意味では、戦場の具体的な報道自体が、何らかの武勇の美談のかたちを与えられていたというべきかもしれない。この「美談武勇談」に収録されているのも、そうした戦場を語る話群の一つである。

ここでは、戦場の「武勇」をめぐる美談について、特に①「敵」の描き方、②数のレトリック、③戦闘する身体の語り方、④過去の武勇の美談の再話・言及、⑤近代兵器の語り方、⑥武勇の美談のなかで語る「銃後」の六点について見ておきたい。

### 「敵」の描き方と数のレトリック

武勇談では、敵を具体的に描くことはない。例えば、日中戦争初期の陸軍機による南苑の爆撃をめぐる話は、日本の飛行機による攻撃を受ける敵を次のように描く。

ド、ドーン、天地を揺るがす轟音と、噴き上がる火柱、渦巻く黒煙。続いて、一機また一機。何れも集中される弾雨の中を物ともせず、鮮やかな弧線を描いて的確なる爆撃を加うれば、狼狽てふためいた敵は、残らず、どっと営庭に雪崩出た。今度は兵舎外に逃れ出た黒蟻のように密集しているのを、得たりとばかりに狙い射ち、敵兵は木ッ葉微塵に吹ッ飛んで、死体が宙空に舞い上がる。(略)桜井部隊長は、矢庭に敵の前面に廻り、地上すれすれの低空飛行を敢行して、ダ、ダ、ダッと烈しい機関銃の掃射、続いて爆弾投下、敵兵は泥人形を弾き飛ばすように、一たまりもなくぶっ倒れ、爆弾にはね飛ばされた死骸が付近の樹にボタリボタリと引っかかるのが見える。然し、敵は一万五千の大軍、あとからあとから逃げて来る。と、そこへかねて先廻りして、待ち伏せしていた一木部隊が突如高粱畑の中から現れて、迎え撃ちの一斉射撃。それで撃ち漏らされた敵に対しては更に次なる萱島部隊が待ち伏せ、敵は全くの袋の鼠となって、瞬く間に屍山血河の修羅場が展開され、数千の敵兵が北京城外の露と消えねばならなかった。[16]

航空機と陸上部隊双方からの攻撃対象だった敵兵は、「黒蟻」や「泥人形」として非人格化され、日本軍の攻撃に「木ッ葉微塵」に吹き飛ばされる存在でしかない。また、「狼狽てふためき」「あとからあとから逃げてくる」といったように武勇とは正反対の惨めな姿を強調する。最後は、「屍山血河の修羅場」というある種の定型句であっさりと締めくくっている。

新たな兵器の開発によって、近代戦は敵から離れたところから効果的な攻撃を仕掛けることができるように発展してきた。その点をふまえるなら、敵の存在が抽象化されるのは近代戦の一つの必然ということもできる。航空機による地上攻撃はそうした近代戦の典型であると同時に、そこには敵兵に対する一つの言説化の政治を読み取ることもできるだろう。しばしば中国兵は、敗走したり遁走したりする存在として語られるのである。

こうして抽象化された敵兵は、日本軍の「武勇」を表現するために、ことさらにその数が強調されることにもなる。それは②の数のレトリックにつながる。例えば、上海の羅店鎮で陸軍曹長が率いる十六人で大勢の敵に立ち向かって十一人が戦死した話「六百の敵を斬りまくる 日の丸鉢巻の十七名」[17]や北支戦線の大冊河付近で敵の堅固な塹壕に奇襲をかけた安田騎兵部隊の話「斬りも斬ったり敵六百 豪刀安田部隊長の奮戦」[18]などに共通するのは「六百」という数である。実際に倒した敵の数というより、抽象化された敵のイメージの延長上に作り出された数字なのではないだろうか[19]。先の敵の抽象化と合わせて、こうして単なる数のなかに解消される「敵」がいる。安田騎兵部隊の奇襲攻撃を語る「六百の敵を斬りまくる」という話の具体的な叙述を見てみよう。

> この壮烈な騎兵部隊の喚声に、流石の敵もしばしば唖然として銃をとることも忘れたかに見えた。が、それは瞬時、直ぐ猛然と敵が得意の盲目撃ち、再び一斉に銃声は野にたちこめた。
> 「それッ、一人も残さずたたっ斬れ!」
> その銃声を怒号で圧し、最先の安田部隊長は、先ず、二人を左右に斬って落し、前の二人を蹄《ひづめ》にかけた。手にせるは刃渡り二尺五寸の大業物《おおわざもの》、その大業物が、一閃、二閃する度にバタバタ敵は斃れていく、続く将兵も、吾れ劣らじと塹壕内に馬を乗り入れた!
> 蹄に踏みにじられて悲鳴をあげるもの、一刀で血煙を挙げてのけぞるもの、見る間に敵は崩れ立ち、当たるを幸い薙ぎ立てる味方の勇士は、何れも敵の返り血で、全身血達磨の奮戦だ!
> 「十二人、十三人」
> 気合を数で阿修羅のごとく暴れ廻る兵もある。深い塹壕内のこととて、崩れ立った敵兵は逃げる隙も与えられない。
> 「今一息だ!いいかっ!、一人も残さずたたっ斬れッ!」
> 躍り上がる馬上から、縦横に敵を斬り伏せ、薙ぎ倒しながら、はげしく味方を叱咤する安田部隊長は、顔まで血飛沫で、さながら壮絶鬼神の姿だ!
> かくして敵八百、みるみるうちに大地に斃れ、塹壕はそのまま血河、屍は知の泥濘を埋めつくして、

図18　伊藤幾久造・絵「日本刀ノキレアヂ」
（出典：久米元一・文『支那事変美談』〔「講談社の絵本」第43巻〕、大日本雄弁会講談社、1937年）

「もういやがらねえゾ！」

馬上にホッと一息いれた姿は、誰が誰やらわからぬほどの血の化物だ。

この一戦で、斬りも斬ったり敵六百！　しかも、吾が方の損害は、僅かに負傷十六名で、一人の戦死者もなかったのだ。[20]

ある種の口承の語り芸の節回しに似ているというか、まるで講談の一節のように読める、というよりほとんどそう聞こえてくる。「六百」という数字で抽象化された敵も、こうした語り口の延長上に出現するのである。

この語り方は、「講談社の絵本」でも共通している。先にふれた『支那事変美談』（第四十三巻、大日本雄弁会講談社、一九三七年）に収められている「日本刀ノキレアヂ」は白兵戦を次のように描いている。

八月二十七日ノヨル　ワガ軍ガ　羅店鎮ノテキ陣地ヲコウゲキシタルトキ　恒岡部隊長ハ　日本刀ヲフルッテ　ムラガルテキ兵ノ中ヘヲドリコミタチマチ　三十人アマリノテキヲ　キリタフシマ

シタ。マタ　コノタタカヒデ　一人ノ准尉ハ　三十六人マデハ　カゾヘテ　キッタガ　ソレカラアトハ　何人キッタカ　オボエテヰナイ　トイフホド　メザマシイハタラキヲシマシタ。

絵本の場合、この場面は絵でも表現されるが、伊藤幾久造による絵（図18）は刀を振るう日本兵に対して及び腰で応戦している中国兵を描き出している。

戦闘する身体の語られ方

一部隊が斬った敵兵の数が六百だとか、一人の兵士が切った敵兵の数が三十などといったこうした語り方の先には、武勇の美談をめぐる三番目の論点である戦闘する身体の描写のしかたの問題がある。それは、この講談の語り口のような仮構された戦闘の臨場感を具体化する定型の問題でもある。もう一つ例をあげておこう。上海での海軍陸戦隊菊田部隊の白兵戦の描写である。

菊田部隊長は一つの陣地から、次の機銃陣地へ行きかけた。護衛にはただ一人、長崎市出身の押川二等機関兵を連れただけである。押川機関兵が、

「あつ、敵です」

と叫んで部隊長の前に立塞がった。間髪を入れずダダダツと敵の猛射だ。わづか四十メートル離れた支那人墓地の土饅頭の蔭から突如姿を現した敵兵が、二人を目がけて機銃をあびせて来たのである。

「あつ、畜生つ！」

押川機関兵が、隊長の脚下へ転がった。

「押川っ、しっかりしろ」

菊田部隊長が、押川機関兵を抱き起そうと身をかがめた刹那、一弾は部隊長の下腹部を貫通した。何条も

って耐《たま》ろう、残念の一声と共に部隊長はどっと地上へ倒れた。

「うわーっ！」喚声をあげ、手榴弾を滅多矢鱈に投げつけながら敵兵が殺到してくるのだ。

と、見よ、一度倒れた菊田部隊長が、この時つくと起き上がって軍刀を振りかざした。

「突撃っ、つづけっ」

あれよと見る間に、部隊長は敵中へ突入して行った。ぴかッ！　眼もくらむ閃光、どかーん、物凄い震動を伴った大音響！

「それっ、隊長を殺すなッ！」

ここが命の捨てどころ、忽ち我が陣地から飛び出した兵の一団が、ヒユッ、ヒユッ、雨あられと飛んで来る弾丸も物かは、わーっと声のかぎり鬨を上げつつ体当りに敵の真っ只中へ打衝かって行った。

忽ち展開される白兵戦だ。菊田部隊長はすでに数弾を身にあびながら、阿修羅王の如く縦横無尽に白刃をひらめかしながら斬りまくって行く。

「さあ来い、蛆虫！」

「啖《くら》へッ！　畜生っ」

一人の勇者は千人を勇者にする。叩きつけ、突き伏せ、蹴り、突刺しつつ遮二無二突撃していく兵の中に、やがて菊田部隊長の姿は見失われた。[21]

「何条もって耐《たま》ろう」「飛んで来る弾丸も物かは」「阿修羅王の如く縦横無尽に白刃をひらめかしながら」などは、ある定型の語り口を生み出す効果を担い、特に「突撃っ、つづけっ」以降の白兵戦の描写は、明らかに語りのなかに抽象化された「武勇」の身体の描写だといえるだろう。これもまるで講談か無声映画の弁士の語りを聞くように、読者は胸躍る戦場の光景のイメージへと誘われるのである。

武勇を美談として語るには、戦闘をビビッドに再現する必要があるが、その場合、戦闘する身体をどのように

図19 「肉弾三勇士」関連の書籍。右から①湯浅修一編集『壮烈爆弾三勇士』(春江堂、1932年)、②陸軍少尉宮崎史郎『肉弾三勇士』(太陽社書店、1932年。同年5月までに7版を重ねている)、③瀧渓潤『壮烈無比　爆弾三勇士の一隊』(三輪書店、1932年)、④陸軍工兵中佐小野一麻呂『爆弾三勇士の真相と其の観察』(小野一麻呂発行、1932年)

語るかという難問に直面する。躍動する身体という最も描写しにくい対象を語るには、結局、〝ちぎっては投げ、ちぎっては投げ……〟といった既存の典型的な表現に頼らざるをえなくなるのではないだろうか。

　銃後での戦場のイメージを、こうした武勇の美談の語り方がある程度規定していたとするなら、それは語り芸の伝統にかなり影響されていたことになるだろう。

### 記憶のなかの美談の再現

　このような伝統的口頭芸の語り口のほかに、武勇を語る美談には、既存の武勇の美談のイメージを取り込んで語られるものも少なくない。それが、前述した④過去の武勇の美談の再話・言及という問題である。この日中戦争の武勇の美談には、一九三二年の上海事変の有名な美談「肉弾／爆弾三勇士」をなぞる例が少なくない。「三勇士」という言い方は、この「肉弾／爆弾三勇士」に始まったわけではない。少なくと

図20　伊藤幾久造・絵「肉弾三勇士」
（出典：『忠勇美談』久米元一・文、〔「講談社の絵本」第39巻〕、大日本雄弁会講談社、1937年）

も明治後期から「元和三勇士」「天保三勇士」など、浪曲や講談などの語り芸では演目の題名に盛んに登場する。その意味では、「肉弾／爆弾三勇士」という呼び方自体が、既存の語り芸もしくは大衆文化の流用だったといえるのだが、日中戦争の美談に出てくる「××勇士」は、直近の上海事変での武勇の美談「肉弾／爆弾三勇士」を下敷きにしているといっていいだろう。

まず題名では「砲兵七勇士――部隊長涙の賛歌」（『美談武勇談』三八ページ）、「暴れこむ肉弾十二勇士――呉淞鎮攻略武勇談」（同一三八ページ）、「平型關の七勇士――敵の重囲に死闘三日間」（同一九八ページ）、「陸兵を救う海軍十勇士――海陸全軍一致」（同二二四ページ）、「鉄門押し開く三勇士――轟々敵骸骨を踏み砕く戦車隊」（同二三二ページ）、「壮烈肉弾突撃隊――劉家行の十七勇士」（同二五〇ページ）、「地爆「白壁の家」凱旋は高し十勇士」（同二五三ページ）、「滄州の爆発五勇士 宛ら人間タンク」（同二八一ページ）などがあり、タイトルには掲げていなくても、本文中で、突撃小隊に選ばれた兵士たちを「三勇士」

などと形容するものを含めるとその例はさらに増えることになる。

肉弾三勇士または爆弾三勇士と呼ばれる有名な美談とは、上海事変の際に上海廟江鎮の中国十九路軍の陣地を攻撃するために、久留米の工兵隊の兵士三人が志願して爆薬筒を抱いたまま敵陣の鉄条網に突っ込んで攻撃の端緒を開いたという逸話である。それが、戦時下で愛国を語る物語として喧伝され、書籍はもとより浪曲などとのメディアミックスのかたちで流布された。その後、日中戦争でも戦場の武勇を語る際に、社会に共有された「三勇士」という記憶が流用されるのである。いわば「三勇士」という固有の物語が発展し、壮絶に闘った兵士たちを指示するフレームとして使われるようになったといえるだろう。それが現に進行している戦争を語る枠組みとして援用されることで一つの規範と化していくのと同時に、多くの戦死者たちの死を「勇士」の武勇に作り成していったといえる。

この「三勇士」ほど例は多くないものの、明治期の日清・日露戦争の武勇談を下敷きにしているとみられる美談もある。

「鮮血に綴る「残念」の二字　吉村一等兵重傷に屈せず」は、北支戦線の馬廠河渡河作戦で兵員輸送船の操舵を担当した兵士の話である。(22)「決死隊輸送船」の舵輪をとる吉村一等兵が、向こう岸に兵を運び再度の輸送のため対岸に戻ろうとしたときに敵の迫撃砲弾が爆発し、その破片で左目と口を打ち砕かれ、舵輪をとる両腕も傷を負った。それでも舵輪を放さずに船を操り対岸に戻ったが、結局そこで舵輪を固く握ったまま力尽きて舵輪のもとに崩れ落ちてしまう。衛生兵が指を舵輪から離して担架で運ぶとき、吉村一等兵は口から流れる血で、ポケットから出したはがきに「無念」と書きつづって気を失った。この話は、「斃れてなお已まぬ責任感の強さ――往年の木口小平に勝るとも劣らぬ壮烈さではないか」とまとめられている。

木口小平とは、日清戦争の安城渡の戦い（一八九四年）で、瀕死の重傷を負いながら進軍ラッパを吹き続け、死んでもなおラッパを口から離さなかったと語られた美談の主人公である。尋常小学校の修身の国定教科書に忠義を象徴するエピソードとして一九〇四年以来取り上げられ続けていた。(23)

図21　村上松次郎絵「イサマシイ　水兵」。この絵本では「勇敢なる水兵」ではなく、「イサマシイ　水兵」という表題をつけている。そこには次のような物語が記されている。「イサマシイ水兵　　ドドーン　ドドーン　モノスゴイ　大砲ノオト。　黄海海戦ノマッサイチュウノコトデス。「副長　テキノ軍艦ハマダシヅミマセンカ」　カウイッテ　タヅネタノハ　ヒドイケガヲシテ　イマニモ　シニサウナ水兵デス。「アンシンシロ。テキ艦ハ　モウ　タタカヒガデキナクナッタゾ」　ソレヲキイタ水兵ハ　ウレシサウニ　ニッコリワラッテ　シンデイキマシタ。（日清戦争ノトキノ　オハナシ）」
（出典：前掲『忠勇美談』）

木口小平が日清戦争の陸軍の美談なら、海軍の美談は「勇敢なる水兵」である。「銃を、銃を下さい！胸を打つ谷口一等水兵の最期」は、タイトルや本文で特に言及しているわけではないが、「勇敢なる水兵」ときわめてよく似ていることは一目瞭然である。「銃を、銃を下さい！」は、陸戦に従事して陣地構築作業中に敵の迫撃砲の破片に腹部を射抜かれた水兵の美談だが、彼は、たちまち呼吸も困難な瀕死の状態に陥り、駆け付けた軍医に「銃を、銃を持たせて下さい」、自分は昨日第一線についたばかりで、一発も弾を撃たず、一人も敵兵を倒さずに死んでいくのは、残念だ、と懇願する。軍医が銃を持たせてやると、水兵はかろうじて引き金に指をかけて最後の力を振り絞って引き、「当たったぞ」という軍医の言葉を聞いて絶命した。[24]

日清戦争の「勇敢なる水兵」は、次のような話である（図21）。一八九四年九月、汽走艦隊による世界初の海戦と言われる黄海開海戦で、日本の連合艦隊旗艦・松島に中国の主力艦・鎮遠の砲弾が着弾した。破片で腹をえぐられた三浦虎次郎三等水兵は死が迫るにもかかわらず、副長に、定遠はまだ沈みませんかと、鎮遠と並ぶ中国海軍の主力戦艦の状況を尋ね、日本の攻撃で定遠はもう戦えなくなった、という副長の言葉を聞いて絶命した。この話は、歌人・佐々木信綱の作詩で「勇敢なる水兵」という歌になるとともに、木口小平と同様に修身の国定教科書に取り上げられ、日本が勝利した黄海海戦を象徴する話になっていった。経験が浅い階級の低い兵士が死に際に戦闘意欲を失わず上官を感動させるというモチーフは共通している。この「銃を、銃を下さい！」を読んだ者は、少なからず、国定教科書などを通して記憶に刻み込まれた「勇敢なる水兵」の話を思い出したにちがいない。[25]

また、日露戦争の美談を想起させるものとしては、「第二の橘大隊長 重傷を負い敵中に自刃」がある。これは、北京西方の大安山での山嶽戦で腹部に貫通銃創を負いながらも陣頭に立ち続けたものの、最後には瀕死の隊長を気遣う部下に「俺が生きていては部下一同の足手まといだ、みんな後をしっかり頼むぞ！」と言い残して自決した高田部隊長の話である。「かの橘大隊長の最期にたとうるも亦むべなるかなである」と結ばれ、タイトルにも「第二の橘大隊長」と、日露戦争の有名な軍人の名が入っている。[26]

橘大隊長とは日露戦争の遼陽の戦いで戦死した橘周太少佐（死後、中佐に特進）のことであり、複数の銃弾を受けながらも、絶命するまで部下を思いやって陣頭にいようとした最期が武勇の美談として語られたのである。海軍の広瀬武夫と並んで、陸軍の橘周太は「軍神」と称されるようになった。「軍神」とは、国や軍の制度に基づく正式な名称ではなく、新聞などで喧伝されることで国民の間に通称として定着していったものを、軍も含めて利用するようになったものである。[27]その意味では、橘大隊長の美談は人口に膾炙した話だった。その「軍神」のエピソードが、日中戦争で新たな武勇の美談を生み出すための原形になったのである。

## 近代兵器・飛行機と精神主義

日本にとって日中戦争とは、重火器や飛行機、戦車など、それまでの戦争とは異なる新たな兵器を大量に導入した本格的な総力戦だった。武勇を語る話のなかで、そうした戦争の新たなかたちはどのように現れていたのか、それが⑤近代兵器の語られ方の問題である。

「敵格納庫をめざして 突進地軸も徹れと自爆」というタイトルの美談は、敵の航空基地に偵察と攻撃に出た上敷大尉のエピソードである。敵の基地の格納庫から出ようとする大型爆撃機に急降下爆撃によって一撃を加え、さらに敵の反撃の猛射のなか再度急降下爆撃を企てたときに、機体中枢の機関部に被弾してエンジンが火を噴き始めた。

……機は風前の燈の如き運命におかれていた。死は少しも惜しまぬが、まだ働き足りぬ気がする大尉は、腹にまだ残されている爆弾のことを考えた。上敷領機はこの身このまま爆弾となって進むより、御奉公の道は残されていない。

「うむ」

目標は先ほど見ておいたガソリンを満腹している敵格納庫一棟。瞬間機は敵の格納庫めざして、地軸までも突き徹れとばかりグワンと機首もろとも叩きつけた。[28]

この話のほかにも、自機のガソリンタンクに被弾しながらも、地上の敵機を爆撃したうえ、爆弾もろとも敵のガソリンタンクに突っ込み自爆した南野大尉の話も紹介して、ともに「斃れて後止まぬ帝国軍人精神の粋をなしたものとして、永久に輝かしい我空軍戦史を飾るものである」としている。

当時の近代技術の粋を集めた飛行機を操縦するエリート士官たちが、近代的な技術を身につけて合理的判断に従って行動する者である前に自己犠牲の「軍人精神」を求められていることがわかるが、これを当たり前のことと見なすわけにはいかないだろう。総力戦の時代の花形の航空機での戦闘が、刀を使った白兵戦の武勇などの延長上に位置づけられているのである。近代の高度なテクノロジーを操るエンジニアでもある航空兵は、そうした技術を生かすことよりも飛行機もろとも自死することが、「武勇」の精神の発露として語られているのである。これは、のちの「特攻」を先取りした美談だともいえる。

戦場の武勇の美談は、満洲事変の「三勇士」の記憶や日清・日露戦争の水兵・三浦虎次郎やラッパ卒・木口小平などのイメージを下敷きに語られた。そして具体的な戦闘の叙述は、紋切り型の表現を使い回し、講談などの語り芸のようにテンポよく語られたが、それによって将兵の身体はその定型のなかで抽象化されていた。そこには、迫撃砲が近くで炸裂し続け、自分にいつ命中するかという恐怖も肉体の痛みもない。「敵兵」もまた、すぐに敗走・遁走するがたちまち爆弾に四散する肉体でしかなく、「六百人斬り」など数のレトリックのなかに抽象化されるにすぎない。こうした武勇談がこの時期に大衆的な出版メディアを通して銃後の日常に流布し、戦場のイメージを作り上げていったのである。

武勇の美談の特質は、勇気という目に見えないものを可視化することと、「武」という戦闘そのものを可視化することにある。特に歩兵にとっての戦闘は、身体的技法の集積として現れるといっていいだろう。もちろん、戦闘には戦術という知略の部分がある。しかし武勇の美談では、それはほとんど語られない。一方で、白兵戦での身体の技法を具体的かつリアルに表現することはきわめて難しい。そのため戦闘の描写では、もっぱら定型化した描写ばかりが使われることになる。

それに対して銃後の美談では、献金する、献納する、手伝う、見送るなど人々の日常の行為がテーマになっていて、その行為を選択していく過程や、それをめぐる発言、そしてそれに関わる人と人の関係性が描かれるのである。その意味では同じ戦争美談でありながら、武勇の美談と銃後の美談は、まったく異なった語り方を要求されていたといえるだろう。

「武勇」と銃後

武勇の美談のなかで最後に取り上げる要素は、⑥の「銃後」との関係である。将兵の武勇のなかには銃後とのつながりを示す話がある。いくつか例を見ておこう。

「勇士最後の手紙」は、前線から銃後に送られた二通を取り上げて紹介している。一通は、一九三七年八月十四日に上海戦線で戦死したある海軍陸戦隊三等兵曹の話であり、出陣間際の集合ラッパが鳴っているときに妹に宛ててつづった覚悟の手紙を紹介している。

幸子、兄は戦争に行く一時間前だ。急を要する最後の手紙だと思ってくれ。男の中の男として、これほど喜ばしいことはない。新兵の時十日の休暇で帰ったあれが最後の帰郷であったかもしれぬ。生きて帰るとは思わぬ、ただ千人針の貰い力と御守の力を頼みにうんと働いてくるよ。今まで不孝であった兄は、今死にに行くよ。国家のため万歳。留守中祖父母のことや両親を兄に代わって見てあげてくれ。

今のラッパは集合だ。感慨無量だ。熱涙が湧いて来る。幸子、皆で仲良く暮らしてくれ、兄は十分働いて来るから。では左様なら、健康と多幸とを祈る。

上海の兄より

八月十四日

遺書　心残りはない、只軍人として本分を尽し、国家のため万分の一でも奉公出来ればどんなにか嬉しいだろう。不孝を謝し二人分を働く覚悟で行く。(29)

武勇の美談集のなかの一編として読むと、単に勇ましい言葉の羅列のように見えてしまうかもしれないが、これらの言葉は、決して単なる定型ではない。「生きて帰るとは思わぬ」という言葉が句点で終わらず、読点で次の「ただ千人針の貰い力と御守の力を頼みにうんと働いてくるよ」に接続している文章は、妹たちが持たせたのだろう千人針と御守に込められた思いと自らの覚悟との間で、心が揺らいでいることをうかがわせる。「働いてくるよ」は、働いて「帰る」ことを含意しているからだ。「帰るとは思わぬ」と「うんと働いてくるよ」の間のその揺らぎこそが、この手紙から受け止めるべき生々しい言葉なのではないだろうか。だからこそ再度「死にに いく」と言い、さらに手紙の後ろに付した「遺書」という定型の覚悟の文によって「二人分を働く覚悟で行く」とつづっているのだろう。

この三等兵曹は、預金額五百円の貯金通帳を、「この金は苦心してためたものだ、決して無益に使うな」と妹に託したという。

前線から銃後への手紙を主題にしたもう一つの美談は、一九三七年八月十五日に戦死した海軍陸戦隊の海軍二等兵曹が母に宛てた手紙である。彼は、自分が戦地で身の回りのものを入れているトランクのなかの従軍徽章や勲記の保存を依頼したあと、次のようにつづっている。

兄上様を始め益々御健勝にて将来ますます奮闘、家運の隆盛御尽力ありたい。静かに戦いの前夜国元の一人の母親を思う。母上も年若く父を失い赤貧の中に雄々しく我々子どもの養育に一家の生計に、一段の努力をはらわれ暫しの安堵も出来得ず、我が身を軍籍に入るるや身の無事なる様と殊の外の御心配感激に堪えず。（略）なお先般母上様に申上げたる通り私の蓄えをもって伊勢参拝下さるよう、最後の私の願いであり寸志であります。いよいよ先立たれし父上と面談出来得るのも今しばしの事であろう。[30]

この手紙を通して描かれるのは、前線の兵士を支える母親の姿である。若くして夫を失い、女手一つで子どもを育て一家を養い、その子どもを戦場に送る母親という物語は、第6章で取り上げる「軍国の母」の典型的な話型でもある。ここでは戦地の息子が母の苦労を想起するかたちで、母の物語を語っている。

また、同じように銃後の家族との関わりを語る話のなかで、銃後の軍事扶助について言及している例がある。

「弟の遺骨を背負って突撃 子牙河の花と散る山口兄弟」は、同じ部隊に所属している上等兵である兄が、自分より先に敵の塹壕に一番乗りを果たして戦死した弟の遺骨を自らの背囊に入れて突撃隊の一員として「敵陣に踊り込み」、弟に次いで戦死したという話である。その上等兵が、部隊長に弟の遺骨を自分に渡してほしいと申し出たときに、次のように言ったと紹介されている。

私共は三人兄弟で、一番下の弟は母と一緒に故郷におります。家が貧しいので、母は軍事扶助をいただいていますが、母はいつもそれを勿体ながって「子どもが軍人としてお国のお役に立てばこんな名誉なことはないに、その上こんなものまで頂いて洵《まこと》に申訳がない。どうかお前達は、御恩返しの気持ちで、立派な手柄をたてておくれ。自分も再び生きているお前達に会おうとは思わぬ」といって励ましてくれました。[31]

上等兵は弟と顔を合わせるたびに母のこの言葉を繰り返し、年の順から自分が「先に戦死してみせる」と言っていたが、弟に先を越されてしまったので、弟の遺骨を背囊に収め、弟に自分の活躍を見ていてもらいたい、と部隊長に申し出たのだという。これもまた戦場の武勇の話に刻まれた「軍国の母」の姿である。この軍事扶助とは、先にふれたように、第一次世界大戦中の一九一七年に公布された軍事救護法を日中戦争が始まる直前の三七年七月一日に改定した軍事扶助法に基づくもので、貧窮者に対する一般的な救護とは異なる出征兵士の家族に対する援護を掲げた制度だった。

しかしこの制度は、「権利意識」を抑制するために、あくまでも出願制に基づいて運営されていたことは、すでに述べたとおりである。母親の「その上こんなものまで頂いて洵に申訳がない」という言葉は、こうした軍事扶助法の前提と呼応している。そしてその「申訳がない」の先に、「自分も再び生きているお前達に会おうとは思わぬ」という母の覚悟と二人の息子たちの命をかけた「武勇」があるといえるだろう。

前線の武勇を語る話のなかに、このように銃後の家族たちが描かれることで、前線と銃後は一対のものであることを示している。武勇の美談のなかに垣間見えるこうした「銃後」は、「美談武勇談」の最終章としてまとめられて、あらためて意味を担うことになる。

## 銃後のかたち

### 「銃後」という枠組み

大衆雑誌『キング』の一九三八年一月号と三月号の付録の美談集のなかで、銃後がどのように語られているかを見ておこう。

『美談武勇談』（一九三八年一月号付録）、『忠勇談・感激談』（一九三八年三月号付録）の構成を比べると、前者『美談武勇談』は六章にわたる将兵の武勇の美談に続いて、最後に「応召・銃後美談」の一章を置き、そこに武勇の美談の約六分の一の分量だが、三十一話を収めている。一方の三月号の付録『忠勇談・感激談』は四部構成の最後に、二十三話を集めた「出征美談・銃後美談」の章を配している。

表2は、『美談武勇談』の「応召美談・銃後美談」三十一話、『忠勇談・感激談』の「出征美談・銃後美談」二十三話を、タイトルと話の概要、判明した新聞記事やほかの美談集などとの対応関係に応じて整理したものである（以下、本節の事例は表中の記号で指示する）。

『美談武勇談』の三十一話の配列には、一つのストーリーを読み取ることができる。何よりもこうして武勇の美談とセットで、「銃後」の美談が設定されていること自体が、この十五年戦争期の戦争美談の枠組みを表している。その一方で、一九三八年三月号の付録である『忠勇談・感激談』の「応召美談・銃後美談」には、「美談武勇談」の「出征美談・銃後美談」のようなストーリー性がある配列は特に見られない。『忠勇談・感激談』は、『美談武勇談』の反響を受けて落穂拾い的に構成したものではないかとも考えられる。しかし、一月号の付録である『美談武勇談』には見られなかった、戦地の兵士から銃後へと送られた手紙・遺書・献金などのエピソードを語る話がより多く掲載されていた。

表2　編集される美談と「銃後」

| 整理番号 | 美談のタイトル | 「東京朝日新聞」（1937年7月―1938年2月）との対応 | イ［木村1937］、ロ［木村1938］ | 備考 |
|---|---|---|---|---|
| A1 | 愛国の電波は飛ぶ（見よ！　病妻の苦心） | | | |
| A2 | 最後の勤務を果たして（消防手の出征） | | | |
| A3 | お父さん万歳（孫に代わって七十九歳の老婆） | | | 国定教科書「一太郎やぁい」の類話、老母七里を行って息子を見送る |
| A4 | 母と妹の死（後に残るは身重の妻） | | | |
| A5 | 深夜の愛国結婚 | | | |
| A6 | この母、この子（勇士を門前で拒む） | | | 父の死に一時帰郷した息子を受け入れない母 |
| A7 | 夢に見る父（重傷を秘して見送る） | | | 重傷を秘して息子を見送る父 |
| A8 | 遺骨を抱いて（見送りの旅、死出の旅） | | | |
| A9 | 刑務所の万歳（やはり立派な日本軍人） | | | 妻の申し出で、仮釈放されて出征 |
| A10 | 俺の命令だ（父の死に情けの帰郷） | | | 父の死に帰郷しようとしない兵を、部隊長が一時帰郷させる |
| A11 | 涙の出陣（愛児を残す貧家） | | | |
| A12 | 米国紳士の恩情（出征兵の家族を護る） | | | |
| A13 | 山内中尉の母（読むもの皆感涙） | 8月26日、9月2日、並びに同（家庭欄）、9月3日（家庭欄） | イ→261ページ、280ページ | 母ヤスの海軍省人事局宛の感謝の手紙 |

| 整理番号 | 美談のタイトル | 「東京朝日新聞」（1937年7月―1938年2月）との対応 | イ［木村1937］、ロ［木村1938］ | 備考 |
|---|---|---|---|---|
| A14 | 夫の戦死を感謝（細川相子さんの手紙） | | ロ→326ページ | 妻・相子の呉海軍鎮守府人事部長宛の感謝の手紙 |
| A15 | 黒髪の贈物（真心を綴る妹の手紙） | 9月24日（上海発24日） | | 妹から兄への手紙 |
| A16 | 御身の働きを聞かず（兵士を叱る軍国の母） | 10月29日（王家宅28日発、岐阜高山電話） | | 母から戦地の息子への手紙、国定教科書「水兵の母」類話 |
| A17 | 愛児の死を秘す（健気なる銃後の妻） | 類話10月18日 | | 妻から戦地の夫への手紙 |
| A18a | 従軍嘆願書（虚弱な子を持つ父と母） | 10月8日 | | 母から陸軍大臣への手紙、父から陸軍大臣への手紙 |
| A18b | 従軍嘆願書（退役歩兵中尉中山正文の手紙） | 10月9日 | イ→337ページ | |
| A19a | ゴム長靴の女留守隊長（一家四人が出征） | 9月14日「巷ニ満ツ応召美談」より | イ→252ページ | |
| A19b | | 上記同一記事より | イ→258ページ | 青果店を営む夫が出征後の妻が店を守る |
| A20 | 見知らぬ紳士（名士の銃後援助） | | | |
| A21 | 扶助を断る二人妻（敢然起つ八百屋と夜店） | | | |
| A22 | この美しい隣人愛（愛国婦人会員が援助） | | | |
| A23 | 全生徒の労力奉仕（リーダーは小学校長） | | | |
| A24 | 中学生の突貫援助（留守宅を死守する学友へ） | | | |

| 整理番号 | 美談のタイトル | 「東京朝日新聞」（1937年7月—1938年2月）との対応 | イ［木村1937］、ロ［木村1938］ | 備考 |
|---|---|---|---|---|
| A25 | 朝鮮同法の赤心　（率先愛国運動を興す） | | | |
| A26 | 全国挙って献金献品 | | | 海軍省と陸軍省への献金献品の集計 |
| A27 | 健気な六少女　（納豆売って献金） | 8月5日、類話12月8日 | イ→258ページ | |
| A28 | 梅干し持って静岡から　（奇特な老人の真心） | | | |
| A29 | 重罪囚の献金　（血と汗の結晶十年） | | イ→299ページ | |
| A30 | 外国人の献金　（英国将校、白系露人） | | | |
| A31 | 支那人の献金　（行商人と料理人） | | | |

参考　イ→木村定次郎　1937『支那事変 忠勇報国美談』竜文舎
　　　ロ→木村定次郎　1938『支那事変 尽忠報国感激美談』竜文舎
（出典：「応召美談・銃後美談」一覧〔「キング」1938年1月号附録「支那事変美談武勇談」〕、大日本雄弁会講談社）

| 整理番号 | 美談のタイトル | 「東京朝日新聞」（1937年7月〜1938年2月）との対応 | イ［木村1937］、ロ［木村1938］ | 備考 |
|---|---|---|---|---|
| B1 | あはれ幼児の盗みに泣く　（勇士涙の教訓） | | | |
| B2 | 親友の位牌を負うて出征（前田少尉の悲壮な決意） | | ロ→366ページ | |
| B3 | お上に献上の軍用金（三十年前の奉納大願） | | | 献金を申し出る手紙 |
| B4 | 真心刻む時計　（尊し一巡査の銭け） | | | |
| B5 | 輝く水先案内人　（白茆口敵前上陸の殊勲者） | | | 民間人の戦闘への協力 |

| 整理番号 | 美談のタイトル | 「東京朝日新聞」（1937年7月～1938年2月）との対応 | イ［木村1937］、ロ［木村1938］ | 備考 |
|---|---|---|---|---|
| B6 | 父よ！子よ！吾が妻よ！（塹壕に拾った烈烈の遺書） | | | |
| B7 | 乳呑子を残して傷病兵の看護（かがやく白衣の天使） | | | |
| B8 | 輝く形見の品々（六十歳の恤兵金） | | | 陸軍恤兵部への手紙 |
| B9 | 一合取っても武士は武士（軍国の父に部隊長感激） | | | 同一部隊から、二例、兵士の父から部隊長へ銃後の手紙 |
| B10 | 戦線から幼児供養代（受け取らぬ親も床し） | | ロ→377ページ | 前線から見舞金と手紙 |
| B11 | 拝領の恩賜金（有事に備えて三十年保管） | | | 献金を申し出る手紙 |
| B12 | 白衣感激の大放送（聴取者みな泣く） | | | 傷痍兵が部隊長の戦死の様子を病院から放送 |
| B13 | 一兵士の手紙（陣中より献金） | 類話12月7日 | | 前線兵士から献金と手紙 |
| B14 | 病勇士魂の従軍（墓前に供える戦捷報告） | | | 招集令状に応えられなかった病者「必ず行く」と割腹 |
| B15 | 征馬に贈る少女の純情（一銭宛の貯金を新安号） | | | |
| B16 | パネー号の爆沈（女学生の捧げる純情） | 12月22日、関連美談12月17日、18日、19日 | | 日本軍が誤って撃沈したとされるアメリカ砲撃艦への見舞い |
| B17 | 愛馬のたてがみ（戦場から供養を依頼） | | | |
| B18 | 悲涙を呑んで勇気百倍（八児を守って救護法も辞退） | | | |

| 整理番号 | 美談のタイトル | 「東京朝日新聞」（1937年7月～1938年2月）との対応 | イ［木村1937］、ロ［木村1938］ | 備考 |
|---|---|---|---|---|
| B19 | 父よ瞑せよ！子よ健やかなれ！（飯塚中佐の遺児の作文） | | | 父の戦死をつづる子の作文 |
| B20 | 濱の人々の義心（出征兵士父の意気） | | | |
| B21 | 兵よ、安んじて征け！（花嫁の誓いは固し） | 類話2月5日 | | |
| B22 | 右手に杖、左手に国旗（八十老婆の熱誠） | | | |

（出典：「出征美談・銃後美談」一覧（「キング」1938年3月号附録「支那事変忠勇談・感激談」）、大日本雄弁会講談社）

応召者と周辺

まず、A1からA12には、応召する兵士自身についての話が並ぶ。日中戦争では、すでに一度徴兵されて現役兵として平時の二年間の兵役につき、その後は在郷軍人として生活していた人たちが出征するケースが多かった。そうした人々が、入隊までの短い時間のなかで、どのように日常生活の整理をし、入隊していったかを描いているのが、これらの話である。

例えば、A2「最後の職務を果たして消防手の出征に突如火事！」は、新潟市でゴム製造業を営むかたわら予備消防士を務める中森浩太郎の話である。召集令状が届いた浩太郎が準備を整え、午後二時の列車に乗ろうというその日の朝、製油所から火が出た。浩太郎はただちに現場に駆け付けて、懸命に消火活動に従事する。

その有様を眺めた小頭の中川信二さんが、

「君は午後立つのだから、もう帰ってください、晴の首途《かどで》のことだ。仕度もあってきっと忙しいことでしょうから、火事の方は私たちが引き受けます」と浩太郎さんに帰宅をすすめたのだが、浩太郎さんはホースを持って火炎の中から敢然と、

「私は出征するまでは消防手です。消防手の任務を果たしてから帰ります」という健気な答え、天もその壮烈なる志をよみし給うたか、約一時間後には鎮火した。(32)

浩太郎の行為に感激した同僚や火事見物の人々の間から「期せずして」「中森浩太郎君、万歳！」の声が起こった、という。話は、応召する本人の言動とともに、病身の妻、消防手の小頭、同僚そして見物人まで、応召者を囲む人と人の関係性を描き込んでいく。永遠の別れであるかもしれない「別れ」の数日が、当人の忠誠と責任感と周囲の献身的な援助と善意のなかに描き出されているのである。応召をめぐる美談については詳しくは第４章で検討したい。

こうした応召・出征の美談の次に、Ａ13からＡ18の、出征者を送り出した家族が手紙や慰問文を通して戦地の兵士の武勇を鼓舞、激励する話が並ぶ。ここでは具体的な手紙文の紹介が中心になる。先に紹介した銃後に言及する戦場の武勇の話では、銃後の家族に向けて兵士がしたためた手紙を取り上げていたが、この銃後美談でも、銃後から前線にいる肉親に送られた手紙が中心になる。

「女性」の場所

Ａ19からＡ24は、出征兵士の家族の健闘やその家族を支える近隣の人間関係などの話である。

一つ例を挙げておこう。Ａ19「ゴム長靴の女留守隊長　一家四人が出征」は、東京市渋谷区の笹塚で鮮魚商を営む吉本家の話である。吉本家では主人の太郎をはじめ、その弟と雇い人二人の計四人が相次いで出征し、主人の妻はるが一人残された。

「何をぼんやりしてるんだ。御国の為だ。これほど名誉なことは又とありはしない」

己の心を叱り飛ばしたはるさんは、忽ち勇気百倍！　その翌《あく》る日からは、朝の真暗い中からゴム長靴を履いた雄々しい姿で、荒くれ男に混って魚河岸通い、帰ってくるとお得意廻りから仕出し、出前と女手一人で孤軍奮闘、この頃ではすっかり張り切って、大元気である。町内の誰かが、

「お一人でさぞ大変でしょう」

とでも慰めようものなら、かえって不機嫌になって、

「男は戦地で御国の為に働いているんですもの、当り前のことですよ、主人をはじめあの元気な人達は、普段から庖丁を握ると立派なもんでしたから、いまに支那兵を料理して手柄を立ててくれますよ」

と、すばらしい鼻息である。これには町内の人達もすっかり感心してしまって、銃後の女留守部隊長だと、大評判である。(33)


A19には類話として、東京市牛込区で八百屋を営む川越二郎の妻えいの話も含まれる。二郎は在郷軍人の上等兵であり、日中戦争が始まると妻えいは、二郎に自転車に乗れるようになりたいと申し出た。夫の二郎にいつ召集令状が来ても八百屋の仕事を引き継げるように、と考えてのことだった。えいは子どもを寝かしつけると毎夜、自転車の練習にいそしみ、ついに乗れるになった。二郎に召集令状がくると、「家のことは少しも心配いりませんよ。その為の私の自転車稽古でした」と夫を送り出した、という美談である。

これら二つの話は、一九三七年九月十四日付「東京朝日新聞」に「巷に満つ応召美談 軍国の秋に銃後の華 絢爛」という大見出しのもと、「一家四人出征の留守に ゴム長の女隊長 魚河岸通い・得意廻り」「膝を血に染めて自転車を稽古 夫を送る 八百屋の妻女」というタイトルで、二つセットで一つの記事として掲載されている（図22）。「美談武勇談」に掲載された話と、新聞記事の文章は共通しているので、記事がそのままこの付録「美談武勇談」に掲載されたものと考えられるが、新聞に掲載された写真と、「美談武勇談」の記事の写真は異なってい

て、あらためて写真を用意した可能性もあると思われる。

これは、一家の稼ぎ手である夫が出征したため、残された妻が家業の維持に奮闘するという家族の物語であると同時に、それを取り巻く近隣の物語でもある。「お一人でさぞ大変でしょう」という言葉は、近隣の同情の表れなのだが、その言葉に対する本人の過剰なほどに気丈な反応と、そんな彼女を「女留守隊長」や「女隊長」と呼ぶ人々との関係は、はたして無条件に感動の要素として受け止められるのだろうか。

銃後では、男性が出征したため、それまで男性が中心だった仕事を女性が支えざるをえない状況が訪れ、結果的に女性の社会進出が遂げられることになったという構図がある。それは別の言い方をすれば、総力戦のなかで女性にも確固とした役割が与えられ、「女の国民化」が促進されたということでもあった。[34] この留守家族の妻の奮闘の美談は、そうした総力戦と女性の社会進出の一例でもある。

巷に滿つ 應召美談
軍國の秋に 銃後の華絢爛
一家 四人出征の留守に ゴム長の女隊長
魚河岸通ひ・得意廻り
膝を血に染めて 自轉車を稽古
夫を送る八百屋の妻女

図22　「巷に満つ応召美談」の3件の美談の1つとして「四人出征の留守に／ゴム長の女隊長」を伝える新聞記事
(出典：「東京朝日新聞」1937年9月14日付)

だが、「女留守隊長」という呼び名には、そんな女性に対するどこか揶揄に似た男性たちの視線も感じ取ることができる。たとえ善意だったとしても、こうした呼び方には当事者を拘束する可能性が含まれている。日常的な人間関係が人を美談の主人公に仕立てあげていく過程を、そこに垣間見ることができるのではないだろうか。

## 献金の美談の主人公たち

出征兵士の家族の奮闘とそれを取り巻く人間関係の話の次にくるのが、軍への献金や新聞社の軍事献金募集への応募などの話のA25からA31である。積極的に献金することで、国民の一員として時代にコミットしようとする人たちの美談だが、ここではどのような人々が主人公として選ばれているのだろうか。

「朝鮮同胞の赤心 率先愛国運動を興す」と題したA25は、本土や朝鮮半島の「半島人」たちが、労働者をはじめ学生、婦人団体、子どもに至るまで献金や白米、貴金属品の献納などをしているという内容である。A27は東京の小学生の少女たちが、軍事献金をするために納豆売りをしたという美談で、A28は静岡で駄菓子店を営む、かつて日露戦争の二百三高地の激戦を戦い抜いたという老人が、梅酢の一升瓶四本と梅干の五升樽一個を海軍省に献納したという話である。戦地を経験した老人の、衛生状態がよくない戦場にいる兵士への心遣いだっただろう。A29は、東京の小菅刑務所に十年以上収監されている一囚人が、入所以来仕事をしてためた作業金のすべてを「私も日本人です」と献金に差し出したという話だ。所員が「オイオイ、この金はお前が他日出所の際、生業の資金にする虎の子じゃないか。よく考えてみたらどうだい」と言うと、囚人は、「なあに商売のもとでなんざあ、これから一生懸命に稼ぎますから心配いりません」といって、「無理矢理献金してしまった」のだという。

しかしこの話には、全国の刑務所で「徹底し」て、献金時間としての作業時間の延長や作業金の献納がおこなわれていることも紹介されている。刑務所での献金が半強制的なものだったことをうかがわせる。

また、A30は、「世界漫遊旅行中」のスコットランドの退役将校夫妻やロシア革命から日本に逃れてきた亡命白系ロシア人など西欧人が献金したという話である。満洲事変以来、西欧諸国が中国への日本の進攻に警戒感と批判を強めていたことを考えると、西欧人の献金エピソードを掲載しているのは意図的な編集だったのだろう。そして、最後のA31「支那人の献金 行商人と料理人」は、東京市麻布区の洋服の行商人と、故国愛を抱きながらも軍閥を「憎悪せざるをえない」という手紙とともに献金した料理人の、二人の中国人による献金の美談だが、「在留支那人の献金は枚挙に遑なく、支那本国では到底想像も出来ない熱誠美談が生まれている」と結んでいる。

ただ、当時日本が「支那」と呼んでいた地域は、決して一枚岩ではなかった事実をふまえて読む必要があるだろう。日本軍と戦っている蔣介石率いる国民軍、それと対抗関係にあった共産軍、そして各地に群雄割拠していた軍閥勢力といった複雑な地政図のなかで、日本との距離はそれぞれが微妙に異なっていたはずだ。もちろん、この「支那人」とひとくくりにされている逸話から、それを読み取ることはできない。

### 美談集が示す「銃後」の構造

軍事献金や献納をめぐる銃後の美談の主人公は、朝鮮人、子ども、老人など社会的にみて周縁に位置する人々や、囚人という社会から隔離されている人々、さらには、在留中国人という「敵国」の人たちだった。周縁に位置する人々が、銃後美談のなかでは、主人公として銃後を支える人々の一角に位置づけられていたことになる。

「美談武勇談」の最後に収録された「応召美談・銃後美談」三十一話の配列からわかるのは、まず、兵士の応召そのものを当事者である兵士を中心にその家族や近隣の関係性のなかで描く話を置いて、次に戦地の兵士に送られた家族の手紙を通して銃後の家族の思いを描く話を置いている。そして三番目の話群として出征兵士の家族の健闘やその家族を支える近隣の援助などに関する話を置き、最後に軍の恤兵部などに軍事献金をする人々と戦争に沸き立つ銃後の様子を描いた話群を置いている。

出征兵当人→銃後家族と前線を結ぶ手紙→銃後家族の暮らしとそれを支援する関係性→戦争に熱狂する銃後、というように、出征兵士を中心に同心円を描くように話群を構成していることがわかる。

それは、総力戦という制度が何重にも日常を包摂し、個人、家族、近隣そして地域・郷土を巻き込んでいく姿をそのまま映しているともいえるのである。

注

(1) 前掲『日中戦争史 復刻新版』二三三―二三六ページ

(2) 朝日新聞「新聞と戦争」取材班『新聞と戦争』朝日新聞出版、二〇〇八年、八四―八五ページ

(3) 前坂俊之『太平洋戦争と新聞』(講談社学術文庫)、講談社、二〇〇七年、三一六ページ

(4) 前掲『新聞と戦争』八五ページ

(5) 同書二四九ページ

(6) 雑誌「キング」(大日本雄弁会講談社、一九二四―五七年、ただし、戦時中の四三―四五年は「富士」と改名)については、佐藤卓己『『キング』の時代――国民大衆雑誌の公共性』(岩波書店、二〇〇二年)がある。以下、「キング」については佐藤の研究を参照した。佐藤は、モダニズムの大衆文化を象徴する雑誌「キング」と、当時のラジオやトーキー映画など新たなメディアとの相関関係と類似性に着目し、大衆文化の時代の公共性が雑誌メディアのなかにどのように作り出されたのかを詳細に分析したうえで、「キング」が、国家と個を媒介する中間集団のなかに読者の共同性を生み出していったことを指摘する。さらに、そうした性格をもつ「キング」が、国家総力戦と国民動員の時代をどのように下支えしたかに焦点を当てている。佐藤の視点は、大衆的な出版文化が国民を扇動し「騙した」とする歴史観を批判し、雑誌が生み出した公共性のなかで読者がどのようにして積極的に時代に関わっていったかを見据えようとしている。

(7) 一九三七年十月号以降「キング」が組んだ「支那事変」関連の特集号のタイトルと日中戦争関連の付録を見ておこう。十月号(第十三巻第十二号)は「社告 日支事変大特輯について」に続き、十本の記事で「日支事変大特集」を構成している。

十一月号(第十三巻第十三号)は、十本の記事で構成した「支那事変大特輯」と、「出征軍人歓送挨拶の模範例」を掲載し、別冊付録は「日本軍歌集 附・愛国歌謡」だった。

十二月号(第十三巻第十四号)は、七本の記事からなる「事変大特集」と、付録として「国民精神総動員大特輯」「上海南京地方明細地図」の二点をつけた。

翌年一月号（第十四巻第一号）は、六本の記事からなる「支那事変大特輯」と、付録は本章でも取り上げた「支那事変美談武勇談」と「最近支那明細大地図／（裏）満蒙・ソ聯国境大地図」の二点だった。

二月号（第十四巻第二号）は、五本の記事からなる「支那事変大特輯」と、「皇軍慰問面白大会――落語・漫才・漫談・珍談・浪花節」を掲載している。

三月号（第十四巻第三号）は、「戦いは之からだ！　刻下緊要の大文字」という特集で以下の六本の記事からなる特集を組んでいる。その六本の記事は「日本は之から何うなるか、我等は何うすればよいか」「皇軍に感謝す……」「現代文豪の時局観――国民の奮起を促す」「日本の興隆に就て国民に訴う」などで構成している。これまでの特集は、主に前線の戦況を報告するような記事が中心だったが、この号の特集は、銃後の「国民」を鼓舞するような記事群で構成されているのが特色である。付録は新年号に続く二冊目の美談集「忠勇談・感激談」と「広東・香港付近明細地図／（裏）漢口・南昌地方明細図」だった。

四月号（第十四巻第四号）は「事変大特輯」を組み、さらに「出征将兵の戦線手記」を掲載した。「支那事変」をめぐる特集号は、ここまでで一時中断する。

（8）以上、付録の地図については、講談社社史編纂委員会編『講談社の歩んだ五十年　昭和編』（講談社、一九五九年）二七三―二七六ページ。また、佐藤卓己は、一九三三年から「キング」の付録の一連の地図は、のちの「大東亜共栄圏地図」に見られるような政治的なものを先取りしていたことを指摘している（前掲『『キング』の時代』三〇四―三〇六ページ）。

（9）前掲『講談社の歩んだ五十年　昭和編』三七五―三七六ページ。佐藤卓己は、こうした戦中に関する回想が、陸軍省情報部の出版担当・鈴木庫三少佐による出版への介入を糾弾する論調で書かれていることを批判的に検討している。「平和主義者」としての野間清治像も、「回想」という事後の言説で、鈴木とのコントラストのなかで構築された可能性がある。佐藤は、「日中戦争期の「キング」を覆った異様な高揚感を、すべて国家権力による無理強いと理解することは困難である」としている。前掲『『キング』の時代』三二八ページ

（10）前掲『太平洋戦争と新聞』二九八―三〇三ページ

（11）前掲『講談社の歩んだ五十年　昭和編』三七五―三七八ページ

(12)池田宣政・文、伊藤幾久造・絵『乃木大将』(「講談社の絵本」第一巻)、大日本雄弁会講談社、一九三六年
(13)大河内翠山・文、井川洗・絵『岩見重太郎』(「講談社の絵本」第三巻)、大日本雄弁会講談社、一九三六年
(14)小泉長三・文、神保朋世・絵『四十七士』(「講談社の絵本」第二巻)、大日本雄弁会講談社、一九三六年
(15)『漫画傑作集』(「講談社の絵本」第四巻)、大日本雄弁会講談社、一九三六年
(16)「陸軍機最初の凱歌」、前掲「支那事変美談武勇談」所収、三五―三八ページ
(17)同冊子一四七―一四九ページ
(18)同冊子一六八―一七〇ページ
(19)斬った敵兵の「六百」という数は、真意を論じるよりむしろ前線の武勇の美談が使うレトリックの一つとして考えてみる必要があると思うが、しかしだからといって、戦場での大量殺戮が、まったく「事実無根」の虚構であるとも考えられない。「六百」という数のレトリックの向こうには、そうした大量の殺戮を称賛する空気が前線にも銃後にも確実に存在していたからだ。

日中戦争の際、「百人斬り競争」をおこなった二人の陸軍将校に関する記事が新聞に掲載された。二人の将校は戦後、南京の軍事裁判で裁かれ処刑されている。この「百人斬り競争」は「史実」だったのか、それとも新聞記者による捏造だったのかは、今日でも議論になっている。しかし、当時、新聞から戦時武勇談を扱った雑誌や書籍に至るまで、この事件だけでなく、こうした「〇百人斬り」といった数の表現があふれていたのは事実である。

歴史学の立場からこの事件を検証した笠原十九司『「百人斬り競争」と南京事件――史実の解明から歴史対話へ』(大月書店、二〇〇八年)は、当時の部隊の行動や戦闘形態などの詳細を検討し、事件が歴史的事実である蓋然性が高いことを指摘している。また、戦場での陸軍の将校たちにとって日本刀がどのような意味と役割をもっていたかに着目し、日本刀の使われ方についても分析している。武勇談で語られる「六百人斬り」という数字が日本刀という道具とセットであることは決して自明ではない、問うべき問題である。

また笠原は、百人斬り事件の背景にある銃後の社会のありようにも分析を加え、軍国美談が「戦場」に対する認識をどのように作り上げたか、また戦場の報道のなかに軍国美談的言説がどのように埋め込まれていったかについて検証している。「百人斬り競争」という言説がリアルに受け止められた社会的な背景、すなわち「空気」が厳然と存在

していたのである。

笠原の研究は、百人斬りは史実か虚構かという単純な二項対立のどちらかに結論づけようとするのではなく、多様な史・資料のなかで語られる「事実」を重ね合わせることで、そうした出来事が実際に起きていた蓋然性に肉薄している。

もとより、私にはこの出来事が史実か否かを判断できるだけの確証はないが、まったくの「事実無根」とは言えないと思っている。当時、事実として「報道」されていた前線や銃後の美談は、その一つひとつの逸話そのものが真か偽かにかかわらず、一つの表象としてリアルな「空気」を作り上げる資源となっていたし、それが現実の行動を再生産していく力をもっていたことは確かだからだ。武勇の美談の数のレトリックも、そうした資源を構成する要素の一つなのである。

(20)「斬りも斬ったり敵六百――豪刀安田部隊長の刀」、前掲「支那事変美談武勇談」所収、一六八―一七〇ページ
(21)「菊田部隊長の奮戦」、同冊子所収、九七―一〇〇ページ
(22)「鮮血に綴る「残念」の二字 吉村一等兵重傷に屈せず」、同冊子所収、一八〇―一八二ページ
(23) 木口小平の話は、国定教科書第一期「修身」に徳目「ユーキ（勇気）」を象徴する話として、第二期以降第五期「修身」までは徳目「チューギ（忠義）」を象徴する話として、一九〇四年から四五年まで掲載され続けた（中内敏夫『軍国美談と教科書』〔岩波新書〕、岩波書店、一九八八年、参照）。
(24)「銃を、銃を下さい！胸を打つ谷口一等水兵の最期」、前掲「支那事変美談武勇談」所収、一〇四―一〇六ページ
(25) 前掲『軍国美談と教科書』五九―六三ページ
(26)「第二の橘大隊長 重傷を負い敵中に自刃」、前掲「支那事変美談武勇談」所収、六三―六六ページ
(27) 軍神については山室建徳『軍神――近代日本が生んだ「英雄」たちの軌跡』（〔中公新書〕、中央公論新社、二〇〇七年）、また、橘周大については同書四八―六三ページを参照。
(28)「敵格納庫をめざして 突進地軸も徹れと自爆」、前掲「支那事変美談武勇談」所収、一二三―一二五ページ
(29)「勇士最後の手紙」、同冊子所収、七六―七八ページ
(30) 同文七七―七八ページ

(31)「弟の遺骨を背負って突撃 子牙河の花と散る山口兄弟」、同冊子所収、一八三―一八五ページ
(32)「最後の職務を果たして 消防手の出征に突如火事!」、同冊子所収、三三六―三三七ページ
(33)「ゴム長靴の女留守隊長 一家四人が出征」、同冊子所収、三七二―三七四ページ
(34)上野千鶴子『ナショナリズムとジェンダー』青土社、一九九八年、三一―三八ページ

# 第3章 増殖する銃後美談

## 1 メディアと美談

### 「山内中尉の母」の場合

昭和戦中期の銃後の美談は、一つの媒体を通してだけでなく、モダニズム文化のなかで発展した多様なメディアを通して表象された。

一つの例を見ておこう。「東京朝日新聞」（一九三七年八月二十六日付）に海軍航空隊の山内達雄中尉の戦死に関わる記事が掲載されている。記事は山内中尉の戦死自体ではなく、それに対する母親の態度を取り上げている（図23）。

山内は、八月十五日の長距離爆撃に参加した帰途に行方不明になった。その知らせが長崎県長崎市に住む母ヤスに届くと、ヤスは海軍省人事局に次のような手紙をしたためた。

○○海軍航空隊附山内達雄中尉儀、○○空襲に於て殁せる旨の御通知を壱岐郡石田村長殿より現住所あて御

あれよあの機 達雄永へに生く

我になほ三男兒あり

戰死に讃歌、山内中尉の母堂

この母この子

あゝ、老いゆく母

お前に過ぎぬ

図23―1　山内少尉の母の手紙を報じる新聞記事
（出典：「東京朝日新聞」1937年8月26日付）

転送を得正に拝承仕候、あの子、光輝ある帝国海軍航空士官として御奉公仕り候事を得、決死をもって護国の鬼と化し、ゆるぎなき祖国の御為に身命を捧げたてまつるを得候事尊く感謝にたえず候

謹みてかの子既往の事深く厚く御礼申上奉り候

あの子は幼少の時より直く正しく清き心の持主に武勇を好める性質なれば必ずや天にうくる大任あるものと信じ候て父は賤しき己が子なりと思わず、み国の御子なりとしていつくしみ養育いたし来りたる子に有之候

昭和九年祖国非常時に心を澄まし候海軍旗のもとにはせ参り候時既にこの最期を明かに決意仕り居りたるものにこれあり候、天皇陛下万歳、大日本帝国万歳、大日本帝国海軍万歳

戦死せる子達雄に代り母ヤス謹てとなえ奉る

あゝ、老いゆく母

月の明るきをながめては泣かんとするか、花の香はしきをめでては悩まんとするや

あらず

首をあげて空ゆく飛行機を見よ

　あれよあの機達雄永えに生きて

　在るよ

私尚男児三人有之、育て見守りつつ、御国の御ためにはげましめんといたし候、達雄最後といえども帝国軍

人としての面目はけがさぬ性格に有之候故御心安く思しめし下さいませ

達雄母ヤス

謹み上

海軍省人事局御中

賢母報國

この母にしてこの子あり

空中戦の華と散つた山内達雄中尉の母堂

図23―２　「賢母報国」として家庭欄に掲載された山内少尉の母に関する後追い記事
（出典：同紙1937年9月2日付）

新聞記事はこの手紙の全文を掲載するとともに、ヤスへの取材の際に彼女が「単に率直に今迄倅が御厄介になったお礼を申上げたに過ぎない」「三人の男子を御国に捧げたい心を御伝えしたに過ぎない」と述べたことを報じている。また記事は、山内には、妹と「帝大在学中」「五高在学中」「長崎中学在学中」の三人の弟があると伝えている。海軍省宛に届けられた手紙が新聞に掲載されているのだから、当然、海軍省が公表し喧伝することをもくろんでこうした記事になったと考えていいだろう。航空士官だったことから、山内は予備役・後備役で召集された妻子持ちの中年の陸軍兵などと異なり、エリートの職業軍人だったと推測される。また、その兄弟が「帝大」、旧制のナンバースクールの一つ熊本「五高」などに在学していることから、ヤスは優秀な子どもを育てた母親ということで評判になっていただろうことが想像できる。

また、「候文」の手紙からも、ヤスに相応のリテラシーがあることが垣間見えると同時に、そこに「謹てとなえ奉る」と付された詩も、それなりに短詩型文学を学んだ経験があることをうかがわせる。手紙文全体の印象からいえば、決まり文句のパッチワークでつづられた前半の感謝の言葉に対して、「あゝ、老いゆく母」以降の詩にはある種の感情の高ぶりを読み取ることもできる。そのあとは再び決まり文句に戻り、残る三人の息子も「御国の御ためにはげましめん」と宣言しているが、おそらく言いようもなく深かったにちがいない喪失感を、定型句や短詩型を使うことで「軍国の母」にふさわしい表象へと転換したのかもしれない。

その後、「東京朝日新聞」（一九三七年九月二、三日付）は連続して二日にわたって、「家庭欄」で「賢母報国」と題してヤスの経歴をあらためて取り上げている。二日の記事によると、ヤスは壱岐郡武生水町の名門・吉永源治の長女として生まれ、「厳格な父の訓育」と母の慈しみのもとで育ち、一九〇四年に二十五歳で山内久太郎のもとに嫁いだ。山内家は、壱岐郡石田村の貧しい一農家だったので、「村一番の金持ちの娘さんが、村一番の貧乏人の許へお嫁に行く」と村人は驚いたという。父・源治が山内久太郎の人格を見込んでの嫁入りだったという。

三日の記事ではヤスの夫の山内久太郎について取り上げているが、久太郎は結婚後、壱岐郡勝本小学校の訓導として勤め、一九一二年からは長崎県視学に昇進して十二年間勤め、その後長崎市内の三つの小学校長を歴任して三二年に勇退し、三四年に亡くなったという。長崎県知事が久太郎を郡長に推薦しようとしたが、久太郎は初等教育に従事することが「天職」であると辞退したという。ヤスは、この久太郎のもとで五人の子どもを育て、「智徳兼備の教育家の妻」として生きてきたという。

ヤスの手紙のなかに、壱岐の村長から達雄の戦死の知らせを転送されたとあるのは、本籍地に届けられた戦死広報が、現住所の長崎に転送されたためだったことも記事は報じている。ヤスの手紙に表れていた教養の高さは、こうした謹厳実直な教育家の妻として培ってきたものだったと思われる。

## メディアの横断とモダン文化

この山内中尉の母ヤスの手紙を中心とした話は、新聞掲載後にほかのメディアでも展開していくことになる。

同じ活字メディアでは比較的早い段階でまとめられた美談集として、『支那事変忠勇報国美談』がある。同書の「緒言」は、新聞やラジオで紹介された将兵の「忠勇義烈」の美談も、国民の「銃後報国」の美談も、「時と共に漸く隠滅し去る」ものであり、「その感激を再びすると共に、次代国民教養の資料」にするために編纂した、とうたっている。同書は、戦場の美談を集めた「忠勇篇」百五十八話、銃後の美談を集めた「報国篇」六十三話で構成していて、その「報国篇」に、ヤスの手紙を中心にした「達雄永えに生く、我に猶三児あり」と、息子の戦死に関するヤスの談話を中心にした「御国に捧げたあの子、達雄もさぞや本望」の二話を収録している。[1]

後者の美談では、ヤス自身も一九一五年まで小学校教員を務めていたことや、二十五歳の長女は師範学校付属小学校の訓導で、次男は東京帝国大学理学部に在学中、三男は第五高等学校、四男は長崎中学在学中であると、「東京朝日新聞」よりもさらに詳細な情報を示している。教育一家といえる家族だけに、夫の死後もヤスには、教育家の妻であり優秀な子どもを育てた母という社会の視線が注がれ続けていただろう。それは決してごく一般的な庶民の姿とはいえない。[2]

しかし、ヤスの手紙は、あるべき「母」の姿を語る美談として流通していくことになった。一九三七年の年末には、すでに述べた「キング」の一九三八年一月号の付録「美談武勇談」にも「応召美談・銃後美談」の一つとしてヤスの手紙が収録されている。「言々句々、愛児の戦死を感謝し、読むものをして感泣、全海軍省内を涙でぬらした」という文とともに手紙の全文が掲載されたのである。[3]

また当時の新聞広告を見ると、この美談が、活字の世界のなかだけにとどまっていなかったことがわかる。十月十二日の「東京朝日新聞」には、東京・日本橋の高島屋で十一月七日まで開催されている「支那事変戦利品展」の広告がある（図24）。そこに「再び見られぬ忠烈の遺品」と題して「果敢な航空兵 中越兵曹血染めの飛行服」や「肉弾航空勇士 南野安治大尉の遺品」など四点と並んで、「「軍国の母」山内中尉母堂の手紙」を展示すると告知している。この展覧会では「支那軍戦車」や撃墜された敵の飛行将校の「血染めの落下傘」、前線で日本軍を苦しめた中国軍の「迫撃砲」などを陳列することになっている。すでに新聞や書籍にその写真が掲載され

図24　高島屋の「支那事変戦利品展」の新聞広告。「「軍国の母」 山内中尉母堂の手紙」を含め「再び見られぬ忠烈の遺品」5件はいずれも軍国美談にちなんだものである（出典：「東京朝日新聞」1937年10月12日付）

ていた山内中尉の母ヤスがつづった手紙の現物が、展示という別のメディアのなかで表象されることになったのである。

　高島屋は、八月にも、「航空日本展」を開催していた。そのときの広告には「護れ大空」と記され、陸軍省、海軍省、逓信省の後援を受け、「躍進「航空日本」の現状」を万人の心に刻み付ける、とうたっていた（図25）。この展覧会はさらに「防空演習用具売出し」とセットでもあった。総力戦に備えることは、新たな兵器である飛行機の攻撃に備える「防空」の実践と対になっていて、それはまた百貨店にとっては、客を集めて商品を売ることができる商機の一つでもあったといえる。

　もともと、博覧会と博物館だけでなく百貨店も、十九世紀の視覚の文化装置として、同じ起源から生まれている。モノを見せて世界のあり方について啓蒙するという仕組みが基本だが、百貨店はそれを、欲望を喚起する仕組みへと作り直したものであり、モダン都市の百貨店は、当時「生きた都会の縮図」[4]とも形容された文化装置の一つだった。戦争はそこで饒舌に語られるテーマの一つとなり、ヤスの手紙そのものが展示物／見世物としてモダン都市の欲望の視線にさらされることになった、といってもいいだろう。

　さらに「支那事変戦利品展」開催中に、テイチク愛国レコードが、「山内中尉の母」というレコードを発売しようとしていた[5]（図27）。古賀政男の作曲で藤山一郎が歌い、歌詞はヤスの手紙文をもとにしたとされて、「あれよ、あの機達雄永久に生く」という件の手紙のハイライトがタイトルとして抜かれている。そしてB面には、「この子、この母」というこの美談を新聞が掲載したときの見出しをタイトルにした歌と朗読を合わせたものを収めていた。値段は三十銭である。

一九三七年の十一月から十二月にかけて、山内少尉の母をテーマにしたレコードは、この古賀政男作曲のテイチクレコードのものと長津義司作曲のポリドールレコードのものの二つがある。それぞれの歌詞を掲げておこう。

## 山内中尉の母

図25　高島屋の「航空日本展」の新聞広告
（出典：「東京朝日新聞」1937年8月29日付）

図26　昭和初期に三越百貨店で実施された「一太郎やあい」展の広告はがき（実施時期詳細不明）。美談「一太郎やぁい」は、本書第４章第２節「妻子を残して」で言及する。明治期の出征美談も昭和初期に百貨店展示というメディアのなかで語られ、私たちが想起し直す機会を与えられた。「国語読本巻7「一太郎やぁい」でおなじみ」と記されている

図27 「山内中尉の母」を題材にしたレコードの広告
(出典:「東京朝日新聞」1937年10月15日付)

佐藤惣之助 作詞
古賀政男 作曲
藤山一郎 歌

一、君のためとて いさぎよく
よくぞ戦死を してくれた
いとしわが子と 云いながら
わしの子じゃない 御国の子

二、空の飛行機 見るたびに
母はうれしく なつかしく
あれよわが子は 永久《とこしえ》に
生きて在るよと うれし泣き

三、こころ安けく 思し召せ
なおも三人《みたり》の 男の子
育てまもりて 国のため
励みまいらん 御奉公

(一九三七年十一月・テイチクN一〇一[6])

忠烈山内中尉の母

松坂直美 作詞
長津義司 作曲
関種子 歌

一、空を翔けゆく　飛行機を
見ればお前を　思い出す
御国のために　よく死んだ
母は偉いと　ほめてやる
二、夜は貧しい　灯の下で
国に一度　事あれば
進んで命　ささげよと
母はさとした　甲斐がある
三、月を仰いで　なぜ泣こう
花の香りに　泣きはせぬ
君のおんため　よく死んだ
母は生きてた　甲斐がある
四、燃ゆる愛機と　もろともに
影もとどめず　果てるとも
達雄よお前の　魂魄《たましい》は
祖国日本を　護るだろ
（一九三七年十二月　ポリドール二五三一）[7]

二つの歌は、歌詞の展開こそ異なるものの、ほぼ既存の情報、特に山内中尉の母親の手紙のフレーズやイメージを換骨奪胎して創作していることがわかる。前者の「空の飛行機 見るたびに 母はうれしく なつかしく」と、後者の「空を翔けゆく 飛行機を 見ればお前を 思い出す」などは、手紙のほぼ同じ箇所を使っている。また、前

図28　山内中尉の母の手紙をもとにした新興キネマの映画広告
（出典：「東京朝日新聞」1937年10月18日付）

者の「君のためとて いさぎよく よくぞ戦死を してくれた」、後者の「君のおんため よく死んだ 母は生きてた 甲斐がある」はともに、この話が美談になったことの核にあたる部分だといっていいだろう。当初は新聞記事として報道された山内中尉の母の手紙は、歌という形態になり、レコードというメディアを通して、社会に流通していくことになった。

一九三七年十月十八日の「東京朝日新聞」には、「公開迫る！」として新興映画の新作映画『軍国母の手紙』（監督：久松静児、一九三七年）の広告を掲載している[8]（図28）。この映画が実際に完成して実際に上映されたのかは、確認できていない。新興キネマは、大阪にあった帝国キネマを母体に三一年に設立され、現在の京都・太秦の撮影所などを擁する当時は最も力がある映画会社だった。のちの四二年に企業合同の末、大日本映画製作（大映）になる。広告には「悲壮哀絶鬼神も泣け 山内中尉母堂の書簡に取材！」とあり、例の書簡にまつわる美談の映画化であることがわかる。

レコードにしろ映画にしろ、実に短期間のうちに制作が進んでいることに驚く。話題になった題材にすぐに飛び付くさまは、軍国主義というよりはむしろ、時代の空気を察知して売れそうな題材を追い求める当時の大衆文化のあり方そのものと捉えたほうがいいのではないだろうか。

こうして見てくると、「美談」が、当時の大衆的な活字文化をはじめ百貨店やレコード、映画などモダニズム文化の新たなメディアのなかで表象形態を変えながら、文字どおり増殖していたことがわかる。

こうした状況は、単に国民精神総動員運動の方針であるとか、国策に動かされていたというよりも、銃後の物語が、当時のモダニズムの文化装置が喚起していた欲望の対象にされていたという側面も大きかったと思われる。

## 2　規範化する美談

### 手本としての山内中尉の母の手紙

次に見る例は、活字メディアのなかに含まれるが、これまで見てきた読み物とは性格が異なる。『昭和女子模範慰問文』という本がある（図29）。当時の言葉でいえば「文範」、すなわち手紙の模範文例集だが、戦地の兵士をはじめ残された家族などへの戦時慰問に特化したものである。冒頭の「編者の詞」には、「男子用のものには、発信者が男子の場合の慰問文と、大陸へ出ている戦士から銃後の人々への便りとを集め、女子用には、発信者が女子の場合の慰問文と、受信者が女子の場合の戦地便り及び看護婦さん達の便りなどを集めました」とあり、男子用と女子用が別々に発行されていたことがわかる。この女子用は、「良人への慰問文」「父への慰問文」「子への慰問文」「兄弟への慰問文」「親戚への慰問文」「知人への慰問文」「未知のひとへの慰問文」「慰問袋に添える手紙」「白衣の勇士への慰問文」「遺家族への慰問文」「遺家族の感謝状」「戦時下の手紙」、そして末尾に「肉親の女性への戦場便り」「一般女性への戦場便り」と、戦地の男性から銃後の女性宛の手紙の文例の二章を置いている。基本的に女性が戦地の兵士に手紙をつづるケースごとに細かく分けて構成し、各章の冒頭に「作り方の心得」を配して文例を蒐集している。

図29—1　勧学園同人『昭和女子模範慰問文』（大阪服部文貴堂、1940年）

図29―2　宮下丑太郎編「戦時下に於る式辞挨拶手紙模範集」「雄弁」新年特大号付録（大日本雄弁会講談社、1939年1月）、樋口紅陽『軍人と銃後の祝辞演説と挨拶の仕方』（岡村書店、1939年）など、日中戦争期に数多く発行されていた文範のうちの数冊。総力戦は、さまざまな場での公的挨拶や慰問の手紙など、私たちの言葉を動員した

このうち「遺家族の感謝状」の十五件の文例の最初に、「戦死した倅に代りて」と題して、山内中尉の母ヤスが海軍省人事部宛に書いたあの手紙文をそのまま収録しているのである。

この章の「作り方の心得」は、戦死した兵士の遺族が出すべき手紙の心構えについて、次のように解説している。「立派な名誉を担って戦死した勇士」の遺家族には、「日本国民として尊い犠牲者に対するお礼」があちこちからもたらされる。したがって、「此の名誉ある遺家族としての、勇士の母、勇士の妻、勇士の娘としての皆様」は「それに値するだけの心構え」をもたなければならない。その一つが「勇士の所属した部隊長へ対しても感謝を捧げ、又は陸軍省人事課へ遺族としての謝辞を述べる」ことだ。それはつまり、「不幸にして聖戦の半ばにして散ってしまった自分の息子、自分の良人、自分の父への代理に、生前のご厚誼を感謝する一つの役目を果たすことにもなる[9]」という。

夫や息子、父を失った女性たちが書くべき手紙を指導しているのだが、その前提として、自らの肉親の戦死を社会に対してどのように語り示していくべきか、その規範そのものを示している。山内中尉の母の手紙は、ここで明確に一つの手本として位置づけられることになった。前述したように、母ヤス自身も教師の経験があり、夫も校長などを務め、息子や娘たちも当時のエリート校に進んでいる。明らかに一家は社会的エリートであり、庶民とは違う社会層に属していた。

そうした山内家の「母」の手紙が、一般の人々の手紙の手本にされたのである。

さらに、山内家の母であるヤスには、彼女を時代のあるべき規範と見なす社会の人々の視線が注がれていたが、そのことが彼女を縛っていたことが垣間見えるもう一通の手紙が、この文例集には掲載されている。

前略
私には全く未知の人にて大阪市天王寺在住の耳鼻科医藤井薫氏の三男誕生に付いて、故山ノ内大尉の再生として養育せんとして達雄と命名の通知之有、何かの宿縁と申しながら、達雄の再生と存じ、私　事九天を拝し感謝申し上げています。

達雄一人のみならず再生、九生遊ばされる祖国の忠臣無数なるべしと存じます。私事達雄死せりと思いません。

尚全国の年若い男女学生様などより、「我こそ達雄の心にてゆくべし」とか、「われこそ達雄を成育すべし」とか頼もしくも又嬉しき御便りを数多く戴いて、この心即ち帝国のお護りなりと私事達雄は死すとも霊魂は永遠不滅と信じ、何卒日本帝国臣道の御固めのため御尽し御願い申し上げまする。

（山ノ内中尉母　ヤス刀自）(10)

この手紙は、新たに生まれた男の子に山内中尉にちなんで「達雄」と命名した、という人の手紙に対するヤスの返信だったと考えられる。この手紙からは、すでに新聞などで取り上げられ美談の主人公になっていたヤスのもとに、不特定多数の人々からの共感や激励の手紙などが、少なからぬ分量で届いていたことがうかがえる。美談の主人公としてさまざまなメディアのなかで繰り返し喧伝されることで、社会の視線がヤスに注がれるようになったが、それに応えるように、言葉を選んでいかなければならなかったヤスの姿を、ここに見ることができるだろう。メディアによって自分の実像を超えたイメージが作られ、さらにそのイメージを社会が賛美し自分に好意を寄せたことから、ヤスはそれに応える言動をとるようになっていったことがここからわかる。美談の主人公が実在する人物であるからこそ、美談の当事者と読み手との間に相互作用が引き起こされ、活字のなかの美談が新たな現実を生み出していくのである。ヤスは社会の好意に配慮した言動をとっていたわけだが、その一つである見知らぬ人からの手紙の返信がこうして模範文例集に載ることで、さらに社会の手本と見なされていったものと思われる。

## 文範のなかの美談

先に「キング」の一月号付録の美談集のなかの「応召美談・銃後美談」を検討した際、出征した兵士を核にして、留守家族、留守家族と社会、熱狂する「国民」へと、同心円を描くように関係性を外延へと広げていくような配置になっていることにふれたが、このうち兵士と家族をめぐる美談はすべて手紙が媒介になっていた。戦地の将兵と銃後の家族をめぐる美談は、ほとんどの場合、手紙が中心になる物語なのである。そして、それらの美談として扱われた手紙が、この山内中尉の母ヤスの手紙のように、しばしば文範に手本として掲載されることになった。

今日のように通信手段が発達しておらず、海外への電信は一般庶民が日常的に使うことなどなかった当時にあって、銃後と前線をつないだのはもっぱら手紙やはがきだった。この時代に「戦時用」とうたった多くの文範が出版されたのは、それだけ需要があったということでもある。

戦後数年たった時点で、民俗学者の柳田國男は『標準語と方言』のなかで、戦時下の文範の氾濫について次のように述べている。

今度の大戦争には、多数の青壮年が家郷を離れ、平生手紙を書かぬ人も大分書いたが、その手紙には決まった型のものしかなく、個性などは少しも出ていなかった。（略）決して検閲の厳しかったためばかりでない。教えてもらわなければどう書いてよいかを知らなかったものが多いのである。そうして一方には、広告などは少しもしないで戦時用文章というたぐいの手紙文範がものすごく売れていたのである。国内の手紙の型というものがきまってしまっていた。私も孫やその年頃の学校児童から、随分沢山の手紙を受け取るが、何べん来ても皆同じもの、兵隊さんへの慰問文なども、変化は恐らくは氏名だけであったろう。[11]

文範に頼る者は、そこに掲載された手紙文が、「美談」という価値を与えられたものであるとは気づかなかったかもしれない。美談は、戦時下の手紙マニュアルともいうべき文範という規範装置のなかに入り込み、戦地と銃後との間の切実な言葉のやりとりに一つの枠組みを与えたのである。

別の言い方をすれば、こうした文範は、戦時下の日常で言葉を動員する仕掛けの一つだったということもできるだろう。もちろん、文範の文例をそのまま丸写しにすることは、それほど多くはなかったかもしれない。しかし、現在古本として残っている当時の文範には、それを使っていた者が書き込んだと思われる傍線を引いたものもあり、おそらくその箇所を定型句として使ったのではないかと推測できるのである。

先に見た『昭和女子模範慰問文』には、巻末付録として「軍事郵便の心得」と「慰問袋の注意」が掲載されている。これに基づいて、当時の人々が軍事郵便についてどのような知識を与えられていたかを簡単に見ておこう。内地から戦地の出征兵士に出す慰問文も、出征兵士が内地に送る「戦場便り」も、どちらも軍事郵便制度の対象になった。日中戦争下では満洲方面、北支方面、蒙古方面、中支方面（上海、揚子江流域）、南支方面の戦地への郵便がこの制度の対象だった。内地からの軍事郵便は、有封書状が二十グラムまでごとに四銭、無封書状が百二十グラムまでごとに三銭、通常はがきが二銭、往復はがきが四銭、封緘はがきが四銭、そして、毎月一回以上刊行される定期刊行物のうち認可を受けたものを送る場合が六十グラムごとに五厘、書籍などを送る場合が百二十グラムごとに三銭、小包郵便が五百グラムまで四十二銭、一キロまでが四十九銭となっていた。一方で、戦地から内地に送る手紙と内地に帰還した傷痍兵の手紙はすべて無料で、内地から戦地に送る郵便との差別化を図っていた。

内地から戦地に送る軍事郵便は、「軍事郵便」と朱書きをし、宛先は地名ではなく受取人の所属部隊名を書くことになっていた。戦争という特殊な状況下で、普段は手紙など書かない人も書こうと思ったり、また必要に迫られて書いたりしたことだろう。慣れない手紙をしたためるには、文範が役に立ったと考えられる。

さらに、誰の手に渡るかわからない慰問袋を送る際には、個人で送る場合も地域や学校などの団体で送る場合も、必ずといっていいほど手紙を入れることを求められた。先の文範の「慰問袋の注意」には「封入の慰問文等も印刷や謄写字等にせず、奥様も御子さん達も肉筆で認められると云う様に家庭的の温情の籠ったものが一番将兵の心を打つ様であります[12]」とある。しかし、素性を知らない相手にどんな手紙を書けばいいのか、送る側は戸惑ったのではないだろうか。普段手紙を書き慣れていない人は、なおさら文範に頼って手紙を書くことになったのではないかと推測される。

美談とされた手紙が文範のなかにどれだけ組み込まれていたのかを検証してみよう。先に見た雑誌「キング」の一九三八年一月号付録「美談武勇談」のうち、第2章の表2で分類したA13からA18bまでの七件と、同誌三月号付録「忠勇談・感激談」のなかの銃後からの手紙が主題になった美談であるB3・B9・B11・B15の四件、合わせて十一件について三点の文範と照合した。その一覧が表3である。文範の選択はランダムだが、十一件の美談のうち八件が文範に取り上げられて書き方の手本にされていたことになる。すべての文範の分析ではないので、これがどこまで全体の傾向を示すのかは断言できないが、少なくとも文範には美談と共通する部分があったことだけは確かだといえるだろう。

美談として新聞などで取り上げられた手紙は、おそらく著作権などに配慮せずに使うことができたという事情

表3　美談と文範のあいだ（掲載されているものに○を付した）

| 「キング」付録の銃後美談（記号番号は○ページ参照） | | 文範ア | 文範イ | 文範ウ |
|---|---|---|---|---|
| A13 | 山内中尉の母 | | ○ | |
| A14 | 夫の戦死を感謝（細川相子さんの手紙） | | ○ | ○ |
| A15 | 黒髪の贈物（真心をつづる妹の手紙） | | ○ | ○ |
| A16 | 御身の働きを聞かず（兵士を叱る軍国の母） | | ○ | ○ |
| A17 | 愛児の死を秘す（けなげなる銃後の母） | | | |
| A18a | 従軍嘆願書（虚弱な子をもつ父と母） | | ○ | |
| A18b | 従軍嘆願書（退役歩兵中尉） | ○ | | ○ |
| B3 | お上に献上の軍資金（33年前の奉納大願） | | | |
| B9 | 一合取っても武士は武士（軍国の父に部隊長感激） | ○ | | ○ |
| B11 | 拝領の恩賜金（有事に備えて30年間保管） | ○ | | ○ |
| B15 | 征馬に贈る少女の純情（一銭宛の貯金を新安号） | | ○ | |

（出典：ア：『出征兵士に送る慰問文手紙文』〔東洋書房、1939年〕、イ：前掲『昭和女子模範慰問文』、ウ：『出征兵士に送る男女慰問手紙文集』〔積文堂書店、1940年〕）

もあるのではないだろうか。その意味では、文範もまた、美談を増殖させていった活字メディアの一つだったといえる。

繰り返し使われた手紙の例として、美談集で引用され、ときには換骨奪胎されている「黒髪の贈物」を取り上げたい。もともとはこれも新聞に掲載された美談だった。「東京朝日新聞」一九三七年九月二十四日付に「上海二三日同盟発」の記事として「妹が黒髪の贈物　あゝ兄・臨終の床に」が掲載されている。「同盟発」なので、東京朝日新聞社の独自取材の記事ではなく、同盟通信社から各紙に配信されたものだとわかる。記事は「秋風滄々たる二三日午後一時○○病院の手術台に血潮に染まった一水兵は刻々と呼吸を弱めつつあった」と始まる。ちょうどそこに、妹が兄の武運長久を祈って自らの黒髪を添えた手紙が届き、それを軍医が読むのを聞き届けて水兵は絶命したという記事である。この話は前掲「キング」の付録「美談武勇談」にも「黒髪の贈物　真心を綴る妹の手紙」という題名で収録されている。ここでは、そこでどのような美談となっているかを見ておこう。

これは、秋風寒き十月二十三日、上海の○○病院の手術台上に、血潮に染まった一水兵が、刻々死期に近づきつつある刹那、懐かしい故郷の妹から送られた手紙だった。

ただ一人の兄さん、あなたが戦地に立たれてからもう二ケ月、その間私は毎日武運長久を祈っています。兄さんが日本の水兵として天晴れのお手柄を立てられることを信じて居ますが親のない私たちのことを思われ、若しも職務を怠ってはとそれだけ心配して居ます。兄さん、私も帝国軍人を兄に持つあなたの妹です、私の事は決して御心配下さいますな。女の私が戦場に立つことは許されませんが、心は常に御国に命を捧げた兄さんと共に戦場に居るのです。これは私の贈り物としての黒髪です。妹共にありと思い下さいまして二人前の御手柄を立てて下さいませ。

ここまで、読んだ軍医は、もう涙に曇って声が出なかった。

「どうだ、聞こえるか？」

と、優しく瀕死の水兵にきいた。

「はい、よく分ります」

とうなづくと、血潮に染まった手に手紙と黒髪をしっかりと握りしめたまま、仄かに微笑みつつ絶息した。(13)

手紙文は、新聞とほとんど変わらない。「私等」だった部分が「私たち」と変えられているだけである。ただ、新聞ではこの「私等」は、改行して太字で強調している。そして、表3のイの『昭和女子模範慰問文』に掲載されたこの妹の手紙は、新聞記事の「私等」ではなく、美談集の「私たち」が採用されていて、読点が加えられている以外は、美談集のものと変わらない。しかし、「ここまで、読んだ軍医は、もう涙に曇って声が出なかった」という文章から察するに、妹の手紙は、もう少し続いていた可能性もある。しかし、この手紙を集録している文範はいずれも新聞記事や美談集に掲載された範囲のものだけを取り上げている。

さらに、表3のウ『出征兵士に送る男女慰問手紙文集』（積文堂書店、一九四〇年）では、手紙文に若干の修正が加えられている。「私等の」または「私たち」だった箇所が「私」と単数になっているのに加え、さらに二カ所に加筆がある。一つは、先の引用の「若しも職務を怠ってはとそれだけ心配しています」を「もしや職務を怠ったり、人におくれを取られるような事があってはと、それだけを心配しています」としているところ、もう一つは、文末に「ではお健やかに」が加えられ、手紙文としての体裁が整えられているところだ。「私たち」を「私」に変更したことで、実はこの手紙は、留守を守る家族の代表としての妹から兄への言葉から、本書第7章「モダンガールと少女たちの銃後」第3節「「お兄様」への手紙——少女たちと兵士のラブレター」で論じるようなプラトニックな関係の男女を象徴する「兄妹」の間で交わされる言葉へとひそやかに転移を遂げている。黒髪も、女性の強い決意を官能的に表す道具立てという性格を帯びることになり、もとの手紙とは別のニュアンスの文章に作り上げられたといえるだろう。

もう一つの、「人におくれを取られるような事があっては」という加筆は、単に「職務を怠る」よりも、前線の戦闘状況のなかで先陣を切って進めというよりダイレクトなメッセージであり、模範的な言葉を作り上げようとしたための意図的な改変といっていいだろう。これらの小さな改変も、美談が増殖していく過程で生まれる変容なのである。

美談は、新聞に始まり、美談集、展示やレコード、そして映画など、非活字メディアにまで増殖していた。そのなかで文範は、活字メディアの一つといえるが、読み手（文範の利用者）が自らの言葉をつづるときに参照する参加型のメディアであるという点で、美談集とは別の機能を果たしたといえるだろう。手本をそのまま引き写すのでなくとも、「美談」となった手紙をなんらかのかたちで換骨奪胎するような手紙が書かれたとすれば、それもまた美談の増殖の一つの形態なのだというべきだろう。

## 3　「世間へ顔出しができません」——「水兵の母」の記憶

美談となった手紙のなかで、戦地の息子を励ます親の手紙も文範にしばしば取り上げられるものの一つだ。先ほどの表3でいえば、A16「御身の働きを聞かず」とB9「一合取っても武士は武士」がそれにあたる。これは、明治期に日清戦争に出征した兵士の母親が書いた手紙がもとになった美談「水兵の母」と呼応するものである。過去の美談のパターンが、文範のなかで増殖するさまをそこに見ることができる。まず、「御身の働きを聞かず」から見ていこう。

戦線の強者たちの涙を限りなくそそらせたのは、岐阜県の堀田京子（六三）から、目下上海の第一線に奮戦しつつある時澤部隊の堀田清三氏にあてられた手紙である。

御身は召集状を神棚に捧げて家門の誉れ、我家よりも御国に報ゆる子出づと一家感激仕り候当時の気持ちをお忘れ候にあらずや金桶留三郎様も戦死され、その外町内出身者にして抜群の功を樹てられ名誉の戦死傷者ある旨新聞にも伝えられ候に御身の時澤部隊及び御身のお働きについては聊かも承らず母は誠に残念に候御身は末子にして甘く育てある故臆病と相成り候にはあらずやと日夜案じ居り候、時澤部隊は如何なる方面に働き居り候や、御身は戦場で如何になされ候や、命惜しと思わず兎も角も第一線に起たれ戦功を樹てられたく候母は近隣へも顔出し難く候、出征の折の感激を其の儘御奉公の程ひとえに願上候

あゝ、これぞ第二の「水兵の母」の手紙である。敵弾集中する王家宅の塹壕の一隅で、この手紙を読んだ堀田清三一等兵は、思わず泣き出してしまった。否！　それと知った時時澤部隊長初め将兵一同は、涙で頬を濡らしながら、

「堀田、お前はよいお母さんを持って仕合せだぞ。今に大手柄を立ててお母さんを安心さしてあげるんだ！」と、犇々《ひしひし》と慈母の暖かい鞭を感じて泣きぬれたのだった。(14)

ここで言及している「水兵の母」とは、先にふれたように日清戦争のときの美談である。第一期から第五期までの国定教科書の国語読本に掲載された美談であり、昭和初期には国民の誰もが知っていた美談の一つだといっていいだろう。「水兵の母」は次のような話である。(15)日清戦争中の一八九四年に、軍艦・高千穂である水兵が女

性から来たと思われる文字の手紙を読みながら泣いていたので、それを見かけた大尉が「妻子が恋しくなったか」と叱った。すると水兵は、その手紙を大尉に差し出した。それは水兵の母からの「手柄をたてたという知らせが来ない」と、水兵を叱咤する手紙だった。大尉はそれを見て思わず涙し、まだこれから手柄を立てる機会はある、と言い聞かせた。前線にいる兵士のもとに、まだ手柄を立てていないことを叱咤する親の手紙が届くという点と、それに涙する兵士を上官が激励するという点は、ほぼ「御身の働きを聞かず」と共通している。

国定教科書では、「水兵の母からの手紙」は次のように引用されている。

聞けば、そなたは豊島沖の海戦にも出ず、八月十日の威海衛攻撃とやらにも、格別な働きなかりきとのこと。母は如何にも残念に思い候。何の為にいくさには御出でなされ候ぞ。一命を捨てて君の御恩に報ゆるために候わずや。村の方々は、朝に夕にいろいろ優しく御世話下され、「一人の子が御国の為いくさに出でし事なれば、定めて不自由なることもあらん。何にてもえんりょなく言え」と、親切におおせ下され候。母はその方々の顔を見る毎に、そなたのふがいなき事が思い出されて、此の胸は張りさくるばかりにて候。八幡様に日参致し候も、そなたがあっぱれなるてがらを立て候ようとの心願に候(16)

「第二の水兵の母」とわざわざいわなくとも、国定教科書で一度はこの話を読んだことがある者なら、「御身の働きを聞かず」にすぐに「水兵の母」を重ねただろう。両者には、銃後の母が前線の息子を手紙で叱咤するというモチーフ以外にも、共通性がある。

「御身の働きを聞かず」の手紙文の母の叱咤の言葉の向こうに、まず息子の所属部隊と息子に関する情報が一切伝わってこないことへの苛立ちが含まれていることを読み取っておきたい。「御身の時澤部隊及び御身のお働きについては聊かも承らず」や「時澤部隊は如何なる方面に働き居り候や、御身は戦場で如何になされ候や」といった文面には、前線にいる肉親の消息を知りたがっている家族の様子がうかがわれる。当時の新聞には、記事に掲載された写真のなかに戦地にいる夫や息子、父の姿を見つけた銃後の家族のことがしばしば取り上げられている。当人からの手紙が来ないことはもちろんだが、新聞が報じる戦況からさえ消息をうかがえないことは、銃後の家族にとっての大きな不安とストレスの原因だったにちがいない。

だが、息子の消息を尋ねる手紙がこのような強い叱咤の言葉になったのは、なぜなのだろうか。

手紙が近隣住民との関係に言及していることに注目しておきたい。「金桶留三郎様も戦死され、その外町内出身者にして抜群の功を樹てられ名誉の戦死傷者ある旨新聞にも伝えられ候」と、町内で名誉の戦死を遂げた者の名をあげ、「兎も角も第一線に起たれ戦功を樹てられたく候母は近隣へも顔出し難く候」と述べているが、これは日常的な付き合いのなかで、出征した者の消息とともに彼らの「戦功」を話題にする場があることを物語っている。息子の消息がわからない彼女にとって、そのことが少なからず負い目になっていたことがうかがわれる。そう考えると、近隣との関係と息子の消息がわからない不安とが、彼女にこの手紙を書かせたと推測することができるのではないだろうか。

この「昭和の水兵の母」を追い詰めた近隣との関係は、実は明治期の「水兵の母」にも共通している。後者は、「朝に夕にいろいろ優しく御世話下され、「一人の子が御国の為いくさに出でし事なれば、定めて不自由なることもあらん。何にてもえんりょなく言え」」と言ってくれる「村の方々」に言及している。明治の母にも、昭和の母にも、近隣の関係性と視線が少なからずからみついていたのである。

しかし、この激烈な叱咤の言葉をつづった手紙は、一つの模範として文範に取り上げられることになる。先にあげた『昭和女子模範慰問文』では、子への慰問文の文例四件の最初の例として収録されている。その章に記された「作り方心得」には次のように書かれている。

鬼をも酢にしてムシャムシャと喰って了いそうな戦場の勇士でも、その戦死の場合に口を衝いて出るのは母への暇乞いだと言われています。事実日本の兵隊さんの強いのは母性の力に因るものだと言われています。

母性愛！　それほど深いものは無いのです。母より出でて、大地の母へ還って行く兵隊さんへ、心強い息吹を与えるのは、何としても母のお手紙です。今度の事変に於いても、そうした母と戦場の子との間に美しい数々の逸話を伝えています。（略）だから、我が子を強くするのも、弱くするのも慈母の心構え一つで決まるわけですから、母としての優しい反面に毅然とした魂の行く方を示唆してあげるのも、全く軍国の母としての尊い使命でありましょう。(17)

母と戦場の子の間の「美しい数々の逸話」すなわち美談が、母のつづる手紙と自覚的に結び付けられている。したがって、手紙でつづられるべき言葉は、プライベートなものではなく、母の「心構え」を具体化し、「軍国の母としての尊い使命」を全うするという総力戦下での公的な意味と役割を担う言葉でなければならないということになるのである。

もう一つの「一合とっても武士は武士」というタイトルの父の手紙も、同様の意味を与えられたものといえる。

「吉田特務兵、部隊長が呼んでおられるぞ。」

戦友の呼声に、吉田真一特務兵が何事かと思いつつ飛んで行ってみると、竹内部隊長は今しも一通の長い手紙を読み終わったところであった。

「うん、吉田か。今、お前の父から、私宛に手紙が来たが、私はそれを読んで思わず泣かされた。まあお前も一つ読んで見い。」差出された手紙には、見覚えのある老父の手で次のように認めてあった。

（略）部隊長さま。なかなか戦いは激しいそうでありますが、倅の晴正には出征いたす時より、天皇陛下様に捧げた生命《いのち》、戦死致すは元よりの覚悟を持たしてあります。危険な所で働かして下さい。決死隊入用の時は決死隊へ出して下さい。生きて帰村しては、世間へ顔出しが出来ません。人がみな私に、お前の息子は特務兵であるから、こわい事はない、安心である、と申すのが、私には残念でたまりません。

一合取っても武士は武士、特務兵でも軍人と私は思います。何卒貴方様の御引立てで戦死させて下さい。お願いでございます。どうぞ手柄をさせて下さい。父としても覚悟をきめております。吉田真一が戦死したら私本年五十六歳ですが、出て行ってかたきをうつ覚悟でございます……

吉田特務兵は岡山県小田郡の出身、村でささやかな理髪業を営んで父の生計を助けていた。同村からは合計五十四人出征者を送ったが、そのうち特務兵は自分をあわせてわづか四人――他の兵種の人達の手柄話は続々と新聞に現れても、一向に自分達の手柄が発表されぬので、年老いた父はそれを肩身狭く思い、部隊長宛にこうした嘆願書を出したであろうと思うと、吉田特務兵は覚えずハラハラと涙を落した。(18)

このあと部隊長は、吉田上等兵を「立派な父を持ったのう（略）この父の名を恥ずかしめぬ、立派な手柄をたてるんだぞ」と励まし、また父親には「特務兵はその任務の重大さにおいて、第一線に立つ兵士に比べて決して勝るとも劣らぬ。（略）ご子息の武運長久を祈られて、その手柄をたてる日をお待ちあれ」という手紙をしたためたと話は結ばれている。

特務兵とは、兵站、すなわち主に武器・弾薬・食糧・被服その他戦争に必要な物資の輸送を担う兵隊のことであり、輜重《しちょう》兵とも呼ばれていた。前線の兵士がどれほど勇気と知略があっても、武器弾薬や食糧が届かなければ、戦闘は成り立たない。にもかかわらず、日本では兵站を担う兵士が、前線に立つ兵士より下に見られる傾向があった。「輜重輸卒が兵隊ならば、トンボ蝶々も鳥のうち」などという広く知られた戯れ歌があったことが、それを如実に示している。これは日本の軍隊自体が、兵站を軽視する傾向があったことの現れであり、兵站が「後方」だから危険が少ないというのは、今日まで連綿と続いている根拠のないイメージにすぎない。

この父による部隊長への嘆願の手紙も、周囲から注がれる言葉と視線が父を縛っていることを物語っている。「生きて帰村しては、世間へ顔出しが出来ません。人がみな私に、お前の息子は特務兵であるから、こわい事はない、安心である、と申すのが、私には残念でたまりません」という一節は、特務兵として出征した息子とその父である自分に対する周囲の蔑視を感じ取った切実な言葉として受け止めることができる。「世間へ顔出しができない」という表現は、父自身の自意識の状態を図らずも語っていて、彼が身近な関係性に縛られていることをうかがうことができる。

一見激烈に見える嘆願の手紙の言葉の背後には、この父親を取り囲む日常の世界が存在しているのである。出征兵士を送る歓送のにぎにぎしさや、出征した兵士の所属する郷土部隊についてのニュース、噂話などが、銃後の日常を満たしていたのではないだろうか。そのなかで、父親が侮蔑と感じた視線と言葉が彼にからみついたのだ。

それは、先の母の手紙とも共通していることに注意しておきたい。あの母の手紙と同様に、この父も、一見すると激烈としか感じられない内容の手紙を書くしかないような状況に、追い立てられていったといえるかもしれない。

その手紙が美談として取り上げられ、さらには手本として文範に掲載されることで、身近な日常の世界のなかで追い詰められた父や母がつづった言葉が、母や父の「心構え」を語る「軍国の母／父」の模範として公的な意味を背負わされることになった。しかも、さらにそれが、文範を手本に手紙を書く人々によって再生産され増殖していったと考えられるのである。

注

（1）木村定次郎編『支那事変忠勇報国美談』竜文舎、一九三八年、二六一―二六三、三一六―三一八ページ

（2）高田里惠子は、「高学歴兵士」の経験を検討するなかで、息子をエリートとして旧制高校に進学させるような中産階級の母は優秀な息子と強い絆で結ばれているということを読み取り、旧制高校という男性社会の背景には、その進学を支えた母の存在があると指摘する。高学歴兵士たちがマザコンだったというより、むしろ母たちが、息子に対す

る強いこだわりをもっていたと高田は推測している（高田里惠子『学歴・階級・軍隊――高学歴兵士たちの憂鬱な日常』〔中公新書〕、中央公論新社、二〇〇八年、二七七―二八七ページ）。ヤスの長男、達夫は旧制高校の出身ではないようだが、次男は東京帝国大学理学部、三男は旧制第五高等学校、四男は旧制長崎中学に在学していることを考えると、ヤスは、高田が指摘する母親のタイプに近いように思われる。ヤスがつづった感情がにじみ出るような短詩を組み込んだ手紙には、そうした母親像が透けて見える。いずれにせよ、こうしたタイプの母親は一般化することはできないだろう。

（3）「山内中尉の母（読むもの皆感泣）」、前掲「支那事変美談武勇談」所収、三六三―三六四ページ。当時の武勇の美談や銃後美談は、新聞に掲載されたものが、若干の文章の変更や脚色を加えて、このように複数の出版物に転載される例が少なくない。互いに出典や参考文献を示すことなく拡散していたようである。一八九三年の版権法・出版法を改定して九九年七月に施行された（旧）著作権法では、「著作権」という概念もあったはずだが、こと美談に関するかぎり転載し放題だったようだ。まるで口頭伝承が拡散していくかのようである。

例えば、武岡秀三編『実話美談――銃後女性の真心集』（亜細亜出版社、一九三八年）は、十三センチ×十九センチの判型で、総ページ三十七ページのパンフレットのような体裁の冊子である。そこには、主に銃後の女性に焦点化した九話の美談を掲載しているが、そのうちの「黒髪切り、血で綴る」「一家四人が出征 ゴム長靴の女隊長」「応召軍人の三児の夢 深夜の愛国結婚譜」「護れ皇国の誓いも固し 肉親の死を秘す健気な銃後の妻」「健気な六少女」などが、前掲「支那事変美談武勇談」所収の「応召美談・銃後美談」と重なっている。

この『実話美談』の奥付ページの下部には、値段十銭、東京鉄道局公認、「全国各駅売店・ホーム・街頭新聞スタンド・有名書店に有り」と記されている。また奥付ページの上半分には亜細亜出版社が刊行する月刊雑誌「喫茶街」（発行年不詳）の広告が掲載されている。「喫茶街を中心としたスマートな流行雑誌」「菊版総アートの豪華版」「定価三〇銭」というたい文句は、銃後の美談が喧伝される「時局」とは不釣り合いで、むしろ一九三〇年代のモダン都市の香りがする。大都会の不特定多数の人々が集まる空間に花開いたモダニズムを代表する享楽の装置の一つがカフェだった。「喫茶街」はそんなカフェの空気をまとっている。

この『実話美談』は、街頭の新聞スタンドや駅の売店などで、気軽な読み物として消費され、場合によっては読み捨てにされることを前提にしていたのではないだろうか。国民精神総動員運動のスローガンである尽忠報国や挙国一致などの固い四文字熟語がちりばめられたような緒言のたぐいさえない。美談集のなかには、総動員制度を推進するために作られるものもあれば、こうした娯楽読み物としての美談集もあったのである。雑誌「キング」の付録の美談集などは、その中間にあるものといってもいいだろう。

美談というテクストは、こうした活字メディアの広がりのなかを漂う性質をもっていたのである。

(4) 今和次郎編『新版大東京案内』中央公論社、一九二九年（同編『新版大東京案内 復刻版』批評社、一九八六年）
(5)「東京朝日新聞」一九三七年十月十五日付
(6) 八巻明彦／福田俊二共編『軍歌と戦時歌謡大全集』新興楽譜出版社、一九七二年、三四二ページ
(7) 同書三四三ページ
(8)「東京朝日新聞」一九三七年十月十八日付
(9) 勧学園同人編『昭和女子模範慰問文』大阪服部文貴堂、一九四〇年、一二九―一三〇ページ
(10) 同書一三八―一三九ページ
(11) 柳田國男「是からの国語教育」初出一九四六年、国語教育学会戦後復興第一回大会講演（『標準語と方言』明治書院、一九四九年、『柳田國男全集』第十八巻、筑摩書房、一九九九年、四一六ページ）
(12) 前掲『昭和女子模範慰問文』二八四ページ
(13)「黒髪の贈物 真心を綴る妹の手紙」、前掲「支那事変美談武勇談」三六六ページ
(14)「御身の働きを聞かず」、同冊子三六七―三六八ページ
(15) 前掲『軍国美談と教科書』六〇―六一ページ
(16) 同書から再引用。
(17)「作り方心得」、前掲『昭和女子模範慰問文』一六―一七ページ
(18)「一合とっても武士は武士」、前掲「支那事変忠勇談・感激談」二六二―二六五ページ

# 第2部

# 銃後美談が動員する社会

美談を通して垣間見えるのは、どのような銃後の暮らしなのだろうか。銃後美談もまた、記録の一つであるという立場から、そのなかで頻繁に取り上げられるいくつかの光景を中心に銃後の日常を描く。第4章では、銃後美談のなかでも特に「応召／招集美談」と名付けられることもある出征に関わる一群の話に注目する。出征兵士本人と家族そして近隣との関係性は、銃後美談のなかにどのように描かれているだろうか。第5章「納豆を売る子どもたち」では、銃後の子どもたちの姿を探る。子どもは銃後美談の代表的主人公であり、出征兵士の見送りをはじめ、献金や家族の手伝いに奔走する。銃後美談は子どもにどのような意味を与えたのだろうか。第6章は、兵士の「母」もしくは「妻」という役割の女性たちをめぐる銃後美談を扱う。総力戦の時代である日中戦争期に「軍国の母」として、銃後を象徴するような存在として語られた「母」や「妻」には、具体的にどのような役割が期待されたのか、銃後美談を通して考える。第7章は、モダン都市の歓楽の街に働く女性たちや、大人と子どもの狭間に位置づけられる「少女」という存在など、いずれも家庭の中心に位置づけられた「母」や「妻」とは異なった属性の女性たちに注目する。彼女たちは銃後美談のなかでどのように動員され、行動することになるのだろうか。第8章は、美談ではなく出征兵士の家族をめぐる犯罪の話を扱う。一見、銃後美談とは正反対に見える事例だが、おそらくその多くが、戦時下の数々の困難や出征兵士の家族につきまとう社会の善意の身ぶりなど、銃後美談と同じ要素を共有していることを明らかにする。銃後美談と銃後の犯罪譚は、互いに類話的な関係性にあることを示してみたい。

# 第4章　応召する男たちをめぐって

## 1　応召という出来事

銃後美談のなかには応召美談・出征美談と呼ばれる一群の話がある。家族とともに普通の生活を送っていた予備役・後備役の男たちに召集の命令が下り、それまでの日常生活を中断して家族や近隣に別れを告げて、指定された日時に間に合うようにあわただしく出征していく、その出来事自体をテーマにした美談である。本章では、この応召に関する美談を取り上げる。

### 危急のとき

「動員」というイベントが生み出す美談

まず、召集の命令そのものをどのように届けるかをめぐって美談が生まれる場面があった。次はその一例である。日中戦争下の愛知県豊橋市大村町に、ある日の夜八時、市役所から大村校区宛ての三通の召集令状が届いた。しかし、数日来の豪雨のため豊川が増水して同町には堤防決壊の危険が迫り、消防隊と青年団が堤防を警備している状態だった。送られてきた召集令状三通のうち二通は難なく配達することができたが、残る一通の宛先は、豊川の増水のために孤立状態になってしまった為金集落だったので、明朝水が引くのを待って届けようという意見が出た。

此の時、青年団員谷中純一君は敢然起って、「僕が行って来ます、召集令状は一刻を争うものです。国の一大事です、これしきの水に恐れては居られません。」と、此の時又、小林大介君も之に和し、「明日の応召と聞いては寸時も猶予は出来ませぬ、如何なる難事であろうと、僕等が其の任務を全う致しましょう。」と堅い決心を以て力強く申し出づるのであった。

使丁より令状を受取るや、二人は直ちに素裸となり、いとあやしげな、農業用の田舟に打乗り、激流逆巻く中を淡い月光を便りに、孤島為金を目指して、棹さし進むのであった(1)。

召集令状は無事に為金集落に届けられた。この話は「斯くて此の両人の、決死的奉仕により、林君は翌〇〇日、勇躍応召することが出来たのである」(〇〇は原文のママ)と結ばれている。

国の命令が一個人に直接届けられるところから応召・出征の話は始まる。その命令の伝達を妨げる自然災害を周囲の人々の献身によって克服することが、この話のポイントである。同様のモチーフは、一九二〇年に第一回国勢調査が実施された際に、各県で集めた国勢調査に関する美談にも見ることができる。

南牟婁郡神川村第二調査区調査員某は或る所帯に向かわんとしたるに、前日来の豪雨にて氾濫し渡渉をなす能わず、隣村に迂回せるも更らに渡渉の途なく、止むを得ず裸体となり衣服及び所要携帯品を縛して頭部に戴き動もすれば濁流に押流されんとする危険を冒し勇を鼓して泳ぎ渡ること三度にして漸く対岸に達し、無事調査を遂行せる実状は他に見ることを得ざる活動振りなり(2)。

大村町の美談と非常によく似ていることに驚く。国勢調査も、限られた時間内に国家が国民を一人ひとり捕捉するある種の動員のイベントだといえる。召集令状もまた、時間が限られたなかで、特定の人間に伝えなくてはならない国家の命令である。国家が個人を対象化するという制度の共通性のために、こうした同一の「話型」ともいえるような美談が生み出されることになった。

関係性の連鎖のなかで

召集令状の伝達については、当事者の家族の献身が美談になる場合もある。朝鮮の全羅南道高興郡で漁師をしていた本田治夫（三十八歳）は、根拠地からはるか四百海里離れた大連沖合で操業中だった。妻・紀子（三十三歳）は病床にあったが、そこに治夫への召集令状が届けられた。はるか海上で操業中の夫に知らせるべく、紀子は病の床から起き、警察署に行って操業中の夫の留守を伝え、さらに放送局と無電局に飛び込んだ。「入隊まではあと三日しかありません。普通の方法で探しては絶対に夫の居所はわかりません。お願いです。海上の夫を呼び出して、赤紙が来たことと、入隊の日を知らせてください。そうでないと夫は日本一の大馬鹿者になり、御国に対して申し訳ができなくなります」、妻・紀子はそう訴えた。紀子の訴えに動かされ、ラジオも無電も八方に電波を飛ばした。

それを夫の漁船の船団の母船が受信し、サワラを追っていた治夫が乗る船にただちに艀を走らせ、治夫を母船に連れ戻した。そして入隊期限まで二日半しかないなか、母船の船長は船足が最も速い船で、入隊に最も便がいい港まで送らせた。港では知らせを受けた警察が切符を手配して待ち受けて、治夫を汽車に乗せた。そして治夫は、入営地の最寄り駅で、病身ながら愛児とともに四百キロの道のりを汽車で駆け付けた妻・紀子と落ち会い、召集令状と奉公袋を受け取り、無事に入営を果たした。美談は、これを「愛国リレー」と名付けている。(3)

こうした話は、応召がどれほど危急のものなのかという切実さをことさらに強調するとともに、国家からの司令を遂行するために多くの人々が関係性の連鎖を通じて前のめりに関わっていくさまを描いていて、美談の一つの型に当てはまるといえる。

## 「赤紙の祭」

### 兵役制度と召集

召集とは、「既に兵籍のある帰休兵、予備兵、補充兵などを、戦時、事変、平時教育などのおりに軍隊に編入するための招致」[4]をいう。

日中戦争が勃発した一九三七年から三八年にかけて、主に召集されたのは「在郷軍人」だった。在郷軍人とは、退役軍人と、徴兵制度によって一度現役兵として入営し、所定の在営年数を務め終えてから予備役または後備役として通常の生活を送っている人々だった。

当時の兵役制度をみておこう。一八七三年以降、徴兵制がしかれていたが、八九年に発布された大日本帝国憲法の第二十条で「兵役ノ義務」が定められる。徴兵令はその後何度か改正されるが、一九二七年の改正で兵役法が定められる。兵役法では、兵役義務者を満十七歳から満四十歳の男性とし、十七歳で国民兵役について二十歳で徴兵検査を受け、その結果によって、常備兵役などの異なった役種の兵役につくことになった。

徴兵検査では、主に身体の体位・壮健の状況にしたがって、甲種、第一乙種、第二乙種、丙種、丁種、戊種の段階に分けられた。甲種と第一・第二乙種が現役適格者とされ、丙種が現役には適さない国民兵役、そして丁種が不合格を意味し、兵役免除となった。戊種は病気などで適否が判断できないため、翌年に再検査を受ける対象になる者だった。平時に現役兵として入営すると、陸軍は二年、海軍は三年、軍務につくことになる。そのあとは、通常の生活に戻って予備役として在郷軍人会に所属して、陸軍は五年四カ月、海軍は五年服する。さらにその後は後備役として、陸軍は十年、海軍は七年の服務が続く。このほか、徴兵検査で現役に適すると判断されたが、その年には必要な現役に入らず徴集されなかった補充兵などがあった。

日中戦争が始まると、多くの予備役・後備役が召集されることになった。戦争がさらに拡大していくなかで、一九四一年の兵役法改正で後備役という名称がなくなり、従来の予備役期間に従来の後備役を加えた期間が新たな予備役となった。つまり四一年以降は、陸軍の予備役が十五年四カ月、海軍の予備役が十二年になったのである。

予備役・後備役の兵士は、常に「奉公袋」というものを準備していた。[5]藤井忠俊によると「奉公袋」の起源は、一九一三年に大正改元を記念する行事の一つとして、豊橋連隊区管内の在郷軍人会会員に応召の際に必要なものを袋にまとめて持たせるようにしたことで、当初は「動員袋」と呼ばれていたという。その後ほかの支部でも同様の袋をあつらえるようになり、名称は「動員袋」「奉公袋」「軍隊袋」「召集袋」などさまざまだったが、平素の心がけと覚悟を表すものとして、在郷軍人の象徴として奨励されることになった。袋のなかには軍隊手帳、勲章、勲記、適任証書、印鑑、住所木札などとともに、勤倹貯蓄を奨励する意味を含めて貯金通帳、そして入営後に私服を送り返すための私服結束材料などを入れることになっていたという。家のなかの神棚や柱などにそれを下げて保管し、簡閲点呼のときには持参して執行官の閲覧を受け、応召のときにはそれを持ってすぐに出征することとされた。

兵士の応召を語る美談のなかには、しばしばこの奉公袋が在郷軍人という立場を象徴するものとして出てくる。

## 在郷軍人と「赤紙の祭」

このような兵役制度のもとで、その召集が具体的にどのように進められたのか、主に藤井忠俊『在郷軍人会』をもとにその概要を見ておきたい。

召集業務に具体的に携わるのは各地の市町村役場であり、召集令状を届け終わると、出征する在郷軍人を見送るイベントの準備にとりかかるのが常だった。そのために在郷軍人会、愛国婦人会、青年団、学校、そして満洲事変をきっかけに生まれた新たな団体である国防婦人会などに連絡する。愛国婦人会は、一九〇一年に奥村五百子によって創設された華族や素封家の女性などが参加する兵士の救援団体であるのに対して、国防婦人会は第1章で述べたように、満洲事変の際に大阪港で出征兵士のためのボランティアをしていた女性たちが結成し、陸軍の後押しなどもあって全国化した庶民層の女性たちの組織だった。

連絡を受けた諸団体が、神社や学校を会場にして武運長久祈願祭と町村民集会をかねるイベントを実施し、そのあと駅などの見送りの場所まで行進した。この行進には、在郷軍人会、青年学校生徒、青年団、小学校児童、国防婦人会などが参加した。このように派手に見送る歓送行事のかたちは、大量の兵士が召集された日露戦争の歓送行事が一つのモデルになっていたという[6]。

この見送りを、藤井は「赤紙の祭」と名付けている。こうした大がかりな催しは、防諜という観点からは大きな矛盾を抱えていた。兵員の動員は本来、軍事作戦の規模などが具体的に可視化されてしまうため秘密裡におこなうべきものだった。しかし、日中戦争では、銃後の人々の盛大な励ましを優先したのである。見送りの儀式は、出征軍人に対する祈りの場でもあり、また国威宣揚と軍隊支援の場でもあったからである。夜間に誰にも見送られずに私服で秘密裡に応召する秘密動員がおこなわれるようになるのは、一九四一年になってからである[7]。

満洲事変勃発のときと日中戦争開戦以降では、この出征兵士の応召にはどのような違いがあったのだろうか。まず、兵員の動員の規模が異なっていた。渡邊勉は、世代ごとの生活史の動態をみていくコーホート分析から十五年戦争時の動員状況を明らかにしている[8]。渡邊は、まず戦前の日本の将兵数の変化について総務省統計局編『日本長期統計総覧』(総務省統計局、発行年不詳)に基づいて概観しているが、それによると、一九一〇年以降、満洲事変を経て三六年までは、陸・海軍合わせて二十九万人前後から三十二万人前後の動員数で推移していたのに対して、日中戦争が始まる三七年には、陸軍だけで前年の二十四万人から九十五万人へと大幅に増加し、海軍を合わせると百万人を超える数が召集されたという。その後も動員数は激増して、「大東亜戦争」時の四三年には三百五十八万人規模になっていく。日中戦争が始まったことで、在郷軍人の召集は激増していくのである。

藤井は、満洲事変と日中戦争との応召の光景の違いを、在郷軍人に焦点化して次のように述べている。まず、動員の量と質が異なっていて、それが各地の在郷軍人分会の活動内容に反映していた。満洲事変ではすぐには予備役・後備役の大量の召集がなかったため、在郷軍人が自らの応召準備に追われることはなく、在郷軍人は出動軍隊の停車・通過列車の見送りのスケジュールなどを立てていたが、町村の見送りイベントをすることはなく、もっぱら国防思想普及の講演会や国防献金事業に関わっていたという。しかし日中戦争が始まると、各分会内の会員や自分自身の応召準備に追われることになったため、満洲事変の際に在郷軍人会が担っていた活動は多くの場合、市町村が担うようになり、実働部隊として中心的に動くようになったのは国防婦人会だった。つまり、日中戦争のときにはすでに各市町村に組織された国防婦人会が応召者や軍隊出征を見送る「主役の位置」についていたのである。(9)

## 美談のなかの見送り

盛大かつにぎやかに

甲府連隊区司令部内帝国在郷軍人会甲府支部の「甲府支部報」第百九十六号には、甲府支部管内（山梨県と神奈川県の全域）の銃後美談が収められているが、そこには藤井がいう「赤紙の祭」の背景が垣間見える。

西八代郡富里村の小学校に、仲のいい三人の少年がいた。そのなかの一人の父親である畑中慎一が、出征兵士の見送りの場を盛大かつ華やかにするある工夫をしたという話がある。

今度の事変勃発するや村々から沢山の兵隊が出発するので何とかして賑やかに送りたいと思案の結果前記三名を選んで音楽隊の編成をして意義あらしめたいと自費を投じて服装から楽器迄購入し氏神さん、役場、停車場を自ら斡旋して出征兵を鼓舞激励している。

殊に三少年が勇気百倍して豪壮な奏楽を続け桴《ばち》も折れよと力一ぱいやる努力精根は磯野村長、望月校長を始め村民一同に感謝されている。

図30　歓送の場で太鼓をたたく3人の子どもたちと、準備されたマイクを使って挨拶の演説をする光景。子どもたちの表情はやや硬い
（出典：前掲「甲府支部報」第196号の口絵）

尚畑中氏は出征兵士の歓送が駅前広場で幾多の激励の言葉が不徹底なのを憂えて自費をもってマイクロフォンを購入備付て壮行に便している(10)。

習熟を必要とするような楽器を子どもが演奏するのは難しいだろうが、この「話」に関連すると思われる口絵写真の一枚には、その歓送の光景が写っていて、子どもが演奏しているのは、大小の洋太鼓のようだ。「桴《ばち》も折れよと力一ぱい」という言葉は、写真と合致する（図30）。さらに畑中は、私費で駅頭にマイクロホンまで設置したという。子どもが力任せに鳴らす太鼓の音と、マイクで拡声された役職者たちの演説の喧騒が聞こえてくるようだ。それは、あくまでも公的な場として作り上げられた送別の儀式というべきだろう。こうして作り出された「賑やかな」見送りが、応召兵自身にとってどのように感じられたのかを想像すると、決して「有難い」ばかりではなかっただろう。当事者個人の言葉や思いは、公的な場の喧騒に満ちた空気に覆い隠されてしまっていたにちがいない。

しかし、そうしてイベントを盛り上げようとしていた人たちは、派手な見送りで、召集の規模などがあからさまになる防諜上の危険性などおそらく想像さえせずに、善意から「賑やか」な演出をしようとしたこともまちがいないだろう。

同じような例がもう一つ記録されている。その話は、こうした「賑やかさ」が求められる理由をあからさまに述べている。足柄郡足柄村の間瀬俊夫は、日中戦争勃発以来、村内から応召者があるときは、「自動車に乗り応召者を訪問し「身も家も忘れて進む君こそは誠に御国の宝なり」と短冊に認め金一封を添え君しっかり頼むと激励の言葉を」与えていた。また出発に際しては必ず駅に行き、兵員輸送列車が通過するときはたとえ夜中でも歓送し、兵士の家族の慰問にも力を入れた。その間瀬が歓送をにぎやかにしようと考えた。

昨年九月出征者歓送に楽隊がなければ出征者が沈んで考え込んでしまうから楽隊を備えようと楽器を買って青年に寄付し歓送に奏楽して勇気を励ましつつあり又今回分会に金三十円を寄付せられた奇篤者にして分会員感激しあり。(11)

自動車を使って応召者の家を回って金一封を渡し、在郷軍人会分会に三十円を寄付し、さらに自ら楽器を購入しているところをみると、間瀬はおそらく地域の素封家の一人なのだろう。だからこそ、自分がするべきだという役割意識もあったのかもしれない。ここで注目するのは、「出征者が沈んで考え込んでしまう」ことを防ぐために、楽隊が必要なのだという点である。まさに、「賑やかさ」は応召者に対する麻酔のようなものとして考えられていたといってもいいだろう。「赤紙の祭」の本質がそこにある。

また、この応召者の歓送の「祭」は、兵士の家族への慰問や生活支援を含む在郷軍人会の活動の一要素なのである。在郷軍人会の銃後の活動を記す例を見てみよう。

嶋中幸助さんは嘗ての戦士として武勲輝かしき六十余歳の方である。今事変の最初○月○○日、村内工兵上等兵瀬川武君召集を受くるや時局の重大性を痛感し東奔西走銃後後援会の設立を慫慂し、推されて会長となり、一方多額の資材を投じて資金となし、其後縷々と応召兵士の出発に際しては普《あまね》く慰問に歓送に寧日なき活動を続け、其の行為の奇篤なる事は分会員並びに村民に感激せらる。(12)(伏せ字は原文)

六十歳なのですでに予備役でも後備役でもないが、日中戦争の勃発で村内から初めての応召者を出したときに「時局の重大性を痛感」したと語っている。日中戦争が戦争の現実を実感させたことが読み取れる。銃後後援会の設立に立ち上がった嶋中は応召者の歓送はもとより、慰問など「普く」邁進していると書いてあるが、「奇篤なる事」とは、個人がこうして「後援会」を作って「邁進」することが珍しかったことを示しているのだろう。在郷軍人会がその活動のなかで集めた銃後美談からは、応召という出来事を契機に、戦時の非常時という雰囲気と体制が日常生活のなかに作られていく様子が垣間見えるのである。

公事と私事のはざまで

状況に応じて職務を果たそうとする在郷軍事会の人々もまた、自らに枷をはめて「献身」しなければならなかったことがわかる次のような話がある。

南都留郡秋山村分会第一班班長を務むる笠松君は就任以来克く職務遂行の為に粉骨砕身し居りしも、事変勃発直後九月初旬、応召兵士の歓送の任に当り居る中、不幸長男の死に逢いたるも之れを秘し、盛裡に四里の山道を徒歩して歓送に遺憾なきを期したり。偶々中旬妻女に死別するの不幸に立到しも、時局の重大と責任の重きを痛感する氏は敢えて諸事を簡素になし、日夜懸命に会員並に村民の指導に専念余す処なきは、真に人をして泣かしむるものなり。(13)

「時局の重大と責任の重きを痛感する氏」という一文は、この報告を記した者が添えた解釈だろう。「痛感」しているか否か、他人の内面を語ることなど不可能だが、長男と妻に死別しながらもそれを口にせず、応召者の世話をし続けた者がいたことは事実だったにちがいない。家族の死という「私」の事情よりも、在郷軍事会の一人として職務を遂行するという「公」を優先する者がいるということは、おそらく在郷軍人会のなかに、ある種の張り詰めた空気を生み出していく効果をもったはずだ。それが、こうして美談として記録されることになる。ところで、前述した第一回国勢調査をめぐる美談にもこれと似た話が収録されている。

阿山郡中瀬村調査員葛原作太郎氏は、九月二十七日実父の永眠に当り、任務遂行上同村吏員の同情を以て注意する処あるや氏は奮然として之に答えて曰く、公務は私事に換え難し、吾今父の喪にあるも敢て其の職を辞するを潔しとせず、任を終えて更に喪に服すべしと、其の熱誠真に見るべきものなり。(14)

類話かと思うほど一致しているが、説話的な想像力の一致ではなく、二つの話の背景にある動員イベントという制度がもたらした類似性というべきだろう。

また、本来なら支障なく進むべき応召が、突然の災厄のせいで危機に瀕するとき、地域を構成する関係性が力を発揮する。次の美談は、そうした例である。

南巨摩郡睦合村分会員相良誠君は十二月〇〇日〇〇部隊へ充員召集を命ぜられた同月四日明日出発を前に村内の床屋へ調髪に出掛け後は隣家の人々の手に依り炊事の準備中正午頃フトした過から失火し居合わせた人々の消火も功なく、遂に居宅家財を烏有に帰してしまった。誠君は理髪半ばにして飛帰ったものの如何とも出来ず軍服丈は辛うじて持出したるも奉公袋は見当らなかった。此の参事に家人は勿論近隣の方達迄呆然自失悲嘆の極に達した。此の状況を如何に善処すべきか……

区長月本義男氏は直ちに区会を召集し兵士宅救助基金募集を諮り即時金一百円也を得て此れを贈り本人を

して遺憾なく出発せしめ尚後事は決して心配させないと激励に努めた。[15]〔伏せ字は原文：引用者注〕

その後、村の人々が協力して住居を建築し、残された家族は「隣人の厚意に感謝しつつ更生の意気」に燃え、相良もその知らせを受けて「懇ろの礼状」を戦地から寄せた、と話を結んでいる。

おそらく近隣の女性たちによる出征の宴の準備のさなかの出火ではなかったかと推測されるが、在郷軍人のシンボルとされた奉公袋まで燃えてしまったのは、応召という危急時に重なる災厄だったといえるだろう。話は、失火が誰のとがだったかにふれていない。どうしようもない絶望に人々が立ちすくむさまが、「呆然自失悲嘆の極」という型どおりの言葉からうかがえる。このときに、村民が力を合わせてこの兵士の家を再建したのは、自らの居宅の焼亡を目の当たりにしながら出征しなければならなかった者に対する憐れみ、同情そして感謝、さらには地域の関係性のしがらみなど、さまざまな事情があっただろう。この話は銃後の美談として語られているが、必ずしも軍国主義の理念に従って人々が住居の再建に協力したとはいえないだろう。

銃後美談はすべてが時局に照らして模範となる話という性格づけになっているが、むしろ美談のなかに垣間見える日常的な関係性と振る舞いが応召という出来事と結び付くことで、戦時体制下独特の意味と価値を担わされていくことを見なければならないのではないだろうか。この話でも最終的に強調されるのは隣保共助だが、それは当時の動員を下支えする中核の価値でもあった。

藤井が「赤紙の祭」と呼んだ応召というイベントに参加していた者のなかには、組織の責務で動く者、またおそらく心の底から善意で動く者、まわりに単に同調した者まで、さまざまだったと考えられる。しかし、それは総体としては一つの方向へ人々を向けさせる空気を生み出し、同時に明らかに人々を巻き込んで拘束する力としてはたらくことになったのである。

## 力を行使する在郷軍人会

次に示す美談は、応召の歓送をできるだけにぎやかにしようとする傾向とは一見すると正反対の決定をした在郷軍人会の話である。舞台になった町は、「稍もすればこの地方の気風は多角的感興」に支配され「乱れ勝」で、自治的にも「相当苦心を要する」町だという。

ところが今度の事変には在郷軍人を中心に予想外の銃後結束をなし、中にも第五班員は管内八十余戸より十六名の応召者を征途に送り出しているが、八月十八日の最初から出発時に酒食の饗応を廃させようと心掛け、強硬にも決議として違反者あらば歓送せずと申合せ、爾来一戸当り二十円乃至三十円の費用を節約せしめて居る。最初のうちは不平も聞いたが、遂に村民は斉しく感謝をし敬意を表するようになられた。(16)

「赤紙の祭」での歓送の酒食の廃止を、在郷軍人会が「決議」し、違反者には「歓送」しないという罰則を設けたという。「賑やか」さを作り出そうという動きとは正反対の活動といえるが、戦時下の地域の暮らしのなかで、影響力がある団体の一つである在郷軍人会が何かを決めて実践するという意味では、歓送をにぎやかにしようとすることと表裏一体であり、どちらも地域の銃後の暮らしに対する影響力の行使であることに変わりはない。この歓送の酒食の廃止の決議は、にぎやかに出征者を送り出そうという人々の思いとは正反対だからこそ、かえって在郷軍人会が銃後の日常にどのような力をもちえていたかをあからさまに示しているといえるだろう。

出征兵士を取り巻く地域の人々や団体が応召という出来事にどのように関わったのかを示す美談からうかがえるのは、ある者は与えられた役職ゆえの使命感で、ある者は善意で、そしてまたある者はただまわりに同調して、応召にまつわるイベントに参加していた様子だが、そうした銃後の日常生活の関係性こそが、出征兵士とその家族を取り巻く空気という人々を拘束する「力」の具体的な姿だったのではないだろうか。

## 2　妻子を残して

### 「お父さん万歳」

見送る母、見送る子ども

次に、応召者本人と家族にとっての出征のときを語る美談を見ておこう。近隣の人々が作り出す「赤紙の祭」の空気のなかで、応召者本人と家族はどのような経験をしていたのだろうか。

大分県南海部郡の一漁村に住む長沢貞雄に召集令状が下った。出征のとき、長沢の家は「国旗の波に包まれた。村長さんの顔も、小学校長さんの顔も、青年団や国防婦人会の人波にもまれて、見受けられた」。貞雄は故郷を出発することになった。

村のならわしとして、村長と近親者だけは駅まで送り、村民多数は、手に手に国旗を持ち、村境まで盛んに見送るのである。それというのも、この村は酒屋に三里、豆腐屋に一里どころでなく、実に駅まで七里という海辺の一寒村であるからだ。

長沢君は、久しぶりに軍服をつけ、歩兵上等兵となって、鎮守の森に向った。ここで祈願を罩《こ》め、村民の心からなる送別を受け、出征することとなったのである。村境に出て、長沢上等兵は、幾度か万歳の声に振り返ったことであった。

この時、七十九歳の老母堂は、小さい孫の手を引きつつ、どうしても駅頭まで見送るのだと言いだした。いかに健康とはいえ、七十九歳の老母堂に、七里の道を歩かせるわけには行かない。

「お母さん結構です！　なあーに元気に行ってきますよ。さあどうぞお帰り下さい。」と敬愛の情を罩めて、

見送りを辞退したのであった。けれども元気一徹の母堂は、

「駅まで行って、もう一ぺん万歳を言いたい」

と言って、息子に負けじと、険悪な山道をすたすたと歩き出した。その健脚には、人々もすっかり驚いたのである。

駅に着いてみると、「出征兵士」と書かれた赤襷の青年が一ぱいいる。勇士を見送る長旗が、風にはためいて爽快限りなき、感激的な風景を点出しているのだ。

長沢上等兵も、この中に交じっていた。そこここに、万歳の声があがっている。やがてホームに出ると、老母堂は、

「妾《わたし》に音頭を取らせて下さい」

と言い、孫を顧みて「いいかお父さんは出征するのだよ」と言い聞かせ、そして壮者をしのぐ大音声で、

「お父さん万歳」

と高唱したのであった。孫に代わって、高唱した万歳の声。これを見た人々は、感激のあまり、涙をうるませていたということである。(17)

交通の便がよくない漁村での出征の光景を描き出している。「ウチ」と「ソト」という空間の秩序をシンボリックに分ける「村境」が、出征の見送りでも、旅立つ者と残る者とを隔てる別れの場所になっていることがわかる。

しかし、この話では七十九歳の老母が孫の手を引きながらその村境を越えて、出征する息子と七里の山道をともにし、駅頭で「万歳」を叫び見送ったことが美談の主題になっている。「万歳」というかけ声は、戦時下ではあまりにも定型の言葉だ。しかし、まわりの人々が作り出す「赤紙の祭」をめぐる「公」の空気のなかで、これ以外のどんな言葉を肉親が発することができただろうか。むしろ、万感を込めた「万歳」だったのだろう。

この美談にふれた当時の読者は、きっとこれとよく似た話を思い出していたにちがいない。それは、日露戦争のときの出征兵士と母親の物語であり、「一太郎やぁい」と名付けられた有名な美談である。これは、国定第三期小学校国語（一九一八―三二年）の教科書『国定 小学読本 巻七』に収録されたのをはじめ、さまざまな出版物を通じて全国的に知られることになった。舞台は、四国・香川県の多度津港である。ここでは日中戦争が始まる一年前の一九三六年に出版された瀬戸内海の遊覧船の解説用パンフレット「瀬戸内海」から、その内容を紹介しておこう。日露戦争のときの美談は、この昭和初期には、名所旧跡に関わる新たな物語として遊覧のなかで語られるようになっていて、文字どおり「伝説」の一つとして定着していたのである。

日露戦争当時の事で御座います。出征兵士を乗せた御用船が今しも港を出ようとした其の際、御免なさい御免なさいと「しわがれ」た声で見送りの人を押分けて前へ出る御婆さんが御座いました。年は六十四五でもありましょうか腰に小さな風呂敷包を結びつけて居ります。御用船を見つけると「一太郎やーい其の船に乗っているなら鉄砲を上げろ」と叫びました。「家の事は心配するな天子様によく御奉公するのだよ、わかったらもう一度鉄砲を上げろ」と申しますと又鉄砲を上げたのがかすかに見えました。御婆さんはヤレヤレと云って其処へすわりました。訪ねてみると今朝から五里の山道を草履掛けで急いで来たのだそうで郡長をはじめ見送りの人々は皆んな感激の涙にくれたと云う事で御座います。(18)

この冊子によると老婆の名前は岡田カメといい、港から五里ほど山奥の三豊郡豊田村に住んでいた。「一太郎」は実は本名は岡田梶太郎といい、日露戦争から生きて凱旋して、一九三六年当時にカメは物故していたが梶太郎は存命だったという。なぜ「一太郎」になったかというと、カメが「カジタロウ」と叫んだのを周囲の人が「カズタロウ＝一太郎」と聞き違えて、それが文字化の過程で「イチタロウ」と変化したからだという。

また、教科書にまで掲載されたのは、たまたまこのとき港でこの様子を目撃した香川県知事の小野田元凞《もとひろ》が、

表4　世代別（コーホート）別の徴集・招集年齢　　単位：％

| | 1886―95年生まれ | 1896―05年生まれ | 1906―15年生まれ | 1916―25年生まれ | 1926―35年生まれ |
|---|---|---|---|---|---|
| 14―16歳 | 0.0 | 0.0 | 0.0 | 0.6 | 24.1 |
| 17―18歳 | 5.6 | 2.7 | 0.9 | 5.3 | 36.2 |
| 19―20歳 | 55.6 | 33.8 | 11.3 | 33.5 | 39.7 |
| 21―22歳 | 38.9 | 23.0 | 14.7 | 41.5 | 0.0 |
| 23―25歳 | 0.0 | 1.4 | 8.0 | 12.4 | 0.0 |
| 26―30歳 | 0.0 | 1.4 | 32.1 | 6.8 | 0.0 |
| 31―35歳 | 0.0 | 9.5 | 26.9 | 0.0 | 0.0 |
| 36―40歳 | 0.0 | 21.6 | 6.1 | 0.0 | 0.0 |
| 41―45歳 | 0.0 | 6.8 | 0.0 | 0.0 | 0.0 |
| 平均値 | 21.6 | 27.2 | 27.6 | 21.2 | 17.8 |
| 中央値 | 20.0 | 21.0 | 28.0 | 21.0 | 18.0 |
| 最頻値 | 20.0 | 20.0 | 21.0 | 21.0 | 19.0 |
| 歪度 | 4.23 | 0.62 | −0.05 | 1.12 | −0.56 |
| 尖度 | 18.21 | −1.37 | −1.07 | 1.85 | −0.32 |
| 合計（実数） | 18 | 74 | 327 | 696 | 58 |

（出典：渡邊勉「誰が兵士になったのか（1）――兵役におけるコーホート間の不平等」、関西学院大学社会学部研究会編「関西学院大学社会学部紀要」第119号、関西学院大学社会学部研究会、2014年）

その後、香川県の教育講習会に訪れた東京高等師範学校の佐々木吉三郎にこの話を伝え、さらに佐々木が当時の文部省図書局小学読本編纂官・高野辰之に伝えたことによるという(19)。

「一太郎やぁい」の場合は、故郷から香川・善通寺の部隊に入営した息子が、多度津港から戦地へ向かう船に乗ったのを見送っている。しかし、老母が息子と最期の別れになるかもしれぬと、長い山道をいとわずに息子が旅立つ駅／港まで歩き、大声で息子に別れを告げるという話の根幹は共通している。これも前節であげた話と同じく、兵員の動員という仕組みがもたらす類似の経験の型として考えたほうがいいだろう。「愛国美談」や「軍国美談」として見るかぎり、「万歳」も「天子様への御奉公」も定型句にすぎない。しかし、山道を越えて最後になるかもしれない息子を見送りにきた老母の姿は強い印象として残る。その意味で、二つの話は共通しているのである。

その一方で、二つの話には大きな相違がある。日露戦争の「一太郎やぁい」は基本的に母と息子の物語だが、日中戦争のほうは、出征する息子に子どもがいることが重要な要素になっている。老母は、「お父さん万歳」と孫の立場からの呼称を叫んでいるのである。日中戦争の美談には、しばしば応召兵の幼い子どもが登場する。

このように応召兵の子どもの姿を描いていることが、日中戦争の出征・応召美談の一つの特徴だったと思われる。先に示したように、日中戦争開戦以降は、動員兵士の数がそれまでの三十万人前後から九十万人を超える数へと激増していた。第一補充兵、予備役、そして後備役から召集したということになる。

渡邊勉は、一九五五年から十年ごとに日本社会学会がおこなっている「社会階層と社会移動全国調査」のデータを使い、全国的な規模でいわゆる戦中派世代の出征状況を把握しようとしている(20)(表4)。

それによると召集率は、一九〇六年から一五年生まれの集団《コーホート》では、現役兵として召集された十九歳から二十歳の間に一一・三%、二十一歳から二十二歳の間に一四・七%になっているが、この集団が二十六歳から三十歳のときに再び三二%に、三十一歳から三十五歳のときに二六%と、有意に高くなっている。つまり、この集団では、日中戦争の頃に二十代後半から三十代で召集された経験をもった人が多いということになる。また、これよりもうひと世代上の一八九六年から一九〇五年生まれの集団でも、三十六歳から四十歳のときに召集率が二一・六%と高くなっている。これも、日中戦争以降に三十代後半で召集されたことを示していると考えていいだろう。

つまり、ちょうど二十代半ばで結婚して子どもができて幼い子を育てている最中の男性が応召しているという状況が浮かび上がる。

祖母に手を引かれた応召者の子どもが、祖母とともに声をあげ「お父さん万歳」と父を見送る光景は、大量の召集によって生み出されたものだったのである。

## 「父ちゃん」部隊

こうした現役兵よりも年齢が高い兵士たちと若い現役兵との間の美談もある。一九三八年一月、「北支」に駐留している部隊の現役兵の若い歩兵二等兵から「戦死者の遺家族」のためにと、恤兵部に二十円の献金があった。その現役兵自身は「未だに独身であったが、自分と同じ第一線に、予、後備役の、所謂「父《とっ》ちゃん部隊」なる人々が活躍していることは、一つの感慨の念にうたれる」。あるとき、そうした「父ちゃん」部隊の一人だった兵士が戦死し、その兵士の軍服のポケットから、「……ご無事で凱旋する日を、お待ちして居ります。……私のお父さん、万歳」とつづった子どもからの手紙が出てきた。若い現役兵は戦死した兵士の遺族に長い手紙を添えて遺品を贈り、自分の貯金を恤兵部に献金したのだという[21]。

この美談のなかで気になるのは、「所謂「父ちゃん部隊」」という言い方である。この現役兵は、この「父ちゃん部隊」の兵士に、深いシンパシーを寄せているが、この名称自体は、彼らに対する若い兵士たちの視線が必ずしも善意ばかりではなかったことをうかがわせる。むしろ、妻子への未練を絶ちがたいまま戦場に送られてきた「老兵」に対する揶揄と蔑視の含意を読み取るべきだろう。

実際に、日中戦争の本格化のなかで大量動員され始めた予・後備役、さらには入営経験もなく十分な訓練を受けていない「未入営補充兵」たちに関しては、兵士としての質が問題になり始めていたという[22]。「父ちゃん部隊」という言葉には、妻子を銃後に残した兵士たちに対する戦場の複雑な視線が反映されていたといえる。

## 子との別れ

### 追い詰められる応召者

日中戦争の応召・出征美談は、応召という出来事のなかで追い詰められながらも、なお出征していく兵士たちの姿を描いている。彼らを追い詰めたのは、残していかなければならない子どもの存在であることが多かった。

「斎藤君に令状が来たそうだ。」

「二人も子どもを残して。」

「まだ初七日もすまぬのに。」

気の毒だ！という同情の声が、期せずして村人の間におこった。

事変勃発少し前頃から病床に呻吟していた妻女しんさんは、夫の手厚い看護を感謝しながら、幼い愛児の行末を頼み頼み黄泉の客となった。

葬儀をすまし、客も去った後の淋しい家庭に、二人の子どもを両手に抱きしめて、今後の行き方に悩み続ける折も折、突然礼状は届けられたのである。

「よし！俺も皇国軍人だ。天皇陛下の御為俺のこの体を捧げる時が来たのだ。行くぞ。」

と、萎れようとする斎藤君の心は、この赤紙によって奮起した。皇国軍人としての魂が油然と盛り上がってきたのである。

出発の日が来た。続く続く旗の列だ。

「勝って来るぞと勇ましく、誓って国を……」勇ましい中にも哀調を帯びた軍歌の響きが、今日の空気にピッタリそって、……胸が迫る。

別れの時が来た。

「誓って、郷土の名を恥かしめぬ覚悟であります。」

二児は村人に抱かれて、無心の微笑をたたえている。

「只、残して行く二児を頼みます。」

無量の面持。語尾が震えた。

かくて、断ち難い恩愛の絆を断ち切って、決然征途にのぼったのである。万歳は遠く木霊した。そして二児の養育は確約されたのである。(23)

「よし！俺も皇軍軍人だ」から始まる「皇軍軍人としての魂」を語る一節は、いかにも「美談」らしい文言である。こうした言葉の仕掛けによって、妻が病死し幼い子どもを一人残して出征しなければならないという八方ふさがりの状況が、感動すべき勇ましい話へと転換されていく。しかしそうした言葉とは裏腹の深刻な状況は、むしろいっそうの現実感をもって読者の心に迫ってくる。「只、残して行く二児を頼みます」という言葉で村人に委ねられた二児はこの先どうなっていくのかと読者は考えずにいられないだろう。「二児の養育は確約された」は、あくまでも美談の結びとして添えられた言葉でしかない。

次にあげる話は、応召者そのものよりも、それを取り巻く近隣の人々の行為に焦点を当てた話である。[24]青森県西津軽郡岩崎村は、狭い耕地しかない漁業を主な生業とした村だったが、数年来の不漁続きで「疲弊困憊のドン底に喘いでいた」。その村のなかでもなお「最も不遇」な集落に住む笹川敬一は、妻との間に十二歳を頭に四人の子どもがいて、一家は貧乏な暮らしをしていた。ところが敬一の家は、ある日彼が漁に出ている間に近所の子どもの弄火のために家具家財まですべて丸焼けになってしまった。さらにこの火事がきっかけで妻が寝ついて重い病気にかかってしまい、看病の甲斐もなく「子どもを頼みます。何卒子どもを」と言い残して亡くなってしまった。

そんな敬一のもとに召集令が届く。かねてから覚悟していた召集だったが、「無心に遊んでいる四人の子どもを目の前にして」、その子たちをどうするか、敬一は「浮かぶ思案」もなく、「居ても立っても居られぬ心地」だった。それでも敬一は、火災から亡き妻が持ち出してくれた軍服を身に着けて、ともかく役場と学校に挨拶に行こうと準備を始めた。そのときの場面が以下のものである。

「御免」と、掘立小屋同然のこの家を訪れたのは、図らずも村長の川森利一氏だった。「ああ、これは」狼狽てて坐った笹川君を、「いや」と川森氏は制して
「笹川さん、実は後に残して行くお子さんのことで、いろいろ御心配なさっての事と思い、村中で相談した

結果お話に上がったンですが――（略）お家のことは御心配なく、子どもさんのことも無論です。私が及ばず乍ら一番大きなお子さんを引取り、村中の有志が一人一人で、後のお子さんも引受けるように話を決めました。それにもうお見えになる筈ですが、小学校長の鈴木さんと学務委員の藤井さんが率先して、慰問金をいま集めて廻っています。何卒御支度や何かのことも合わせて御心配なく――」（略）

而も青年団と処女会は笹川君が借りて耕作している田地をそのまま引継いで、刈取りから来春の耕作までして呉れるというのだ。

端然と坐った膝に置いた両の拳が、あまりの感激、あまりの嬉しさに、ブルブルと絶えず打ちふるえた。

「お礼の言葉もありません。身を粉にしても働いて、皆さんの、皆さんの御恩に報います。」

みなさんの御恩に報います、という笹川の言葉に村長は「及ばずながらにせよ、お世話するのも矢張り御国への御奉公です。御礼では反って痛み入りますよ」と応えている。そして笹川は翌日、万歳の声に送られながら原隊に応召していったという。

先の話とほぼ同じ展開といっていいだろう。子どもだけを残して出征しなければならない父親に、近隣の人々が後援の手を差し伸べようとする点が共通している。ただ、こちらのほうが、先の美談では残された子どもの「養育は確約された」という言葉ですまされていたことが、いっそう詳しく記されている。村長と学校長という地域を代表する役職者が中心になって方策を話し合ったうえに、「お世話をするのも矢張り御国への御奉公です」という村長の言葉は、確かに総力戦下の「銃後」の思想を体現しているといえる。

しかしそれはあくまでも銃後の使命感もしくは制度的・組織的な対応の一つであり、母親に死に別れたばかりの四人の子どもを残して出征しなければならない男と家族に対するごく自然な善意などではない、といったらそれも現実的ではないだろう。戦争という非常時が、人々の善意を呼び起こし、互いに窮状を支え合う行動を促したとみることも不可能ではない。しかし結果的に、美談という語り方によってその善意は、「御国への御奉公」

へと意味づけられていくのである。

「愛国結婚」という配慮

もう一つ、ほぼこれらと同じモチーフだが、母親がいない子を残して出征せざるをえない父の出征間際に、近隣の人々が「母」をあつらえてしまったという話を見ておきたい(25)。

朝鮮半島京畿道振威郡平澤面の平澤駅の駅員、春川俊二（三十四歳）は、一年前に妻を亡くし、長男十六歳を筆頭に、長女十一歳、次女八歳の三人の子を男手一つで育てていた。その春川上等兵に召集令状が下った。官舎も出ていかなければならないが、三人の子どもは誰が引き取ってくれるかと、春川は使命と家族の間で追い詰められた。結局、子どもたちには、郡山の母方の親戚という「希望の薄い遠戚」を頼るよう教えた。

春川家のこうした悲惨な状況を知った平澤駅の武田駅長が、在郷軍人会の大森分会長、町会幹部らと、三人の子どもの面倒をみる方法について相談したところ、その話はたちまち狭い町内の知るところとなった。平澤駅前の米屋旅館に働く佐原明代（三十六歳）はその話を聞いて、女将に「若し私のような者でもお役に立つ様でしたら可愛相な三人のお子さんのお世話をいたしましょう」「この重大な戦争の第一線に起たれる勇士のお子様を、若しお世話が出来たら私の光栄はこれに過ぎるものはありません」と申し出た。武田駅長、大森分会長、町の有力者の仲根七郎が明代のその申し出を聞き入れた。彼らの「憂鬱は消し飛び」、一同明代への感謝に沸くなか、仲根がこう言った。

これで春川君も安心して出征できるだろう。しかしどうだろう、物は相談だが貴女も独身だし、三人の子どもさんも母を亡って淋しがっているし、世話をして下さる序でに一生涯子どもの面倒を見てやってはくださらんか。されば春川君は戦場で充分に働き名誉の戦死ができますのぢゃが。

明代に異存はなく、早速、春川を説得し、翌朝に迫った出発のときに追われるように婚礼の準備が整えられた。式場は「愛国結婚」と銘打たれ、花嫁は高島田に結う暇もなく借り着の紋服で、新郎は軍服に赤襷姿だった。酒とスルメと勝栗が五十人分並べられ、「高砂や」の代わりに「天に代わりて不義を打つ」をみんなで歌い祝った。そして、翌朝五時の一番列車で、春川は三人の子とその新しい母の「万歳」に送られ旅立っていった。その後、駅長のはからいで、前例のないことだが十六歳の長男は駅員見習に採用され、改札係をすることになったという。

出征をきっかけにした春川の再婚に、職場の上司のほかに、在郷軍人会の分会長という公的な立場の者、町会幹部など町の有力者が関わったのである。これらの者たちの活動を中心に捉えれば、すでに見たような、応召者と遺家族の「見送り」と後援に尽力する在郷軍人会の美談、「奇特」な村の有力者をめぐる美談ができるだろう。

しかしこの話では、明代の申し出によって八方ふさがりだった事態が動き、まわりの者の勧めで結婚にまで至る。戦死するかもしれない応召者が残していく子ども三人の養育について、まわりの思い付きで具体化した結婚によって責任を負うことになった一人の女性の人生を考えると、やや強引な展開のようにも見える。明代の立場から考えると、駅前の旅館で働く彼女にとって、駅で働く男性は確かにまったく知らない相手ではなかったかもしれない。一年前に妻を亡くし、三人の子どもを男手一つで育てている実直な男であるという評判くらいは耳にしていた可能性もある。一見唐突に見える、残された子どもたちの面倒を自分がみてもいい、という彼女の申し出には、そのくらいの背景はあると考えてもいいだろう。

しかし、町の有力者の思い付きでたちまち結婚することになってしまうのは、彼女にとっては寝耳に水の出来事だったのではないか。そもそも急に決まった結婚で、それまで親しくしていたわけでもない子どもたちに、生涯にわたって「母」として関わり続けることができるのか、また子どもたちはその女性を「母」として受け止められるのか、という疑念を読者は感じるのではないか。しかし、美談は、そうした不安については言及することなく、「愛国結婚」という言葉で一切を覆い隠してしまう。出征する男性が無事に帰ってくる保証はないにもかかわらず、である。

ここにも、身近な人々とのつながりが、出征する兵士とその家族を取り巻き、その人々の使命感や善意が「美談」を生み出していくさまが見て取れる。この場合は、そうしたまわりの善意や使命感に一人の女性が巻き込まれ、美談の主人公になっていったといえる。

第1節でみたのは、そうした銃後の地域のつながりの実践をめぐる美談であり、第2節でみてきたのは、地域のつながりのなかの善意や使命感が特定の応召者や家族を縛っていく具体例だった。特に日中戦争では子育て中の父親が応召しなければならないケースが増えたと考えられ、妻の死去などの不幸が重なると事態は一気に深刻になった。美談は、しばしばその事態を周囲の人間関係の共助がどのようにして克服していったかを前面に押し出して描いている。

しかし、それだけ召集される者が身近な関係性を具体的な力として頼らざるをえず、それによって無理にでも「後顧の憂い」を断ち切ったうえで、死地に赴かざるをえなかったという現実を、こうした美談から読み取ることもできるのである。

## 3 「即日帰郷」という事件

### 即日帰郷と美談――「万分の一」の奉公

ここに、応召美談や出征美談との関連で考えてみたい一群の美談がある。その考察を通して、応召という出来事のなかで当事者にはたらくまわりの空気の力が、いっそうはっきりと可視化されるだろう。

南巨摩郡五開村長知沢区に谷沢啓介君がある。氏は長い間病弱の母と共に妻子七人暮らしの大黒柱であったが今回の事変に召集され勇躍征途に上ったが、不幸にして即日帰郷を命ぜられ、病める母や妻も悲嘆の涙にくれたるが、氏としても即日帰郷の身として如何共なす能わず、此処に意を決し、先づ餞別の金三十円也を国防費に献納し、現在班長に推薦せられ居るを幸、銃後施設の完璧を期して奉公の万分の一に応じ奉らんと、爾来雨の日風の夜の別なく連日連夜慰問に、労力奉仕に出動し家事を省みず、真に涙ぐましき活動を続けらる。[26]

この美談の要点は、いったん応召して入営したもののすぐに故郷に返されてしまった男が、そのかわりに銃後で奮闘するという点にある。「勇躍征途に上った」とは、これまでの美談で見たように、故郷の人々に宴を開いてもらって餞別をはじめさまざまな援助を受けて万歳の連呼のなか武勇を誓って出征したということだろう。「赤紙の祭」が盛大に催されるなかで餞別をもらって見送られたにもかかわらず、「即日帰郷」させられた者にとっては、手元に残った餞別は言い知れぬ重さをもってのしかかってきたにちがいない。餞別を献金したという点には、どれほどそれが心の負担になっていたかが如実に表れているといえる。

慰問や労働奉仕に励む心境を説明するくだりに、「万分の一」という言葉が使われていることにも注目しておきたい。この言葉は、こうした「即日帰郷」をめぐるエピソードに必ずといっていいほど使われる決まり文句だが、それは出征して戦場ではたらくことの「万分の一」という意味である。入隊するつもりができなかったという「不幸」を乗り越えて銃後の奉仕に貢献するという「感動」の筋書きを支えるのは、「万分の一」でも仕えたいという意思であることを共通して語るのである。

「即日帰郷の身として如何共なす能わず」と、話のなかではあっさりと表現されているが、当人の落胆はもっと深刻だったと思われる。「不幸にして」というが、その「不幸」とは、どのような経験だったのだろうか。

## 即日帰郷という不幸

即日帰郷とは何か？

召集を受けて入営する際には、兵士は身体検査を受けてあらためて入営の可否が決定されることになっていた[27]。この入営時の身体検査で身体的な疾病が見つかり、歩兵・看護兵と金属加工の技術をもった磨工兵は二十日以内、輜重兵・特務兵などは十日以内、そのほかの兵は三十一日以内に治癒の見込みがなく勤務に耐えられないと認められた場合は、連隊長もしくは同等の権限がある部隊長が帰郷の措置をとった。これを「即日帰郷」という。原則として即日帰郷の処分は入営当日におこなわれたが、診断上必要であると認められた場合は、入営期日後三日以内に帰郷させることができる。

この即日帰郷という「不幸」とはどのようなものかを、もう少し詳しく具体的に語っている話で見ておこう[28]。稼いだ金をすべて酒代につぎ込んでしまい蓄えもない大酒飲みの中橋は召集令状を受けたが、町内会や婦人会からもらった餞別二十円あまりを出征当日の朝からどんどん酒代に使ってしまい、氏神での村の出征祈願の会場にも酔っぱらってふらふらで現れた。夕刻になって出発のときがきたが、中橋は酔いどれ状態で駅頭に立っていた。残金はすでに三円しかなく、入営の目的地までは七円の汽車賃がかかる。中橋が途方に暮れていると、在郷軍人会の班長がそっと十円紙幣を渡してくれ、中橋はそれで無事に入営地に向かった。

一週間の後、ふと班長の耳に中橋が帰宅している、然し非常に鬱《ふさ》いで青い顔をして終日家の中に居るとの噂が聞こえて来た。一夜班長は彼れ中橋の家を訪づれた。馬小屋同然の家に電燈もなくローソクの薄暗い光りに写し出された中橋と妻との姿はなんと哀れなものであったろう。二人はただ並んでかしこまったきり何の言葉もなく、しくしくと泣くばかりであった。三人の子どもらは犬ころの様に寝むって居る。
「班長殿申し訳ありません、日頃の酒があだとなり身体検査の結果心臓が悪くて即日帰郷を命ぜられました。この土地に帰れる義理ではありませんが妻子が居るので一時参りました。これから妻子を連れて再度どこかの土地に流れてまいります。」

そう話す中橋を班長は外に連れ出し、高台の小学校の奉安殿の前で語りかけた。大酒飲みで近隣の人々に借金を重ねている中橋も、召集でめでたく戦線に出征できれば「皇軍の為に抜群の功」を立ててもらえる、と思った、だから中橋の出発のあとすぐに方面委員に頼んで妻子を一時救い出し、ただちに軍事扶助の申請をしたのだ、と。それを聞いた中橋はすすり泣きに途切れながら、次のように言った。

私も今度こそ第一線で命を捨てても今までの不しだら不信用を回復しようと覚悟して居りましたのに残念ながら検査にはねられて、何の面目あって帰って来れましょう、つくづく自分の不甲斐ないのに愛想がつきて実は実は一家死をはかろうと相談して居たのであります。今班長殿の身に余る御同情と御訓戒に従って今後は絶対に酒もタバコも止め、一心不乱に働いて皇恩の万分の一にも報い奉り合わせて班長殿のこの大恩にお答えします。

中橋の家の柱には、「奉公貯金」「酒は敵」「軍人中橋」と書いた竹の貯金箱が置かれた。そして酒をやめた中橋は、仕事に精を出して貯金もし、また困難な防空監視哨員にも志願した。三カ月後に、何年かぶりで中橋一家は電灯が輝く家に移ったという。

この美談は、このようにしてハッピーエンドになっている。大酒飲みをやめられないだめな男を完全に打ちのめしたのは、「即日帰郷」という事件だった。まず、そのことは、中橋が帰ってきて青い顔をして終日家にいるようだという近隣の噂から班長の知るところになった。この「噂」というところに、即日帰郷者・中橋に周囲の決して温かくはない興味津々の視線が注がれ、まとわりつくようになっていった過程を見ることができる。

即日帰郷になった者は、どのように故郷に帰ってくるのだろうか。そうした処置の対象になったことを、見送ってくれた近隣の人々にどのように説明して挨拶するのだろう。きわめていたたまれない状況になることは想像できる。そして機会を逸すると、この中橋のように、身を潜めて閉じこもることになる。「この土地に帰れる義理ではありませんが妻子が居るので一時参りました。これから妻子を連れて再度どこかの土地に流れてまいります」「何の面目あって帰って来れましょう、つくづく自分の不甲斐ないのに愛想がつきて実は実は一家死をはかろうと相談して居たのであります」というのは、美談のなかで仮構された台詞かもしれないが、それが不自然に聞こえないほど即日帰郷という事件は当人にとって深刻なのだろうと想像できる。

「出征」の際に自分と家族にからみついていた近隣の善意が、即日帰郷によって一気に負担に変化し、それが実は自分にのしかかる力だったことがあからさまになるのである。「どこかの土地に流れてまいります」や「一家死をはかろう」といったことは自分が生きてきた故郷の関係性から逃れて離脱していくことを意味している。

### 息子の嘆きと母の手紙

もう一つ、即日帰郷をめぐる印象的な美談を、前掲「美談武勇談」から見ておきたい。それは即日帰郷となった息子の母が杉山元陸軍大臣に送った次のような手紙を中心に構成している。(29)

皇軍将士北支ならびに上海に御奮戦の事感激感謝の至りでございます。扨先般愚息輝く令状に接し勇躍応召いたしましたれど、身体虚弱の故を以て即日帰郷を命ぜられ悲嘆この上なく、毎日悶え苦しみ遂に〇日より飲まず食わずして従軍を念じ、家族親戚交々報国の道の他に多きことを聞かせても、「犬も馬も徴集を受けていくのに、男子に生まれ然も令状を受け乍らも従軍出来ない不忠不孝の者に幾多職工指導の重大任務が務まりますか」と泣く我子、和宏は某官立高工を出て大重工業会社の社員で多数職工を使って居ります。親から見れば虚弱にも見えぬ我子乍ら一旦緩急の折御奉公出来ない身に育てたと思えば苦しみも共に分ちたい心持です、このまま推移せば和宏の死は確実です。親として我子の死が立派なれば嘆くまじきものをこのままの死には母は未練がございます（ママ）。敵の一人も陛下の御為に殺させて立派に死なせたい母の念願、何とか方策はございませんでしょうか。（以下略）

ここで即日帰郷になった和宏は、官立の高等工業の出身者で大企業の工場で職工を束ねる役についているというので、エンジニアのサラリーマンということになるだろう。「男子に生まれ然も令状を受け乍らも従軍出来ない不忠不孝の者に幾多職工指導の重大任務が務まりますか」という本人が言ったとされる台詞は、即日帰郷の処分を受けた者にとって、応召以前と以後の日常生活がまったく異なったものに見えてしまうことを語っている。それは、単に「面目がたたない」という言葉では言いつくせない、社会的な存在としての自己の存続の危機として意識されている。

ところで、この話の元ネタは新聞記事にある。「東京朝日新聞」一九三七年十月八日付の記事は、杉山元陸相に宛てたこの母の手紙の全文を掲載したあとで、驚くべき事実と背景を報じている。

大垣市外の安中郡中川村字中川に同家を訪うと手紙の主は応召の本人で母の名は借りものと判明した

父は二期に亘り前村長を勤めた前川智氏、当の本人はその次男和宏君といい大垣中学を経て昨春金沢高工機械科を卒業、日立製作所東京亀戸工場に入り昨年の徴兵検査で第二乙第一補充兵役歩兵に編入された

そしてこのほど応召の通知に接し同工場二百五十余の職工さん達に送られ勇躍出発し軈《やが》て大垣駅でも郷土の人々の歓呼の声に送られて出発したのであったがさて入隊してつれなく言渡されたのは即日帰郷の宣告であった、やむなく帰郷した同君の心は怏々として楽しまず身長五尺五寸、体重十五貫、別段どこにも故障ありとは思われず再び公用者たるまでは断食だと固い決心さえしたが思い余って杉山陸相宛差出したのが母の名前を借りて綴られた烈々胸を打つ嘆願書であった、同君はその強い決心を語る

「盧溝橋事件が始まると私は工場を統率する非常時局下の技師として職工達には「お前達の身体は万一の場合国家の御奉公に立てなければならぬ身体だ、夜遊びをするな、酒を節せよ」と説いていたのです、私の工場の軍国熱の旺んなことは日曜日の労力を奉仕し御社提唱の軍用機献納運動に一万二千円を拠出した程です、

駅頭での盛んな歓呼の声が脳裏に深く焼けついて私はどうしてオメオメ工場へ帰られるものですか」と語る同君の衰弱した姿も痛々しい(30)。

打ちひしがれる息子を気遣った「従軍嘆願」の母の手紙は、実は本人がつづったものだったという。「美談武勇談」に掲載された話は、まちがいなくこの新聞記事をもとにしていると考えられるが、本人が母の名をかたってつづった手紙だったという部分には一切ふれていない。そのため、子を思う「母」の嘆きが前面に出た美談として提示されている。これはほとんど事実の隠蔽といってもいいだろう。

和宏が「母」をかたったという事実を新聞が明らかにしているのに、なぜ「キング」付録の美談集はそのことを伏せて母の美談として作り上げたのかという問題は、銃後の「母」をめぐる物語を取り上げる第6章であらためて検討したい。ここで問題なのは、この「即日帰郷」という不幸である。

和宏がどのような背景をもっているのかは、この新聞記事からより詳しく知ることができるので、「即日帰郷」という出来事の前と後で彼にとって目の前の風景がどう激変したのか、推測することができる。和宏は金沢高等工業（一九四九年に金沢大学工学部に統合）を卒業したエンジニアで、日立製作所の工場で職工の管理者として働くサラリーマンだった。技術系のエリートだったといっていいだろう。一年前に徴兵検査を受けたというから、二十歳から二十一歳ということになる。

彼が工場で束ねる職工たちのなかには、彼よりはるかに年上の者たちも多かったにちがいない。そうした職工たちに、お前たちの身体は国家に奉仕しなければならない身体なのだから大事にしろ、と訓示をたれていたという。ましてや工場は「軍国熱が旺ん」だと和宏は認識していて、そこで働く部下の職工たちの「歓呼の声」に見送られて出てきたのである。彼の脳裏に焼き付いたこの見送りの「歓呼の声」こそが、彼を高揚させ応召に意欲を燃やさせた空気だっただろうと思われる。即日帰郷という出来事は、そうした自分自身の言葉と職場の関係性のなかで作られた自らのアイデンティティそのものを否定されることにほかならなかったのである。

最後にもう一つ、「即日帰郷」者をめぐるエピソードを見ておこう(31)。東京市で方面委員をしていた橋本喜三郎は、あるとき、小山から上野に向かう汽車のなかで、隣にたった一人で座っている兵隊が気になった。東京へ入営するにしては送り人もなく、「悄然として居った」。すると赤羽駅を過ぎてから、その兵隊が突然に「どうしたらいいでしょう」と話しかけてきた。

私は（東京市）本所区吾嬬町に妻子と三人暮らしで居る者で、昨日応召され町内から盛大なる歓送をうけ、〇〇〇師団へ着きました処、痔があるため今日帰されることになりました。痔といっても軽症なので、どうぞ出征軍に加えてと熱心に嘆願したが、どうしても許可にならず帰されました。実は宇都宮在に出生地があるが、きまり悪さに寄らずに来たのです……。扨て東京の住居の方へも盛大に見送られたので、おめおめ帰れない。何うしたら宜いかと思案に暮れている次第です。」

ということで、傍らの四角い包を示して「これは入隊後に東京へ出すつもりの礼状で、名前も書き切手も皆んな貼ってあったのです」と、やや捨鉢の態度であった。

橋本は兵隊のこの話を聞いて、「強いて持病のある身で戦地へ向かっても働き得ず、皇軍将兵の足手まといとなり戦場で犬死することもあれば、貴君の不幸ばかりでなく御国に対しては却って不忠というものです。貴君は今後身体を大切にして妻子睦まじく家業に精出し、出征将兵の労苦を心として一生懸命働くのも亦国家への御奉仕です。出征して戦うばかりが忠義ではない。是からの貴君は銃後の国民として益々責任は重大ですよ」と説得したという。

この理屈は前線と銃後はともに目下の戦争を戦っているという総力戦の論理そのままだが、それがはたしてどれだけこの兵士に説得力をもちえたのだろうか。おそらく十分な慰めや希望を与えることはできなかっただろう。このように美談のなかに描かれる即日帰郷になった者たちの懊悩を検討していくと、応召者を取り巻く人々が義務感と善意半々で盛大な「赤紙の祭」をおこなったことが、強い圧力となって応召者を縛っていたことがはっきり見えてくるのである。

## 「万分の一」への思い

### 「丁種不合格」という烙印

この即日帰郷者をめぐる話と共通するもう一群の美談が徴兵検査に関わる話である。一つ例を見ておこう(32)。

一九三七年八月十四日、東京の陸軍省の恤兵部に、東京市豊島区で煎餅店を営む小林惣次郎が献金に訪れ、過去五年間にためた貯金千円を「これを兵隊さんの何かのお役に立てていただきとう御座います」と差し出した。その真剣な挙動に係官が「この献金には何か深い事情が含まれている」と察し、事情を尋ねた。すると「私の身体は、丁種不合格でした」という言葉が返ってきた。係官はその志にうたれたものの、事情といい青年の粗末な身なりといい、この金を受け取るべきではないと考え、「君が家業を忠実に励んで、善良な民として国家に奉仕するのも、立派な国に尽す道なのだ。然も君は未だ若い、家業も半ばだ、これから大いに成功しなければならぬ。そのためにもこの一千円の金は君にとって大切な金だ。君の精神は喜んで受取るが、この金は受取れない」と説いて献金を固辞した。すると惣次郎は涙ながらに訴えた。

それはいけません、どうしても受取ってもらいます……受取っていただかなければ、私は断じて帰りません！　丁種の恥を毎日毎日苦しんで来た私です……どうかその償いをさせて下さい！　どうか御国のために、万分の一でも、お役にたてて下さい。……お願いです、お頼みします……。

決意を知った係官は、その「立派な精神」と「尊いお金」を一緒に受け取ることにして、惣次郎に「君、君は、もう丁種じゃないぞ、君の精神は立派な甲種だ！」と叫ぶように言った。

前述したように、当時の徴兵検査では、現役に適するのは甲種・第一乙種・第二乙種、国民兵役に適するが現役には適さないのは丙種、そして兵役に適さないのは丁種、兵役の適否を判定しえない者は戊種と、四つのカテゴリーに分類された。戊種は翌年に再度検査を受けることが義務づけられ、甲種・乙種になる可能性がある者だった。したがって「丁種」という評価は、「国民皆兵」の論理から排除された者というレッテルが貼られることになる。

この話は、本節の最初に紹介した即日帰郷になった者が自分も御国に奉公したいと献金をしたという美談とほぼ同じ趣旨の話ということができるだろう。先の話は徴兵検査では合格だったが入営してから兵役に適さないと判断されたという内容だったのに対し、この話は徴兵検査の時点で「不合格」のレッテルを貼られている。その点が異なるが、「丁種の恥」として本人が苦しんでいることは、即日帰郷者がいたたまれない立場に置かれて苦しんでいることと相通じるものがある。

「男性」という自意識をめぐって

当時、男性が徴兵検査というものをどのように捉えていたのかについて、喜多村理子が、戦争体験者への聞き取り調査をもとに、分析している。それによれば、兵役を決してうれしいなどとは思っていない一方で、徴兵検査に合格すると、男として「一人前」だという自信が生まれ、甲種合格を自分の身体が優秀である証しと感じるという、相反した二つの意識をもったという。[33] 徴兵検査で甲種合格になり、軍人として晴れがましく出征するということが、「男らしさ」をめぐるアイデンティティを支えていた側面があったことは確かだろう。

即日帰郷にもこれは当てはまるだろう。むしろ一度はまわりから期待され、盛大な見送りを受けて旅立ったという過程を経ているからこそ、まわりの期待を裏切るとともに、男性としてのアイデンティティが危機に瀕するという二重のダメージをこうむっていると考えることができる。

最後にあげた丁種不合格になった男をめぐる美談にも、「万分の一」という言葉が出てきている。それは即日帰郷者や出征できない者をめぐる「美談」を成立させるうえでの決まり文句の一つだったといえるだろう。「万分の一」でもお役に立ちたい、「万分の一」でもご奉公したい、という決まり文句は、戦場に行くことができない者たちにとって動員の時代に前のめりに参加しようとする姿勢を象徴する言葉として、銃後の世界全体に拡大していく可能性があったのである。

## 注

(1) 前掲『愛知県銃後美談集』一―三ページ
(2) 恒次九水編『日本国勢調査記念録』第二巻、国勢調査記念出版協会、一九二二年、二四一ページ
(3)「愛国の電波は飛ぶ（見よ！　病妻の苦心）」、前掲「支那事変美談武勇談」所収、三三三―三三六ページ
(4) 加藤陽子『徴兵制と近代日本――1868―1945』吉川弘文館、一九九六年、一三ページ。近代日本の徴兵制の変遷全般については同書を参照。日中戦争以降の兵役制度については、前掲『帝国陸海軍事典』二三―四八ページに詳しい。以下の兵士に関連する制度の説明はこれらを参考にした。
(5)「奉公袋」については、在郷軍人会の歴史的展開を検討した前掲『在郷軍人会』七二―七六ページに詳しい。
(6) 同書二七三、二七六ページ
(7) 同書二七五、二九八―三〇一ページ
(8) 渡邊勉「誰が兵士になったのか（1）――兵役におけるコーホート間の不平等」、関西学院大学社会学部研究会編「関西学院大学社会学部紀要」第百十九号、関西学院大学社会学部研究会、二〇一四年
(9) 前掲『在郷軍人会』二六六―二六八ページ
(10) 前掲「甲府支部報」第百九十六号、三九ページ
(11) 同誌八一ページ
(12) 同誌八ページ

(13) 同誌九ページ
(14) 前掲『日本国勢調査記念録』第二巻、二四一ページ
(15) 前掲「甲府支部報」第百九十六号、三五ページ
(16) 同誌三二ページ
(17) 「お父さん万歳　孫に代って七十九歳の老婆」、前掲「支那事変美談武勇談」所収、三三七—三三九ページ
(18) 澤田亮編『瀬戸内海——少女ガイド船内物語』瀬戸内海商船、一九三六年、三二—三三ページ
(19) 野崎文二『文部省認定愛国美談——一太郎やぁい』高文館書店、一九二二年、八—一一ページ
(20) 前掲「誰が兵士になったのか（1）」
(21) 「戦死する身にお金は不要」、前掲『支那事変恤兵美談集』第二輯所収、八九—九二ページ
(22) 前掲『在郷軍人会』二八二—二八九ページ
(23) 前掲『愛知県銃後美談集』五—六ページ
(24) 以下この話の要約と引用は、「涙の出陣　愛児を残す貧家」、前掲「支那事変美談武勇談」所収、三五八—三六一ページ
(25) 以下この話の要約と引用は、「深夜の愛国結婚　孤独の三児のために」、前掲「支那事変美談武勇談」所収、三四一—三四五ページ。なお、真鍋昌賢の浪曲研究によると、戦時中にレコードやラジオなどと積極的に関わりながら活動した女流浪曲師・天中軒雲月の日中戦期の新譜レパートリーの一つ「大和撫子ここにあり」（作・萩原四郎、一九三七年九月新譜）は、ほぼこの話をもとにしていると思われる。雲月が「母」を軸とした演目に取り組んでいたこととともに、銃後美談と浪曲との具体的な関わりがうかがえる（真鍋昌賢『浪花節　流動する語り芸——演者と聴衆の近代』せりか書房、二〇一七年、二四三ページ）。真鍋の刺激的な仕事によって、銃後美談と浪曲師の芸の実践のメディア横断的な展開を具体的に問いうる可能性が開かれ、本書第3章との関わりでも大変に興味深い。
(26) 前掲「甲府支部報」第百九十六号、五ページ
(27) 以下、「即日帰郷」については、前掲『帝国陸海軍事典』四四ページ。
(28) 以下、この話の要約と引用は、前掲「甲府支部報」第百九十六号、九一—九四ページ。

(29)「従軍嘆願書　虚弱な子を持つ父と母」、前掲「支那事変美談武勇談」所収、三六九―三七〇ページ
(30)「〝大臣様お願いです〟母の名で従軍懇請」「朝日新聞」一九三七年十月八日付
(31) 以下、この話の要約と引用は、橋本喜三郎「銃後と兵隊」、前掲「銃後の護り」所収の「二、或る兵隊さん」、一九一―一九五ページ。
(32) 以下、この話の要約と引用は、「丁種の恥を」、前掲「支那事変恤兵美談集」第一輯所収、一〇六―一〇九ページ
(33) 喜多村理子『徴兵・戦争と民衆』吉川弘文館、一九九九年、一一二―一三〇ページ

# 第5章　納豆を売る子どもたち

## 1　銃後の子どもたち

銃後の美談のなかで、特異な位置を占めるのが子どもである。尋常小学校・高等小学校くらいまでの、年齢でいえば十代前半くらいまでの児童が銃後の美談のなかではしばしば前面に置かれて重要な役割を果たしている。本章では、美談のなかの子どもの世界を見ることで銃後のありようを検討する。

### 総動員と子ども

日中戦争の下では子どもたちも、「国民精神総動員」という枠組みに否応なく規定されていたと考えるべきだろう。日中戦争が始まって五カ月たった頃、国民精神総動員運動のなかに小学校教育を位置づけるパンフレット、内閣・内務省・文部省編「国民精神総動員と小学校教育」が発行されている。

戦時下での学校の役割、教師の覚悟、各教科の実践などについて述べたものだが、第三章「教育と国民精神総動員」のなかの第七節「銃後の後援施設」では、子どもたちが銃後の後援活動に関わる意義について次のように記している。「施設」とは、ここではほぼ「計画」と同じ意味で使われている。

> かく外にありて我が将兵の忠勇果敢の奮闘振りは我が国民教育に絶好の材料を与えて居ると同時に内にある国民の涙ぐましき銃後の護りは採って以て我が国民精神涵養のよき活資料となるのである。而してかかる忠勇義烈に対して児童をして感激せしむると共に児童にはそれ相当に銃後の後援をなすべき方法を実践せしむべきである。即ち出征将兵の慰問は勿論、其の家族の慰問や更に助力、戦死傷病将兵並に家族への弔慰助力等を実行せしむることは教育上意義深きことであり、又冗費を節約し又は特別の勤労によりて献金をなさしめ、或は献品せしむることも望ましいことである。而して之には勿論教師の指導が必要であるが、出来るだけ児童自らの発意と計画とによりて実行せしむることが一層有効である。[1]（傍点は引用者）

子どもたちに実践するように指導すべきこととして、出征兵士の慰問、兵士の家族や病傷兵士と戦死者・病傷兵士の家族への慰問と援助、節約や勤労に努めて献金や献品をおこなうことなどを列挙しているが、これらは子どもの銃後美談のなかで、いやというほど目にするものばかりである。

ただ、このように国民精神総動員運動の方針として記してあるからといって、子どもたちがそうした献身の行為を〝強いられた〟と言い切ってしまうのは単純すぎるだろう。

## 作文のなかの子どもの「見送り」

第4章で述べた「赤紙の祭」の風景のなかでも、子どもたちは欠かすことができない存在だった。もちろん、なかば学校行事として「動員」されていた可能性も高いのだが、当の子どもたちはそれをどう経験していたのだろうか。

そんな見送りの風景のなかの子どもの姿を、作文という子ども自身の言葉を通して見ることから、銃後の美談

図31　この表紙の絵は「第二席」に入賞した児童画3点のうちの1つで、出征兵士の「歓送」を描いている
（出典：東京市役所編「銃後の護り」東京市役所、1938年）

のなかの子どもたちに近づいていこう。

ここに、東京市役所が編纂した「銃後の護り」（十二・五センチ×十九センチ、上製本、二百四十一ページ）という冊子がある（図31）。東京市市民動員部長・大迫元繁による「発刊に際して」に、同書の目的を次のように述べている。

> 我が東京市民は、事変勃発以来日夜銃後の護りにその赤誠を披瀝しつつあり真に涙ぐましくも美しく、我等の誇りとするに足るものも多いのであります。今それ等の美談佳話の一端をここに収録し、之を前線将兵に贈って銃後の状況を告げ、又一般市民に分かちて銃後後援の参考たらしめることは、洵に意義深きものありと存じます

この冊子が、東京から出征した部隊の将兵たちに銃後の「美談佳話」を頒布するための郷土からの便りの役割を期待されていたことがわかる。

全体の約三分の二が「第一部 学校篇」にあてられ、東京市内の尋常小学校の生徒の作文を中心に尋常高等小学校から青年学校、女学校、旧制中学校（一例だけ）の生徒たちの作文が収録されている。この第一部は、第一席一話、第二席三話、第三席五話、佳作七十一話で構成していて、コンクール形式で作文の募集と選考をおこなったことを示している。生徒たち自身がつづる銃後の経験を、「美談佳話」として優劣を競わせたのである。「第二部 団体篇」は二十六話を収録しているが、いずれも、国防婦人会、愛国婦人会、方面委員、町会長など

の役職者が執筆したものである。さらにこの冊子には、「図画」として銃後をテーマとした児童画を、第一席一点、第二席三点、第三席五点、佳作十六点の計二十五点をカラーで収録している。児童画もまた、コンクール形式になっている。

作文は、授業の一環で課題として書かされる場合があることはまちがいない。加えて、このように席次が決められているということは、戦時の価値観に基づいて「優秀」な作文というレッテルが貼られたものを収めているといえるだろう。その意味では確かに、ここに収録したのは二重三重に規制された言葉だといわざるをえない。

しかし、作文（つづり方）は当時の学校教育のなかでは教科書がない科目であり、大正期には従来の定型句の手習いから脱し、児童の自主性を重んじる随意選題や自由選題など、児童の自由な発想を生かした作文教育が広く試みられるようになり、子どもたちは、自分の言葉をつづることを求められるようになった。そして昭和初期に小学校教育を中心に全国的に広がった「生活綴り方」運動は、児童に自らの生活を観察して自省的に捉える機会を与える実践となった。つづり方を実践する教師たちは、児童の作文をガリ版刷りで印刷して交換し合い、横

図32　銃後の子どもの作文集は、ほかにも例えば、坪田譲治編『銃後綴方集　父は戦に』（新潮社出版、1940年）などがある。坪田譲治の企画で編んだ児童の銃後綴方作品集だった。中国大陸の戦場を訪れた坪田が思い付き、綴り方教育にも関わった詩人・百田宗治に相談して80校から約二千数百の綴り方を集め、そのなかから「勇士子弟」の作品を中心に小学1年から高等小学2年まで、総計34編の作文を選出して編集している。坪田は「あとがき」に、「家を守って勇ましい子供の姿を、その張りきった童心のおもかげを、時代の尊い記録としてまとめて置きたい」と考えたと記している

のつながりを生み出していた。その生活綴り方には、しばしば、子どもたちが見つめた貧困の現実などが記され、結果的に子どもたちの視線が社会の矛盾をあぶり出すことになり、かえって当局から危険視されることにもなったのである。(2)

一方で、川村湊は、そうした生活綴り方を含め、自らの生活と経験を対象化する作文教育が、帝国の意識と価値を児童に内面化させていくはたらきをもったことを批判的に検討し、特に、植民地での日本語教育のなかでおこなわれたつづり方教育の責任を問いただしている。(3) そうした作文のはたらきは、もちろん植民地の国語教育に限られたものではない。内地の国語教育でも、それは同じはたらきをしたといえる。

作文を書くことを通して子どもたちは自分の身のまわりを観察しそれに言葉を与えていくのだが、その過程で子ども自身の状況への関わり方がよりいっそう前のめりなものに変わっていくこともありうるのである。子どもが書いた作文には、総力戦下の動員を子どもがどう経験してどう内面化したのかが表れている。

この文集のなかには、出征兵士の見送り、すなわち「赤紙の祭」に参加した経験をつづっている作文を複数掲載している。そのうちのいくつかを見ておきたい。

僕の決心　　矢口西尋常小学校　四年　直江寿一

僕の家のしんるいのおじちゃんは、かん呼の声に送られて、勇ましく出征なされました。僕はそれ以来、銃後の小国民のつとめを、強く強く感じました。我等の兵隊さんは、勇ましく戦って、支那兵をやっつけ、今はかん口へかん口へと進んでいます。

僕たちは、その兵隊さんが、銃後の事を心配しないようにと、ま心をこめたいもん文をつけて、いもん袋を送りました。神社におまいりする時も、

「兵隊さんが、安心して戦ってくれますように、……僕たちも丈夫な躰になって、兵隊さんの後をつげますように……。」

と、いのって居ます。兵隊さんは、皇国のため、国民のために、暑さも忘れて戦ってくださるのですから、僕たちも常に兵隊さんのくるしみを忘れないで、ますます銃後のつとめをかたくしなければなりません。僕は日本男児です。そのくらいな事は、きっとやりとおします。僕は、むだづかいをはぶき、少しでも国防献金にしようと心がけて居ます。

　この間の学校自治会で「出征兵士の家にやさしくしてあげましょう。」と、いうのが、決まりました。僕は大いにさんせいしました。

　僕は出征する兵隊さんを、見送りに行くのが大好きです。此の間も、僕がおふろに入って居る時、新田神社の方から万歳の声が聞こえた。あわてて飛出して、見送りに行きました。僕が駅へ着いた時は、兵隊さんはもう電車に乗っていました。万歳万歳の声に送られて、その兵隊さんは、ただ一言、

「さようなら」

と言っただけでした。出征する兵隊さんは大てい、「いってまいります」と言わないで「さようなら。」と言います。はじめはわかりませんでしたが、もう知って居ます。それは、死ぬかくごで行くからです。

　僕は大きくなったら、きっと軍人になります。そう思うと、うでがむずむずして来ます。そうして、いままで兵隊さんから受けた御恩を、一度に返すつもりです。男子として生まれて、こんな愉快な事はありません。早く大きくなりたいものです。(4)


　日本の軍隊が漢口に進軍中だと書いている。一九三八年五月十九日に日本軍は徐州を占領し、さらに八月二十二日に、その徐州作戦に参加した部隊に漢口占領の命令が発せられ、同年十月二十六日に漢口を占領しているので、この作文に書いてあるのは、だいたい三八年八月下旬から十月下旬までの時期の応召の風景ということになるだろうか。

　慰問文を添えた慰問袋を作って戦地に送り、学校で出征兵士の留守家族に「やさしくする」という取り決めを

し、節約して献金をしていることを書いているが、本章冒頭にあげた「国民精神総動員と小学校教育」で指導のポイントとしていることを、まさにそのまま学校単位で実践していたことがうかがえる。「兵隊さんは、皇国のため、国民のために、暑さも忘れて戦ってくださるのですから、僕たちも」という一節は、おそらく当時、子どもたちが学校などで教師をはじめとする大人から何度も聞かされていた言葉の一つだっただろう。

「出征する兵隊さんを、見送りに行くのが大好きです」で始まる部分の出征兵士の見送りの光景には、対象の観察とその内面化の過程が展開しているといえるのではないだろうか。兵士の「さようなら」という言葉に、生きて帰らぬという秘された覚悟があることを感じ取り、「僕は大きくなったら、きっと軍人になります」と自分の決意を語る。作文は自己と向き合うことを求められる言葉の実践だからこそ、このように出征兵士に自分の将来像を重ね合わせる結論につながったのかもしれない。

いずれにせよ、この男児の軍人への思い入れの強さははっきりと読み取ることができる。「見送り」という、祭りのような高揚感がある場に参加することが、彼にとって重要だったことは確かだろう。

大人たちの言葉への共感や、学校という制度のなかで書かされていた面が強いだろう慰問文や、慰問袋作りの根底には、出征兵士の送迎が「好きだ」と言い切る、戦争に対する子どもの前傾姿勢があることを押さえておきたい。

もう一件、小学四年生の男児の作文をみておこう。

出征軍人　　牛島尋常小学校　中林雅史

僕は出征軍人を見送りに行くことが大好きだ。此の間、小西の酒屋のおじさんが出征した時、僕も見送の仲間にはいって居た。僕はもともと軍人が大好きだ。僕は其の時に、「僕も出征したらいいなあ。」と思っていた。「僕のお父さんが出征したら僕が後つぎをしなければならない、ようし。」と僕は大声で言った。「小西のおじさんもおなじである。」と考えた。僕が送っていく時にお母さんが、「昌弘ちゃん、うちのお父さんが出征したらどうする。」とおっしゃった。僕は勢いよく答えた。「お母さん、そうなると僕はお父さんの後つぎをします。」お母さんは、「昌弘ちゃん、よく言ってくれたね。それならば銃後の護りになりますよ。」と何だかなみだごえみたいでおっしゃった。僕もなみだが出そうになった。

小西のおばあさんは、うれしなみだを流していた。おじさんが出征したので、おばさんとおばあさんと赤ちゃんだけになってしまった。僕はこれからいろいろお手伝いしてあげるつもりだ。小西のおじさんは僕たちが野球をやる時、いつも見に来て下さった。僕たちは小西のおじさんが好きだから僕達の仲間もみんな集まった。その時、青年団の人が、「出発。」といった。僕達は「小西のおじさん万歳……。」とさけんだ。僕はなみだが出た。(5)

「小西のおじさん」の見送りの経過を描きながら、そのなかに母との会話や、小西のおじさんとの思い出という別の時制などを埋め込んだ複雑な構成になっている、上手な作文といえるだろう。

この小学四年の男児もまた、目の前の見送りの光景を描きながら、それを自らの問題として捉え直している。ただそれは、先の男児のような自分も兵隊になるという決意ではなく、自分の父が出征したら自分が「後継ぎ」をしなければならないという覚悟と、出征した兵士の家族に「これからいろいろお手伝いしてあげるつもりだ」という銃後を守る使命感である。

ただ、この男児の「なみだ」の描き方には、心の揺れがうかがえる。出征兵士の母である「小西のおばあさん」の涙については「うれし涙」と言い切っているのに対して、父が出征したら自分が後を継ぐと母に言ったとき、母が涙声でほめるのを聞いて「僕もなみだが出そうになった」という。そのこらえた涙はどんな涙だったのだろうか。「継ぐ」という言い方には、父が出征したら帰ってこないにちがいないという確信がのぞく。おそらくこの母子がこらえた涙は、少なくとも単純な「うれし涙」ではないだろう。

そして最後に、「万歳」の歓呼で「小西のおじさん」を送り出したとき、ついに「僕はなみだが出た」という。どんな涙だったのかには言及がない。別れの儀式の雰囲気にのまれての涙か、出征兵の覚悟の奥の悲壮を感じ取っての涙かはわからないが、感情が深く動かされていることはまちがいないだろう。

この男児も、冒頭で「僕は出征軍人を見送りに行くことが大好きだ」と書いていることに注目しておこう。先の軍人になると述べていた男児も「僕は出征する兵隊さんを、見送りに行くのが大好きです」と書いているように、入浴中に万歳の声を聞きつけてあわてて外に飛び出している。おそらくこの一致は、この時代の紋切り型の表現を書かされたというより、子ども自身の積極的な姿勢の現れではないだろうか。二人とも出征兵士の見送りにわくわくしていたし、本当に関心があったのである。大人にとっては、複雑な思いが交錯する「見送り」の場面が、彼らにとっては、何より感情を揺さぶられる興奮の機会だったことがうかがえる。

作文全体の印象では、出征兵士の見送りに大きな関心を注いでいるのは、どちらかというと男児に多い。それに対して女児は、千人針や慰問袋、病院への傷痍軍人の慰問などの経験をつづる作文が多く、場合によっては戦死者を迎える「無言の凱旋」についてつづったものもある。作文のなかに、子どもの銃後の経験の内面化の仕方に男女差があることを読み取れるかもしれない。

## 児童画のなかの「見送り」光景

この「銃後の護り」という冊子には、先に述べたように児童画が二十五点収録されている。そのうち十三点が出征兵士の見送りの図であり、うち九点が男児による絵である。そのうちの数点を掲げておく(図33)。作文以上に、集中力とイメージの再現力が求められるだろう図画のテーマとして、これだけ「見送り」の光景が選ばれているのは、単なる編集側の作為とは言い切れないだろう。

ここにあげた絵のうち、図33―1の絵と参考としてあげた図33―2の絵を見比べたい。図33―2は、『支那事変美談』のなかの絵である。たまさか第二席の三件のうちの一つに入選してしまった図33―1の絵は、この講談社の絵本の絵をなぞったものと見ていいだろう。絵本の絵には、右ページの横に「兄さんの出征」という歌の歌詞を添えている。しかし、この「兄さんの出征」というイメージをこの絵の構図に重ねるとやや不自然に見える。ここで出征するのは陸軍将校の肩章をつけ、左手に軍刀を携えた、見栄えがいい男性である。少年の兄とするには、少し年齢が開きすぎているだろう。そして、後ろの幼子を抱いた女性をこの将校の母とするのも不自然だろう。

図33―1

図33―2　図33―1の第二席を受賞した絵が下敷きにした元絵と考えられる
(出典：前掲『支那事変美談』)

図33　前掲「銃後の護り」に掲載された入賞・佳作の児童画。表紙を含めた全25点のうち13件が歓送に関わるテーマを描いている

図33—5

図33—6

図33—7

図33—3

図33—4

しかし、「兄さんの出征」というイメージをいったんおいてみれば、将校である父親の出征を幼子を抱いた母と一緒に見送る少年という家族の構図を見いだすことができるのではないだろうか。

これと児童が描いた絵とを比べると、中央の子どもを抱いた女性がまったくカットされていることがわかる。もとの絵本の絵の構図をどう読むかは別にして、もとの絵で重要な位置を与えられている女性を消去することで、この絵は、出征する将校とその正面の少年の一対一の関係をもっぱら強調しているといえる。描いた少年は、こうした変更を加えながら、この絵のなかの少年に自らを重ねていたのかもしれない。そしてこの絵は、作文に、出征兵士の見送りが好きだ、と書いたあの男児たちの言葉とも重なる。絵本を手本にしながら、実はそこに子どもによる編集がほどこされているといってもいいだろう。絵本を手本にしながらも、出征兵を間近で見送る晴れがましさという興奮と憧れが前面に出ている。

このように出征兵士の「見送り」の場になぜ子どもたちがいたのかといえば、もちろん学校や地域で動員されていた可能性が高いのだが、だからといって、子どもたちは単に受動的に巻き込まれていたわけでもないだろう。むしろ「見送りが好きだ」と言うほど積極的な姿勢で、目を輝かせて見送っていたにちがいない。そうした子どもたちの存在自体がある種の空気をかもし出し、大人たちを拘束する力をもっていたのではないだろうか。

## 「お手伝い」に奔走する子どもたち

子どもたちは、出征兵士の見送りだけでなく、その家族のところに「お手伝い」に馳せ参じてもいる。これも先に見た「国民精神総動員と小学校教育」で、児童が実践すべき銃後の後援活動の一つとして挙げられていた出征兵士の「家族の慰問や更に助力」にあたる。

実際に、「お手伝い」のために家を回った子どもたちの作文を見てみよう。最初は、小学六年生の女児の経験である。

お手伝い　　　富士尋常小学校六年　月本美子

支那事変が勃発してから一年間は経過した。その間戦地の人びとの勇進敢戦によって、敵の領土を次々に占領してきた。これと同じに内地でも銃後美談の数々が生まれ、私たちに強い感激を与える。朝早く神社、寺院等の境内を掃き清めたり、出征家族を慰問したりお手伝いしたり、或は献金したり政府に金を捧げたり、父兄に代わって新聞配達をして花売りをしたり、数えれば幾十となく書かれる。

私もこれにすっかり感じて、非常に出征家族のお手伝いをしたくなってしまった。土曜の朝礼の時、校長先生の美談のお話に、私はますますしたくなって矢もたてもたまらなくなった。その日の休み時間に田端さんに始めて相談した。その時は何となく安心したような嬉しいような気持だった。それから忽ち数人の賛成者が集まった。愛国心に変わりないとつくづく思って一層心が勇んできた。その日皆で富士公園に十一時半に集合することを約束して別れた。家に帰る足取りも朗らかだった。家に帰り少し早いが御飯を大急ぎでいただいて、お母さんにその事を言って、出口で靴のひもをしめなおし家を出た。私の考えが実行できる喜びに、足どりも軽く身も心もうきうきするのであった。自分でもおさえることの出来ないはずんだ朗らかな気持ちで富士公園に向った。富士公園には、浜本さんを始め、西島さん田端さん等の友だちがもう来ていた。それから浜本さん、西島さんを一組とし、関谷薫さん、田丸さん、田端さんと私が別組となって、二組に別れそして私たちは千束通り方面に向かった。出征軍人とかいた表札のある家をしきりに探した。その中に最初に見つかったのは「佐藤弥太郎」さんの家であったが、這入って行って言葉をかけるのがはづかしく、皆でゆずり合っているうちに、薫さんが思い切って戸を開けたので、今度は私が、

「今日は、何かお手伝いする御用はありませんか。」

と言った。奥から出て来た黒ずんだかっぽう着を着た此の家の小母さんらしい人が、顔一ぱい笑いをうかべ、

「いいえありません、どうも有難うございました」

と言った。なんだかがっかりしたが、私たちがお手伝いすると言った事がそんなに嬉しいのかと思うと、や

っぱり悪い気はしなかった。それから五六軒尋ねて行ったが、どこも御用はさせて下さらなかった。けれど中には目に涙を浮かべて、

「結構です。えらいわね。一体どこの学校。」

と聞いた小母さんもあった。

翌日の日曜日にも廻ったけれど、一度も、お手伝いはできなかった。しかし私たちの胸には永久にこの日のことは忘られぬ印象となって今もはっきり残っている。(6)

出征兵士の家族の「お手伝い」をしようと二回にわたり家々を回ったが、結局、先方から体よく断られて一度も「お手伝い」をすることができなかったのである。ただ、そこに至るまでのこの作文の叙述は、小学六年生の少女たちがどのように「お手伝い」を思い立って実行に移したかの過程を記していて、興味深い。順を追って見ておこう。

まず、六人の少女が行動する一つの引き金になったのが、この作文を書いた少女・月本美子の思い付きだった。彼女は銃後の美談の数々をあげ、それらが「強い感激を与える」と評する。そこまでは、まるで美談集の序文のような定型の語り口に見える。しかし、それに「感じて」「出征家族のお手伝いをしたく」なってしまい、さらに、具体的な内容は記されていないが、校長の講話の美談を聞いたことを契機に「ますますしたくなって矢もたてもたまらなくなった」という。おそらく、校長は小学生を主人公とした献金美談などを語り、生徒を刺激したのではないだろうか。ここには既存の銃後美談が、振る舞いを再生産する過程がある。それは、単に「規範」としての美談が人々にあるべき行動のかたちを示すのとは異なる、当事者が自分から積極的にその美談をなぞろうとする過程である。

それはまた、ルイーズ・ヤングが、満洲事変の時期の美談に見いだした「競争的」で「英雄的自己」の実現というモチーフとも異なるように見える。この「矢もたてもたまらず」というのは、他人との競争というより、自

分も美談の主人公になりたいという、自らを主人公にして物語のなかの感動を再生しようという模倣の欲望なのである。しかもそれは、献金よりもいっそう直接的に出征兵士の家族という当事者に関わろうとする振る舞いでもある。

ただこの欲望は、「お手伝い」をさせてくれといわれる側にとってみれば、きわめて自分勝手なものにすぎない。突然訪れた少女たちを体よく追い返した大人たちが何を感じていたかを想像するのは難しくない。要するに、そうした子どもの自意識が、うっとうしく迷惑だったのではないだろうか。「永久にこの日のことは忘られぬ」と作文には書いているが、それはあくまでも彼女たちの自己満足の物語でしかない。

こうした子どもの振る舞いと自意識は、さらにもう少し年長者にも見ることができる。次の作文は、女学校の家政科の十五歳の生徒の作文である。

勤労奉仕　　杉並高等家政女学校　芳村佳子

日はかんかんと頭の上を照りつけ、汗はびっしょりと下着を濡らし、背中を流れているのがはっきりとわかる。けれど戦線の兵隊さんなどは、こんななまやさしい事ではないのだ。此の出征遺家族に対する裁縫の無料奉仕も皆御国の為なのだ！　そう思うと、出ていた汗もひく様な気がする。「もうあと二軒だ」そう思いつつ足を早めた。やっと岩田さんの家の前まで来たが少しもしらない家なので、何だか恥ずかしいような気がしておずおずしていたが「御国の為なのだ」と自分で自分の心を励まして玄関をはいった。「御免ください」返事がない。でも裏の方で洗い物の音がする。又声をかけた。「はい」中から年寄の声がした。私は恥かしくて顔がほてって、耳の方までが熱くなった。中から出て来たのは随分お年寄らしい女の人であった。よく見ると眼が見えないらしい。柱にさわりさわり「どなたでございますか」淋しそうな低い声でいわれた。私は（ああ有難い、此の様なお母さんを残して御国の為と一身を御国に捧げて兵隊さんは働いていて下さるのだ）と感謝の念が心の隅々まで溢れた。

「杉並家政から参りましたが、出征御家族のご家庭に対して、お単衣物の無料奉仕を致しておりますが、こちらに材料がございましたら縫わさして下さい」元気を出してこれだけを云うと、お婆さんは見えない眼をぴくぴくと動かして、

「有難うございます、着物を縫って下さいますか」「ええ材料がございますれば……」

軒に吊るしてあった風鈴が涼しそうな音を出してゆれていた

「そうですか、今は何もありませんから又お願い致します。御親切に有難度うございました。」

居間にかけてあったカーテンがすうっとお婆さんの肩をなでた。

「では左様なら」玄関を出た。

日は尚もきつく照りつける。木陰の途にかかった。急に涼しくなった。木の緑が反射して手も足も皆緑色に見える。

「もう一軒だ」と思って最後の家に足を進めた。その横を砂埃を立ててオートバイが勢いよく通り過ぎていった。[7]

一人で行動しているが、彼女のこの活動は、学校などで定められたものなのではないだろうか。「もうあと二軒だ」「「もう一軒だ」と思って最後の家に足を進めた」という表現から、訪ねる家やその数をあらかじめ割り振られていたことがうかがえるからだ。

女学校に通うこの少女は、単に体験を作文にしたというより、照りつける日光や目が不自由な老婆の様子、居間のカーテン、暑いなか砂埃をたてながら傍らを過ぎるオートバイなど、状況を際立たせる表現を使いこなすだけの技術をもっている。その文章のせいで、先ほどの小学生の場合よりもさらに、裁縫の勤労奉仕に歩く自分自身に過剰に意識を向けているのがわかる。

この場合も結局、奉仕活動は達成できずに終わっている。「もう一軒だ」と最後の家に足を向けるところで終

わっているが、はたして勤労奉仕は遂行できたのだろうか。きっとそこでも断られたにちがいない。そこでお手伝いができたのなら、それが作文の主要なテーマになったはずだ。この少女の作文を読むと、断られて目的を達成できなかったからこそ、かえって「奉仕」に懸命に向き合おうとする自分を前面に出して語っているようにみえる。

ところで、先の小学生は、「這入って行って言葉をかけるのがはづかしく、皆でゆずり合っているうちに、薫さんが思い切って戸を開けた」と書いているが、この十五歳の女学生も「少しもしらない家なので、何だか恥ずかしいような気がしておずおずしていたが「御国の為なのだ」と自分で自分の心を励まして」玄関に入っていったという。時代のなかで求められた役割と大義名分を背負いながら見ず知らずの家を回ることは、彼女たちにとって、ある種の冒険へと踏み出していく刺激的な体験でもあったのだろう。子どもたちにとっての「動員」は、そんな刺激を含んでいたということになる。

そしてどちらも丁重に断られていることからわかるように、こうした子どもたちの行動は、大人たちにとって必ずしもありがたいわけではなく、むしろ面倒だと思われていた可能性もうかがえる。銃後の後援という大義名分を背負っているのだという自意識をもった子どもたちの善意が兵士の家族にまとわりつくことは、まちがいなく一種の空気を作り出し、それが当事者にとってはある種の力の行使だったともいえるのである。

子どもたちの作文を離れて、学校を挙げて奉仕団を組織して、兵士の家族の「お手伝い」に邁進した子どもたちの美談を見ておこう。陸軍恤兵部が発行した『支那事変恤兵美談集』第二輯に、一九三七年十二月のエピソードとして紹介されたものである[8]。大阪府・南河内の誉田高等小学校と同実業専修学校の生徒七百人が銃後の「前衛部隊」を結成して、校長以下職員と生徒が一丸となって活動を開始した。最初に手がけたのが出征兵士の家族のための労力奉仕だった。

菅浦校長は、部隊長となって、全校の職員生徒を、六班に分けて、それに校外指導員までつけて、五日に一度ずつ各家庭訪問をはじめた。

「何か人手の足らぬことはありませんか、私どもで出来る仕事ならどんなことでも遠慮なく吩付けて下さい」

そう云って、廻ったのであったが、各家庭とも、心から感謝しながらも、遠慮してか、労力の奉仕を受けようとはしなかった。

「これはいけない」

と、更に運動方法を掘り下げて、今度は各班を督励して、勇士の留守宅の、田畑は荒れていないか、副業は、どうなっているか、いちいち調査をさせて、少しでも労力不足にて滞って居るところがあると、どしどしと押しかけて行って、田の草をとったり、果樹園の手入れをしたり、畑の手入れや、何から何までやってのけた。

何も知らぬ家族の人達は、

「あの田の草は、随分伸びているだろう」

と、思って、仕事に出かけて見ると、きれいに除草されていて、いまさらに吃驚《びっくり》するという状態であった。

また、女の生徒は、家庭に出かけて行って、洗張りや縫替、台所の仕事から、庭掃除、果ては風呂の水まで汲んでゆくという熱心さだった。


学校単位で「奉仕団」という組織を作り、全校の生徒を動員して、「お手伝い」のほかにも、「廃品を回収したり、古鉄、古釘を拾い集め」、それを売って得た金で、千人針、お守り、慰問袋などを作って恤兵部に送ったという。この献納から彼らの銃後の活動を恤兵部が知ることになり、「恤兵美談集」に載ったと考えられる。

恤兵部に献金を送ったのは一九三七年十二月だったが、学校ぐるみで奉仕団を結成して「お手伝い」を始めたのは、田の草取りのエピソードが出ているので、おそらく夏休みだったのだろうと推測できる。この奉仕団も、やはりはじめは奉仕を申し出て断られている。

ところが、そこから体制を立て直して出征兵士の家族の状況を「調査」したのだという。「田畑は荒れていないか、副業は、どうなっているか、いちいち調査をさせて、少しでも労力不足にて滞って居るところ」を見つけ出そうとした。おそらく、善意と使命感に支えられた積極的な活動だったと思われるが、それはまた一方で、働き手を戦争に取られ、少なからず不自由をしている家族にとっては「努力」の至らない部分を指摘されることにもなってしまったはずだ。彼らにしてみれば、田畑の状況を監視され、副業の稼ぎを探られてしまうのである。

そもそも「調査」とは、対象に対する暴力性をはらむ。調査の実施にあたり、どんなに善意と正当性を示されても、調査する者とされる者は非対称の関係性にある。自らの暮らしが誰かによって調べあげられ、一方的に評価や判断を下されることは、暴力にほかならない。その暴力が、地域社会の要でもある学校という制度を前提に組織化され、お国のためという大義名分を掲げた子どもたちによって、ある種の無邪気さからくる使命感や善意を通して、もたらされるのである。その子どもたちの振る舞いを称賛する言説でありながらも、「少しでも労力不足にて滞って居るところがあると、どしどしと押しかけて」といった表現などは、それが明らかに暴力的な力の行使であることを露呈している。

特に、先の作文の例で見たように、それに参加する子どもたちに、「お手伝い」をして世の中に役立ちたいという自意識があるとしたら、それは非常に剛直で厄介な力として現れたはずである。

そうした子どもたちの姿は、恤兵献金をめぐる美談にも明白に現れている。

## 2　納豆を売る子どもたち

### 「楽しき少女たち」から「健気な少女たち」へ

盧溝橋事件からおよそ一カ月がたった一九三七年八月五日の「東京朝日新聞」紙上は、連日のように戦況に関する記事と銃後の人々の反応を伝える記事で覆われていた。

前日の四日も、陸軍省がある三宅坂には、「朝早くから相変わらず祖国愛に燃える献金者群の往来で賑わった」という。世田谷に住む七十代の男性が三十年間人力車夫をしながら老後のためにためた百円札十枚を、その妻が夫に代わって世田谷署に献金したこと、また原田積善会が、陸軍・海軍・内務の三省に五十万円を献納すると決定したことを報じている。原田積善会は、財界人・原田二郎が私財をなげうって一九二〇年に社会福祉など公益事業の推進を目的に設立し、現在も公益財団法人として活動を続けている団体である。

このなかで同紙が最もスペースを割いて報じたのは、三十年かけてためた千円を寄付した人力車夫の夫婦でも五十万円という巨額の寄付を決めた財団でもなく、十円五銭を献金した十代前半の六人の少女たちのことだった。「楽しき六少女の誓い　納豆売って献金」と題して、その六人の少女たちを写真入りで紹介している。そこには、明らかに銃後の子どもたちをことさらに語ろうとする意図が見える。

記事によれば、前日八月四日の朝一番に渋谷区元広尾に住む小学五年生と六年生の少女たちが「北支の兵隊さんに」と十円五銭を陸軍恤兵部の受付に持参した。彼女たちは、その十円五銭という小学生にとっては大金といってもいい金額を納豆売りをして稼いだという。

十日ばかり前のこと、一緒に縄跳び遊びの最中に誰が言出すともなく納豆売をしてお金を作って支那で働いている兵隊さん達に送ってあげましょうと衆議一決、まず田沢晴子さんがお父さんの耕一氏（四三）に元手をねだった。初めて子ども達の可憐な計画を知った耕一氏は、許したものかどうかと一時は迷ったが、子ども達の純情を無視するのはかえっていけないと考え中畑京子さんのお母さんと相談してとにかく元手を出してやることにした。

喜んだ六人が交番で尋ねて麻布区竹屋町の青木納豆問屋へ行くと、同店では少女達の計画にすっかり感動し、元手も何もいらないからと納豆三十本を寄贈してくれた。これを資本に去月二十八日朝から少女達の納豆売がはじまった。

　朝五時床を抜け出た六人は、三人ずつ二隊に分れ納豆を肩にして顔見知りの町内を一軒一軒廻るのだが、この涙ぐましい少女達の純情に町内の人々もすっかり乗気になり何時も全部売り切れの盛況。

　納豆売を終ると六人は有栖川宮記念公園で行われているラヂオ体操に参加。次いで「明日の予定」を作成するといった具合で八日目の四日ひとまず全部の売上げ金を持って来たという訳である。(9)

楽しき六少女の誓ひ
納豆賣つて獻金
陸軍省・汲めどつきぬ感激の涙
五十萬圓を獻納
原田積善會が三省へ
納豆賣少女達の獻金
廿年の貯金手函

図34　「楽しき六少女の誓ひ」新聞記事。写真の少女たちは都会的なワンピースをまとい、そろっておかっぱ頭であるのが印象的
（出典：「東京朝日新聞」1937年8月5日付）

　陸軍恤兵部への献金なので、おそらく陸軍省から新聞社にもたらされた情報だったにちがいない。

　仲がいい少女たちが、遊びの最中に「納豆売」をして「支那で働いている兵隊さん」にお金を送ろうと思いついたのが発端だったというが、この記事からうかがえるその発想を思いつくさまは実にくったくがない。時期からみて夏休みにおこなったと考えられる。

　東京の元広尾に住む少女たちは、おそらく山の手に住む新中間層の子どもたちではないかと思われる。新聞に掲載された、少しはにかみながら陸軍恤兵部の受付に並ぶワンピースを着たおかっぱ頭の彼女たちの写真は、どこか都会的な雰囲気を漂わせている（図34）。少女たちが、「兵隊さんにお金を送ろう」と思ったときになぜ「納豆売」を思いついたのかという背景についてはあとでふれたい。

記事によれば、最初に少女たちの計画について相談を受けた親の一人である田沢耕一は「許したものかどうか一時は迷った」という。それは、美談という正しいおこないを紹介する物語としては意外な要素のようにも見える。

この父親・耕一の反応は、娘たちの計画がなかば遊びの延長で思いついたようにも見え、しかもその元手を親にねだる程度の軽い気持ちで納豆売りをしようとしていることに対するまっとうな躊躇だろう。縄跳び遊びの延長でモノを売ってお金のやりとりをし、大人の社会を巻き込もうという娘たちの考えをどう評価したらいいのかという点に親の逡巡があったはずだ。結局、耕一は一人で決断せずに、ほかの親に相談している。そこには、六人の少女たちのくったくのなさとコントラストをなす、大人の慎重さが垣間見える。にもかかわらず、この話を美談という方向に導いていくのは、子どもたちの行為に対する「純情」という意味づけだった。

許可していいのかと最初はためらった耕一も子どもたちの「純情」を尊重したと言い、また町内の人々も、この少女たちの「純情」に「すっかり乗気になり」、その納豆を購入したという。この少女たちの話は、やや軽率な彼女たちの思い付きを「純情」として受け止めていったまわりの大人たちの話でもある。「楽しき少女」と名付けられた少女たちは、この「純情」という言葉によって日中戦争の時節と結び付けられたのである。

この新聞記事のあと、少女たちの話は、複数の美談集が取り上げていくことになる。この「話」がさまざまな美談集のなかでどのような語られ方をしていくのか、見ておきたい。新聞記事の約四カ月後、この話は一九三七年十二月に発行された「キング」（一九三八年一月号）の付録「美談武勇談」の「応召・銃後美談」に掲載された。タイトルは「健気な六少女　納豆売って献金」である。新聞の「楽しき」という形容が「健気な」に変わっている。

「皇軍の奮闘とその労苦は新聞やラヂオを通して、あど気ない少年少女達の胸にも大きな感激を与えているが」と、この少女たちを取り巻く空気をうかがわせる文章から話を始めている。そして、「日頃から近所同志の大仲良し」の六人が「もうじっとしていられなくなった」と、納豆売りを決めるまでの過程を新聞よりも細やかに描く。[10]

「私たちも、兵隊さんをなんとかして慰めて上げましょうよ」

誰いうとなく、こう言い出した。

「ええ、献金のことが新聞に出ているから、私たちもいたしましょうか？」

「それがいいわ」

と、忽ち六人の意見は一致したが、

「だってお金がないわ」と一人がいったので、幼い少女達は、はたと困ってしまった。そこで小さい額を集めていろいろと相談した結果、

「いいことを考えたわ。丁度今学校は夏休みでしょう。毎朝ラジオ体操の会があるけど、その時間に私たち六人で納豆売してお金を儲けましょうよ。そしてそのお金を献金すればいいわ」

ということになった。処が何をいうにも少女達のことだ、その資金がなかった。そこで京子さんがお父さんの鳥居坂署交通主任中畑良夫氏に相談すると、お父さんも非常に感心されて、

「そういうお金なら喜んで出してあげよう」

と、早速いくらかの金を出してくれた。それに一同は大喜びで、すぐにどやどやと駆けつけたのは、麻布菅谷町の納豆問屋青木商店であった。

納豆を売ってそのお金を献金したいので納豆を仕入れる金がほしい、と相談を受けた親の反応が新聞記事とは

異なっている。新聞では、娘から相談を受けた田沢耕一は娘たちの計画を許可するべきかにやや迷いを感じ、中畑京子の母親にも相談したことになっていた。こちらでは、中畑京子が父親の中畑良夫に相談したことになっている。

そして何より、中畑良夫は娘の提案に何の迷いもなく賛成している。新聞記事には存在していた大人の躊躇という要素は消えている。その結果、六人の少女たちの「健気」な計画は親の賛同を得て、狭い子どもの遊びの世界からそのまま広い社会に出ていくことになる。

この「美談武勇談」の記事では、少女たちの計画を不審に思うのは、納豆問屋になっている。新聞記事では納豆問屋は、その計画に「すっかり感動して」納豆三十本を寄贈してくれたのに対して、こちらは最初の反応が少々異なっている。

するとと同店の主人は、少女たちのようすを見ていたが、別に納豆売になる必要もなさそうな身装《みなり》の少女に不審を抱いて、

「納豆を仕入れて何うするんだい？」

と訊いた。

詳しい話を聞いてからは「それは、立派なことだ」と感心して納豆三十本を寄付してくれるので、その点は新聞記事と重なる。しかしこの「納豆売になる必要もなさそうな身装」という、納豆問屋の主人が不審を抱いた点は、納豆売りは山の手の裕福な子どもがするものではないという、納豆を売ることに対する当時のイメージを物語っている。この六人の少女たちの計画が、当時の常識では、やや唐突なものだったことを押さえておきたい。

この話はさらに、『支那事変恤兵美談集』第一輯にも収められている。そこでは、「六少女の誓い」という題名になっている。これは、新聞記事と「美談武勇談」の話を合わせたような語り方になっている。

「私たちも、兵隊さんに、何かして慰めてあげたいわ」「いいわね、どんなことをしましょう」という会話文で計画を思いつく部分を描写し、納豆を仕入れるお金を親にねだるくだりは、新聞記事と同じように田沢晴子が父・耕一に相談し、迷った耕一が中畑京子の母親に相談するという展開になっている。耕一の迷いについての記述を見てみよう。

ところがお父さんは、この少女たちの可憐な計画を、心の中では喜んだのではあったが、なにせまだ、年端もゆかぬ子どもたちの申し合わせだから、どこまで決心をつけたものであろうかと、先ず中畑さんのお母さんに相談してみた。(11)

微妙な違いだが、「初めて子どもたちの可憐な計画を知った耕一氏は、許したものかどうかと一時は迷った」という先の新聞の記述に対して、こちらでは娘の計画を聞いて耕一はまず「心の中では喜んだ」とされている。まったく「迷い」が示されないよりも現実的な語り方だといえるだろう。しかし最終的に、この話のなかで、少女たちの計画は親の迷いにじゃまされることなく貫かれることになる。

一方で、納豆問屋の主人の、「この少女達の様子をながめていたが、別に納豆売りになる必要もなさそうな身なりなので不審」を抱いたという「支那事変美談武勇談」が創作したと思われるくだりは、ここでも生かされている。

六人の少女たちが遊びのなかで思いついた「納豆売」の計画は、親に承認され、はじめは不審に思った納豆問屋を感心させ、そして街の人たちにも称賛され、八日で十円五銭というお金を稼ぎ、陸軍に献金したという美談として形成されていった。

それぞれの媒体でつけられたタイトルは、彼女たちを、「楽しき」と形容される「純情」な少女から、子どもながらも戦時下という状況のなかで役に立とうとする「健気な」少女へ、そして銃後の決心を「誓う」少女たちへと、意味づけを変えていったのである。

## 献金活動としての納豆売りの流行

実は、納豆を売って軍事献金をした子どもたちはこの少女たちだけではなかった。納豆を売った子どもたちの別の事例を見ておこう。

『支那事変恤兵美談集』第一輯は、日中戦争が始まっておよそ一カ月たった一九三七年八月十四日に恤兵部に献金した東京市渋谷区臨川小学校の六年生・五年生・四年生三人の少年のエピソードを紹介している[12]。三人は「学校で、日本と支那とがなぜ戦争をするようになったのか。そして皇軍が、どんな様に活躍しているか」を話して聞かされ、「自分たちが、こうして安心して勉強できるのも兵隊さんのそうした働きのためだ」と思い、「兵隊さんへの御恩報じ」を思いついたのだという。

兵隊さんのおかげで自分たちがこうして安心して勉強できる、という言い方は、子どもを主人公にした美談にしばしば見られる決まり文句の一つであり、当時学校などで繰り返されたものだったと考えられる。

いずれにせよ、三人の少年たちは、七月二十二日から八月十四日までの間、つまりこれも夏休みの間、「朝早く飛び起きては、慣れぬ納豆売りをした」。三人は、こうしてためた売り上げ金十円九十八銭を握って、「軍歌も高らかに三宅坂を登った。そして係官の前で、コックリと御辞儀をして、「これ、納豆売ったお金です。兵隊さんにすぐ送ってください」と差し出した」。

彼らが納豆をどのように仕入れたのかや最初の仕入れ金はどうしたのかは書いていない。

もう一件、あげておこう。

「東京朝日新聞」一九三七年十二月八日付に次のような十四歳の少女についての記事が掲載されている。東京市葛飾区の煎餅商・梅野春治の次女、小学校高等科一年の和子は、学校で訓導から「私たちが安んじて勉強できるのは出征していられる将士の御蔭」という話を聞いていた。

何とかして銃後の赤誠を示そうと思案の結果、十月初旬から今日まで朝は暗い五時頃から一時間、それから午後四時頃から二時間の余暇を利用して一人で納豆売りをしてきた。去る十月末警視庁遺失物係から和子さんが十月十五日付近の日枝神社の秋祭りに行った際、境内で拾った六十五銭を届けておいたのが落主がなく受領方を通知してきた。そこで和子さんは銃後の赤誠を実践にとこの金に納豆売をして得た一円八十銭を合わせた二円四十五銭を為替にして戦線で活躍している皇軍将兵の方々の慰問金の一部に加えていただければと六日警視庁遺失物係に送った。係のおじさん達もその美しい心掛けに感激したが、和子さんは七人兄妹で学校も成績よく評判の孝行娘である。(13)

前の二つの話では、子どもたちは友人と一緒に納豆売りをしていた。実はこのあと紹介する事例もそうだが、献金のために納豆売りをした子どもたちは、ほとんどの場合友人と集団で行動していた。それに対して、一人で納豆を売って歩いていたという点が、この少女の場合は特徴的である。そしてもう一つ、彼女の人となりを紹介するくだりで「評判の孝行娘」と書かれていることにも注目しておきたい。あとで検討するように、納豆を売るという行為がもつ歴史的なイメージがそこには作用していると思われる。こうして見ると、納豆を売って軍事献金をするという行為が、まるで子どもたちの間で互いに模倣されて広まっているようにも見える。

もう一つの例として、やはり献金のために、「愛国納豆」という名前を付けて納豆を売った少女たちの話がある。これもまた東京の事例である。一九三九年五月に南千住署に献金を申し出た少女たちの話が、『支那事変恤兵美談集』第三輯に掲載されている。

東京市荒川区にある第二瑞光小学校の校庭では、今授業が済んで、六年の女子生徒が三々五々連れだって帰途につくところだった。(略)

六年梅組の、稲森結子、野田幾子、金子智子の三人も先生に話された戦況や国際情勢に小さな胸を燃え立たせている。

「ねえ、あたし達で出来る兵隊さんのお手伝いはないかしら？」

「あるは、幾らもあるは！　慰問の手紙もあるし、傷病兵をたずねてもいいし……」

「でも……何か？　もっともっと役に立つことはないかしら？」

「もっともっと……って？　まだ看護婦にはなれないし、女だから兵隊には行かれないし」

「バカね、そんな事じゃなくて、勝も負けるも銃後次第なんでしょう。だからあたし達が一生懸命働きながら、銃後の人に――貴方がた次第なんですからしっかりして下さいよ、ってー」

「ああ、いいことがあるわ。どう？　あたし達で納豆を売るの！」

「売って献金するの？」

「いいえ、ただ献金だけじゃ働き方が足りないわ。銃後の人にしっかりして下さいと云う意味で、愛国納豆って名前をつけて売ってあるくの。そしてそのお金を献金すれば、三人で毎日、銃後の人を励まして歩くことにもなるし、一挙両得じゃない？」

　愛国の至誠の発するところ、この少女たちもまた立派な国民であり得るのだ。

「ホント！　献金だけじゃなくて銃後の人を奮い起たせる……いいわ！　それがいいわ！」

「じゃ、……資本金はどうしましょう？」

「それより先に、納豆屋へ行って三人で売るのに、幾ら資本があったらいいか訊かなきゃ駄目だわ。そして、誰の世話にもならないで、あたしたち三人の力でやってみましょうよ」

　三人は鞄を自宅に置くと、再び愛くるしい顔を揃えて納豆の製造所を訪ねた。納豆屋の主人は、一人が一円五十銭も仕入れたら沢山でしょうと親切に教えて呉れた。

「小父さんも銃後をしっかり護ってね」

その日から三人は小さな口に銃後の護りを説き続けながら、五円たらずの資金の調達にかかった。両親に一度に出して貰ったのでは何もならない。何処までも自分たちの力でやらなければ――その雄々しい覚悟を先ずささやかな小使いの節約に振り向けた。一人一日五銭ずつ。三月八日から四月一五日迄の一カ月余りを、三人はただ一筋に初志の貫徹へそそいだのだ。どんな事でも、よく考えて実行すれば、出来ないと云うことはない。

やがてこの近くの早朝の街へ、愛国納豆の売り声が、桜の花と共にうるわしい大和心をひびかせはじめた。

「まあ、可愛らしい納豆屋さん。ご両親でも病気なの？」

人々が訊くたびに、愛くるしい三つの口は、銃後の護りの重大さを説くのである。しかも五月の三日までに、彼女たちのあげた純益金は、十七円二十七銭――それを持って、

「どうぞこれを戦地の兵隊さんにあげて下さい」

南千住署を訪れた彼女たちの胸には、係官の感謝以外に、一心にやろうとすれば、どんな事でも出来ない事はない――そうした貴重な人生の自信が力強くあふれていたのである。(14)

この三人の少女たちは、「ただ献金だけじゃ働き方が足りない」と、「銃後の護り」を喧伝して歩くことを思い立つ。要するに、納豆を売りながら大人に説教をして歩こうというのである。「愛国納豆」売りを思いつくくだりでの少女たちの会話はまるで少女小説のようで、おそらく書き手の想像が多分に入っていると思われる。しかし、彼女たちが、親に資金を出してもらわずに計画を実行しようとした点と、「愛国納豆」と名付け「銃後の護り」を大人に説いたという点は、ほかの「納豆売り」美談とは際立って違っているといえる。

納豆を売り歩く少女たちを見て大人が、「まあ、可愛らしい納豆屋さん。ご両親でも病気なの？」と反応していることに注意したい。納豆売りには、親が病気で子どもが家計を助けるときにするものという一つのイメージがあったことがうかがえるだろう。すると彼女たちは、「愛国納豆」という名前を示して「銃後の護り」の大切

さを説くのである。大人たちにとっては、実は「可愛らしくない」納豆屋さんだったのではないだろうか。

次に、「銃後の護り」に掲載された、献金のために納豆売りをした東京の少年の作文を見ておこう。納豆を売る子どもに対する大人の反応と、納豆を売る少年の自意識が印象深く語られている。

献金納豆　　南山尋常小学校　高木友治

お父さんが新聞を見ていると、急に「長光、これをごらん。小学生が、夏みかんを売って、陸軍省に献金したよ。えらいもんだね。」と言った。僕だって出来る。きっと何かやって兵隊さんを喜ばせてあげよう、と思ったら、嬉しくてたまらなくなった。翌日七八人の友達を集めて相談すると、みな、さんせいしてくれた。そこで納豆を売る事になった。

始めのうちは、しんまいで、きまりが悪いのでなかなか売れない。それでも我慢してやっているうちに、売れるようになった。中には、かってくれない家もあった。ひどいのになると、かんかんに怒って、追い出してしまう。又中には、とても親切な家もある。僕達の献金納豆のわけを聞いて、一本五銭のを十銭で買ってくれた人もあった。夕方までには、もう三円くらいのお金がたまった。僕は早くこのお金を、つかっていただきたいと思うと、嬉しくてたまらない。でも、もう一度やって、もっとお金を多くしたかった。

そこで、翌日、また売り始めた。其の日は、ずいぶん売れた。僕等は一生けんめいだ。四時ころになったので、たいていの人は帰ったが、まだ三四人で売っていた。「兵隊さんの事を考えれば、これっぱかしの事なんでもないや。」と僕等は元気を出して、又売り始めた。みんなは軍歌を歌い出した。或床屋さんへ入ると、おばあさんのような人が出て来て、「かわいい納豆屋さんだこと。」と言って僕の頭をなでてくれた。そして三本も買ってくれた。それを見ていたお客さんが「ほお、感心だね」といって又買ってくれた。もう両方のポケットは、はちきれそう。十銭おつり、五銭おつりとみんなからいわれるから、僕はまごついてしまう。夕方近くなったので、僕等は家へ引き上げた。お金をみんなで、けいさんすると七円二銭になった。その日は、僕がお金をあずかったので、貯金箱に入れたところが、貯金箱が壊れそうになった。お父さんにそのことを話すると、「ずいぶん売れたね、では明日にでも、陸軍省へ持っていきなさい。」とおっしゃった。僕はもっとためるつもりだが、少しでも早い方がよいと思ったので、みんなでそう決めた。お金を入れる袋を、お母さんがぬってくれたので、それに赤い日の丸を書いて、お金を入れていきました。(15)

まずここには、子どもの献金美談がさらなる献金美談を再生産していく、「感染」過程が見られる。父親が、小学生が夏みかんを売って献金をしたという新聞に載っていた話を少年にしたところ、少年は「僕だって出来る」と行動を起こして仲間を募った。同年代の子どもに対するある種の競争意識がはたらいているのかもしれない。この節の最初にあげた六人の少女の例でも、「献金のことが新聞に出ているから、私たちもいたしましょうか」と、新聞の美談から着想を得たことになっていた。美談は子どもたちの間に「感染」し増殖するのである。

戦場ではたらく兵隊さんのおかげで勉強ができるという学校の先生の話に刺激されて、自分も兵隊さんのために何かしようと思い立つケースと、このように新聞などに載った美談に刺激を受けるケースというように、おおむね二種類が子どもたちが献金をする美談で語られる動機だ。

この話では、実際に納豆を売る過程の描写が興味深い。これは、実は「美談」として第三者がまとめた場合には十分に描写されていない部分であり、作文だからこそ本人の経験を詳しく述べているといえるだろう。「始めのうちは、しんまいで、きまりが悪いのでなかなか売れない」のを「我慢」して売った、という。その過程で、彼らはさまざまな大人に出会っている。そして、献金のための納豆売りという行動が必ずしも好意的に受け入れられたわけではなかったことがわかる。「中には、かってくれない家もあった。ひどいのになると、かんかんに怒って」追い出されてしまうこともあったのである。こうした現実は、「美談」としてまとめられてしまうとほとんどふれない部分である。

ほかの納豆売りの美談でも、仲がいい友達同士が複数で納豆売りを始める例がほとんどである。ここでも献金を思いついた少年は、まず仲間を募っている。七、八人の友達に声をかけ、仲間同士連れ立って納豆を売り歩いている。

そこには、納豆売りをすることで、はじめはおずおずと見ず知らずの大人と関わっていた子どもたちが次第に自分たちの「世界」を押し広げていく過程を読み取ることができる。

十歳前後という年齢は、家庭と近隣、そして学校という比較的狭い子どもの世界から抜け出して、仲間と冒険をしながら行動範囲を広げていく時期にもあたる。戦後生まれの世代になると、仲間同士で電車やバスに乗ってそれまで行ったことがない町に行き子どもだけで初めての外食を経験するといった、ささやかな冒険の時期である。そうした子どものささやかな冒険の要素は、納豆を売り歩いた子どもたちにもあったと思われるが、前節で述べた出征兵士の家族の家々を回りながら「お手伝い」を申し出た子どもたちにも共通していたといえるだろう。

総力戦の時代の子どもたちは、あわただしく騒々しい時代の言葉や動きに刺激されながら、子どもの世界を押し広げつつあったにちがいない。銃後は、子どもたちにとって、自分の世界を広げるための冒険に満ちた機会の一つでもあったのではないだろうか。

それは大人たちにどう受け止められたのだろうか。この少年たちの納豆売りも、「お手伝い」をしようとした子どもたちの場合と同様に、大人に好意的に受け止められたわけではなかった。子どもたちが申し出たお手伝いを礼を言いながらうまく断ったのと同じように、納豆を買わずにやり過ごす大人たちも少なくなかったようだ。特にこの作文には、体よく断るどころか、「かんかんに怒っ」た大人がいたことも書かれている。なぜ怒ったのだろう。

納豆を買ってくれと突然子どもたちがぞろぞろやってきたとき、大人たちは戸惑ったのではないだろうか。「かんかんに怒っ」た大人は、子どもがなかば功名心と冒険心を満たしながら、遊びの延長で納豆を売って献金しようとしていることに、子どものけなげや純心ではなく、異論を許さない圧倒的な時代の空気をかぎ取ったのかもしれない。その空気を生み出すのは、時代の大義を振りかざして大人の世界にまとわりついてくる、厄介な存在としての子どもたちにほかならない。そこに見えるのは、大人の世界にずかずかと上がり込んでくる子どもたちの無意識の暴力性だが、それこそが銃後に期待された「純心」で「健気」な子どもたちの姿だったのである。

怒って子どもたちを追い返した大人とは対照的に「可愛い納豆屋さんだこと」と言いながら余分にお金を出して納豆を買った大人もいたと書いているが、これは子どもたちのおこないを称賛し賛同しているというより、あくまでも子どもの遊びの延長と捉えて駄賃を出してやるくらいの身ぶりなのではないだろうか。それもまた、まとわりついてきた子どもたちを体よくやり過ごす、大人の姿なのだということもできるだろう。

## 献金のために子どもたちは何をしたか

子どもたちが何かを売るかまたは何か仕事をするなどしてお金を稼ぎ、それを献金したというエピソードは少なくない。『支那事変恤兵美談集』第一輯から第三輯には、納豆以外にも子どもが小商いや小遣い稼ぎをして献金をしている話を多数収めている。

表5は、子どもが献金や献品のためにおこなった事例の一覧である。対象は尋常高等小学校以下、つまり十四歳前後までの子どもたちの話に限った。単に小遣いを使わずにためて、それを献金したという例は入れていない。社会的な関係性のなかで他者と関わり、働

| 献金額 | 場所 | 献金年月（日） | 出典・ページ |
|---|---|---|---|
| 11円96銭 | 東京・上野駅 | 1937 07 15 | 第1輯 11 |
| 2円50銭 | 東京・八丈島 | 1937 07 22 | 35 |
| 1円 | 茨城・七会村 | 1937 07 22 | 39 |
| 7円19銭 | 東京・中野 | 1937 07 23 | 41 |
| 10円5銭 | 東京・広尾 | 1937 08 04 | 70 |
| 1円88銭 | 東京・赤坂 | 1937 08 10 | 89 |
| 15円 | 広島市千田町 | 1937 08 16 | 119 |
| 3円 | 東京・目黒 | 1937 08 19 | 129 |
| 5円61銭 | 東京・浅草 | 1937 08 19 | 129 |
| 4円60銭 | 東京・下落合 | 1937 08 19 | 129 |

くことによってお金を得て献金したという事例を拾い上げた。

どの話でも、子どもたちはそれほど長い期間働いているわけではない。夏休みなどの長期休暇を利用した活動も少なくない。そして、いくらためて献金しているか、その献金金額も十円を超えるものはそう多くはない。子どもにとって「たまった」という実感が伴う金額がその程度なのは確かだろう。しかし献金が少額なのは、むしろ子どもの関心が額の大きさにはなかったことを示しているとも考えられる。物を売り歩いたり働いたりして得た金銭を献金するという活動が子どもにとって何を意味していたのかが、この点に表れているのではないだろうか。彼らは、より多くの献金をするよりはむしろ、自分の活動の結果として献金をおこなうことに大きな意味を見いだしていたことを、この金額は示していると思われる。未経験の活動を普段自分が過ごす世界の外に出ておこなうという冒険的な行為は、最終的に献金をすることで満足感とともに完結するのである。

時系列に見ていくと、一九三八年から次の年にかけて、学校や学年ぐるみ、または小学生を中心に結成された団体単位で実施されるこうした活動と献金が増加してくるのがわかる。広島市の公立学校三十八校の生徒たちが合同で千百十円もの献金をしている事例は、一人または二、三人の思い付きで行動しているものとは区別すべきものだろう。これは、学校の教員も含めて総がかりで実施されるまさに文字どおりの「動員」の仕組みのなかで実行されたものと考え

表5　子どもたちは何を売って献金したか

| | 年齢・性別（△男、○女） | 動機・きっかけ | 売ったもの、または労働 |
|---|---|---|---|
| 1 | ○5人（小学） | 兵隊さんへの感謝 | 花 |
| 2 | ○△姉弟（小学3、5） | 兵隊さんへの思い | 草刈りの手間 |
| 3 | △（少年） | 父の話「心を一つに」 | 新聞配達 |
| 4 | △（13）双子 | 行啓の栄誉の報恩に母が | 募金・納豆売 etc. |
| 5 | ○6人（少学） | ラジオや新聞に刺激され | 納豆 |
| 6 | ○（16） | ? | 衛生週間に蠅取り競争・賞金 |
| 7 | ○4人（20・20・16・12） | 女ばかりなので、役に立つため | 花 |
| 8 | △2人（小学5） | ? | 屑鉄・壜・古釘などを拾って現金化 |
| 9 | △5人（6）（8）（10）（13）（15） | ? | 空き瓶・古本・古新聞の回収・売却 |
| 10 | △（小学5） | ? | 納豆 |

| 献金額 | 場所 | 献金年月（日） | 出典・ページ |
|---|---|---|---|
| 15円 | 東京・大森 | 1937 09 07 | 186 |
| 千人針5本 | 東京・南多摩鶴川 | 1937 09 08 | 188 |
| 3円3銭 | 東京・目黒駒場 | 1937 10 | 第2輯　18 |
| 3円 | 福岡・大名 | 1937 10 | 23 |
| 3円37銭 | 長崎・長崎市 | 1937 10 | 29 |
| 6円50銭 | 茨城・谷田部 | 1937 10 | 30 |
| 5円 | 三重・楠村 | 1937 10 | 38 |
| (5回献金) | 函館 | 1937 10 | 38 |
| 3円 | 徳島・三岐田 | 1937 11 | 43 |
| 1円50銭 | 東京・荏原 | 1937 11 | 45 |
| 10円 | 埼玉・坂戸 | 1937 11 | 47 |
| 7円 | 福島・石川郡 | 1937 11 | 51 |
| 3円 | 兵庫・坂出 | 1937 12 | 60 |
| 複数回の献金 | 愛知・知多 | 1937 12 | 67 |
| 5円 | 東京・蒲田 | 1937 12 | 76 |
| 3円 | 茨城・久慈 | 1937 12 | 77 |
| 慰問袋・千人針 | 大阪・南河内 | 1937 12 | 82 |
| 3円70銭 | 長野・上伊那 | 1938 01 | 99 |
| 19円18銭 | 樺太・惠須坂 | 1938 03 | 129 |
| 8円54銭 | 東京・目黒 | 1938 03 | 135 |
| 3円50銭 | 東京・下谷 | 1938 03 | 138 |
| 3円 | 東京・豊島 | 1938 04 | 144 |
| ? | ? | 1938 05 | 164 |
| 10円 | 新潟・中魚沼 | 1938 06 | 171 |
| 9円62銭 | 朝鮮全羅南道 | 1938 08 | 第3輯　7 |
| ? | 東京・小石川 | 1938 09 | 9 |
| 10円 | 滋賀・永原村 | 1938 09 | 11 |
| 1円1銭 | 千葉・印旛沼 | 1938 09 | 13 |

| | 年齢・性別（△男、○女） | 動機・きっかけ | 売ったもの、または労働 |
|---|---|---|---|
| 11 | △（小学6） | 兵隊さんのおかげで | 新聞配達 |
| 12 | ○（小学5） | 満州事変戦死の父への思い | 千人針5本、街頭で道行く人に依頼 |
| 13 | △3人（小学6） | 兵隊さんのおかげで＋新聞 | 屑鉄を拾い売る |
| 14 | △2人（小学3） | 軍馬を育てたい、軍馬へ | 市電の切符を売らせてもらって（軍馬に） |
| 15 | △2人（小学5） | 兵隊さんへの思い | 花 |
| 16 | ○12人（小学5） | 兵隊さんのおかげで | いなご・薬草取り、廃品回収現金化 |
| 17 | ○10人（高等小学2年） | 先生の話から | 田でいなご取り、鳥屋に売り、古釘集めて売り |
| 18 | △3人　高小学1、小学6、小学4 | 映画を見て | 1個10銭の袋菓子 |
| 19 | ○2人（小学5、6） | 先生の話から | 端切れで巾着を縫い、それを売って |
| 20 | △（7）　姉（小学3） | 母に言われて | 家でお手伝い駄賃、（姉が1円足し） |
| 21 | △（高小学1） | 貧しいからといって…… | 新聞配達（高等小の学資） |
| 22 | ○△（高小学1）1学校 | ラジオや新聞に刺激され | ウサギを飼って、軍が買取→献金 |
| 23 | △（小学3） | 新聞＋先生の話から | 石鹸 |
| 24 | 高等2年1学級　37人 | 先生の話から | 集団草刈で馬糧、海藻採取、野菜売り etc. |
| 25 | △（12） | 新聞から | 新聞配達 |
| 26 | ○3人（小学5） | 兵隊さんのおかげで＋先生 | 石鹸、糸、たわしなど |
| 27 | 高等小・実業専修700人　少年奉仕団 | 学校全体で銃後の護り | 廃品回収・屑鉄拾いして（＋遺家族手伝） |
| 28 | △30人（少年団6――14歳） | 兵隊さんのために | 山奥から炭を運び出す |
| 29 | △尋常高等小学1年　複数 | 何かお国のために | 納豆 |
| 30 | （小学4）△13人、（小学5）○1人 | ? | 廃品金物回収　現金化 |
| 31 | ○△40人（小学1）1クラス | 兵隊さんのために役立ちたい | 袋貼り・こより作り |
| 32 | △（小学1） | 人さまのように献金したい | 納豆 |
| 33 | 性別？　13歳 | 兵隊さんへの思い | 鉄屑拾って換金 |
| 34 | △（高小学2） | 僕たちも献金を | 縄なって売る、ウサギを飼って売る |
| 35 | △（小学3　朝鮮籍） | 先生の話から | 鶏を飼い卵を売る |
| 36 | ○盲学校女生徒一同 | ラジオや人の話から | 按摩をして |
| 37 | △児童団員　十数人 | ? | 村の荒れ道の道普請をして |
| 38 | △（小学2） | ? | 鈴虫を取って売る |

| 献金額 | 場所 | 献金年月（日） | 出典・ページ |
|---|---|---|---|
| 8円25銭 | 宮城・桃生郡 | 1938 09 | 14 |
| 5円5銭 | 埼玉・入間群 | 1938 09 | 21 |
| 5円40銭 | 熊本・熊本市 | 1938 09 | 23 |
| 15回繰り返される献金 | 朝鮮・咸鑑南道端川郡 | 1938 10 | 29 |
| 1,110円86銭 | 広島・広島市 | 1938 11 | 35 |
| 銀紙 | 大分・宇佐 | 1938 12 | 40 |
| 5円 | 熊本・葦北郡 | 1938 12 | 53 |
| 1円6銭 | 朝鮮・全羅北道花田里 | 1939 02 | 60 |
| 3円 | 朝鮮・京畿道驪州郡 | 1939 02 | 63 |
| 5円 | 新潟・北蒲原 | 1939 03 15 | 68 |
| 1円20銭 | 京都・田原 | 1939 03 15 | 68 |
| 1円 | 岩手・東磐井郡 | 1939 03 15 | 68 |
| ? | 静岡・川奈 | 1939 03 08 | 68 |
| 1円13銭 | 佐賀・東松浦郡 | 1939 03 08 | 68 |
| 5円 | 伊豆・三宅島 | 1939 03 09 | 68 |
| 46円8銭 | 大阪・泉尾 | 1939 03 | 77 |
| ? | 石川 | 1939 03 | 82 |
| 3円 | 熊本・葦北郡 | 1939 05 | 91 |
| 17円27銭 | 東京・荒川 | 1939 05 03 | 98 |
| 10円（陸・海軍5円ずつ） | 東京・豊島 | 1939 05 | 104 |
| 3円50銭 | 熊本・吉松 | 1939 06 | 115 |
| 1円10銭 | 熊本・荒尾 | 1939 06 | 115 |
| 1,982円4銭 | 米国・羅府（L.A.） | 1939 07 | 125 |
| 2円 | 富山・東砺波郡 | 1939 07 | 132 |
| ? | 石川・江沼郡 | 1939 07 | 133 |
| △5円　○2円50銭 | 佐賀・東松浦郡 | 1939 09 | 146 |
| ? 複数回献金 | 山形・飽海郡 | 1939 09 | 151 |
| 2円50銭 | 東京・杉並 | 1939 11 | 176 |

| | 年齢・性別（△男、○女） | 動機・きっかけ | 売ったもの、または労働 |
|---|---|---|---|
| 39 | ○（小学6）16人 | 戦地の兵隊さんを思い | 石鹸、山から拾った杉枯れ葉 |
| 40 | 小学児童一団 | 兵隊さんに元気を | 商店の俵解き・軍用地労力奉仕 |
| 41 | ○女子商業1年、○小学生 | 出征中の父たちへ | 石鹸（1個4銭で仕入れて5銭で売る） |
| 42 | 小学全校児童 | ? | 「愛国日」定め廃品回収、青草刈りして乾草販売 |
| 43 | 小学校公私立38校・生徒 | ? | ? |
| 44 | △尋常高等2、○小学6 兄妹 | お国に尽くしたい | 銀紙を集めて |
| 45 | ○高等小学 | 兵隊さんに感謝 | 薪運びの運賃 |
| 46 | 少年団二十余人（朝鮮籍少年） | 皇軍兵に僕らも | 捨てられた痩せ苗を育てて刈り取って売る |
| 47 | 朝鮮公立学校4年150人（朝鮮籍少年） | 負傷した兵隊さんへ | 麦の黒穂抜き競争の賞金 |
| 48 | 小学校内少年団 | ? | しじみ採り |
| 49 | ○（小学4） | ? | 編み物をして |
| 50 | △（高小学2）2人 | ? | 木材運搬 |
| 51 | ○（小学4） | ? | ゴルフのキャディー |
| 52 | △（高小学1） | ? | 薪取り・縄ない |
| 53 | 小学5生徒一同 | 僕たちだけで献金を | 山から木炭を港まで運びおろす |
| 54 | 高等女学校4年4人　（16歳） | ? | 花売り |
| 55 | △（師範学校付小学5）8人 | ? | 古金集めなど |
| 56 | △（高小学1） | 先生、両親の話 | 早朝、珪石採掘での労働（一日銭） |
| 57 | ○（小学6）3人 | 先生の話 | 「愛国納豆」 |
| 58 | ○（小学4）米穀商の娘 | ご飯食べられぬ兵隊へ | くず米でヒヨコを育て、その卵を売って |
| 59 | ○△（高小学1一同） | 兵隊さんに感謝 | 廃品、田畑の落ち穂の売却 |
| 60 | △（高小学2）3人 | 僕たちもお国のため | 鉄屑売却 |
| 61 | ○（愛国少女会一同） | 軍人とその家族のため | 演劇会を実施、入場料 |
| 62 | △（工員、小卒直後） | 出征中の兄のような兵に | 屑鉄拾い |
| 63 | ○（高小学）5人 | ? | たにし採りで得た伊勢神宮旅行のお金 |
| 64 | △（高小学2）数？+○（高小学1）4人 | 国民の赤誠として | 大鶴炭鉱で勤労奉仕 |
| 65 | ○△村の児童会 | 上級生からうけついで | いなご採り |
| 66 | ○（小学5） | 校長先生の話 | ガスを使わず拾った木屑で飯炊きをして節約 |

（出典：前掲『支那事変恤兵美談集』第1輯、同書第2輯、同書第3輯）

られる。

石川県羽咋郡志賀町での戦時中の記録をまとめた『志賀町「銃後」の記録』は、日中戦争勃発から一九四二年までの小学校のありようを、同町内の「下甘田小学校沿革史」（出版年不詳）をもとに叙述している。それによると日中戦争勃発以降、戦勝祈願の神社参拝、応召軍人への慰問文発送、出征軍人の家族への慰安学芸会などに小学生たちが駆り出されていたのがわかる。そして、日中戦争勃発から一年たった三八年七月に勤労報国隊が結成され、出征軍人の家族への勤労奉仕、軍馬用草刈り、食料増産のための開墾などに駆り出されるようになっている[16]。特に三九年には県から軍用干草生産を割り振られてそれに小学生が動員され、以後も、過大な供出割り当てがあったとしている[17]。日中戦争が長引くなかで、子どもたちは、特に三八年以降、学校ぐるみで銃後を支えるための活動に駆り出されていたのである。

表5を見ていくと、子どもたちがおこなった商いや労働には、都市部とそれ以外で違いがあることもうかがえる。都市部の子どもたちがおこなうのは、納豆売り、新聞配達、花売り、屑鉄拾い、廃品回収など、あまり多額の元手がいらない、しかし、それだけで食べていけるわけではない、いわば都市の雑業といえるような仕事である。珍しいものとしては、ヒヨコを育てて卵を産ませてそれを売ることや、ガスを使わず木屑で飯炊きをして節約するなどといった活動で金銭を得て献金をしている例だろうか。ヒヨコの例は、東京府内の米穀商の娘が店で出るくず米を利用しておこなったというものであり、また、都市のインフラであるガスをあえて使わずに燃料費を節約するという例も、やはり都市的背景があるといえるだろう。

一方、非都市部では、草刈りの手間賃、いなご取り、たにし取り、村の道普請の手間賃、炭の運び出しの手間賃、縄をなって売る、鈴虫取りなどである。草刈り、いなご取り、炭の運び出し、道普請、縄ないなどは農作業の中心ではないが、農村の生活を維持する営みに付随する多様な仕事の一部である。そして、たにし取り、鈴虫取りなどは、地域の自然資源に根差した採集活動である。

都市部でも非都市部でも、それぞれの生活の場での雑業にあたる仕事をして子どもたちはささやかな金銭を稼いだといえる。このようにして動員の時代の価値を背負い、子どもたちは新たな経験へと踏み出していったのである。

## 納豆を売ることの意味

納豆を売る子どもたちの美談に、納豆を売らなければならないような子どもでもなさそうだという表現があったが、ここから「納豆売り」は貧しい家の子どもが家計を助けるためにおこなうことという既成イメージがあったことがわかる。

「納豆を売る」とは何を意味したのかについて、歴史的にさかのぼって考えてみよう。

満洲事変の際、納豆を売って献金した少女たちの美談が残されている。「日支事変忠勇美談集」に、「光栄極みなき 納豆を売る姉妹」という題名で、東京市下谷区龍泉寺に住む十四歳と十歳の姉妹の話を掲載している。(18) 二人は、第一衛戍病院に皇后が傷病兵の慰問に訪れた際に篤志慰問者として紹介された姉妹だった。「光栄極みなき」とは、そのことを指している。

美談の内容は次のようなものである。ある日のこと、十四歳の長女が寒いのでオーバーがほしいと父にねだると、父は、満洲に出征している「兵隊さん」は極寒のなかではたらいていることを話し、東京で寒いなど「罰が当たる」と諭した。すると長女は、妹と納豆を売ってお金をためて満洲の「兵隊さん」に慰問金を送りたいと申し出た。

父親の許しを得て、姉妹は翌日から納豆を売り歩いた。しかしそこに、「下谷の町では、学校の友達もあって恥ずかしいと、下谷から浅草まで出かけて、千束町、馬道、入谷を流して歩いた」という一文を記している。

わざわざ離れた浅草まで出かけて友達の目を避けたという。少女たちは何を恥ずかしがったのだろうか。その羞恥は、軍事献金をするために行動していることの照れなどではなく、納豆を売るという行為そのものに由来するのではないだろうか。

これよりもおよそ半年前に刊行された『満洲事変の生んだ美談佳話』第一輯には「国民銃後の赤誠」として集められた数々の美談なかに「孝行納豆売の誠心」という話がある。

東京市外荏原町中延の植木屋篠山新之助さんの娘十一歳のたま子さんは父親の病臥中納豆売をして薬の代を求めた有名な孝行娘であるが今回の事変に幼な心を痛め売上高二円を満洲の兵隊さんにと病後の父親に伴われて陸軍省に出頭(19)

この少女は病気の父親の薬代のために納豆売りをしていた「有名な孝行娘」だという。恤兵献金以前から、病気の親を助けるための納豆売りをしていた事例があったのだ。先に葛飾区の煎餅商の次女である十四歳の少女が、学校に行く前に毎朝五時に起きて一人で納豆売りをして、その売り上げを献金したという話があった。あの少女も、「評判の孝行娘」とされていた。どちらも友達と連れ立っての納豆売りではなく、一人で行動している。あの葛飾区の少女も、この荏原町の少女と同じように、もともと一人で家計を支えるための納豆売りをしていたのである。その家計に回すための稼ぎを献金したのだろう。なかば友達同士の冒険のようになされた〝納豆売り献金〟とは異なっている。

さらに時代をさかのぼってみよう。一九一〇年に出版された善行美談集である『現代美談善行大鑑』に、「神田の孝行納豆　十歳の貧少年」という美談が収められている。東京神田に住む貧しい人力車夫の息子が、毎朝納豆売りをして家計を助け、わずかながらも貯金をしているという話である(20)。

東京神田区三河町四丁目の狭隘なる泥淖板を越えて突き当りし所に、屋根の低き粗末なる三軒長屋あり。其最も奥なる四畳敷の一戸こそ、中島彦之助と呼べる人力車夫の住居なれ。此家よりは如何なる雨の日も雪の日も十歳許りの男児と、三十四五の血の気なき病み衰えし女とが毎日早朝より立出づるを例とす。二人は路地を出るや否や……納豆や……、納豆……と憐れな声を張り上ぐるを常とせり。此納豆売りの男児こそ三河町に孝行息子の評判高き前記彦之助の長男梅太郎（十歳）にて、婦人は其母親なるあいなりき。広い東京市中には種々雑多なる貧窮人あるべしと雖、然も此家庭の如く悲惨な貧乏暮らしの家庭も亦多からずと信ず。

父親の彦之助はもともと横浜で商売人として裕福な暮らしをしていたが、失敗を重ねて、三人の子どもと妻、七十になる母とともに、一九〇九年一月に東京・神田三河町の長屋の四畳敷に越してきた。彦之助は人力車夫になり、「貸車」を引いていたが一家六人の生活を支えるほどの収入を稼げないため、長男である梅太郎と妻あいは納豆売りをし、長女こまは神田の製本所で働いて家計を助けていた。美談では、「特筆して」「賞揚」すべきは梅太郎だとして、次のように述べている。

彼は毎朝納豆を市中に売り歩き、帰宅後其の売り上げ高の半額は之を貯蓄し、残る半額をば生活費に供し、而して昼間は健気にも東京私立神田商業補修学校に通学し、其三年級なり。又其成績も普通の腕白小僧の群を抜き、非常の精勤者にして、一分間と遅刻せし事なしと云う。

神田区長の耳にも梅太郎のことが伝わり、授業料の免除となった。この話は「孝行息子という評判は、忽ち人びとの口から口に伝えられて、神田区内にて孝行納豆売と云えば、誰知らぬ者なきにいたりたりと云う」という文章で結ばれている。

都市の極貧の家の子どもが家計を助けるために納豆売りをして、孝行息子だと近隣の評判になっていたのである。家計を助けるために毎朝納豆を売り、そのうえ学業にも精を出し、成績優秀な少年が美談の主人公になった。納豆を売る子どもというと即座に浮かぶのは、おそらくこうした貧困とセットになったイメージなのである。

日中戦争下に、軍事献金をするために仲がいい者同士でグループを組んで納豆売りをして歩く子どもたちが現れた。彼らは、納豆売りをする必要などなさそうに見えるのに、としばしば大人たちから不審がられることになった。それまでは、貧家の子どもが家計を助けるために納豆売りをするというイメージが根強かったからだ。

日中戦争の銃後で、決して貧しくもない中流以上の家庭の子どもたちが、納豆売りをして歩く姿を、新聞はその献金額の多寡とは関係なしに積極的に報じ、その報道がまた子どもたちを納豆売り献金に駆り立てるという、感染と増殖が起きていたと思われる。新聞が「楽しい」「健気」などの言葉を使って報じた納豆売りは、もはや貧家の孝行な子どもたちの振る舞いではなく、総力戦の時代の「良い子」たちの行為となったのである。

この、友人と徒党を組んで自分たちは批判されようもない正しいことをしているという確信に満ちて、納豆を買ってくれとやってくる子どもたちは、大人たちにとっては、動員の時代の張り詰めた空気を無邪気に運んでくるためにうっとうしい存在だったにちがいない。自分たちは、戦争の時代のなかで正しいことをしているという確信と、どうみても遊びの延長で楽しそうに大人の日常にまとわりついてくる子どもたちの姿は、グロテスクでさえあり、それは動員の暴力の一つの現れでもあったといえる。

この徒党を組んだ暴力的な子どもたちを、体よくあしらい、また「かんかんに怒っ」た大人たちは、その暴力性を感じ取っていたのではないだろうか。

しかし、おそらく当時の検閲文書のなかで想定されていた第1章でふれた「明朗ナル」銃後美談とは、例えばこうした子どもの無邪気を前面に押し出したような美談だったのではないだろうか。

## 3 「無邪気」と銃後の空気

### 親に献金を迫る子ども

子どもたちの「無邪気」な行為が及ぼす力は、近隣の大人たちだけでなく、最も身近な大人である親にも向けられた。

一九三七年十二月の出来事として、『支那事変恤兵美談集』第二輯に次のような話が紹介されている。兵庫県の坂出西部尋常高等小学校三年の荷見茂は、日中戦争で国防献金や慰問金を献納する人々のことを報じる新聞にふれ、学校の先生の話を聞いたりして「異常な関心」をもっていた(21)。

　ある日のことお父さんに向って、

「家では、献金をなぜしないの」

と訊いたのであった。子ども心にも、肩身の狭い感じがしたのであろう。父はその時、沈痛な面持ちで、

「お前に、そんなことを言われると、お父さんは苦しくなるが、茂、お父さんだって、よそ様が、沢山の献金をしたことを聞くたびに——うちでも、何とかして、少しでも献金したいと思うのだけれども、この様な貧乏暮らしではどうにもならないのだよ」

と言われて、茂君は、もう何も云うことは出来なかった。それは幼な心にも、父の心がよつく判るからだった。

　父にだって愛国心は、人並以上にあるのだけれども、その日の生活に困る身にとっては、無理のないことであった、怜悧な達雄君は、よく覚った。そしてそれと同時に
「それでは僕も働きます——僕が働いて儲けた金なら、献金してもよいでしょう」

とけなげにも言ったのであった。


茂少年は、父の斡旋で学業のかたわら石鹸を売り始める。それはちょうど中国大陸で南京攻略戦が開始された時期と重なっていた。一カ月の行商で茂が稼いだのは三円だったが、この三円に父親が二円を加えた。「お前が献金をしたさの一念で、毎日石鹸を売り歩く姿を、お父さんは黙っては見ておられなかったのだよ」と言う父は、

刻みタバコをやめて金をためたのだという。この総計五円を、南京陥落の日に郵便局から恤兵部宛に送った。「家では、献金をなぜしないの」という息子が父に投げかけた言葉は、巷の戦時下の空気が、突然、幼い息子の口を借りて発せられたようなものだったにちがいない。そしてその言葉に、父は、「この様な貧乏暮らしではどうにもならないのだよ」という本音を吐露するしかなかった。

しかし、この家の場合は貧しいから子どもが家計を支えるために働かなくてはならないというほどではないように見える。少年は、僕も働いて家計を助けます、というのではなく、「僕が働いて儲けた金なら、献金してもよいでしょう」と、軍人献金のために働くという。自家の家計という「私」の問題より、軍事献金という「公」を優先することを高らかに宣言したことになる。美談はそこを取り上げるわけだが、しかし、前に述べた小商いをして献金する子どもたちとこの少年もあまり変わらないように見える。そうだとするなら、そこにあるのはおそらく、ともかくみんなと同じように自分も献金をしたいという子どもの単純な横並び意識と好奇心である。

この点でこの話は、先の明治期の「神田の孝行納豆売」とは異なった道筋をたどり、恤兵献金の美談へと展開していく。少年は、時局のニュースや教師の話から献金に「異常な関心」をもっていたとされる。その「献金をしたさの一念」という無邪気さが、家の経済状況などおかまいなしに〝暴走〟していったようにも見える。結局父親は、「黙っては見ておられ」ずに好きなタバコをやめて息子に協力するところまで追い詰められていったのである。

少年は「無邪気」なぶん、自分もニュースに取り上げられているような献金をして、時代の雰囲気に参加したいということを単純に熱望していたのではなかっただろうか。すでに見てきた納豆売りをした子どもたちと同様、石鹸の行商で初めての冒険を経験し、献金することで達成感を得たにちがいない。

この茂少年は、その後、陸軍省から届いた杉山元陸軍大臣名の感謝状に感激し、さらに働いたお金で地元の名物のまんじゅうを買って陸軍大臣に送ったとされている。

貧しい家の子どもの労働は、家の家計を支えて親を助けるためだという定型の「孝行美談」ではなく、父のふがいなさを乗り越え、自らが働いて軍事献金するという「銃後美談」が新たに作られたといえる。この父親にとっては、幼い息子の無邪気な行動こそが、銃後の空気を家のなかに持ち込んできたといえるだろう。

## 「無邪気」たちのその後

日中戦争が始まって、「お見送り」や出征兵士の家族の「お手伝い」、そして「献金」のために奔走した子どもたちは、その後どうしたのだろうか。

例えば、「兵隊さんの見送りが好きだ」と言っていた、一九三七年に小学四年生（十歳）だった男の子は、成績優秀なら高等小学校を卒業して陸軍幼年学校に入ることができただろう。海軍も志願兵なら十五歳で応じることができ、四一年に創設された海軍特別年少兵なら十四歳で応じることができたはずだ。三七年八月に納豆を売って献金した東京市渋谷区の小学六年生（十二歳）、小学五年生（十一歳）、小学四年生（十歳）の三人の男の子たちがいたが、リーダー格だったにちがいない六年生の男の子は四四年に十九歳を迎える。勅令によって徴兵の年齢が一年繰り下げられ、この年は十九歳と二十歳の壮丁男子の徴兵検査を実施することになり、前年は三十六万人だった徴集現役兵は百万人を超えることになった。[22] 四二年二月十七日の兵役法改正によって、本来なら議会を経て決定すべきだった徴兵適齢差出期日と徴兵適齢を、戦時・事変の必要に応じて議会を通さず勅令によって変更できるようになったからである。三七年に、十歳から十二歳だった少年たちが、十五歳から十七歳のときに彼らの運命を変えるそうした兵役法の改正がおこなわれたことになる。

納豆を売った東京・山の手の十二歳から十三歳の六人の少女も、一九四四年には十九歳から二十歳になっている。若い女性としてどんな銃後の暮らしを送ることになったのだろうか。そして四五年三月以降に激しくなっていく空襲をどのように迎えることになったのだろうか。

そもそも一九三七年のときに、彼らは、自分が成人に近い年齢になるまでこの戦争が終わらず、さらに戦況が厳しくなっていくことを少しでも想像していただろうか。

児童文学者であると同時に、十五年戦争下の教育や子どもの暮らしの研究を精力的に展開してきた山中恒は、一九三七年にはまだ小学校に上がっておらず、翌年三八年四月に北海道小樽の尋常小学校一年生になり、三九年に神奈川県平塚に移り住んでその後の少年時代を過ごしている。日中戦争開戦時に納豆を売って献金したり、出征兵士の家族の家に「お手伝い」に行った子どもたちより、山中は少し幼い世代だったといえる。敗戦のときに十四歳だった山中は、終戦の知らせを聞いて本気で自決しようと考えた。山中が戦時下の子どもを取り巻いていた制度や文化の研究に深く関わるようになったのは、そこまで思い詰めた自分を作り上げたものはなんだったのかを問うためだったという。

山中は、戦時下の天皇制のあり方やそれに基づく教育を告発しながらも、次のように述べている。

ぼくらは、天皇制ファシズムの教育のもとで、一方的に虐待されただの、被害者であったなどという気持ちは毛頭ない。当時の教育を徹底的に学習していくことで、完璧な皇国民＝天皇制ファシストになることに、喜びと誇りさえもっていたのである。

それだけではない。その時点で受けた教育の一定成果として、ぼくらは子どもであることの稚拙さ、大人はそれを子どもらしい「幼さ」というが、それやおとなたちが善意で「純心さ」と解釈する単純さなど、おとなにとってのそれらの泣き所を武器として、世俗的怯懦と保身意識を潜在させているおとなの指導者たちを、逆に厳しく体制的な軌範へ追いやる後方督戦隊の役割をはたしつつあったのである。[23]

銃後美談集のなかの子どもたちの行動は、戦時下の「少国民」だった山中が述べる「後方督戦隊の役割」という自己分析像と重なり合う。

時代が舞台を用意して子どもたちの社会を押し上げ、学校や地域もそのためのお膳立てをしたという側面は、もちろんあるのだが、子どもたち自身が、遊びの延長のような気分で好奇心に突き動かされて銃後の奉仕活動に積極的に関わっていったことも見逃すことはできない。明るく無邪気に、かつきわめて真面目に、自分が始めた計画を遂行しようとした子どもたちは、「健気」であり「純情」であるからこそ、大人を時代の要請に応えさせるための強い拘束力になっていたのである。

注

（１）内閣／内務省／文部省編「国民精神総動員と小学校教育」（「国民精神総動員資料」第九輯）、内閣、一九三七年、一三ページ
（２）近代日本の綴り方教育、作文教育の歴史的展開の詳細については、滑川道夫『日本作文綴方教育史１ 明治篇』（国土社、一九七七年）、同『日本作文綴方教育史２ 大正篇』（国土社、一九七八年）、同『日本作文綴方教育史３ 昭和篇１』（国土社、一九八三年）を参照。
（３）川村湊『作文のなかの大日本帝国』岩波書店、二〇〇〇年
（４）「僕の決心」、前掲「銃後の護り」所収、四八―五〇ページ
（５）「出征軍人」、同パンフレット所収、六四―六五ページ
（６）「お手伝い」、同パンフレット所収、一二四―一二六ページ
（７）「勤労奉仕」、同パンフレット所収、一五六―一五八ページ
（８）以下、この話の要約と引用は「少年奉仕団の活躍」、前掲『支那事変恤兵美談集』第二輯所収、八二―八三ページ。
（９）「東京朝日新聞」一九三七年八月五日付
（10）以下、この話の要約と引用は「健気な六少女　納豆売って献金」、前掲「支那事変美談武勇談」所収、三八六―三八八ページ。
（11）「六少女の誓い」、前掲『支那事変恤兵美談集』第一輯所収、七〇―七二ページ
（12）以下、この話の要約と引用は「愛国心に燃ゆる我国民の意気」、同書所収、一一一―一一二ページ。

（13）「東京朝日新聞」一九三七年十二月八日付
（14）「愛国納豆」、陸軍画報社編纂『支那事変恤兵美談集』第三輯所収、陸軍恤兵部、一九四一年、九八―一〇一ページ
（15）「献金納豆」、前掲「銃後の護り」所収、五〇―五三ページ
（16）志賀町「銃後」の記録調査委員会編著『志賀町「銃後」の記録――日中戦争・太平洋戦争』志賀町、一九八六年、八〇―八一ページ
（17）同書六六―六七ページ
（18）以下、この話の要約と引用は、「光栄極みなき　納豆を売る姉妹」、大阪毎日新聞社学芸部編「日支事変忠勇美談集」（「サンデー毎日」臨時特別号）大阪毎日新聞社所収、一三〇―一三二ページ。
（19）「孝行納豆売の誠心」、前掲『満洲事変の生んだ美談佳話』第一輯所収、八三ページ
（20）以下、この話の要約と引用は島内登志衛「神田の孝行納豆　十歳の貧少年」（『現代美談善行大鑑』六盟館、一九一〇年）三二〇―三二一ページ。
（21）以下、この話の要約と引用は「マラソン饅頭にこもる純愛」、前掲『支那事変恤兵美談集』第二輯所収、六〇―六三ページ。
（22）前掲『徴兵制と近代日本』二五五ページ
（23）山中恒『ボクラ少国民』（「ボクラ少国民」第一部）、辺境社、一九七四年、二六六ページ

# 第６章 妻そして母たちの銃後

銃後の象徴ともいえる存在が、妻もしくは母たちだった。男たちが戦場に駆り出されていったため、必然的に家庭の外での女性の社会的なあり方がクローズアップされるようになったからである。暮らしの多様な場で女性が活躍せざるをえないのが現実だったのだが、銃後の美談のなかで中心になるのは、むしろ妻そして母という家庭のなかの女性たちなのである。

## 1 「母」という役割

### 明治期の軍国美談と「母」――「水兵の母」と「一太郎やぁい」

戦時下の母親像をめぐっては、すでに日清戦争と日露戦争の時期に軍人の「母」についての有名な美談がある。日中戦争が始まってから約三カ月後の一九三七年十月に出版された『忠勇美談』(1)に基づいてその話を見ておこう。日中戦争が始まってから「講談社の絵本」は、ほぼ毎月のように戦争に関連する絵本を発行していた。この『忠勇美談』もそうした一冊であり、日清戦争から日露戦争、満洲事変を経て日中戦争初期までの軍事美談を収めている。日清戦争のときの話には、有名な「ラッパ手 木口小平」をはじめ、重傷を負いながら敵艦が沈んだかどうかを尋ねた水兵を題材にした「イサマシイ 水兵」「水兵の母」など五話、中国の義和団運動に対して連合国の一員として日本が出兵した際の海軍陸戦隊白石少佐をめぐる話である「砲台 一バンノリ」、日露戦争のときの「一太郎やぁい」「軍神廣瀬中佐」「軍神橘中佐」など十三話、そのほか、満洲事変の話が二話、「肉弾三勇士」など上海事変についてのものが二話、そして日中戦争の三七年八月初旬の北平（北京）入城までについてのものが四話、計二十七話を収めている（図35）。

図35　前掲『忠勇美談』

本格的な総力戦が始まるなかで、この絵本は近代日本が経験した対外戦争に関連して生まれた軍事美談を網羅した内容になっていた。

このうちの日清戦争期の「水兵の母」と、日露戦争期の「一太郎やぁい」が、母をめぐる話である。前者については、すでに第3章第3節「「世間へ顔出しができません」——「水兵の母」の記憶」で、戦地の息子を手紙で叱咤する親の話を取り上げた際に言及し、後者については第4章第2節「妻子を残して」で、戦地へ向かう息子を見送りに行く母をめぐる話を取り上げた際に言及した。いずれの場合も、日清・日露戦争の際の美談をなぞるように日中戦争時に新たなエピソードが再生産された事例だった。

ここでもう一度、「水兵の母」について、今度はこの『忠勇美談』から引用しよう。

水兵ノ母

オイ　ドウシテ　ナイテイルノダ」大尉ガ水兵ニタヅネマシタ。「ハイ　オ母サンカラ　テガミデ『ナゼハヤク　テガラヲタテナイノカ』トシカラレタノデス」「サウカ　ソレハ　オマエガヨワイノデハナイ。マダテキノ軍艦ニメグリアハナイカラダ。ソノウチ　キット　テガラヲタテテ　オ母サンヲ　ヨロコバセルトキガクルゾ」大尉ハ　カウイッテ　ナグサメマシタ。（日清戦争ノトキノ　オハナシ）[2]（図36）

「水兵の母」は、一八九四年、日清戦争で軍艦・高千穂に乗り込んで出撃した息子に母がしたためた手紙を題材にした美談である。国定第一期・高等小学読本に「感心な母」というタイトルで掲載され、以後一九四五年に、国定教科書を廃止するまで掲載され続けた。

中内敏夫によると、この「水兵の母」は、日清戦争で、高千穂に将校として乗艦していた小笠原長生が手帳に書き留めたエピソードがもとになっている。小笠原は退役後は文筆活動をするようになり、第一期（一九〇四年）教科用図書調査委員を務めたときに、この話を教科書に掲載するよう主導したという。[3]

もう一つの、すでに第４章「応召する男たちをめぐって」で紹介した「一太郎やぁい」は、けわしい山道を越えて息子の出征の見送りにきた母の姿を描いた日露戦争の美談だ。

「母」は、日本の近代の戦争美談のなかでは、戦地にいる息子か、あるいはこれからそこに赴く息子を叱咤激励する重要な役割を担っている。そして、この十五年戦争期には、「母」の美談はますます増えていく。

「水兵の母」は、昭和初期に話の背景が明らかにされた。中内敏夫によると、一九二九年に「肥後日日新聞」にこの話の背景についての記事が載り、さらに翌々年には野崎敬輔、柏原覚太郎装幀・挿画による『実話 水兵の

図36　岡吉枝絵「水兵ノ母」
（出典：前掲『忠勇美談』）

母』（児童教育社、一九三一年）が出版された。それによると当の水兵は鹿児島指宿の出身で、その後、体を悪くして黄海海戦の直前に艦を降りて帰郷し、三年後に病没していたという。こうしたことが明らかになると、その教材は、通常は加工するか廃棄されることになる場合が多いにもかかわらず、「水兵の母」は、十五年戦争下の第四期国定（一九三三年）、第五期国定（一九四一年）でも廃棄されずに掲載され続けた。その理由を中内は、これが当の兵士の美談というよりも母の手紙の美談だったからだと推測している。[4] しかし、母の美談だったからという以上に、国定教科書の第四期と第五期が総力戦の時期に重なり、銃後の「母」が重要視されていく時代背景があったからだとも考えられる。

一九三四年四月、陸軍省「つはもの」編集部は『兵士と母』（陸軍省新聞班内「つはもの」編輯部編、「つはもの叢書」第八巻）、つはもの発行所）という百八ページの書籍を発行している。その冒頭の「兵士と母（序に代えて）」では、「水兵の母」と「一太郎やぁい」に言及し、「満洲事変に於いても出征兵士に対する母の心と態度とに変りはなかった」と述べている。この本は満洲事変の時期の兵士の母をめぐる美談を三十話集めている。「兵士と母」というのはある種の対幻想であり、まさにそれを主題にした美談集だといえるだろう。

国立国会図書館のサーチ機能で「軍国の母」というキーワードで検索すると、抽出される書籍のほとんどが一九三七年前後以降のものであることがわかる。それ以前に戦時下の母を「軍国の母」と名付けた例がまったくなかったとは言い切れないが、少なくとも戦時下の母をその名で呼ぶのが一般的になるのは総力戦の時代なのである。

## 美談の中心となる「母」

第4章第3節「「即日帰郷」という事件」で紹介した美談について論じた際に、一つ宿題が残っていた。母の名をかたって従軍嘆願の手紙を陸軍大臣宛に書いた男の話である。

新聞記事は、母の名前をかたってまで従軍しようとした男の心情を、むしろ同情的に捉えようとしていた。しかし、その後この話が「キング」一九三八年三月号の付録「美談武勇談」に収録されたときには、この男が母の名をかたったという事実にはまったくふれずに、母の美談として掲載されることになった。男性の身体的かつ社会的な自意識をめぐる問題を、息子を支える母の役割意識をめぐる問題へとすり替えたことになる。これは実話に基づくとはすでにいえず、まったく異なる「話」にされたといっていいだろう。

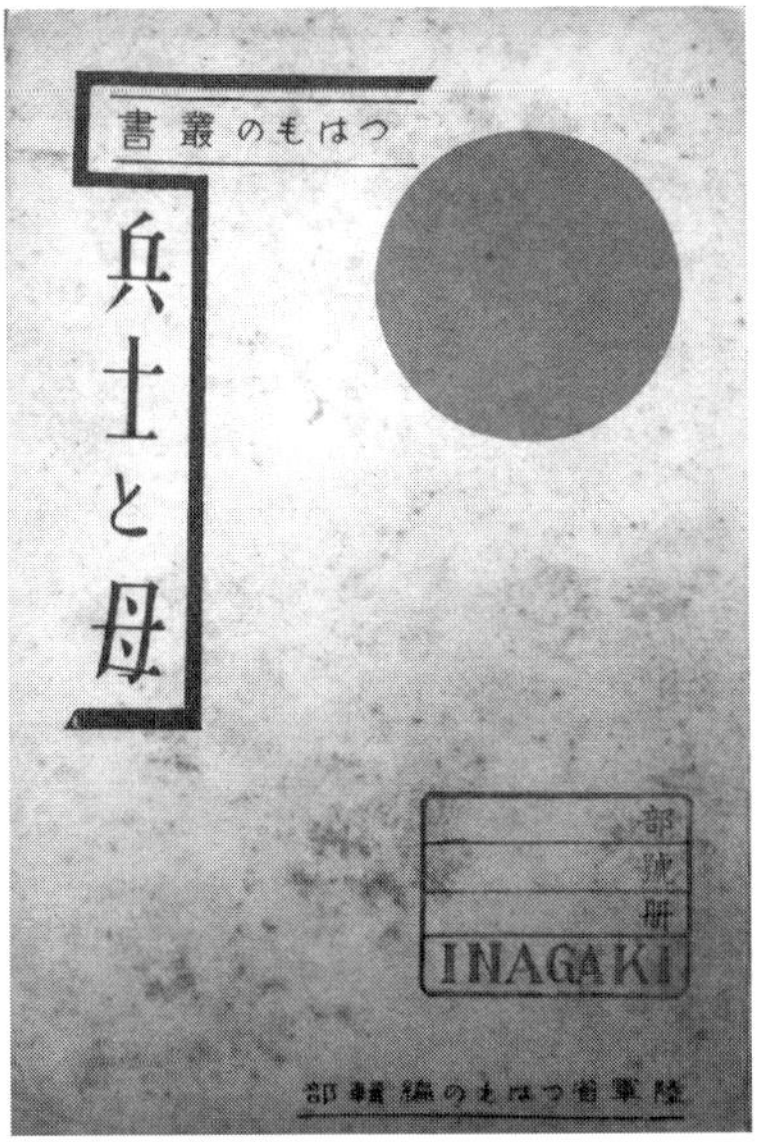

図37　陸軍省新聞班内「つはもの」編輯部編『兵士と母』（「つはもの叢書」第8巻）、つはもの発行所、1934年）。30話の母と兵士をめぐる美談を収録し、扉には「此の書を総ての母たる人並に母たるべき人に捧ぐ」と記している

しかし、母の手紙が偽物だということを伏せてあくまでも母が息子を思って書いた手紙として扱っているのは、実は、「美談武勇談」だけではない。『昭和女子模範慰問文』にも、「倅《せがれ》に代わりて従軍願い　母より陸軍大臣へ」という題で、母がつづった手紙文の模範として掲載されているのである。

それは、第3章でふれた「山内中尉の母」の手紙文と同じ「遺家族の感謝状」というセクションに分類され、兵士の母が軍当局宛に書いた手紙ということになっている。偽物の「母」の言葉が、本物の母の言葉とされ、お手本として位置づけられた。ここでは、この改変を問題にするより、「キング」付録の美談集が真相を隠してまで「母」の美談としようとした理由をこそ問うべきだろう。

ここでもう一つ、「母」が物語の中心になっている銃後の恤兵美談を見ておこう。これは、「ラジオ講演を聞いて」と題して『支那事変恤兵美談集』第二輯に一九三七年十一月のエピソードとして掲載された、老婆を主人公とする話である。(5)

この話は、前半部分でラジオで放送されたという「松井中佐」による「戦場と母」という講演を延々と紹介している点で、変わった構成になっている。この講演を聞いて「感銘」を受けた老婆の話とともに、この講演の内容を再録することもこの話を掲載した理由のようにも見える。

講演のなかで松井中佐は「人は母の生み、母の力により教養せらるることが最も多い。良き子を生んで、これを忠良、健全、且才能ある人物に養育し、喜んで国家のお役に立たねばならぬ」と母の役割を語る。また、「婦人としてまた妻として、軍に従う子のまた夫の後顧の憂を除くよう、精神的に又物質的に家事を整えねばならぬ、出征軍人が暮夜家郷を想うて煩悶するようでは、これまた家族の恥辱である」「母たり妻たるものは、如何なる苦境にあっても笑って門出を見送るの気概が必要である」とも述べている。戦場で息子や夫が「家郷」を恋しく思うことは「家族の恥辱」であり、それを避ける努力はもっぱら銃後の「母／妻」が負うべきものと、教え諭しているのである。

そして、松井は母の逸話を三つ紹介している。ずっと病床にあったにもかかわらず、出征する息子が家を出る際に、あとは心配せんでもいい、母はこんなに元気だ、と玄関脇に積み重ねてあった桑の切り株を取っては投げ取っては投げして見せた母の話。出征する息子の餞別に白装束を作り、神社に持参して神前に供えて戦場での活躍を願った母の話。遼寧省の大石橋で戦死した兵士の葬儀がおこなわれた際、故郷から「カワイイヨシヲヨ、アツパレダツタ、ケフマデクロウシテ、オマヘヲソダテタカヒガアツタ、ハハワフルサトヨリ、ハルカニオマヘノメイフクヲイノル」と電報を打った母の話。そして最後に松井中佐は、若い兵士たちが「銃後の後援の赤誠に感激させられ、励まされ、慰められ、又ときに鞭うたれ」るのはこの「銃後の後援には女性の力、特に母の力が甚だ大きく作用している」からだと、「母」こそが銃後の中核であると語っていた。

このラジオ講演を聞いていた、東京市板橋区の坂野トメは感激していた。トメは、四人の子どものうち二人を、それぞれ陸軍と海軍の軍人として出征させていた。

トメさんにとっては四人の子のうち二人までも戦地に送ったことは自慢の種でもあった。だが親としては子の身の上が一入に案ぜられるのも野烏《のがらす》の泣声のわるいときには――若しや重傷《ふかで》でも負ったのではなかろうかと胸を痛めることも一再ではなかった。そんなときには一入《ひとしお》仏壇の前に坐って子ども達の武運長久を一心に祈っているのであった。（略）こうした母の心に強い響きをうったのは松井中佐の講演だった。特にまごころこもった一つ一つの例話が、いまもなお、トメさんの胸に強く深く残っていたのだ。

ラジオの講演に感じ入った坂野トメは、講演のなかで紹介された母たちの「気持ちがよおくわかり」、「我がことのようにも思えてならなかった」。ラジオを聞いた翌日、トメは、孫の隆夫に陸軍省に連れていってくれ、と頼む。無理をするなという隆夫に、トメは「ぢゃあ隆夫よ、乳母車に乗せてつれ《（ママ）》行ってお呉れよ。オバーチャンはどうしても陸軍省へ行かねばならんのぢゃ」と言い、結局、板橋から隆夫に乳母車を押してもらってはるばる三宅坂の陸軍省に行って係官に十円を差し出し、「松井さんの講演を聞いて、感心しました。妾の息子と同じよ

図38　孫が押す乳母車に乗る老婆。「ラジオ講演を聞いて」の挿絵
（出典：前掲『支那事変恤兵美談集』第2輯）

うに、戦地で働いている兵隊さんに、なにか、買ってやってください」と願い出たという。

ラジオ講演という近代の新しいメディアが、母についての銃後の美談を放送し、それを聴いた足の不自由な老婆が同じ母として共感し、孫が押す乳母車に乗せられて自ら陸軍恤兵部に献金を届けたという物語である。モダニズムの時代を代表するメディアであるラジオ放送が銃後の母の美談を媒介し、それを聴いた老婆が自分もまた銃後の「母」であるという自覚を明確にすることになり、恤兵行動につながった、ということになる。既存の美談がまるで感染するかのように新たな美談を生み出していくという、前章で子どもの美談を通して見た現象がここでも起きている。

この話は、「戦場と母」という陸軍の軍人によるラジオ講演の内容を再録するとともに、それに共感した老婆がおこなった美談を加えるという二重構造にすることで、動員の時代の「母」の役割を強調しているといえる。

## 「母」という近代

「母」というと、古い価値観を象徴する概念のようにみえる。確かに、日本の近代に少なからず影響を与えた儒教思想では、「孝」の成立には、「母」という要素を欠かすことができない。しかし、最近の近代家族をめぐる研究では、「母」が重視されるようになるのは、「家庭」という近代家族の理念が構築され具体化されていくプロセスと不可分であることが明らかにされている。

小山静子は、『良妻賢母という規範』『家庭の生成と女性の国民化』などの著作で歴史学の立場から近代家族の展開を分析している。特に前者は、近代家族での「母」の位置づけについて検討している。[6] 小山の議論をはじめとする日本の近代家族と母に関する研究を参考にして、「母」という概念が近代的なものであることを見ておこう。

近世の女性に対する指南書である女大学・女鑑などは主に武家の女性を対象としたものではあるが、そこで女性に求められているのはあくまでも「良妻」という役割であり、「賢母」ではなかったという。武家では、跡継ぎの男子に対して文武を中心とした教育をおこなう役割を担うのは母ではなく、あくまでも父であり、それこそが父道として重視されていた。母は、娘の養育を担うことはできるが、基本的には家の継承に関わる男子を教えることができないという点で、その役割はあくまでも限定的だったという。

それに対して、明治期以降は母に「賢母」としての役割が期待されるようになっていく。子を産み育てるという役割が国家的な価値をもつものとして位置づけ直され、特に一八九〇年代と日清戦争後に、女子教育の必要性が盛んに唱えられるようになる。九五年の高等女学校規定を経て、九九年の高等女学校令は、そうした要請に応えて「良妻賢母」という近代日本の「母」の位置づけが制度的に整えられていく過程を示していた。

この「良妻賢母」という女性の位置づけが登場するのは、「家庭」という近代家族の理念の形成と重なっていた。一九〇〇年前後から「家庭」という新たな価値が語られ始める。「家庭」は、英語の「ホーム（home）」の訳語として定着していったものだが、最初にこの「ホーム」という考え方を紹介したのは、「女学雑誌」（女学雑誌社、一八八五―一九〇四年）の一八八八年二月十一日号から連載された巖本善治の「社説 日本の家族（一）一家の団欒和楽」だったという。[7] 巖本はそこで、「ホーム」について「之を仏語に訳せんとするに適当の文字なしと伝えり、吾人之を我が国の語に適訳せんとするに亦同様の遺憾なきをえず」と言及している。「ホーム」という考え方が生み出されたイギリスでは、十七世紀後半に都市部の上層商人の間で核家族化が進み、家の経営の合理性と家族間の情緒性（愛情）が分離し始め、「やさしさ」と「いつくしみ」をもって子どもをはぐくむという考え方が生まれていったという。[8] それが明治期に日本に入り込んでくることになった。

しかし日本の「家庭」は、単なる理念でしかない状態が長く続いた。やがて、大正末期（関東大震災後）から昭和初期にかけて、現代的大都市が展開していくなかで、「新中間層」と呼ばれる俸給労働者（サラリーマン）が新たな階層として当時の最先端の生活様式を享受するようになる。彼らは郊外に居を構えてそこから都心に通勤し、家では妻と子が待つという職住分離の生活スタイルをかたちにし、率先して「家庭」という理念を具体化していくことになった。

小山によれば、この「家庭」という理念に、「良妻賢母」という価値が上書きされたのである。単なる従順さだけでなく、「男は仕事、女は家庭」という性役割分業観に基づいて家事労働を完璧におこない、家政を管理することができる女性が「良妻」とされ、さらには「家庭」という場で、次の世代の国民である子どもに愛情を注ぎながら賢く育てることができる女性が「賢母」だと評価されたという。この「賢く」とは、理念的には科学にのっとって合理的に育てるという意味であり、女学校教育などはそうした「母」の養成を目指していた。

次世代の国民を作り出していく現場である「家庭」は、家族の親密な関係性の場であると同時に、国家に介入される場でもあったといえる。

## 一九三〇年代からの家庭教育政策と「母」

一九三〇年代は十五年戦争期と重なるが、積極的に「家庭教育」が政策として取り上げられるようになった時期でもある。村田昌子によれば、この時代は何よりも「家庭教育」が女性団体を組織化して動員していくときのキーワードの一つになったという。[9]

一九二九年七月に文部省内に設置された社会教育局は、三〇年に入ると主婦や「母」の役割を担うべき成人女性に対して、その基礎になる「家庭観」を植え付けるために、家庭教育政策を実施するようになる。そして三〇年六月には、同省主催で、家庭教育講習会「母の講座」が開催され、以後、毎年実施されていくことになる。

また、一九三〇年三月には、十三歳以下の子どもをもつ貧困層の母親が、配偶者がいないかそれに等しい状況で子どもの養育が不可能な場合には、国家が経済的に扶助することを定めた母子保護法が公布される。その背景には、恐慌期に母子心中などが社会問題化し、婦女新聞社や社会民衆婦人同盟、婦選団体連合委員会などの婦人団体が、母性保護のための法制度の設置を求めて運動を展開したという事情があった。そうした婦人団体の運動は、単に母性の保護を訴えたのではなく、将来を担う第二の国民である子どもを出産・養育する母を保護するべきだという論理を打ち出していた。それは一方で、十五年戦争期の動員政策のもとで人的な資源を確保しなければならなかった国策とも合致する部分をもっていた。村田は、同法のポイントは、単に「母性」を保護することではなく、「母子一体」という考え方から「母子」の保護を具体化しようとしたことにあったと指摘する。

また、一九三〇年十二月には、社会教育という立場から「家庭教育」政策を進めていた文部省は、文部大臣訓令「家庭教育振興に関する件」を出している。この訓令は「家庭は心身育成人格涵養の苗圃にしてその風尚は直ちに子女の性向を支配」するものと位置づけ、その中核に「婦人」が存在するとした。こうした「家庭教育」の伸張は具体的には、学校の保護者会、父兄会、母姉会、同窓会など学校をめぐる諸組織を中心に展開していくものとして構想されていた(10)。

村田によれば、先の文部省の「母の講座」も、高等女学校を卒業するなどある程度の教養をもって良妻賢母教育を一度受けているような母親層を対象にしたものから、小学校卒業程度の受講者をターゲットにするものへと次第に変わっていったという。

「家庭」は、明治期後半以降、社会運動家、キリスト教系宗教家、児童心理学者、教育家などさまざまな立場から日本の近代家族の理念として語られ、大正期には、都市部の百貨店がサラリーマンを中心とした新たな階層である新中間層を対象に子育てをテーマにした商品の展示会をするなど、次第に単なる理念ではなく「家庭」を具体的な暮らしとして形作っていく仕掛けが整い始める。そして一九三〇年は、「家庭」とそこでの「母」のあり方が、国家の政策の対象になっていったという意味で、この年は、「家庭」と「母」の近代の一つの画期だったといえるのである。

やがて日中戦争が始まると、国民の心の動員を目指して、国民精神総動員中央聯盟が一九三七年十月に結成されるが、第1章で述べたように、同聯盟は、「家庭」という日本の近代家族の理念を表す概念と「家」という概念を接合し、「国民精神総動員の真髄」は「国の礎とも云うべき家に重点をおき、家庭生活のなかに根強く培われるべきである。全国各家庭内に尽忠報国の精神が満ち溢れてこそ、国民精神総動員の大目的が初めて達成せられる」とうたった『銃後家庭美談』第一輯を出し、「家庭」を「精神総動員」の現場の一つと位置づけていた。

銃後の母をめぐる美談も、こうした日本の母をめぐる近代、特に一九三〇年前後の文脈のなかで捉える必要があるだろう。確かに美談の主人公としての母は、日清・日露戦争の時代から存在していたが、それが「軍国の母」と名付けられてクローズアップされるのは、この総力戦の時代からと考えられるのである。第3章で紹介した「山内中尉の母」の美談なども、そうした文脈のなかで捉えることができる。

昭和初期に新聞や美談集などに盛んに取り上げられた「軍国の母」は、明治期からずっと注目され続けてきたというよりも、明治期の母をめぐる美談があらためて「軍国の母」と名付けられて、一つのモデルとして時代の要請のなかに位置づけ直されたというべきだろう。

## 2 「軍国の妻／母」の姿

### 「軍国の母」の構築

ここで、第1章でも取り上げた厚生省と国民精神総動員中央聯盟が共同編集した『軍国の母の姿』を再び参照してみたい。現在、第五輯までの存在を確認しているが、そのうち第四輯は続篇もあって二冊なので、実質は六冊である。この六点の発行主体の変遷が、そのまま総力戦下の出征兵士の家族や戦死者の遺家族に対する後援制度の変遷と重なっていることはすでに第1章第2節「総力戦の制度と銃後美談集」で述べた。

掲載されている話はどれも五ページから十ページ前後にわたる長いもので、話の中心人物一人ひとりの生活史を丁寧にたどっている。また、取材者・執筆者の氏名は明らかにされてはいないものの、それぞれ実際にその「母」のもとに聞き取り調査に赴いたうえで書かれていることは明らかで、暮らしぶりの細かな描写や聞き取りに基づく談話の再構成、さらには役場などの記録に基づくと考えられる夫の出征や戦死に関する情報など、複数の資料によって記事を構成していることがわかる。

それぞれ背景や状況は異なるものの、結婚し、夫が戦死または戦病死したため、残された家族を支え、特に子どもの養育に「母」として奮闘するという展開は「軍国の母」の物語として共通している。遺児を育てるという母としての役割を全うすることで、亡き夫の遺志を継ぐという妻としての役割も果たすことになる。軍国の「母」と「妻」は表裏一体なのである。

第一輯と第二輯は、もっぱら日露戦争期の戦死者の妻の約三十年にわたる生活史を集め、第三輯以降が日中戦争期の、主に戦死者の妻／母のエピソードで構成している。その背景には、日露戦争期に、国家が関与する制度として軍事扶助が整えられ始めたという事情があるだろう。第1章第2節でふれたように、日露戦争下の一九〇四年五月一日に下士兵卒家族救助令が施行され、それまでそれぞれの部隊が所属する地域の民間団体によって担われてきた援護制度に、国費をあてる道が開け、それによって国と援護の対象者の情報が結び付くことになったと考えられる。

各地に作られた私設の援護団体が、地方の行政機関が管理する戸籍に基づき、市町村長のもとで留守家族、戦死者遺家族などの調査をおこない、援護を執行する役割を担った。その後、日露戦争での出征兵士の家族、戦死者遺家族への援護の体制の必要性について世論が高まったことを背景に、一九一八年一月一日に軍事救護法が施行される。日露戦争のときの下士兵卒家族救助令との相違は、軍事救護法によって、一般の貧窮救護と区別された軍事救護の枠組みが作られたことにあった。(11)

こうした軍事救護の制度が整っていくことは、同時に美談の主人公になる「母」に関する情報が収集・管理される仕組みが整っていくことを意味していたと考えていいだろう。

そして、日露戦争期の戦死者の妻をめぐる話が集められたのは、夫が戦死したあと、小さな子どもを抱えて残された妻が「母」として苦労を重ね、幼かった子どもが成人してそれなりに幸福な暮らしをしているというハッピーエンドの物語が成り立つには、三十年近くの時間が必要だったということでもある。一見、日露戦争期の「妻／母」の美談のように見えるが、これは約三十年間にわたる妻／母たちの奮闘の物語なのである。戦争は、講和条約などで終わりはせず、その後も長くそれぞれの暮らしのなかで続けなければならないという現実をあからさまに語っている。

第三輯以降は主に日中戦争期の「軍国の母」たちを取り上げているが、多くの場合、夫が戦死または戦病死し、幼い子どもとともに残された妻／母の話である。第二輯までと異なるところは、まだ子どもも成人しておらずまさに苦労の真っ最中であり、まだハッピーエンドになっていないという点である。

そのため、例えば第三輯で取り上げた事例には、ハッピーエンドのかわりに、「母」たちへの関連団体からの表彰があったことや新聞が記事に取り上げたなどの事実を置いている例が少なくない。収録された十四話十七例（宮崎県の事例は一話に四例収録）のうち、新聞報道の対象になったものが二話、県知事・愛国婦人会などの表彰の対象になったものが八話である。そのいくつかを見ておこう。

夫が戦死した北海道・夕張の十鳥イトは遺族扶助料から銃後奉公会に五十円を献金、町役場の役人からその話を聞いた陸軍少佐があらためて事情を聞き、それを新聞が報じた[12]。宮城県の佐藤かめよは、息子を戦病死で失い、特別賜金千二百円を二人の孫のために国債で保管し、一九三九年九月に宮城県知事から「遺族トシテソノ本分ヲ守リ刻苦淬励織手克ク家政ヲ整ヘ節ヲ持シテ渝《かわ》ラス其ノ行蹟他ノ範トスルニ足ル[13]」として表彰された。栃木県豊郷村の増淵好は、婿として迎えた海軍軍人の夫が戦死したのち、実家で農業に精を出して両親と二人の子どもの生活を守り、その奮闘ぶりが地元の新聞に掲載され、今市の実業女学校の生徒たちから手製のエプロンと歌を贈られた[14]。

長野県更級郡で関家に嫁いだ関志げは、戦病死した夫の舅、障害をもった義妹そして自分の子どもらの暮らしを支えるべく農作業に精を出し、一九三九年の銃後後援強化週間に県知事から戦没軍人の節婦として表彰された[15]。千葉県山武郡の石田つたは、日露戦争に従軍した夫が戦病死したあと農業に精を出し、家の借財を返済するとともに、残された息子・政信を育てた。そして日中戦争が始まって政信が応召し（のちに任期を終えて帰還）、その間孫を育てながら家を守り、三九年二月十一日の紀元節に節婦として千葉県知事から表彰され、さらに同年九月に「銃後家庭の模範」として愛国婦人会千葉県支部長から表彰された[16]。

しかし、これが一九四一年十月に発行された第四輯以降になると、表彰も報道もされていない残された「妻／母」たちの物語ばかりになっていくのである。次の一節は、第四輯に取り上げられた「妻／母」の一人の言葉である。

こないだも県の方がお見えになりまして、不幸が続いたあとは、きっとしあわせがつづいてくるものだからと、おっしゃって下さいましたが、これだけのことを、とり立てて、ふしあわせと申し上げても、世の中には、まだまだふしあわせの方が少なくございませんでしょうし、かなしみにならされてきたものには、われとわが手にしっかりとしあわせをつかむのでなければ、仕合せがくるかもしれないと考えるだけでも空おそろしいことではございますが、こうして四人のこどもにも、それぞれ少ないながらも保険もつけてやり、大して病気をするでもなく、どうやら育ってくれますのを見ますときには、みなさまのご恩になれてはならないと思いながらも、何か仕合せに似た明るいものが心のなかにさしこんでくるようで、わたしはまだ三七ではあるし、まだまだこれからうんと働けるのだからと思わずにはいられないのでございます[17]。

このように話しているのは、陸軍砲兵軍曹として応召、一九四〇年一月に戦死した福島県北会津郡の馬場蔵伊の妻・ハツノである。夫が召集され、目が不自由な義祖母、舅姑、三男一女の子どもの八人が残され、その後ハツノは田三反・畑二反を維持するとともに、炭俵編みや縄ないの内職、さらには堤防修理などの土方仕事に出て一家を支えた。しかし、舅は胃病で亡くなり、ついで姑も肺炎で亡くなる。夫の戦死を含めて家族三人を見送ることになった。「かなしみにならされてきたものには、われとわが手にしっかりとしあわせをつかむのでなければ、仕合せがくるかもしれないと考えるだけでも空おそろしいことではございます」という言葉は、彼女の現在が幸せを実感するのとはほど遠い状況であることを表している。そして「みなさまのご恩になれてはならないと思いながらも、何か仕合せに似た明るいものが心のなかにさしこんでくるようで」という言葉は、周囲に感謝しながらも、決して「仕合わせ」と言い切ることができない自らの状況を、あえて前向きに語らなければならないことに葛藤しているように読める。

この馬場ハツノの例のように、第四輯以降に掲載された「母」たちの姿はその多くが、戦時下にあって先が見えないままただひたすら生活のために奮闘し続けているという例が多くなっていくのである。

『軍国の母の姿』に掲載されたこれら一連の事例は、既存の情報の収集システムを使って調査が実施されて話がまとめられ、一つの「かたち」を与えられたと考えられる。第三輯の「序」では国民精神総動員本部理事長・堀切善次郎が「国民精神総動員本部では、軍事保護院の協力を得て雄々しい軍国の母の姿を広く世に紹介し、国民精神作興に資するために、十名の調査員を全国各地に特派して、この第三輯をまとめた」と述べている。また、軍事保護院援護局長・数藤鐵臣による「序」には、「本書に収めた美談は各府県の推薦に係るものの一部に過ぎない」「本書の刊行に当られた国民精神総動員本部並びに之に協力せられた関係府県、市町村当局の御厚意に対し深甚なる感謝の意を表する」と記している。つまり、国民精神総動員本部が全体を仕切り、軍事保護院が要になって全国の県市町村からの推薦として情報を集め、そこから選び出した「母」のもとに、十人の調査員を手分けして派遣し聞き取り調査を実施するという過程を経て、この『軍国の母の姿』を制作したと考えていいだろう。県市町村が推薦するという過程には、新聞報道、各地区の国防婦人会支部、愛国婦人会支部、銃後の後援団体などからの情報収集過程も介在していたにちがいない。

## 銃後の中心としての「母」

家を捨てた「母」の物語

ここで、母の立場にあった女性たちの生活史を、まず日露戦争期の戦死者遺族の事例から見ていこう。すでに述べたように、明治期からの軍事美談のなかには、「水兵の母」や「一太郎やぁい」などの母が主人公の話がある。しかし、当時すでにそれらを「軍国の母」と名付けて喧伝していたか、ということについては留保しておきたい。先に述べたように、むしろ「軍国の母」は、十五年戦争期の特に一九三七年前後以降に、「母という近代」が前景化されていくなかであらためて「軍国の母」として名付けられたといえる。

日露戦争期の夫が戦死した「母」の例として、「削り出しの行商で我が子を局長にした後藤たきさん」[18]がある。この話は筋立てが工夫されていて、調査員によって調べごとが実施された時点から二十年前にさかのぼったところから物語が始まる。主人公の後藤たきは、夫が一九〇五年三月に奉天郊外で戦死して十五年後の二〇年の初夏、静岡県御殿場で、鰯の削り出しを家々に売って歩く行商をしていた。質のいい削り出しで評判もよく、得意先もついていた。行商を終えて六畳一間の二階借りの部屋に戻ると、今度は夜遅くまで近所の呉服店から預かった仕立ての仕事に余念がなかった。それから一年ほどのうちに同じ町内に戸建ての家を構え、駄菓子店を出した。やがてこの家から若い娘が近くの小学校に教師として通うようになり、夏休みと冬休みには帝大の制服を着た青年が訪れた。東京帝大に通う長男・憲一と、小学校の教員をしている長女・ふみ子だった。

静岡県富士郡須津村の農家・後藤家に嫁入りしたたきが、なぜ夫の戦死後、御殿場で小商いをしながら暮らしているのか、そこにこの母の苦労の末の選択があった。たきが嫁入りした後藤家には、義父・亀太郎と義妹がいた。

夫に代わり舅と小姑と二人に仕えての家庭生活であってみれば、気兼ね気苦労の程も並大抵の事ではなかったに相違ない。

おまけに若い後家だからと云うので、根も葉もない事にそれからそれへと想像を加えて口から出まかせを言いふらす、世間の口には戸が立てられず情ないやら口惜しいやらで、一人秘かに泣き明かして遂う遂う一晩中眠れなかった事が幾度かあった。

しかしながらたきさんには体が綿の様に疲れても千々に心は砕いても、総ての苦労を一瞬にして吹き飛ばして呉れるものがあった。何の苦もなくすくすくと伸び行く子ども二人の姿

まず子どもの養育をめぐって義父と葛藤が生じた。中学に通う長男が成績優秀で、親に内緒で高等学校の試験を受けて合格した。しかし、義父は「困った事が出来た、家には極道ものが出来る、憲一が何時の間にかヨタ者になった。高等学校に入る等とはとんでもない」と言いだした。中学校長らのとりなしでなんとか義父を説得したたきは、それまで一切手をつけずにいた戦死した夫の賜金や遺族扶助料を使って長男を進学させた。また、娘も小学校を卒業すると女学校に進みたいと希望したので、親戚の力を借りて義父を説得して進学させた。たきは、「娘を女学校へ入れたらヨタ者になるぞ、不良にしたけりゃ女学校へやれ」という社会の人々に「ざま見ろ」と言われないように農作業のなか送り迎えを欠かさなかった。


こんなに苦労しても世間の口は五月蝿かった。

「扶助料を貰って遊んで居てもよいのに欲張って……」

等はまだ良い方の部類で、

「扶助料を嫁一人の名義にして置いて、もし誰かにだまされたら何うするつもりなのか。」

等他人の疝気を頭痛に病んで、陰口どころか舅や小姑に迄入れ知恵さえするおせっかい屋まで出てくるとい

う有様に、一々文句を言って抗議に行く訳にもいかずたまりかねて家を飛び出したたきさんが、「同じ苦労をするにしても知らぬ土地ならばまた……何処に居ても子どもへの学資さえ稼ぐことが出来れば……」

と云うので落ちついたのが此所御殿場町東田中○○○番地なのであった。

御殿場町に来てからのたきさんは「若い後家は誰かにだまされるものと決まったものか、決まらないものか」口で言い訳するよりもぢっと耐えて「今に見ろ、無言で抗議してみせる」と云う気概一途に死物狂いで働き続けた甲斐有って、二階借りの土鍋世帯から一戸を構えての生活がどうやら出来る様になり、長男憲一君は東京帝国大学工科を出て就職はするし、娘のふみ子さんも女学校を出て小学校教員として奉職する様になった〔○○の伏せ字は引用者〕

この取材がおこなわれた時点で、小学校教員をしていた娘はすでに二十七歳で夭逝してしまっていたが、長男は満洲国の局長級の官吏となって栄達を遂げていた。長男が帝大を経て官吏になり、娘は女学校に進学して小学校の教員になったということは、子どもたちの養育を何より優先させていたという「母」の物語の結末としてはハッピーエンドといっていいだろう。

しかしこの物語が特異な点は、ほかの物語の多くが近隣の積極的な扶助とそれに支えられ家族一丸となって奮闘したことを強調する傾向があるのに対して、この場合は、家族も近隣も「母」にとって障害として立ち現れることである。ほとんどの話で借金や貧困などの困難が「母」の前に立ちはだかるが、そうした負の要素は、奮闘する「母」を描く美談にとって必要条件だといえる。しかしこの話の場合、動員体制を支える理念である「隣保共助」や国家の要であるはずの家族の関係性自体が「母」にとっての障害として語られているのである。

「若い後家だからと云うので、根も葉もない事にそれからそれへと想像を加えて口から出まかせ」というのは、ほぼまちがいなく、夫以外の男性との不貞などを含めた性的な内容の「出まかせ」だったのではないだろうか。

夫が出征して一人残された女性には人格そのものをおとしめるような社会の好奇の視線が向けられていた現実もあったことが、この話からわかる。

この話には、もう一つ、社会の冷たい視線のありようが示されている。「扶助料を貰って遊んで居てもよいのに欲張って」と言われたことは、軍事扶助受給者に対する周囲の視線のなかにどんな感情が含まれていたかを示している。特に、たきのように、扶助を受けながらなお子どもたちを上級学校に通わせようとしていた「母」に対する冷たい視線があり、軍事扶助を受けながらどのように暮らすかには、周囲との軋轢を生み出しかねない緊張状態が潜在していたことがうかがえる。

兵士の家族が扶助を辞退することが美談になることがしばしばあるが、その背景には、扶助受給に対するこうした社会の複雑な視線が影響していたことも推測できる。

後藤家に対する近隣の人たちのこうした関心は、「扶助料を嫁一人の名義にして置いて、もし誰かにだまされたら何うするつもりなのか」という、家族の暮らしと関係性に介入してくる具体的な力としても現れている。結局たきは、こうしたことが理由で、舅・小姑という家族と「家」を捨てて自活する道を選択するのである。

舅や小姑と戦争未亡人である女性との葛藤を抱えた関係、子どもの養育方針に関して「母」と対立する家族、近隣の誹謗中傷やおせっかいな介入が家族間にもたらす不信、これらはいずれも国民一丸となった動員という物語とは矛盾する要素といえる。生活の障害を乗り越えて前へ進んでいく主人公の奮闘を語る美談が、銃後美談という枠組みと矛盾する要素を描く結果になった例の一つといえるだろう。銃後美談を「逆なで」に読むことで、「軍国の母」の背後にある、動員の理念とは相反する銃後の社会と家族の実態が垣間見えた例として、受け止めておきたい。

### 表彰される「母」の物語

日中戦争以後の話には、「母」たちが先が見えない奮闘のただなかにいる話が多いことはすでに述べたとおりだが、そうしたなかで、公的な機関や団体から表彰された母の事例として「花と遺書」と題された話を取り上げたい[19]。

鈴木コトの実家は、神奈川の葉山で鮮魚店を営んでいて、婿養子だった真面目な夫・民吉は陸軍後備砲兵上等兵として一九三七年九月に召集を受けた。コトは、出征する夫に手をついて「御出征なさる以上一命は御国のために捧げる御覚悟のことと存じます。万一のことがありました時の用意に、子ども達のために遺言を書いておいて頂き度いと思います」と言い、遺書を残してほしいと望んだ。

夫の出征後、コトは、朝は四時に起きて市場に買い出しに行き、そのうち男に交じって慣れない入札もこなすようになった。夫は何度か戦地から便りをよこし、一九三八年の春には、コトが、桜の花が好きだった夫への便りのなかに桜の花びらを入れて出すと、しばらくして夫から喜びの手紙が返ってきた。

しかし秋に入ると夫の手紙は少なくなり、しかも代筆でくるようになった。そして十一月のある日、コトのもとを新聞記者が訪れ、上海の特派員が伝えてきたと、夫・民吉が上海の病院で亡くなったと知らせた。

こんどこそはほんとうにコトは一家を背負って立たねばならなかった。かねて出征中からもみるにみかねて軍事扶助を受けたらと勧める人もあったがコトは

「あたしたちよりももっと気の毒な方が沢山ある筈です。そういう気の毒な方たちを救ってあげてください。夫に誓ったこともありますから、出来るだけのことはやってみるつもりです。」

人々の親切は、有難いと思ったが、男勝りのコトはやれるだけのことは自分でやり通したいと思った。これが銃後の戦争なのだ。夫を始め兵隊さんの苦労を思えばうかうかしていられないと増々気を引き締めるのだった。コトは一生懸命働いた。夜も昼も忘れて文字通り一家総動員だった。コトが四時に起きて買出しに行ってくると学校へ出かける前に十四のアサヨと十二の保子とが遠い方面だけを子ども用の自転車で御用聞に廻り、近くは父幸太郎が老軀に鞭打ってどうやら一家を経営して行くのだった。

そうしたコトの努力は街の人々の評判になり、女子青年団や実業女学校の生徒が洗濯の手伝いを申し出るようになったが、コトはそのたびごとに申し訳なさそうにこう言ったという。

「みなさんにほめていただくほどのこともしておりませんのにいろいろ御厄介をかけてしまって申し訳ないと思っています。お屋敷の方たちも遺族だというのでいろいろ買って下さるのですが人手が足りませんので御注文の品をお届けするのが遅れたりして御迷惑ばかりかけております。余りほめて頂くとどうしたらよいか困ってしまいます」

コトは、その後、一九四〇年二月に、愛国婦人会神奈川支部から「軍国の母」として表彰される。

鮮魚商である点も含め、第2章第2節「前線の美談と銃後の美談」で取り上げた、「ゴム長靴の女留守隊長」と類似している。コトが「男勝り」と形容されているのは、「女留守隊長」という言葉と重なる。夫の出征と戦死後、家業を女手一つで切り盛りしながら子育てをしていく妻／母の物語の類話はかなりある。

この話のタイトル「花と遺書」の「遺書」は、コトが出征する夫に遺書を求めたということにちなんでいる。タイトルに掲げて強調することで、軍務につく夫を見送る妻の覚悟を称賛する狙いがあっただろう。さらに「花」は、コトが戦地の夫への手紙のなかに夫が好きな桜の花びらを入れたというエピソードに基づいている。手紙を媒介にした銃後の妻の、戦地の夫に対する気遣いをたたえる意図があるにちがいない。「花と遺書」というタイトルは、「軍国の妻／母」の覚悟と戦地にある夫へのこまやかな気遣いを強調するための演出だといえる。

しかし、この話で興味深いのは、「軍事扶助」に対する態度だ。コトは軍事扶助を受けるようにという周囲の勧めを受け入れようとはしなかった。すでに述べたように、軍事扶助に国費をあてることを可能にした一九〇四年の下士兵卒家族救助令をはじめとして、三七年の軍事扶助法まで一貫して「出願主義」をとっていた。「濫救」を避けるために、あくまでも、当事者が扶助を出願するという仕組みを堅持していた。そこに、軍事扶助を受けないという選択の余地が生まれ、それが美談のなかで称賛されるべき要素の一つになったのである。

先に見たように、社会や家族・親戚との間に緊張関係が生まれる危険があるとするなら、確かに躊躇するのもわからなくはない。ただここではさらに、「あたしたちよりもっと気の毒な方が沢山ある筈です。そういう気の毒な方たちを救ってあげてください」という言葉について考えておきたい。そもそも一般的な貧窮救護ではなく軍事救護なのだから、理屈でいえば「貧」の相対的な度合いは問題にはならない。動員という論理のなかで働き手を失い、以前にはなかった困難を抱えることになった家族が扶助を受けることに問題があるはずがない。当事者の申請が必要なだけである。

ところがここでは、「もっと気の毒な方」という相対的な観点が示されている。自分より困窮している者がまず扶助されるべきであるという言葉からは、軍事扶助であるにもかかわらず、当事者にとっては一般の貧窮救護と十分に区別されずに捉えられているようにみえる。末端でのこうした動員の制度の捉え方は、制度が抱えた弱点が美談のなかで語られている例といえるのではないだろうか。

この話は、愛国婦人会支部による表彰について述べることでとりあえずハッピーエンドのように結んでいる。しかし、このコトの奮闘は、まだ続いている戦争と同様に、どこに行き着くのかわからないものなのである。

## 3　『日本の母』と文学者たちの動員――日本文学報国会

### 『日本の母』

『軍国の母の姿』の第五輯[20]が一九四三年三月に刊行されると、このシリーズとほぼ同じコンセプトの「母」をめぐる美談集が、その翌四月に、大日本文学報国会と読売新聞社によって編まれて『日本の母』と題して春陽堂書店から刊行された（図39）。同書の奥付によれば一万五千部を発行している。本書ではもっぱら三七年から四一年までの日中戦争期の銃後の美談を対象に検討しているが、「軍国の母」が、その後も同じように盛んに語られ続けていたことを確認するために、同書を見ておきたい。

同書は、川端康成、壺井榮、菊池寛、海野十三、佐藤春夫、土屋文明、久保田万太郎、佐々木信綱、水原秋櫻子、長谷川伸、岩田豊雄（獅子文六）、尾崎一雄、西條八十、小島政二郎など、当時の著名な文学者四十九人が日本各地の「母」を訪ねて取材して書いた記事を集めたものである。読売新聞社編集局長の中満義親が最後に記している「跋——「日本の母」懸賞の企画から実践まで」[21]をもとに、制作過程を見ておこう。

この企画は、読売新聞社と大日本文学報国会の共同事業としておこなわれ、大日本文学報国会の会員を「動員」し、情報局、軍事保護院、大政翼賛会、恩賜財団軍人援護会、日本放送協会、大日本婦人会、日本少国民文化協会の後援指導のもとに制作された。四十九例の「日本の母」は、もっぱら軍人援護会の協力のもとに府県支部から三人ずつの候補が推薦され、そのなかから大日本文学報国会と読売新聞社が審議して選び、作家を派遣したという。大日本婦人会は、一九四二年二月に愛国婦人会と大日本国防婦人会を統合してできた団体であり、日本少国民文化協会は、児童文学者や児童文化に関わる者たちを動員した団体だった。文学者を広く動員した組織である大日本文学報国会については、あとで詳しくふれよう。

また軍人援護会とは、恩賜財団として一九三八年十月三日に、軍人援護事業を統一的に実施することを目的として成立した団体だった[22]。陸軍、海軍、厚生省の間で協議して、それまで存在していた大日本軍人援護会、帝国軍人後援会、振武育英会を解散合併して軍人援護会を結成した。朝香宮鳩彦が総裁を務め、本部は東京に置いて道府県に支部を設け、道長官・府県知事が支部長になり、市町村の「銃後奉公会」が分会としての機能を果たすことになっていた。同会は、生活生業資金の貸し付け、恩給扶助料の前貸し、医療援護、子弟育英などの事業をおこなった。銃後の母たちの暮らしに直接関わる組織の一つだったといえるだろう。

この「日本の母」という企画は、各地の「銃後奉公会」などの末端組織から上がってきた情報に基づいて取材対象の女性を選んだと考えられる。

そして、まず一九四二年九月九日から十月三十一日まで「読売報知新聞」紙上に連載されてから、四三年四月に書籍化された。書籍版では、北は樺太から南は沖縄まで、北から南へ順番に四十九の話を配列している。

書籍版の『日本の母』に付された、大日本文学報国会会長「徳富猪一郎（蘇峰）」の「序」には、次のようにある。

わが日本皇国の歴史は、男女両性の協戮によって発展して来たものであることは、改めて申すまでもありませぬ。しかも日本の女性は実に日本国民性格の創造者であり、教育者であり、擁護者であります。しかしてその特質を挙げますならば、勇気であります。勤勉であります。堅忍であります。無私であります。慈愛であります。これを一言にして申しますれば、献身的精神の権化であります。これが即ち皇国女性の伝統的特質であります。切に申しますれば、この精神は日本の母たちによって具顕されて来たところの尊い精神であり、崇高なる母の姿であります。

特に満洲事変より大東亜戦争に至る迄、私どもの眼前にはこの聖なる母の実物教訓が数限りなく示されて、今更の如く私どもは母の力の偉大さに打たれざるを得ないのであります。

図39　日本文学報国会編『日本の母』春陽堂書店、1943年

「日本皇国の歴史」のなかで、「日本国民性格」を創造して教育し擁護するものとして「日本の女性」を位置づけ、その「日本の女性」を「献身的精神の権化」とたたえる。それが「皇国女性の伝統的特質」であり、「日本の母」が具現してきたものだという。「日本の母」を「日本国民性格」の淵源として語る。

そうした「日本の母」の実際の教えが、満洲事変から大東亜戦争に至る戦時下に数多く示されているのだという。先に述べたように、一九三〇年代以降、前面に押し出されていった「母」がここでは「皇国の歴史」に投射され、「日本の母」の歴史的深度が仮構されていく。四十九人の文学者たちが取材してつづった「日本の母」の像が、その上に置かれることになった。

目次を見ると、北は樺太から南は沖縄まで各県から一人ずつ選ばれた「母」が並んでいる。この四十九話の「母」の話のうち、先の「軍国の母の姿」のシリーズに取り上げた話と以下の三話が重なっている。「雄々しや女集配手 山形県・土井於末さん（結城哀草果）」が『軍国の母の姿』第四輯の「母は強し 土井於末さん（山形）」と、「港の誇る「母の水船」広島県・中村セキノさん（竹田敏彦）」が『軍国の母の姿』第四輯の「霧はれる頃 中村セキノさん（広島県）」と、そして「五児に通う鍬の心 愛媛県・高井キクヨさん（岡田禮子）」が『軍国の母の姿』第四輯続篇[23]の「輝く兵の家 高井キクヨさん（愛媛）」に、以上が同じ人物に取材したものだった。一方が厚生省の外郭団体の軍事保護院、もう一方が民間の恩賜財団軍人援護会が中心になって編纂したものだが、どちらもほぼ同じ地方行政の仕組みの上に成り立っていたことを考えると、三件という重なりは少ないほうかもしれない。この三話は、すべてが『軍国の母の姿』シリーズの第四輯と第四輯続篇に掲載してあるものである。

ここでは、四十九件の事例のなかから、壺井榮による「平凡の美徳（香川県 棚田キノ）」を見ておきたい。[24] 壺井榮は、一九〇〇年生まれであり、当時は四十代の中堅童話作家だった。高等小学校を卒業後、郵便局員などをしながら、社会主義文学運動に参加し、雑誌「働く婦人」（日本出版、一九四六―五〇年）の編集部などで働き、童話風の作品を発表し始める。そして壺井が『母のない子と子のない母と』（森田元子・絵、光文社、一九五一年）や『二十四の瞳』（森田元子・絵、光文社、一九五二年）で有名になるのは、戦後になってからである。

このとき、壺井が派遣されたのは、香川県東植田村の棚田キノのところだった。キノは、日露戦争の「勇士」だった夫・弥太郎を「貧困の中」で一九二八年に失い、以来、小作として農業を営みながら六人の息子を育ててきた。夫を失った当時、長男は十六歳で末の子に至ってはわずか生後八十日だった。壺井が訪れたときには、長男から五男までが「支那事変」に出征し、次男はすでに歩兵准尉として戦病死していた。そしてこのとき、キノのもとに一人残った十六歳になる六男も、志願するのだと入隊を指折り待ち望んでいた。
　壺井は役場の者に案内されてキノの家に赴き、キノに会い、その暮らしぶりを目の当たりにし、そしてキノの言葉に耳を傾けていく過程を丁寧に描写している。前半は、キノの生活に関する壺井の観察に徹した次のような叙述が展開する。

　畑に挟まれた細いあぜ道を進み、此所ですと指されて、改まった気持で眺めたその家は、千福寺という寺の石段の脇に、まるでお寺の物置かと思われる程小さな、茅葺きの家であった。軒の壁に蓑が一つかかっている。キノさんのものであろうか。三尺の戸口の前に立つと、鴨居の上に戸主棚田徳蔵の表札と並んで、日の丸に「靖国」と書かれた名誉の標牌と一列に「忠勇」の門標が五つ、ずらりと肩を並べているのが目を惹いた。身内の引きしまるのを覚えて、思わず頭が下がった。そこから見える開け放した家の中には誰も見えず、案内を乞うと外のほうで声がした。

　キノはちょうど長男の嫁と塩叺《かます》を織る内職をしているところだった。棚田家の耕作地は四反五歩の田畑で、そのうち自家の資産は一歩で、子孫に残しうる田畑はそれだけ、つまり畳二畳ほどしかない小作暮らしだった。
　招じられて土間の敷居をまたぐと、そこから裏口のかまどが見え、ざるや茶碗が見え、外の景色が見える。そこにも稲が花咲いている。建具の取り払われた家の中は、隅々まで見て取れる程にささやかな住居である。十畳ほどの奥の部屋、それにくっついて入口の三畳と二畳の茶の間が土間に面して、全部合わせて四角な形に、何の凹凸もなく、ふちのない畳が敷かれてある。部屋を囲る壁や窓の外は、裏の方は手の届くところに畑があり、表は千福寺への参道になっていて、小縁一つすらない素朴な住居である。床の間も、押し入れさえも見かけられない家の中に、目ぼしいものと云えば、戦病死された次男喜代一氏の写真と、キノさんの受けた表彰状が二つの額に入れられて鴨居に輝いているだけである。それと古びた箪笥が一棹、キノさんの五十九年の半生を語り顔に、修繕のあとさえ見せて、部屋の隅に控えているのが見える。

キノは、「農村婦人の五十九歳としては珍しいほどに若々しく」、その眼差しは「怜悧と慈愛」に満ちていて、日に焼けた皮膚が「艶々しく健康に輝いている」。そして「つぎだらけの半袖の仕事着」は「さっぱりと汚れが落ちている」。その姿から壺井は「清廉潔白な感じ」を受ける。若い嫁が壺井たちに「いろいろな形の器に砂糖水を入れて御馳走してくれた」。いろいろな形の器とは、そろいの器がなかったということであり、また砂糖水を供したとは、茶の用意はなかったものの、一家にとって貴重品だったにちがいない砂糖でもてなしたということだろう。

キノと会い、小さな家とその暮らしぶりを目にして壺井は「私はもう、これだけで何もかも分かったような気がして涙が出そうになった」とつづっている。そしてその様子を次のようにまとめている。

赤貧洗うが如しという言葉を私はふと思い出したのだったが、物質的にはこれ程に貧しいその日暮らしであろうとも、その日その日を豊かに暮らすキノさん一家には、何かしらゆとりがあり、溢れるもののあるのを感じないではいられない。それは一家をあげて、お国のためにすすんで己を投げだし得ることでも分る。

キノ一家が軍事扶助を受けていたか否かは、ここには記していない。しかしわずか四反五歩の小作地が生計の中心であることは事実であり、余裕があるわけではない。この一家の暮らしについて壺井は、物質的な貧しさとは対照的に、精神的な「ゆとり」を感じ取ったと述べ、その理由を「お国のために進んで己を投げだし」ているからではないかと述べている。一小作一家の奮闘の現実は、このひと言で「動員」のイデオロギーに結び付けられて一つのイメージを結んだのである。

さらに壺井は、日中戦争以降五年ほどの間に立て続けに五人の息子たちが志願して出征し、そのうち次男が戦病死していることについてキノに問いかける。

「子どもさんたちが皆さん兵隊さんを志願なさったり、再役なさったりするのは、子どもさんご自身お望みになったのですか、それともお母様からおすすめになったのですか」

するとキノさんはにっこり笑いながら

「それは子どものほうが先にその気になりましてのう。兄さんが行ったんじゃけに、おらも行くんじゃいうて、待ちかねるようにして次々に行きました」

「どんなお気持ちがなさいました」聞くとキノさんはなおもにこにことして、

「もうみんな揃えに行ったらえいわと思いました。家に居たとて喧嘩するのに、したいことは同じようにさしたらええと思いましてのう。六人目の末のが今年十六になりますが、これも体格がようて、もう十文半の足袋が合わんのでござんす。これもまた、志願するとて楽しんで居りますけん、おう、ゆけ、ゆけ、云うとります」

この飾りのない言葉で、私は真正直な「日本の母」を見たような気がした。キノさんの態度は水のように淡々としていて、世の波風を押し切ってきた者の気強さのようなものもなければ「日本の母」として選ばれたことについての誇りのようなものさえ感じさせないのだった。

この壺井とキノのやりとりの描写には、目の前の女性を「日本の母」として語ろうとする壺井の〝苦労〟がにじみ出ているように見える。普通の美談であれば、キノは五人の息子を兵隊にし、いままた末っ子の六人目を兵隊に出そうとしている、まさに「軍国の母」の鑑ということになるのかもしれない。しかし、この部分の描写は紋切り型のものにはなっていない。キノの「もうみんな揃えに行ったらえいわ」という言葉は、ある種のあきらめの境地と受け取ることもできる。どうせうちにいても喧嘩ばかりしているのだから、みんな平等に好きにしたらいい、という言葉には、「御国の為」という意味づけもなければ、「母として嬉しい」といった含意もない。したがって「軍国の母」の美談にはなりにくいが、だからこそ日常を生きる者の生々しい言葉なのである。

しかし、壺井はそれを、「この飾りのない言葉で、私は真正直な「日本の母」を見たような気がした」と、「日本の母」に接続してみせる。つまり「水のように淡々として」いて、「世の波風を押し切ってきた」気強さも感じなければ、「日本の母」に選ばれた「誇り」のようなものも感じさせないキノの態度そのものを評価し、それこそが「日本の母」だと意味づけているのである。

時代のなかで使い回しされた表現やジャーゴンを使わずに、それぞれの女性に関する写実的な描写とそれに基づく解釈に徹することで、「日本の母」像を描き出していこうとする傾向は、この壺井のルポに限らず、同書に収められた文学者たちの記事に共通して見ることができる。

最後に壺井が、キノに「愚問だとは思いながら、お子さまのほかにあなたのお楽しみは」と尋ねる。キノは「そりゃもう畑の掃除が綺麗に出来たり、作り物に花が咲いたりする程楽しみはありません」と答えている。それは畑仕事に生きる者の言葉であり、時代のスローガンなどとは無関係な言葉だった。

このキノの答えに続けて壺井は次のようにこの話をしめくくっている。

> このことから考えても彼女こそは百姓に生まれ、百姓として一生を閉じるべき女性であろう。だが、彼女がただの百姓だけではないと同時に、ただ平凡な母であることこそ「日本の母」として推薦された理由は十分にあるにちがいない。

国への奉公の喜びや息子を「御国」に捧げる決意などまったく口にしないにもかかわらず、文学者があやつる言葉によってキノは「日本の母」に作り変えられていったのである。

## 日本文学報国会――文学者の動員

「日本の母」を企画した日本文学報国会とは、どのような団体だったのだろうか。当時は、中国との戦争が泥沼化していく一方で、日本は、経済封鎖によって対日包囲網を築いたアメリカ、イギリス、中国、オランダとも戦争を開始したところだった。一九四一年十二月の真珠湾攻撃と香港・マレー沖海戦を契機に、十五年戦争の第三ステージが始まったのであり、当時いうところの、太平洋を股にかけた「大東亜戦争」の開始だった。

大東亜戦争が始まって半年ほどたった一九四二年五月に、内閣情報局と大政翼賛会の主導のもと、文学者が大同団結して戦時体制に協力するための翼賛組織として日本文学報国会が結成された。会員は約三千人で、会長には徳富蘇峰（猪一郎）がついた。同会は、小説部会、劇文学部会、評論随筆部会、詩部会、短歌部会、俳句部会、国文学部会、外国文学部会の八部会で構成し（のちに漢詩・漢文を加え九部会に拡大）、小説から戯曲、随筆、短詩型文学そして内外の文学研究に至るまで、「文学」の各ジャンルで活動している作家、評論家、研究者が参加する団体だった。それは、まさに「文学」が動員されていくことを意味していた。

日本文学報国会の結成を可能にしたのは大政翼賛会だった。大政翼賛会は、新体制樹立を進めてきた第二次近衛文麿内閣のもと、一九三七年に結成された国民精神総動員中央聯盟を発展的に解消し、それを包摂して四〇年十月に創立された。敗戦後、大政翼賛会は戦争遂行に協力したとして、しばしば戦犯の一つとして名をあげられることになる。

しかし、大政翼賛会は当初は国家主義的・戦争翼賛的なイメージでは捉えられていなかったことも確かだった。[25]大政翼賛会が成立した時期は、「新体制」という言葉が世の中に広まっていた。「新体制」とは簡単にいうと、戦時下の生活をこれまでのあり方から一新して、戦争に耐えうる、戦争の勝利を目指すことができる生活に作り変えようというスローガンだった。首相の近衛は、高度な統制経済を通して総動員体制を作ることを目指す新官僚や、笠信太郎、三木清、蠟山政道、尾崎秀実ら知識人を会員とする昭和研究会を中心に、国民を統合し、軍部の力を抑制しながら、近代的で合理的な社会体制を構築する道を構想していた。それがこの時期にいわれていた「新体制」だった。その構想を簡単にまとめると次のようになる。

近代日本は、基本的に資本主義体制を発展させてきた。市場原理のなかでの競争の結果として、成功に応じて資本を蓄積していくことで、富者と貧者という格差・差別が生まれる。しかし戦時下は、物資を戦争遂行に向けて動員しなければならないので、一部の資本家の独占を禁止して物資を一つの目的にしたがって動かしていく高度な計画経済を必要とした。それはある意味では、資本主義体制の矛盾を批判していた社会主義の立場の人々などにとっては「平等」と「均等」がもたらされる契機として捉えられることになった。

つまり、近代日本で体制側から社会の敵と見なされてきた社会主義者が理想としてきた社会のかたちに近いものが戦時下で追求されたということもできるのである。今日では、この「新体制」は、ただ戦争を支える仕組みと同義として捉えられがちだが、当時の状況下では、もっと複雑な捉え方をされ、銃後の体制のなかに、「革命」の理想像を見いだす者もいたのである。

大政翼賛会は、戦時体制を構築するにあたって、「文化部」を設けて広い意味での文化政策を掲げたことに大きな特色があった[26]。大政翼賛会で文化政策の必要性を主張していた者の一人が、近衛のブレーン集団・昭和研究会のメンバーでもあった哲学者の三木清だった。三木は、マルクス主義を哲学として理解するために研究し、時代に対する発言を積極的におこなっていた。しかし三木は、一九四五年六月に、治安維持法違反者をかくまったという嫌疑で検挙され、拘留中に刑務所で病死する。つまり三木は、「新体制」という戦時体制を盤石にするために大政翼賛会の文化政策の基礎を築いた一方で、反体制活動をした疑いで検挙され獄死した、簡単に白か黒かで分けられない人物の一人だったといえるだろう。

文学者を動員することになった背景には、こうした大政翼賛会の文化政策に対する積極的な姿勢があったことは確かだろう。また、そこに参加した文学者たちのなかには、戦争に積極的に協力するというよりも、新たな社会秩序の構築に加わろうとする意識も少なからずあったのではないかと推測される。

ここで、櫻本富雄による日本文学報国会に関する研究[27]に基づき、その結成についてふれておきたい。一九四〇年から翌年の四一年にかけて、「新体制」の政策のもとで、日本の文学界には、さまざまなグループや団体を統合しようとする運動がおきていた。そしてその主導権をめぐって団体同士が互いに対抗し、試行錯誤が繰り広げられることになった。

一九二一年五月に結成された小説家協会を前身とする文芸家協会や、「新体制」への対応を意識して当初は文芸家の連絡協議機関として四〇年十月に発足し、のちに積極的に文芸家の一元化を目指すようになった日本文芸中央会などが、さまざまなジャンルの団体を擁しながら文学界の「新体制」を模索していた。

一九四一年十二月八日の真珠湾攻撃による大東亜戦争の開戦に国民が熱狂しているさなか、大政翼賛会文化部が中心になって同月二十四日、大政翼賛会の会議室で文学者愛国大会が開催された。大政翼賛会の安藤紀三郎副総裁、情報局の谷正之総裁の挨拶があり、菊池寛を座長として会議がおこなわれた。そこで、「全日本の文学者の総力を結集し、大東亜戦争完遂のため国家総動員態勢に応じて、日本文学者会を設立する」という決議文が発表された。

そして、一九四二年五月に日本文学報国会の創立総会が開かれて定款や組織を定め、同年六月十八日に日比谷公会堂で発足式を挙行した。日本文学報国会の理事十五人には、長与善郎、吉川英治、菊池寛、山本有三、佐藤春夫、水原秋櫻子、柳田國男、折口信夫などが名を連ねていた。

この文学報国会が、戦時下の国民精神作興のためにおこなった初期の大きな事業が、『日本の母』の出版として結実する、一九四二年の「日本の母・讃仰」というプロジェクトだった。戦時下の「母」の行動を顕彰するために、会員の文学者たちを各地に派遣して記事をまとめて出版するという企画だったのである。

この企画に参加した文学者たちは「新体制」という新たな可能性に関わることを自覚し、それぞれ眼前の女性とその暮らしを誠実に描き出そうとしたのだろう。しかしそれは結果的に、下手な「愛国」のレトリックに頼らずに、銃後美談としての「軍国／日本の母の姿」を練り上げていく営みであったことも確かなのである。

注

(1)久米元一・文『忠勇美談』(「講談社の絵本」第三十九巻)、大日本雄弁会講談社、一九三七年
(2)久米元一・文「水兵ノ母」、同書所収
(3)前掲『軍国美談と教科書』五九ページ
(4)同書六三―六四ページ
(5)以下、この話の要約と引用は、「ラジオ講演を聞いて」、前掲『支那事変恤兵美談集』第二輯所収、五五―五九ページ。
(6)以下、母と「家庭」をめぐる近代については、特に注記がないかぎり小山静子『良妻賢母という規範』(勁草書房、一九九一年)、同『家庭の生成と女性の国民化』(勁草書房、一九九九年)に基づいた。
(7)山本敏子「日本における〈近代家族〉の誕生――明治期ジャーナリズムにおける「一家団欒」像の形成を手掛りに」、教育史学会機関誌編集委員会編「日本の教育史学――教育史学会紀要」第三十四号、教育史学会、一九九一年
(8)北本正章『子ども観の社会史――近代イギリスの共同体・家族・子ども』新曜社、一九九三年
(9)以下、一九三〇年代の「母」の位相については、村田昌子「戦時期の母と子の関係――家庭教育施策・家庭教育論の検討を通して」(赤沢史朗/北河賢三編『文化とファシズム――戦時期日本における文化の光芒』所収、日本経済評論社、一九九三年)を参考にした。

また、「母」をめぐる戦時下の家庭教育政策のより詳細な分析については、奥村典子『動員される母親たち――戦時下における家庭教育振興政策』(六花出版、二〇一四年)がある。奥村は、戦時下の「家庭教育振興政策」の展開について「母」を中心に分析し、「母」が、一九三〇年代前半には、主に次世代の国民を育てていく場としての「家庭」での要としての役割を期待されていたのに対して、三〇年代後半の日中戦争以降になると、地域や学校との連携のもとで、労働力不足を補う労務動員や増産、貯蓄など、総力戦下の多様な銃後後援の役割を担うことが期待される存在へと次第に変わっていく過程を明らかにしている。

あとで取り上げる銃後美談集『軍国の母の姿』第一輯―第五輯(一九三九―四三年)で描かれる母たちも、夫が出

征もしくは戦死したあと、家事と子育て、家庭教育だけでなく、さまざまな労働と増産に関わって一家の大黒柱として生計を支えていく。その意味ではこの美談集は、総力戦下で求められた「母」の像を具体的に描いているといえる。

（10）家庭教育施策については、前掲「戦時期の母と子の関係」三三三―三三五ページ。さらにその政策が具体的に進められる過程については前掲『動員される母親たち』に詳しい。例えば同書のなかで奥村は、一九三〇年から三八年まで文部省社会教育局の主催で実施された「母の講座」の実態について、委嘱先からの報告を集めた各年度の「実施概要」をもとに明らかにしている（同書六〇―八九ページ）。この講座は奈良女子高等師範学校などの直轄学校や府県庁の教育機関に委嘱して、一日三、四時間の講座を一カ月ほど実施していたという。開催地は三〇年の四カ所から三六年は十七カ所になって、受講者数も六百三十七人から四千九百五十五人へと増加した。参加者の内訳も、当初は中等学校以上だったものが三二年を境に尋常小学校や尋常高等小学校の卒業生なども加わるようになって、人数が急増する。

講座の内容については、一九三三年以降は「母性」の「涵養」を唱えていたという。主に「家庭教育」「家庭生活」「日本精神」の三本立てだったが、奥村は、主催者側が家庭教育や日本精神に重きを置いていたのに対して、受講者には、衛生や家庭生活に関する具体的な知識を求める傾向が見られ、そこにずれが生じていたと指摘する。

（11）軍事扶助の歴史的展開については、前掲『近代日本の国民動員』の序章、第一章「日清・日露戦争と軍事援護」、第四章「軍事救護法の成立」を参照。

（12）「紅葉は散れど（北海道）」、軍事保護院／国民精神総動員中央聯盟編『軍国の母の姿』第三輯所収、軍事保護院／国民精神総動員中央聯盟、一九四〇年、一―八ページ

（13）「嵐に立つ女丈夫（宮城）」、同書所収、九―一四ページ

（14）「豊郷の花（栃木）」、同書所収、一五―二六ページ

（15）「信濃路に薫る（長野）」、同書所収、二七―三七ページ

（16）「節婦に輝く源村（千葉）」、同書所収、三八―四四ページ

（17）「あきかぜよ心あらば」、軍事保護院／大政翼賛会編『軍国の母の姿』第四輯所収、軍事保護院／大政翼賛会、一九四一年、一〇四―一一二ページ

(18) 以下、この話の要約と引用は「削り出しの行商で我が子を局長にした後藤たきさん」(前掲『軍国の母の姿』第一輯所収)一六―二八ページ。
(19) 以下、この話の要約と引用は「花と遺書」(前掲『軍国の母の姿』第三輯所収)、四五―五三ページ。
(20) 軍事保護院/大政翼賛会編『軍国の母の姿』第五輯、軍事保護院/大政翼賛会、一九四三年
(21) 中満義親「跋――「日本の母」懸賞の企画から実践まで」、日本文学報国会編『日本の母』所収、春陽堂書店、一九四三年、三三五―三三七ページ
(22) 以下、軍人援護団体については帝国軍人後援会編『社団法人帝国軍人後援会史』(帝国軍人後援会、一九四〇年)、軍事保護院編『軍人援護事業概要』(川口印刷所、一九四〇年)四九九―五〇二ページ。
(23) 大政翼賛会宣伝部編『軍国の母の姿』第四輯続篇、大政翼賛会宣伝部、一九四二年
(24) 以下の概要と引用は、壺井榮「平凡の美徳(香川県・棚田キノ)」(前掲『日本の母』所収)、二五〇―二五六ページ。
(25) 特に指示がないかぎり、以下の大政翼賛会の「新体制」とその文化政策については、日中戦争期からアジア・太平洋戦争期という戦争の時代の知識人のあり方について分析した北河賢三『戦争と知識人』(〔日本史リブレット〕、山川出版社、二〇〇三年)を参照した。
同書は総力戦下の文化政策を単に戦争協力として糾弾するのではなく、「新体制」というコンセプトに当時の知識人がどのような意味を見いだしたかを分析し、単純に白か黒かでは語れない当時の知識人の思考と選択をわかりやすく描き出している。また北河は『大政翼賛会文化部と翼賛文化運動』(〔資料集 総力戦と文化〕第一巻〕、大月書店、二〇〇〇年)では、昭和初期に盛んになった各地の郷土研究団体や多様な文化団体が、「地方文化」や「生活文化」の振興を掲げた大政翼賛会の文化運動に組織化されていった過程を史・資料で明らかにしている。こうした地方の文化運動での種々の顕彰活動などが銃後美談を含めた軍事美談の揺籃の一つだった可能性についてはあらためて検討したい。
(26) 大政翼賛会文化部の活動を内側から描いた記録として、杉森久英『大政翼賛会前後』(文藝春秋、一九八八年)がある。同書は、大政翼賛会の興亜局と文化部に勤務した杉森の経験に基づき、「新体制」が当時の知識人たちにとっ

てある種の「革命」の響きをもっていたことなどを描いている。

(27) 櫻本富雄『日本文学報国会――大東亜戦争下の文学者たち』青木書店、一九九五年、五―一三八ページ

# 第7章　モダンガールと少女たちの銃後

## 1　街頭という銃後――千人針を縫う女たち

前章では、銃後の象徴的な存在だった「母／妻」たちの銃後美談について見てきた。本章では、妻／母とは対照的ともいえる、「家庭」に拘束されない「街頭」の女性たち、そして思春期の「少女」を主人公とした銃後美談を見ていこう。

### モダンと街頭

日本の総力戦の時代がモダニズムという時代に上書きされていたということについて、あらためて銃後の女性に焦点を絞って検討しておきたい。

モダニズムとは、現代的な大都市の生活文化や大衆消費社会が形成されていく状況を意味していた。(1) 郊外に住宅を構えて都心部に通勤する俸給労働者（サラリーマン）世帯を典型とするような社会階層を生み出して、彼らは、それまで日本では「理念」でしかなかった家族愛を前提に子どもを育てる「家庭」という場を現実に形成していった。それは、近代の良妻賢母が生まれた場だったともいえる。

そしてもう一方では、都市の「街頭」に独自の生活文化が展開していった。この時代に民衆娯楽を研究した権田保之助は、モダン都市の文化を「街頭の生活」と名付けた[2]。それは、そこに生活の基盤を置く人たちによって営まれるのではなく、職場からの帰宅の途中など移動／交通の過程で一時的に立ち寄るような不特定多数の人々によって刹那的に営まれる生活なのだという。そして、盛り場にはカフェやシネマ、デパートなどのモダン都市を象徴する施設が生み出されていった。それらは、原則として誰でも入ることができる「街頭の延長上」の空間である。「街頭」の文化とは、基本的には移動と交通の空間にそこを生活の基盤としていない不特定多数の人々が集まることによって形成された、見知らぬ者同士、すなわち匿名の関係性が生み出した文化とまとめることができるだろう。

東京では、関東大震災以後に盛り場として変貌を遂げた銀座を筆頭に、サラリーマンが家庭を営む郊外へのターミナルとして発展した新宿、浅草寺の門前町として江戸期からの歴史をもつモダンな大衆文化のメッカとなった浅草などが、モダン都市東京の盛り場になっていった。また、東京や大阪などの大都会以外の地方都市でも、デパートやカフェがにぎわうなど都市的な街頭の文化が出現し始めていたのである。

満洲事変から日中戦争の約十年は、このモダニズムの都市文化が花開いた時期と重なっていることは、すでに述べた。そこには、「妻／母」としての女性とは異なった、街頭の都市文化のなかで生きる女性たちの銃後が展開していたのである。

## 街頭の女性たち

一九三七年七月七日に盧溝橋事件が起きてからまだ一週間しかたっていない同月十四日午後、東京・銀座の街頭に、道行く女性に千人針を依頼する女性の一群が現れた。「銀座の女給さん」十五人が、「兵隊さんを思う愛国心にかられて飛び出した」のである。

女給と言えど軽蔑するな、妾《わたし》も日本女性の一員です。炎天下に弾雨を衝いてお国のために戦って居られる兵隊さんの御苦労を想えば、安閑としているわけにはゆかない。妾達が安心してくらしていけるのは、誰のおかげかと思うかと、考えれば考えるほどじっとはしていられない。(3)

図40　街頭で千人針をする女給たち。女給は和装、千人針に応える女性は洋装で描き分けている
(出典：前掲『支那事変恤兵美談集』第1輯)

これは本人たちの言葉を引用して叙述しているわけではなく、この「話」を美談として叙述した記者の文飾ではなかっただろうか。戦地で戦っている兵隊さんたちのおかげで私たちの平和な暮らしがある、という言葉は、第5章で見たように、銃後の子どもたちも口をそろえて言っていた決まり文句の一つだ。しかしその一方で、「女給と言えど軽蔑するな」という言葉には、当時、「女給」に向けられていた視線がどのようなものだったかをうかがうことができる。この話を美談としてまとめた記者の先入観と、モダンな盛り場で働く女性たちに対する社会の視線が浮かび上がる。

「銀座の女給さん」とは、おそらく銀座のカフェを中心とする飲食店に働く女性たちだろう。それまで主に遊郭のなかに限られていた女性による接待が、一九一〇年代から三〇年代にかけてモダンな盛り場を中心に増えていったカフェで、洋酒や洋食とともに供されるようになった。カフェは、大衆的なレベルで「商品化された女性」

を供給する施設でもあったといえる。

この話の挿絵は、千人針を求める「女給」とおぼしき和装の女給たちに、街頭をゆく洋装の女性たちが応えるさまを描いている（図40）。都会のモダンが千人針に動員されている光景だといってもいいだろう。しかし、「女給」たちが働くのは盛り場の夜の時間帯である。こうして午後の街頭に女給が十五人も並ぶのは珍しい光景だったのではないだろうか。

千人針とは、サラシに赤い糸で糸止めを作り、それを一人一針、千人分集めると弾よけになるという、まさに戦争が生み出した近代日本の民間伝承である。渡邊一弘による「千人針」という習俗の展開に関する民俗学的研究をもとに、その概要を見ておこう。(4)「千人針」の起源は日清戦争にさかのぼるといわれているが、渡邊は、史料としてそれが明確に現れるのは日露戦争期であり、さらにそれが全国的に大流行するのは、日中戦争以降のことだと指摘する。日露戦争当時は千人結、千縫いなどと呼ばれていて、それが「千人針」と呼ばれるようになったのは満洲事変の頃からだという。当初は寅年生まれの女性でなくてはいけないとか、満洲事変の頃には五黄寅の処女千人によるものではなくてはいけないなどといった厳しい条件が語られていたという。それが、日中戦争期以降になると、寅年生まれの女性は年齢の数だけ縫えるというように、条件がゆるくなっていった。寅年の女性が重視された理由として「寅は千里を行って、千里を帰る」からだという解釈もこの頃に出てくる。こうした条件の緩和も含めて、日中戦争期に「千人針」が全国的に大流行していくことになるという。つまり千人針は、出征する肉親に持たせたり慰問袋に入れたりするケースが増えたから、総力戦期に流行したのだといえる。

また渡邊によれば、「千人針」は日露戦争期から人通りの多いところでおこなわれていて、それは必ずしも神社仏閣など地域的な共同祈願をおこなう場所ではなかったという。

この習俗が日中戦争期以降に大流行したことの背景として、大規模な総力戦が始まったということのほかに、不特定多数の人が大勢集まる「街頭」の文化が拡大するモダニズムが、東京や大阪などの大都会はもちろん、中規模の地方都市にも出現したということもあるのではないかと考えられる。

図41―1　「涙の千人針」の挿絵
（出典：前掲『支那事変恤兵美談集』第2輯）

日中戦争期以降の千人針は、街頭に不特定多数の人が日常的に集まる環境があり、その街頭の匿名の関係性を前提にして、女性たちの善意を動員していくという、戦時期の「街頭の文化」だったといえるだろう。不特定多数の女性が都心の盛り場にいるというのは決して当たり前のことではなく、モダン都市の街頭文化を前提にして成り立つことなのである。

そして、この「街頭」を舞台にした美談のなかに、「家庭」という場にいる妻／母そして娘とは異なった、「女給」という女性たちが現れることになった。

次にあげるのは、一九三七年九月のこととして『支那事変恤兵美談集』第二輯に掲載された、街頭で千人針を乞う「女給」の話である。[5]

残暑厳しい東京の新橋駅のほど近くで、千人針の腹巻きを手に道行く女性にひと針を乞うていた若い女性に、五十歳を超えている思われる小柄な婦人が、この暑いのにご苦労さまです、どなたかご家族が出征されたのですか、と尋ねた。若い女性は、かつて兄が千人針など持っていったら笑われると、母に頼まれ自分が用意した千人針を持たずに出征し、前の上海事変で戦死してしまった、だから今度の事変で出征する兵隊さんには役に立ててもらいたいと、こうして千人針の腹巻きを用意しているのです、と答えた。すると婦人は、実は自分も満洲事変で一人息子を亡くしたと告げ、「でも、お国のために役立ったのでございますから」と寂しく笑って、そして

図41—2　千人針風景1：千人針と少女
（出典：前掲『支那事変恤兵美談集』第1輯口絵）

図41—3　千人針風景2：児童画のなかの千人針。青年学校本科4年、男子
（出典：前掲「銃後の護り」）

「帰りに氷水でも」と若い女性の手に何かを握らせて去っていった。そして彼女が、それが五円紙幣であると気づいたときには婦人の姿は雑踏のなかに消えてしまっていた。

図41―4　千人針風景3：児童画のなかの千人針。尋常小学4年、女子
（出典：前掲「銃後の護り」）

「では、このお金を千人針と一緒に、お役所にお届けしよう――」

　そう決心して一生懸命に作り上げた千人針の腹巻を持って、愛宕警察署の玄関に立ったのはその夕方だった。

　係の巡査に、訊ねられるままに、今日の出来ごとを語って、五円紙幣に千人針の腹巻を出したが、職業は新橋の女給だと云っただけで名前も住所も明かさなかった。

「私は、あたりまえのことをしたのに過ぎないのでございます。名前など申し上げるなんて……」

　係の巡査は、ひどく胸をうたれて、この愛国《あいこく》二《に》人《にん》女《おんな》の誠愛こもる千人針と五円札をおし戴きながら、

「よく判りました、お金も千人針も、恤兵部を通じて、戦地の兵隊さんにお送り致します。貴女達のお心は見上げたものです――この腹巻をもらった兵隊さんはどんなに喜ぶことでしょう。きっと貴女の兄さんの分と二人分の手柄をたててくれるにちがいありません」と、言ったのだった。（図41―1）

　ここには、モダニズムの時代を生きる二種類の女性の出会いが記されている。一方は、昼間の街頭に千人針を求めて立つ、夜の街頭の文化のなかで生きる「女給」であり、もう一方は、妻／母として「家庭」を営んでいる

と考えられる女性である。今日でいえば二万円くらいにあたる五円札をさりげなく出せるということは、経済的に安定しているのだろう。「家庭」で生きる女性と「街頭」で生きる女性が、街頭で千人針を求めるという行為を通して出会うわけだが、両者はどちらも街頭で「動員」されているのである。

## 2　献金する「街頭」の女たち

### 戦時下の「街頭の生活」

モダニズムの産物である「街頭」という空間が、日中戦争下にはどのような視線にさらされていたのかをうかがうことができる出来事を、日常生活に関わる歴史年表である『昭和家庭史年表――1926～1989』（家庭総合研究会編、河出書房新社、一九九〇年）に基づいて概観してみよう。

盧溝橋事件から約半年後の、一九三八年一月九日に警視庁は、パーマネントは醇風美俗に反するとして、業者の新設や移転などを禁止する旨を通告している。二月十五日には警視庁は管内八十署の警察官を新宿や銀座などの盛り場に動員し、緊迫した時局を忘れて浮かれ遊ぶ学生を取り締まり、三日間で三千四百八十六人を検挙した。三月七日には東京の盛り場で長髪の学生が散髪誓約書を書かされ、「戦地の兵隊さんのご苦労を考え、自粛いたします」と唱和させられた。

日中戦争開戦から一年がたった同年七月十日には、警視庁は、ダンスホールへの女性客の入場厳禁を通牒し、このため客が激減している。

まず、モダンな女性の象徴であるパーマネントが禁止され、街頭に繰り出していた学生たちが取り締まりの対象にされた。こうした取り締まりは、戦時下にあってなおモダンな街頭文化が活発だったことを示している。井上寿一は、一九三九年五月に前線から内地に帰る機会があった一兵士が、戦時下にもかかわらずモダンな消費中心の生活を送っている人々の「事変に対する認識不足」に不満を募らせている記事に言及し、日中戦争下に前線の兵士たちと銃後の間に存在していた現実感のギャップについて論じている。[6] 帰還兵たちが目にした銃後は、自分たちが経験してきた前線に比べて弛緩したものに見えたのである。なかでも、徴兵を猶予されていた学生たちが、都会でモダンな「街頭」文化を享受している姿は、農村の若者たちが数多く召集されているという現実に照らせば、不都合極まりないことだった。盛り場のカフェに出入りするような学生を「不良」として摘発することはすでに大正時代から警察がおこなっていたが、特に、総力戦下でそれが徹底されていくことになった。[7]

その後、一九三九年六月十一日には、文部省が学生・生徒に対し、いっそうの自粛を促すための通牒を発し、男子学生には緊褌一番・長髪廃止・禁酒禁煙の厳守を求め、女子生徒には口紅、白粉、頬紅、パーマネントを禁止した。

また、遊興と消費の中心である街頭空間そのものも、規制すべき対象として見なされるようになる。一九三九年六月十六日、国民精神総動員中央聯盟は、戦時下の生活刷新案の一つとしてネオン全廃などを提案した。その翌日十七日には、大蔵省が婦人団体に委嘱して、東京府内のデパート、遊郭、待合、盛り場などで不適当な浪費の調査を実施した。そして八月七日には、映画のナイトショーが禁止される。

夜の街をきらびやかに演出したネオンの光から、当時の消費中心の大都会の暮らしを象徴していたデパートに至るまで、モダン都市の「街頭の文化」そのものが、総力戦下で何らかの規制と取り締まりの標的となったといえる。

## マダムと少女たち

次にあげるのは、一九三七年九月の出来事として『支那事変恤兵美談集』第二輯に掲載された、学生街である東京・神田の喫茶店の女性経営者《マダム》とその店で働く少女三人が主人公の美談である。[8]

東京市神田区神保町に、チェリーという、ささやかな喫茶店があった。経営者の金子恵美子さんは、まだ若い未亡人であった。喫茶店―経営者―若い未亡人――すぐ連想はあらぬ方へ、外れがちであるが、金子さんは、実に真面目な婦人であった。学生などが店へ度々来たり、学課を休んで来たりすると、

「勉強を怠っては駄目ですよ。あまり、無駄なお金を使ってはいけませんよ、今は、戦争中なんですからね。兵隊さんのことを思って二杯飲みたいコーヒーは一杯にして置くのですよ」

と姉さんのように懇々と諭すのであった。

「まるで、お説教を聞きに来たようなものだ」

と学生連は頭を掻くのであったがしかし、金子さんは、親切な人なので、学生たちはよくやって来るのであった。

この喫茶店には、三人の少女が働いていたが、いずれも十七、八歳位であった。マダムが、そうした真面目な人なので、この少女達も、その感化をうけて、いたって真面目だった。

当時のカフェと喫茶店の境目は曖昧である。学生街で十代の若い女性を三人雇っている店であれば、やはり若い女性の存在を売りにした店の一つだったことは否定できないだろう。

しかしこの話はそこに、「喫茶店―経営者―若い未亡人――すぐ連想はあらぬ方へ、外れがち」という一般的なイメージには当てはまらない人物像を示すことで、美談の舞台を整えている。しかし、「真面目」という表現を繰り返していることから、こうした店の「マダム」が当時一般的にどんな目で見られ、どんなイメージを抱かれていたのかが、うかがい知れるのである。

学生たちに戦地の兵隊のことを考えて自重するように諭すマダムは、取り締まりや禁止の対象にされていた「街頭」の遊興の世界のただなかにあって、その取り締まりや禁止の価値観を共有し「真面目」な存在として位置づけられている。「街頭の延長上」の遊興の場で働く人々は、美談のなかでは、ことさらにそうした真面目さ

を強調して描くことによって動員されていくのである。

喫茶店の少女たちは自分も前線の兵士のために何かしたいと考えるようになった。戦争が「感じやすい少女達の心を揺り動かし」、彼女たちは相談のうえ、まず身近なことからと、客が捨てていくタバコの銀紙を毎日集めることにした。夏も終わろうとする頃、マダムは、ひと夏を真面目に働いた少女たちをねぎらおうと、鎌倉への清遊を計画した。しかし少女たちは戦地の兵隊を思い、遊楽気分になることができなかった。

一人の少女が静かな口調で、

「マダム、私たちは、鎌倉へ行くのをやめたいのです……戦地の兵隊さんのことを思うと……とても――ですから、その費用を、恤兵献金にして、いただけないでしょうかしら……」

するると、他の少女たちも、心中の道が開けたように、

「そうしましょうよ」

「大賛成だわ」

と云う具合に、すぐこころむきが一つになってしまった。その真摯な心願に接した、金子さんの感激は、いかばかり。

「有難う。本当に有難う。あなたがたはなんて美しい日本人なんでしょう。」


もちろん、こんな会話が実際に交わされたかはわからない。しかし店で計画していた慰安旅行の費用を献金に回したことはおそらく事実だったのだろう。実際に、献金の際に、そのお金の出どころに関するこうした事情が記録されることになったと考えられるからだ。この場合は、添えられた手紙だったと思われる。鎌倉行きの費用二十円と少女たちがためた銀紙が、マダム金子がつづった手紙とともに恤兵部に届けられる。

拝啓……金二十円のうち、十円は御出征のかたがたに、十円は国防費の一端に御納め致します。まことに軽少で、恥ずかしいのでございますが、この少女たちの、まごころを汲まれまして、何卒御用達て下さいませ……

この話の最後には、こんなマダムの手紙の一部が引用されている。おそらく手紙には、店で働く少女たちの申し出で、秋口に予定されていた慰安旅行の費用を陸軍の恤兵献金に出したことや、七月初旬の開戦の頃から少女たちが銀紙を集め始めたことが書かれていたのだろう。

この時代の大都会の享楽の文化にまとわりつく「エログロ」のイメージを背負わされた「女給」「マダム」そして商品としての「少女」たちは、美談のなかではそのイメージを巧妙に脱色されている。しかし、その彼女たちは、近代家族の神話である「家庭」を担っていた「妻／母」とは対照的な、「街頭の文化」のなかに生きる女性たちだった。街頭の遊興と消費の文化がじわじわと規制されていったことを考えると、彼女たちをめぐる美談はとても皮肉な位置づけを露呈している。

## 3 「お兄様」への手紙——少女たちと兵士のラブレター

喫茶店のマダムのもとで働く女性たちを美談では「少女」と呼んでいた。喫茶店で若い男子学生を接待する仕事をしている彼女たちは、真面目なマダムに庇護されている存在のようにも見える。この「少女」という女性のカテゴリーは、実は近代になって生まれたものである。今田絵里子によれば、立身出世の担い手としての「少年」というカテゴリーが生まれ、そこから女子が排除されるのと表裏をなして、一九〇〇年前後から、特別な魅力ある存在として「少女」が析出されていったという。(9)「少女」とは、単に家庭に庇護されている子どもでも、また社会に出て一人前に自立して働く女性でもなく、またもちろん妻や母として家庭を切り盛りする女性でもない、女性としての中間的かつ過渡的な状況を意味している。

## 美談集のなかの「少女」たちの手紙

『支那事変恤兵美談集』第一輯では一九三七年七月二十五日のエピソードとして、千人針とともに「一少女が純情を込めて書き認めた」手紙が紹介されている。「天女の声とも聞こえる」と形容された手紙文は、次のようなものだった。[10]

北支皇軍の兵隊さん！　街に立って一針を求めますとき私たちの胸には、愛国心が大きく高鳴って居りますの、一針から一針へ、縫って下さる人々の、お目には矢張り愛国の輝きがあるので御座います。そして遠く戦地にあられまする、皆様の御姿を求むるかの様にその手先が顫えて居りますわ。一本の糸に、一本の針に、全ての心持ちを伝えて、縫い結ぶので御座いますもの、手先が顫えるのは無理ではありませんものね。そして皆んな、こうして顫えながら、年寄のお方も、御若い方も、子どもさんまでが、一針一針、縫って下さいました。この様な姿を仰ぎますと、私の心は、なお、強くひきしめられて参りますの。（略）北支は暑うございましょうね。皆様の御苦労の程が思いやられますわ。慣れぬ土地ですもの、さぞかし御不自由で御座いましょう。この日の丸が、皆様の御仕事に万分の一なりと、御役にたったら、わたくし大喜びですわ。

そしてこの少女の手紙は、最後は「皇軍の皆様、万歳」で締めくくられ、自らの住所と氏名を記し、氏名の上には「祖国の少女」と冠していた。この「少女」という自称は、歴史の過程で作り出された一つのアイデンティティであるとともに、受け手である男性兵士を意識した書き手による言葉の「装い」でもあっただろう。

日中戦争が勃発して早々に、この少女は街行く女性たちに千人針を求めたようだ。「私たち」と言っていることから、複数で行動していたのかもしれない。学校単位で活動していた可能性もある。しかし最後は、「お役にたったら、わたくし大喜びですわ」と自分の感情を強調していることに注意しておきたい。

ここで注目したいのは、この手紙の、「ありませんものね」「参りますの」「思いやられますわ」「大喜びですわ」といった独特のねばりつくような言葉遣いである。「兵隊さん」は、まちがいなく、彼女が知っている特定の誰かではない。自分より年上である可能性が高い成人男性に対して、敬語というよりはややくだけた、それでいて性差を意識的に表した文体を使っている。書簡の最後の署名に「祖国の少女」と付したように、この文体こそが「少女」を演出しているのである。兵士として戦地にいる見知らぬ異性に向けて、「少女」という役割を演じて言葉を発することに自覚的な手紙だといっていいだろう。

## 「お兄様」という呼びかけ

美談として取り上げられた「少女」たちの戦地への手紙のなかには、見知らぬ異性である戦地の兵士に対して、具体的なイメージを作り上げたうえで手紙を書いている例がある。「二通の愛国書簡」として『支那事変恤兵美談集』第一輯に紹介された「少女」の手紙を次にあげる。

お国を遠く離れた遠き北支の地にて、あふれる愛国心を抱きつつ、我々大日本帝国のために、お働き下さる強き日本の、お兄様方、ご機嫌は如何で御座いますか、毎日、お骨折りのことで御座いましょうね、日々の新聞紙上、或は号外等見ては、この暑さもいとわず一家一身をもかえり見ず、唯々一意君国の為にお働き下さるお兄様方の御苦労の程が伺われます、同時に私たち女性の胸にも国家非常時の有様がひしひしとこたえ、女としての責任が強く強く感じられます。私が男子に生まれていたら、戦雲急なる此の時に志願兵となって第一線に出征致し戦場の露と消ゆるとも、あっぱれなる手柄を立ててみせますに、女であるのが残念でたまりません。でも女として生まれた以上は致し方有りません。これからは銃後の女性として恥ずかしからぬよ

う務める覚悟です。（略）

お兄様方、今は内地にも、国防、恤兵の声が高まり幼い小学生達から、年老いた老人までもが、道路に立って、千人針を呼びかけ、献金募集を叫んだり、挙国一致の美しい姿を見せております。

お兄様方、七月二十九日通州でのあの惨劇、我が同胞二百余名が見るも無残な悲しい最後を遂げられたんですって！　何と申してよいか分かりませんわ。

ではお兄様方、今晩はこれにて失礼致します。どうぞ我々大日本帝国の正しい行動を、異様な目で見ている列国をあっと言わせてやってくださいませ

内地の空で皆様の御武運長久をお祈りしています。

左様奈良(11)

学校単位で書かされたのか、自分で思い立って書いたのかはわからない。「通州での惨劇」とは、一九三七年七月二十九日に起きた、日本軍の華北侵攻に対抗する中国軍の反乱を指している。銃後ではもっぱら中国側の暴虐として報じられていて、そうした報道にこの少女が心を動かされていたことがわかる。

この手紙にも、前の手紙と同じく「ね」「の」「わ」という語尾がついているが、前のものほど鼻につかない。しかし、まったく面識がない戦地の兵士に対して「お兄様方」と繰り返し呼びかけていることが際立っている。手紙の最後にも、自らの署名のあとに、「北支に活躍される　お兄様方へ」と付している。手紙の内容そのものは、戦地の兵士をたたえて、「愛国心」を語り、「非常時」の銃後を前向きに支えたいという自らの覚悟を表明する典型的な言説だといっていいだろう。自分が男子だったら「第一線に出征致し戦場の露と消ゆるとも、あっぱれなる手柄を立ててみせますに」というくだりが、まちがいなく兵士である男性に対する強い叱咤の言葉になっていることを、書いている本人は自覚していないかもしれない。しかしこれも、型どおりの言葉といってもいいだろう。

ただ、そうした要素の一つひとつが、「お兄様方」という呼びかけによって導かれているところにこの手紙の力がある。年上の男性である兵士に「お兄様」と呼びかけているというより、ここには、年上の異性に対する少女の憧れが顔をのぞかせているのではないだろうか。

この手紙とともに紹介されたもう一通の手紙もまた、兵士たちに「お兄様方」と呼びかけているが、決まりきった表現ではなく、むしろやや過剰な想像力をはばたかせている。

北支の兵隊さん

元気でいらっしゃいますか、私は毎日兵隊さんの御健在であることを祈っているのです。でも一日一日御疲れの事と存じます。北支と云えば炎天下の暑さを思い浮かべます、火のように焼けた街路、焔の野原がまざまざと眼前に展開されて来ます。そしてその中で一生懸命働いて居られる兵隊さんの姿が浮かんでいます、幻想の中でも兵隊さんの姿が浮かぶと何となく、なつかしい気持ちにひたってゆきます。

北支！　それは私たちが夢に見る現実を知らない空想の世界です。兵隊さんどうか北支をお教え下さいませ。

○○では此頃又召集令が下って参りました、そして、その度に戦場の勇士となられる勇ましい軍服姿が拝されます。此の人達も兄様方と御一緒に御国の楯となられることでしょう。

お兄様、どうか御身体を大切にして下さいませね、私はそればかりが気になって仕方ございません、そして御ひまに北支の事を御知らせ下さいね、私は心待ちにお待ちしております。新聞の報道では何だか物足りない思いがします。私は熱病人の様に戦地のことを知りたいのです、女学生に有勝ちの事ですが、おかしいですわね、笑わないで下さい。

私は兄様達のなつかしい御凱旋を楽しみにお待ちしております、どうか兵隊さん御健康で御帰り下さいませ、この日本の妹はどんなにその日をお待ちしていることでしょう。

では、お別れ致します。左様なら
北支を偲ぶ
北支で働いていられる兵隊のお兄さん
かず江より⑫

自ら「幻想」というように、「北支」という言葉から想像力をはばたかせて、炎天に「焼けた街路」、「焔の野原」を思い浮かべ、そこに「兵隊さんの姿」を思い描いている。その想像力がこの「少女」の手紙の基調にある。そして、自分たちにとっては空想にすぎない「北支」の現実を教えてほしい、と訴えかける。想像力たくましく手紙をつづるうちに、次第にある種の興奮状態に入っていく過程もうかがえる。

さらに、おそらく出征状況を具体的に語っているため出版時の検閲によって、「〇〇」と地名を伏せ字にされたと思われる少女の暮らす地でも出征兵士が増えていて、大陸に向かうだろう兵士たちを目の当たりにしていることに言及する。現実の出征兵にふれたことで、いっそういまだ見ぬ「北支」への思いが高まったのか、次の段落からは、今度は「兵隊さん」ではなく、「お兄様」と呼びかけ始めるのである。先の少女の手紙は「お兄様方」という複数形だったが、ここでは、手紙の受け手その人に呼びかける「お兄様」を用いている。そしてさらに、「御ひまに北支の事を御知らせ下さいね、私は心待ちにお待ちしております」と返信を求めるのである。「心待ち」にしているとまで言うのは、まるで、恋文の返事を待っているかのようである。そして、最後は、「お兄様」に呼応するように、自らを「この日本の妹」と称する。

この少女は、おそらく自分の手紙が自らの高揚した気分を形にしていることを自覚している。「熱病人の様に戦地のことを知りたい」という自己言及が、それを示している。しかし彼女は、すぐにその過剰さを、「女学生に有勝ちの事」だと、女子学生、すなわち「少女」の特質へと回収し、「笑わないで下さい」と訴える。ちょっと小首をかしげた笑顔が見えてきそうだ。戦地の兵隊は、これをどう読んだのだろうか。会ったこともない少女に手紙をしたためたかもしれない。

「お兄様」という呼びかけと、「ね」という「少女」を演じる接頭辞がセットで繰り返されている。

これらはいずれも女学校などに通って相応の教養を身につけ、当時の大衆雑誌文化の一翼を担っていた「少女系雑誌」などの読者だった女性たちだったことは、ほぼまちがいないだろう。今田絵里香は、こうした「少女」の言葉について、一九三一年から四五年までの雑誌「少女の友」（実業之日本社、一九〇八―五五年）を例にあげて、投書欄に「独特の文体」で投稿することによって、「少女」という「想像の共同体」が形成されていく過程を論じている。「少女の友」は、雑誌上で編集者と読者、そして読者同士の交流がなされることを一つの特色としていて、複数の種類の投書欄を設けていた。そのなかで、例えば、編集主筆の内山基には「パパ」や「基お兄様」などといったなれなれしい呼びかけがなされ、親密な関係性を構築していたという。また、読者同士の交流でも、吉屋信子に似せた文体や私的な手紙文体などが使われ、「いやだわ」「よくってよ」などの「テヨダワ言葉」や、「キミ」「ボク」などの男言葉を交えたような流行の「女学生言葉」が使われていたという。[13] 先にあげた兵士につづられた手紙にはどれも、雑誌の投書欄で、同性同士のやりとりで使われていた「男言葉」は見られなかった。これは、少女たちが自覚的に男性に対して使う言葉を選び、「少女」を演じていたからではないだろうか。

こうしたモダニズムの少女雑誌文化のなかで醸成された「少女」という主体が恤兵献金に添えられた慰問文にも顔を出し、前線の兵士に届けられたのである。

## 飛行兵が「少女」に送ったすずらんの押し花

ここにもう一つ別の種類の戦時下の「少女」の手紙がある。それは、日中戦争期よりもさらに時代が下り、大東亜戦争期に戦地の陸軍の航空兵と内地の若い女性たちとの間に交わされた手紙の一部である。福岡県の旧碓井市（現・嘉麻市）の故・武富登己男氏が蒐集し保存した戦時中の資料「武富コレクション」のなかに、武富氏自身が銃後とやりとりした書簡類として残されていた。

武富氏は、一九三九年に陸軍兵として従軍し、途中で航空学校に進み、百式司令部偵察機のパイロットになった。残された書簡には、彼のもとに内地の女性から送られた百通近い慰問の手紙が含まれていて、なかには複数回のやりとりがあったことがわかるものもある。一度しかやりとりがなかったと思われる例も含め、十九人の女性の名前を確認することができる。十九人のなかには武富氏の知人も含まれているが、慰問文として見ず知らずの女性から送られてきたもののほうが多い。

これらの手紙は、北部九州を中心に戦死者慰霊の研究を展開していた民俗学者の故・田中丸勝彦が整理し、私家版として翻刻した。田中丸はこの一群の慰問の手紙を「すずらん通信」と名付けた。武富氏が、しばしば内地への返信にすずらんの花の押し花を同封していたと見られることから付けた呼び名である。複数の手紙に、戦地からの手紙に同封されたすずらんの押し花への感謝がつづられているのである。慰問文として内地の、おそらく会ったことがない少女から送られた手紙に、戦地からすずらんの押し花を入れた返信がしたためられた。これらの内地の少女たちの慰問の手紙を見ると、「軍事郵便」というものに対するイメージがゆらぐ。例えばその少女たちが使った便箋は、あるものには美しい看護士の少女を描いてあり、またあるものには中原淳一が描く少女によく似た挿絵があった。単に文章だけでなく、選ばれた便箋そのものが「少女」を演じているのである（図42）。

看護士の少女像を描いた便箋を使っている少女は、何度か手紙のやりとりがあった少女の一人だった。この便箋につづられた文章は、兵士への激励と、自分たちが学校で勉強や体操ができるのも兵隊さんのおかげであるという感謝の言葉が中心となった、ある意味で決まりきった型どおりの文である。しかし最後に添えた「戦地の兄様へ」のひと言が、先に紹介した手紙文と同様、明らかに「少女」を演じていた。

少女たちの「お兄様」という呼びかけは、親密でありながらセクシュアルな要素を排除した微妙な関係性に自分と相手を置く効力をもった言葉のようにみえる。それは、兵士にとっては母とも妻とも、また婚約者や恋人とも異なる関係性である。少女のほうは、そうした誰とも違う立場から兵士を「応援」するのである。それは、戦時下の女性像を分析した美術史家・若桑みどりの言い方を借りるなら「チアリーダー」ということになる。[14]そのチアリーダーが、手紙というメディアのなかで、兵士に「あなたの」応援をしているという身ぶりを示すのである。「お兄様」という呼称は、そうした仕掛けの一つとして機能しているといっていいだろう。

それは別の言い方をするなら、「少女」の「可愛らしさ」の動員だった。銃後の少女たちの「可愛らしさ」が、戦場で戦う兵士を、ひいては戦争を支える力になった。

田中丸勝彦は、「お兄様」という「少女」による兵士に対する呼びかけについて、柳田國男の「妹の力」という考え方を援用して解説し、単に「可愛らしさ」によるチアリーダーではない部分があると指摘する。(15) 柳田は「妹の力」という論考のなかで、「兄が成人するにつれて、妹を頼りにして仲よく付き合うことは、今はほとんど世間一様の風」であり、それが「以前にはまるで知らなかったことである」と、新たな世相であることを指摘している。田中丸

図42―1　動員される少女のかわいらしさ。内地の女性が戦地の軍人に送った手紙の便箋の挿絵

図42―2　看護師のイメージ

図42―3　朝鮮の民族衣装をまとった少女を描いている
（出典：武富コレクション）

は、戦争での「妹の力」について、柳田自身が東北で起きた事件に関連して述べていることに着目する。柳田によれば、五人の兄と十三歳の妹が共謀して旅人を襲撃していた事件では、妹が向こうからくる旅人を「鬼」だというと、「兄たちの目にもすぐに鬼に見えた」ので、兄たちは旅人を襲ったのだという。柳田は、祭祀や祈禱など宗教上の行為で女性が重要な役割を果たしていたことをふまえたうえで、「天然と戦い異部落と戦う者にとっては、女子の予言の中から方法の指導を求むる必要が多く、さらに進んでは定まる運勢をも改良せんがために、この力を利用する場合が常にあったのである」と、「妹の力」と戦争の関わりについて論じているのである。田中丸は、戦場にはいない女性の力が戦の場で発現することを柳田は見抜いていたと指摘し、あの「お兄様」という銃後の少女たちの呼びかけにも、そうした「妹の力」を読み取ろうとしている。

女性たちがどのように動員の前面に出てくることになるかを知るには、むしろ「女性」のひと言でくくっていては何も見えてこない。妻、母、「街頭の生活」のなかで生きる女性、そして少女と、それぞれが置かれた立ち場のなかでそれぞれの役割を背負い、彼女たちは銃後美談の主人公になっていったのである。

注

(1) 日本のモダニズムの都市文化については、南博／社会心理研究所『大正文化――1905～1927』(勁草書房、一九六五年)、同『昭和文化――1925～1945』(勁草書房、一九八七年)などが網羅的に取り上げている。大正期の都市の消費中心の生活文化の成立については、竹村民郎『大正文化帝国のユートピア――世界史の転換期と大衆消費社会の形成』(三元社、二〇〇四年)、文学作品のなかに描かれたモダン都市については、和田博文『テクストのモダン都市』(風媒社、一九九九年)などがある。

(2) 権田保之助「モダン生活と変態嗜好性」、改造社編「改造」一九二九年六月号、改造社

(3)「皇国民の胸は躍る　一日に十五万円」、前掲『支那事変恤兵美談集』第一輯所収、八―一〇ページ

(4)以下、千人針については、渡邊一弘「戦時中の弾丸除け信仰に関する民俗学的研究——千人針習俗を中心に」(総合研究大学院大学博士論文、二〇一四年)を参照した。
(5)以下、この話の要約と引用は、「涙の千人針」、前掲『支那事変恤兵美談集』第二輯所収、九—一一ページ。
(6)井上寿一『日中戦争下の日本』(講談社選書メチエ)、講談社、二〇〇七年、一八—二六ページ
(7)大正期から昭和初期にかけての学生と喫茶店の関わりを検討した山中雅大によれば、カフェや喫茶店を利用する学生が「不良」だという言説が現れ始めたのが、ちょうどその時期だという。一九三〇年に「特殊飲食店営業取締規則」が発布され、翌年にはカフェやバー、ダンスホールへの学生の出入りが禁止となった。しかし実際は、制服着用による出入りが禁止になるにとどまったという。一方で、学生の出入り規制に対して、カフェの経営者たちが大学生については出入り禁止を撤廃してほしいと求める動きも出てくる。山中によれば、喫茶店・カフェへの学生の出入りの取り締まりは日中戦争下の三八年にピークを迎え、それ以後は、カフェ・喫茶店の営業時間の規制など、戦時体制による国民生活の引き締めが中心になっていったという。山中雅大「喫茶店の大衆化過程における学生の利用状況——昭和初期の学生に関する記述を手掛かりに」(東京経済大学コミュニケーション学会コミュニケーション科学編集委員会編「コミュニケーション科学」第四十二号、東京経済大学コミュニケーション学会コミュニケーション科学編集委員会、二〇一五年)
(8)以下、この話の要約と引用は、「喫茶店に溢るる赤誠」、前掲『支那事変恤兵美談集』第二輯所収、五—八ページ。
(9)今田絵里香『「少女」の社会史』(「双書ジェンダー分析」第十七巻)、勁草書房、二〇〇七年、四一—四五ページ
(10)以下、この話の要約と引用は、「美しき魂よ！　少女の手紙」、前掲『支那事変恤兵美談集』第一輯所収、四六ページ。
(11)「二通の愛国書簡」、同書所収、七四—七五ページ
(12)同記事七五—七六ページ
(13)前掲『「少女」の社会史』一三五—一五〇ページ
(14)若桑みどり『戦争がつくる女性像——第二次世界大戦下の日本女性動員の視覚的プロパガンダ』筑摩書房、一九九五年、一〇一—一一七ページ

（15）以下、田中丸勝彦、重信幸彦／福間裕爾編『さまよえる英霊たち――国のみたま、家のほとけ』（柏書房、二〇〇二年）一三三―一四三ページを参照。また柳田國男「妹の力」（「婦人公論」一九二五年十月号、中央公論社）からの引用は『柳田國男全集』第十一巻（筑摩書房、一九九八年）二四七―二六一ページ。

# 第８章　もう一つの銃後

## 1　対照的な話群

本書では、銃後美談は体制側が必要に応じて捏造したり創作したりしたフィクションであるという従来の一般的なイメージから離れ、当時の日常的な人間関係の実態を示す一つの記録であるという視点から分析してきた。

戦時下の日常には、近隣や学校、職場といった生活の場が作り出す「世間」があった。美談からは、そうした「世間」によって、即日帰郷することになった兵士が苦しめられたり、出征兵士の家族が周囲の善意によってかえって縛られていくさまを読み取ることができる。むしろ、銃後という「世間」が及ぼす関係性の圧力によって、人は美談の主人公に追い詰められていったようにも見える。

銃後という「世間」とは、日常生活で人々を取り巻く比較的身近で親密な人間関係であり、国家と個との間に横たわる多様な集合や関係性だと考えられるが、それこそが人を「美談」と名付けられることになる振る舞いへと導いていくことが、銃後美談という話群そのもののなかにはっきりと表れていたのではないだろうか。

つまり、国家の直接的な力が人々の言葉を一つの方向に統制して振る舞いを無理やり拘束していくのではなく、むしろ近隣や職場、学校といった、日々の暮らしの身近な関係性が、人々の間の共感や参加、すなわち「動員」を互いに生み出していくことになる様子が、銃後美談と名付けられた記録から浮かび上がってきた。

私たちは、美談を時代が要請した理想を語る言説として位置づけて、そこに国家の意思が直接的にはたらいているかのように見なしがちである。もちろん、そこに国家が時代に要請する意思が刻まれていないわけではない。しかし、銃後美談は単に時代の理想だけを語っているわけではない。例えば、理想的言動を強調して美談の質を高めようとするほど、動員体制のなかで一人の人間が置かれた抜き差しならない状況を反映し、動員の日常の矛盾や過酷さが浮き彫りにされざるをえなくなるのである。

本章では、これまで見てきた銃後美談と対照をなす話群を素材にして、銃後美談によって語られた「事実」と表裏の関係にあるもう一つの「事実」を見ておきたい。

## 2　銃後の犯罪例集

### 一年六カ月で七千二十八件

ここに、当時はほとんど人目にふれることがなかっただろうと考えられる資料集がある。内務省警保局『銃後遺家族を巡る事犯と之が防止状況』(『刑事警察研究資料』第十五輯)、内務省警保局、一九三九年)である。私の手元にある一冊には、銃後の美談集とは異なり、表紙に「部外秘」と記され、その上に、ブルーブラックのインクのスタンプで、「1085」という番号を付している。一冊一冊に番号を付して管理し、あくまでも限られた範囲で閲覧されるべき記録として作成したものと思われる(図43)。

ここには、日中戦争が始まった一九三七年七月から三九年三月まで、約一年半の間の、銃後の遺家族、すなわち出征兵士の家族にまつわる刑事事件が記録されている。「緒言」のあとに続く本文は二章で構成している。まず「応召遺家族を繞る事犯」の章が「概況」と全国の九十二件の犯罪例を記録した「事犯の実例」で構成され、次に各府県からの防止策の報告を列挙した「防止方策」の章が続く。

この「事犯の実例」の部分は、犯人の実名と被害者など関係者の名前の一部を伏せ字にした記録になっていて、犯罪の実例を集めた一種の「話」の資料集といえる。これを「話」の資料集とすることには、異論があるかもしれない。しかしこれもまた、警視庁や各府県警察部などの捜査・調査に基づいて生み出された「物語」だという見方もできる。つまり、生起した出来事を言語化し、原因（動機）―展開―結果という因果関係を設定し、一定の集団のなかで共有可能な「事実」として語られたある種の説話なのである。

ただし、銃後美談集とは期待された役割が異なるため、簡潔な報告文体によって叙述されているのはもちろんのこと、この冊子そのものの扱い方も、銃後の美談集とは正反対だといえる。銃後の美談が時代のなかで喧伝されることを前提として広く大衆文化的なメディアのなかで流布され、個々の話も転載されたり勝手に改編されたりして出回ったのに対し、こちらは「部外秘」とあるように、非公開の「話」の資料集だった。

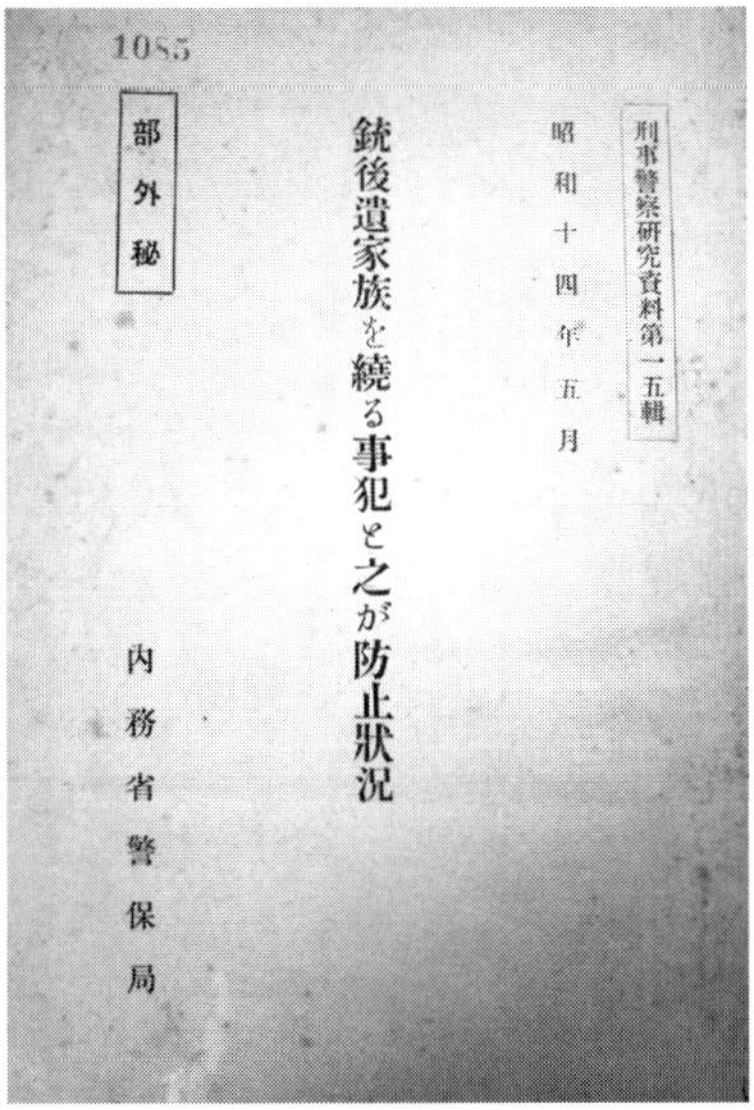

図43　内務省警保局『銃後遺家族を巡る事犯と之が防止状況』（「刑事警察研究資料」第15輯）、内務省警保局、1939年

「応召遺家族を繞る事犯」の「概況」の説明から見ておこう。それによると、犯罪そのものの数は一九三三年の百五十五万二千三百三十九件から三七年の百二十二万千六百九十七件へと漸次減少傾向にあった。「事変発生」の三七年七月から三八年六月の一年間は百三十万千五百九十四件とやや増加したものの、同年九月からは再び減少傾向になった。その約百三十万件の犯罪の内訳は「窃盗事件が増加気味にある外は大体一様に減少を示しつつある、少年犯罪が増加状態に在ることも戦時下特

有の現象である」という。さらに「詐欺、横領事件其の他出征者遺家族を繞る犯罪事件」などの「戦時下特有現象」が現れたと指摘している。日中戦争勃発後一年六カ月の間に発生した、出征者遺家族を対象にした犯罪もしくは遺家族自身が犯した犯罪は七千二十八件だった。毎年百二十万件前後の犯罪がおき、それも漸減しているなかで、この数はそれほど多くはないかもしれない。

しかし同書「緒言」は、この状況に警戒感を示している。事変発生から六カ月ごとの統計では、出征兵士の家族をめぐる犯罪のうち「風紀上の諸事犯」が「逐次増加しつつあることは寒心すべき状況」だという。「風紀上」とは、遺家族の「妻女」に対する性犯罪を意味していて、一九三七年七月から半年間ごとに住居侵入は二百七十五件→三百七十八件→六百三十四件と増加し、姦通に関しては四件→二十六件→五十四件と顕著な増加を示していることを指摘している。

こうした犯罪は「公に曝さるるものの外に尚幾分の不正行為が社会の裏面に覆われて居るであろうことも想像され得る所」であるとし、こうした「事犯」が増大することが、「第一線の将兵の士気に至大の影響」を与えることになるという。したがって「警察といわず市町村当局といわず又民衆といわず真に官民一如となって結束をかため日本固有の淳風美俗に立ち返り」時局の難儀を克服するようにしなければならない、と結んでいる。つまり、ここに集められた「話」は銃後の「淳風美俗」をたたえる美談とは正反対の、しかしだからこそ美談と対になる話群なのである。

## 「事犯」をめぐる話群の全体像

「事犯の実例」には、特に分類はなく、またそれを表す小見出しなどもない。番号を付して九十二件の犯罪例が列挙されている。同書「凡例」によれば、日中戦争勃発から一九三九年三月までの事例を収めているが、時系列順ではなく、ほぼ同種のものと思われる事犯をひとまとまりに配置している。この九十二件の事例は、日中戦争下に起きた出征兵士の家族に関係する犯罪の種類の一覧でもあるといえるだろう。

表題だけでどのような事犯であるかが推測できるものが多いので、九十二件の表題を番号順に表6として一覧表にしておく。事犯の種類がわかるように適宜独自に小見出しを加えてある。

日中戦争勃発から一年六カ月で、出征兵士の家族に関連する事件は七千二十八件あったが、そのなかの九十二件ということは、特筆すべきものとして選ばれた事例であることはまちがいない。ちなみに41番は、第2章第1節「新聞のなかの銃後美談」で紹介した、一九三七年八月二日付「東京朝日新聞」の十一面に報じられていた「国辱 ニセ記者 戦死者遺族を騙る」である。この一覧から、出征者の家族の心配や不安な心理に付け込んだ詐欺が少なくないこと、さらには、村会議員や兵事係など兵士の家族を支えるとともに銃後の牽引役を期待されていたはずの役職者の犯罪も目立つ。加えて、軍事扶助や保険など、兵士の家族を支えるはずの制度をめぐる不正や横領、詐欺も存在していた。

また、出征兵士の妻が関連する性的な犯罪が多いことにあらためて驚く。姦淫を目的とした住居侵入から、強姦、妻の「不貞」として語られている姦通まで、九十二件全体のほぼ三分の一にものぼる。この割合が実際の事件の発生割合を表していると断定するわけにはいかないが、しかし少なくともこの事例集をまとめた者は、「緒言」にあったように、こうした性犯罪が「逐次増加しつつあることは寒心すべき状況」だと危機感をもっていたことは確かだろう。遺家族という言い方をしているが、そこには妻／母が性的な関心をもって見られていたという銃後の問題が隠れていたのである。

応召者とその家族、彼らを気遣い支える地域の役職者や近隣社会、軍事扶助制度、遺家族の中心となって奮闘する妻／母、これらはいずれも、銃後の美談を構成する要素だった。つまり、銃後の美談とこれらの「事犯」は、背景と登場人物を共有しているのである。

表6　事犯の実例

■出征兵士の家族内で起きた殺人など

| | | |
|---|---|---|
| 1 | 生活苦より応召軍人の実子絞殺事件 | 1938年10月28日、岡山県報告 |
| 2 | 応召兵士が後事を患へて白痴の妹を殺害 | 1938年10月6日、北海道庁報告 |
| 3 | 留守宅に於ける殺人未遂事件 | 1937年10月19日、愛媛県報告 |
| 4 | 応召兵留守宅に於ける殺人放火事件 | 1937年8月、岡山県報告 |
| 5 | 痴情より起れる殺人未遂事件 | 1939年2月13日、福岡県報告 |
| 6 | 遺家族内に発生せる毒殺未遂事件 | 1939年3月24日、茨城県報告 |
| 7 | 養育を厭いて戦死者遺児殺害事件 | 1939年2月6日、千葉県報告 |
| 8 | 生活苦に起因せる嬰児殺害事件 | 1939年1月19日、岡山県報告 |
| 9 | 不義の嬰児圧殺事件 | 1938年9月九日、茨城県報告 |
| 10 | 不義の遂げざるを恨みて放火 | 1938年8月4日、福島県報告 |
| 11 | 留守宅の強盗強姦殺人未遂事件 | 1937年10月19日、大阪府報告 |
| 12 | 不義を叱責されて堕胎 | 1939年3月3日、岐阜県報告 |
| 13 | 不義の胎児を堕胎せんとして死亡 | 1938年12月1日、大阪府報告 |

■出征兵士の家族に対する傷害・脅迫・窃盗など

| | | |
|---|---|---|
| 14 | 出征者妻女を傷害・脅迫 | 1938年10月20日、鳥取県報告 |
| 15 | 戦死者妻女殴打事件 | 1938年10月7日、愛媛県報告 |
| 16 | 出征遺族に対する公務員の傷害事件 | 1938年10月4日、茨城県報告 |
| 17 | 応召者の留守宅を狙う恐喝事件 | 1937年9月22日、京都府報告 |
| 18 | 同上 | 1937年9月一七日、岡山県報告 |
| 19 | 出征将校の妻女脅迫事件 | 1937年10月16日、北海道庁報告 |
| 20 | 世話を口実に金百五十円を恐喝 | 1938年7月8日、栃木県報告 |
| 21 | 住居侵入に伴う恐喝事件 | 1938年10月4日、警視庁報告 |
| 22 | 妻女の醜行に付け入る脅迫並に住居侵入 | 1938年8月20日、富山県報告 |
| 23 | 軍部の者なりと称する巧妙なる窃盗事件 | 1939年1月10日、警視庁報告 |
| 24 | 慰問品送りたさの窃盗事件 | 1939年1月19日、岡山県報告 |
| 25 | 応召者留守宅を狙う窃盗 | 1938年10月21日、福井県報告 |
| 26 | 出征軍人留守宅に侵入窃盗 | 1938年10月10日、滋賀県報告 |
| 27 | 留守宅に忍び入り仏前より表彰資金を窃盗 | 1939年1月12日、富山県報告 |
| 28 | 僧侶が戦死せる義弟の葬式料を窃盗 | 1939年1月12日、富山県報告 |
| 29 | 応召者留守宅の強盗未遂事件 | 1937年8月12日、大阪府報告 |
| 30 | 応召者方稲盗取事件 | 1937年、秋田県報告 |

■出征兵士の家族に対する詐欺

| | | |
|---|---|---|
| 31 | 戦友の留守宅に於ける詐欺未遂事件 | 1938年7月22日、愛媛県報告 |
| 32 | 召集解除兵が遺族より詐取 | 1938年7月28日、広島県報告 |

| | | |
|---|---|---|
| 33 | 方面委員が世話を口実に不法利得 | 1939年2月8日、山梨県報告 |
| 34 | 戦死者の石碑建設名義の詐欺 | 1938年10月14日、愛知県報告 |
| 35 | 武運長久祈願名義の詐欺 | 1938年10月11日、岡山県報告 |
| 36 | 実子の戦死を擬装して詐欺 | 1938年10月11日、岡山県報告 |
| 37 | 病院より逃走せる傷病兵が詐欺 | 1938年10月11日、石川県報告 |
| 38 | 妄りに吉凶禍福を説きて軸物を売り歩く事例 | 1938年10月7日、福岡県報告 |
| 39 | 手不足の応召農家に作男を世話すると称する前借詐欺 | 1938年10月6日、北海道庁報告 |
| 40 | 出征軍人留守宅詐欺 | （イ）1937年7月16日、富山県報告、（ロ）1937年7月22日、岡山県報告、（ハ）1937年8月11日、滋賀県報告、以上3件掲載 |
| 41 | 戦死者の遺族を騙る偽記者 | 警視庁報告 |
| 42 | 御守札の偽物詐欺 | 1937年8月22日、宮崎県報告 |
| 43 | 弾丸除け草履と称し売り付くる迷信詐欺 | 1937年8月28日、鳥取県報告 |
| 44 | 軍医なりと称する詐欺 | 1938年9月8日、京都府報告 |
| 45 | 出征兵士の生命を賭ける保険金詐欺 | 1938年10月26日、島根県報告 |
| 46 | 出征兵士の生命を賭ける保険金詐欺 | 1938年10月24日、高知県報告 |
| 47 | 生命保険掛金の詐欺事件 | 1938年10月20日、鳥取県報告 |
| 48 | 保険金支払を口実とする不正契約 | 1938年11月7日、富山県報告 |

■軍事扶助金など、銃後の制度に関わる横領・詐欺

| | | |
|---|---|---|
| 49 | 軍事扶助金六千余円の横領事件 | 1938年9月8日、愛知県報告 |
| 50 | 村会議員が軍事扶助を横領 | 1938年7月29日、滋賀県報告 |
| 51 | 村役場兵事係が軍事扶助金横領 | 1938年7月30日、鹿児島県報告 |
| 52 | 遺族を世話する如く装う横領事件 | 1939年1月12日、山口県報告 |
| 53 | 村長が軍事扶助金等を横領 | 1938年10月26日、大分県報告 |
| 54 | 遺家族援護組合金横領 | 1938年10月11日、大阪府報告 |
| 55 | 小学校長が出征軍人よりの寄付金横領 | 1938年10月11日、広島県報告 |
| 56 | 応召者宅雇人の横領 | 1938年10月11日、福島県報告 |
| 57 | 軍事扶助に絡まる贈、収賄事件 | 1939年4月6日、秋田県報告 |
| 58 | 戦死者の内妻が入籍目的の文書偽造 | 1938年10月11日、岡山県報告 |
| 59 | 遺族扶助料目当の文書偽造 | 1938年11月7日、富山県報告 |
| 60 | 賜金貰い度さに戸籍届書偽造事件 | 1938年10月31日、島根県報告 |

■戦死者遺族に対する脅迫などの不法行為

| | | |
|---|---|---|
| 61 | 戦病死者の遺家族を侮辱し遺骨を盗食　迷信せる事件 | 1938年12月5日、広島県報告 |
| 62 | 悪高利貸が家屋明け渡しを要求して不法侵入破壊せる事件 | 1939年2月28日、大阪府報告 |

| | | |
|---|---|---|
| 63 | 慰霊祭執行に際し僧侶の脅迫事件 | 1938年8月5日、佐賀県報告 |
| 64 | 出征軍人遺族脅迫　村八分事件 | 1938年8月1日、岡山県報告 |

■出征兵士の妻に対する姦淫を目的とした住居侵入などの事件

| | | |
|---|---|---|
| 65 | 応召将校が出征軍人留守宅に侵入 | 1938年10月13日、秋田県報告 |
| 66 | 姦淫目的の住居侵入 | 1938年10月11日、福島県報告 |
| 67 | 不良青年の悪戯 | 1938年10月7日、愛媛県報告 |
| 68 | 出征兵士留守宅の住居侵入事件 | 1938年10月4日、福岡県報告 |
| 69 | 援護組合長の醜行 | 1938年12月1日、大阪府報告 |
| 70 | 監督の地位を利用し姦淫目的の住居侵入並に脅迫事件 | 1938年11月29日、北海道庁報告 |
| 71 | 予備役将校の住居侵入事件 | 1939年1月12日、富山県報告 |
| 72 | 町会議員の住居侵入 | 1938年8月31日、愛媛県報告 |
| 73 | 不良青年共謀して住居侵入 | 2件、1938年9月26日、宮崎県報告 |

■出征軍人の妻の姦通・強姦事件

| | | |
|---|---|---|
| 74 | 不貞なる妻女と住居侵入 | 1938年10月31日、宮崎県報告 |
| 75 | 出征軍人妻女の姦通事件 | 1938年10月15日、福岡県報告 |
| 76 | 不貞の妻女と姦淫目的の住居侵入 | 1938年10月11日、群馬県報告 |
| 77 | 夫の武運長久祈願の妻女強姦事件 | 1938年10月8日、群馬県報告 |
| 78 | 公務員を仮装して姦淫及詐欺 | 2件、1938年10月6日、北海道庁報告 |
| 79 | 妻女と姦通の上詐欺 | 1938年10月6日、北海道庁報告 |
| 80 | 風評が戦地に迄及びたる不義事件 | 1938年10月5日、山形県報告 |
| 81 | 姦通事件を戦地の夫が告訴したる事件 | 1938年12月2日、千葉県報告 |
| 82 | 小学校教員と妻女の不義事件 | 1938年11月1日、福岡県報告 |
| 83 | 不倫に因る情死未遂事件 | 1938年12月1日、大阪府報告 |
| 84 | 十六歳の少年が応召軍人妻女を強姦致傷 | 1938年10月11日、岡山県報告 |
| 85 | 不良少年が出征者妻女を強姦、胎児を流産せしめたる事件 | 1938年10月14日、三重県報告 |
| 86 | 不義を醜ぢたる妻女の自殺事件 | 1939年3月1日、高知県報告 |
| 87 | 不貞なる妻女と役場吏員の住居侵入及之に伴う堕胎事件 | 1938年9月26日、宮崎県報告 |
| 88 | 妻女の堕胎事件 | 1938年10月4日、島根県報告 |
| 89 | 懲役一年の処分を受けたる姦通事件 | 1939年3月31日、北海道庁報告 |
| 90 | 村長が職権を利用して強姦 | 1938年10月4日、島根県報告 |
| 91 | 留守宅を荒らす痴漢の公務執行妨害事件 | 1939年1月27日、佐賀県報告 |
| 92 | 雇人の強姦、恐喝、誘拐事件 | 1938年12月1日、大阪府報告 |

## 3　銃後美談の合わせ鏡

### 追い詰められる応召の現場

「事犯」の事例として冒頭には、応召者とその家族自身の犯罪を語る話群を集めている。九十二例のなかの1番と2番は、いずれも応召者自身による殺人事件である（以下に引用する事例は、元資料では本籍地・実名などを表記しているが、ここでは、本名とは無関係な任意のアルファベットによる表記にして、地名も××と伏せ字にする。なお、〇〇は原文の伏せ字である）。

「1　生活苦より応召軍人の実子絞殺事件」岡山県××郡　YT
右YTは昭和十三年九月十三日応召、岡山歩兵第十連隊に入りたるものなるが、同人は病妻の他に一男四女を有する貧農にして同人の出征は直ちに一家の生計が困窮するに至れることを案じ、尚同人二女T当十年は低脳の上眼病を患い医療十分ならざる為め、最近失明の程度に悪化し居りたる所へ同月七日召集令状に接し応召後の生活苦とTの将来を想い悩みたる揚句、到底Tを完全に養育し得ざる以上之を殺害せんと決意し、入営の前日たる九月十二日Tを背負いて付近山林中に連れ行きて之を絞殺遺棄したる後翌朝出発間際に実兄に事情を打ち明け入営したるものにして、其後憲兵隊に於いて取調べ軍法会議の結果懲役二年、五年間執行猶予の判決を受け続いて軍務に服しつつあり。（一九三八年十月二十八日　岡山県報告）

「2　応召兵士が後事を患へて白痴の妹を殺害」北海道××郡　自動車運転手　TT
TTは本年八月六日動員下令、同月十三日旭川輜重隊に入営するに当り妹S（一九）が生来の白痴にして自己の応召後は家人は勿論近隣まで迷惑を及ぼすを患へて後顧を除くべく、出征前日早朝鉞を以て熟睡中のSを殺害したり。(一九三八年十月六日　北海道庁報告)

1番は、病妻と四人の子ども、しかもその子どものうち一人が失明状態にある家族を農業の日稼ぎで養っていた男、2番は、障害を抱えた妹をもつ男の事例だが、どちらも召集令状が届いたことで事件が起きている。いずれの結末も悲惨だ。「動員」という外部からの力が、難儀を抱えながらもかろうじて生きてきた一家をそこまで追い込んだことが、悲惨さを際立たせる。しかし、この「事犯」の背景となっている状況は、すでに第4章第2節「妻子を残して」で見た応召美談とほぼ共通している。病気の妻が応召直前に亡くなったために二人の子どもをおいて出征しなければならなかった男の話、火災のために家を失い、その心労で妻まで亡くしたところに召集令状が届き、四人の子どもを残して出征しなければならなくなった男の話、どちらも、召集された男に近隣の人々が子どもの面倒をみることを確約したことが「美談」の要になっていた。

実子を殺害した犯罪の話になるか美談になるかの違いは、ほんの紙一重ということになる。説話論の観点から言えば、第4章の美談とこれらの犯罪譚は、結末が異なっただけの類話といってもいいだろう。

美談か犯罪譚かの相違は、近隣から支援の手が差し伸べられたかどうかの違いといえる。1番と2番の事犯の記述からは、家族をあやめた男にとって近隣がどのように見えていたのかを読み取ることができる。1番の男は、自分が出征してしまえば一家は「生活苦」に陥り、障害をもった娘は「完全に養育し得ざる」状況に至ると考えた。そこには、柳田國男が『明治大正史第4巻 世相篇』で指摘した「孤立」を伴った貧困という近代の問題があるといえるかもしれない。男は、自分が出征したら障害をもったわが子は生きていくことができないと思い悩んだのだろう。柳田は、新たな自死のかたちとして親子心中というものが次第に増えてきていることを問題と考え、その背景に、近代になって家々の孤立を伴った貧困、「孤立貧」があることを解き明かしている。(1)

この二件の犯罪譚はいずれも心中ではないが、生きて帰りえない可能性がある「出征」という状況を考えると、ある種の心中だともいえる。

2番には、近隣に対する応召者の「家人は勿論近隣まで迷惑を及ぼす」にちがいないという思いがはっきりと記されている。少なからず手がかかる十九歳の妹を、家族にも、ましてや近隣になど委ねることができないと追い詰められた心情がうかがえる。これまでも近隣に迷惑をかけたことがあり、「家人」にも厄介視されていたのかもしれない。先ほどの1番の例もそうだが、こうした事件が起きてしまうと、家族と近隣は、動員の時代のなかで大きな負い目を背負うことになったのではないだろうか。

これらは、銃後美談とはまったく異なった種類の話として位置づけられている。しかしまちがいなく、これらは応召をめぐる美談と一対の話と考えるべきだろう。

## 出征兵士の家族に向けられる悪意

出征者やその家族をめぐる銃後の美談は、彼らに向けられた近隣をはじめとする周囲の「善意」の力によって事態が改善されるというように、当事者をめぐる関係性が「美談」の中核になっていた。それに対し、この出征遺家族に関わる「事犯」を見ると、彼らを取り囲んでいたのは、「善意」ばかりでなく「悪意」もまた彼らにまとわりついていたことがわかる。

「14　出征者妻女を傷害・脅迫」鳥取県××郡　農業TS　妻TA

被疑者は隣家の被害者MK（三五）が夫を戦地に送り多数の子女を抱え健気に其の留守を、守り居るにも拘らず、僅かの事に憤り被害者方が男でなきを侮りて被疑者夫婦共謀の上MKを殴打し治療一週間を要する傷害を加えたる上「命が惜しくなければ警察に届けて見よ」と之を脅迫したるものなり。（一九三八年十月二十日　鳥取県報告）

「僅かの事」が何だったのかは、この話ではわからない。しかし何かをきっかけにして、夫が出征中の妻に隣家の夫婦の悪意が向けられて傷害事件に発展した。「夫を戦地に送り多数の子女を抱え健気に其の留守を、守り居るにも拘らず」という部分には、銃後美談と共通する表現を読み取ることができる。そして、「健気に」という表現には、この事犯の報告者が被害者を美化する意図をもっていたこともうかがえる。

この話も、銃後の美談と紙一重である。多数の子女を抱えながら「健気に」生きる応召者の妻を隣家が支えたという話なら美談になるが、「僅かの事に憤」った隣家の悪意が向けられると、犯罪事件に発展するのである。

次の例は、出征兵士の家族と近隣との間に微妙な緊張関係が存在していたことをうかがわせる話である。

「15　戦死者妻女殴打事件」愛媛県××郡　荷馬車挽　EO

被疑者居村のENは今事変に応召名誉の戦死を遂げ金一千四百円を下賜されたるが、被疑者幼児がEN方遺族に対して「お金をたくさん貰うてなんでも買えて良いことじゃ」と云いたるをEN母Kが聞き付けてEO方に至り「左様な言を為さざる様」と申し入れたるに却而《かえって》之を恨み九月四日午後十時頃男手なきEN方に乗り込み、Kを殴打し治療十二日を要する傷害を与えたり。（一九三八年十月七日　愛媛県報告）

遺家族が受け取った戦死に対する下賜金千四百円が、近隣との緊張関係を引き起こしたことがわかる。隣家の子どもが、お金をたくさんもらって何でも買えていいなあ、と口にしたというが、これは子どもの言葉というより、おそらく隣家の大人たちが遺族をどう見てどう語っていたのかが子どもの言動に表れたのだと思われる。子どもの無邪気が、隣家の大人たちがひそかに口にしていたことを表に出してしまったにちがいない。だからこそそれを聞きつけて、戦死者の母親が抗議したのだろう。子どもの言葉そのものは、場合によっては「僅かの事」にすぎなかったかもしれない。しかしそこには、戦死者の遺族に下賜された大金に対する周囲の大人たちのねたみの感情が表れていたため、それが、「殴打」という暴力として顕在化してしまったのではないかと考えられる。

先に第４章第２節で取り上げた「軍国の母」後藤たきをめぐる美談も、夫が日露戦争で戦死したあとに農作業に励んでいると、近所の人たちから、「軍事扶助をもらっているのに、まだ頑張るのか」と陰口をたたかれ、さらには「嫁に軍事扶助の管理をまかせていていいのか」と舅に入れ知恵されるなどして、結局、婚家を出ることになったという話だった。美談のなかにも、こうした扶助をめぐるねたみやそねみの視線があることが表れていたが、15番はそれが犯罪にまで発展したものといえる。

兵士の家族が手にする金銭をめぐる犯罪事例は、実は少なくない。次にあげるのは、家族に対する善意に見える振る舞いが一転して犯罪になった例である。

「20　世話を口実に金百五十円を恐喝」栃木市××町　詐欺前科七犯　ＯＳ他二名
被疑者等は共謀して栃木市本町酒商ＹＴが昭和七年一千円の生命保険に加入し居り、今回出征戦死したるを以て同人妻Ｓに「会社に依頼してやる」と称して会社より金子を受け取りたる後「自分達の努力に依り貰ったのだから謝礼として百五十円出せ」と脅して之を喝取三人にて分配せり。（一九三八年七月八日　栃木県報告）

前科七犯という詐欺師に狙われた戦死者遺族の話だ。犯人がどのようにして、被害者が生命保険をかけていることを知ったのかは、わからない。しかし、慣れない煩雑な保険金の申請を代行するといわれて、妻が任せてしまうような、頼りになると感じさせる関係性なり信頼感を犯人は作り出したのだろう。そこには、遺族を支援することが奨励されていった空気を利用した親切の擬装があったにちがいない。これもやはり、出征兵士の家族への支援をテーマにした銃後の美談と紙一重であることを示している。

動員の時代の空気のなかで、兵士の家族が、あからさまに表に出せずに内側に抱え込まざるをえなかっただろう不安や心配に付け込む話も少なくない。

「38　妄りに吉凶禍福を説きて軸物を売り歩く事例」福岡県○○郡　金物商SK他二名

> 被疑者ら三名は「虎の絵の軸物を出征兵士の留守宅に持ちて行けば良く売れる」との話を聞知したるより共謀して一軸五十銭の虎の軸物を買い求め応召軍人遺族を訪問して「虎は昔より千里を往きて千里還るという諺もある通り縁喜《（ママ）》が良い之を床の間に掛け蔭膳を据えると出征者は無事に凱旋する兵隊の弾除けのものである」とて妄りに吉凶禍福を説きて之を多数の遺家族に売付けたり。（一九三八年十月七日　福岡県報告）

「虎は千里を往き千里を還る」という伝承は、寅年生まれの女性は千人針を自分の歳の数だけ縫うことができるという言い伝えと通底している。その肉親の無事を祈る思いが、ここでは犯罪に利用されているのである。しかも、陰膳を据えろという、旅行中の者の無事を祈願する作法まで指導していたという。原価一軸五十銭とは、いまでいえば二千円強というところだろうか、いずれにせよ高価なものではない。それをいくらで売りさばいたかは記していないが、おそらく一円程度で売ったのではうまい話にはならない。暴利をむさぼったので犯罪と見なされたのだろう。

注意したいのは、この三人が「虎の絵の軸物を出征兵士の留守宅に持ちて行けば良く売れる」という話を耳にして、行動に移していることだ。虎の掛け軸を法外の値段で売りさばいてもうかったという話が、すでに流布していたことになる。第5章などで献金美談が献金という行為を再生産していく過程を見たが、銃後の「悪意」もまた感染し再生産される。ただ、これを「犯罪」と言い切れるのかどうかは難しい。被害を受けたと思わずに、虎の掛け軸に何らかの意味と意義を見いだし、陰膳を据え続けている家族もいるはずだからだ。掛け軸を売った側にすれば、他人をうまく利用して利益を得るという関係性の作り方を実践したまでだ、ということになるだろう。自分本位な理屈ではあるが、これもまた動員という状況が生み出した生き方の一つである。しかもそれは、銃後美談のなかに見られたように、一方的に出征兵士の家族の生活領域に入り込んで役に立とうとする「善意」

の押し付けの論理と通じるものがあるといえるかもしれないのである。
さらに銃後美談と表裏の様相を見せるのは、次のような例である。

「39　手不足の応召農家に作男を世話すると称する前借詐欺」北海道××郡　雇人ＴＯ
昭和一三年三月二六日出征兵遺族たる空知郡ＫＫ（二五）方に至り同家が手不足なるに付け入り同家の作男に雇われることを契約し前借名義に金八〇円及び自転車一台を騙取逃走したり。（一九三八年十月六日　北海道庁報告）

自らが作男になるといったのか、作男を世話するといってそれに必要な金を出させてだましとったのか、本文と表題にやや齟齬があるが、出征兵士の家族である農家が人手が足りず困っている状況に対して、善意を装ったことは確かだろう。ここに、すでに取り上げた、兵士の家族を訪ねて「お手伝い」を申し出た子どもたちや、学校で奉仕団を結成して人手が足りていない兵士の家族を調査して見つけ出し「押しかけて」仕事をしたという銃後美談を重ね合わせてみよう。美談がある一方で、善意を装って近づいてくる悪意と犯罪被害の危険があったのである。子どもたちのお手伝いの申し出を丁重に断った理由には、たとえ相手が子どもでもこうした危険を感じたという背景もあったのかもしれない。

出征者の家族の不安に付け込む詐欺のなかには、まるで現在の特殊詐欺（オレオレ詐欺）被害のようなものもある。

「40　出征軍人留守宅詐欺」（ロ）
岡山県××郡××村ＯＭ長男Ｔは満洲独立守備隊附歩兵一等兵として満洲に出駐せるものなる処本年七月十五日関東軍憲兵伍長ＮＴと自称する男が右ＯＴ方を訪問「君の長男Ｔが今不都合があって軍法会議に廻って

居るので貯金通帳と印判を取って来いと云う命令を受けて来たものだが貯金通帳と判を出して呉れ、通帳がなければ現金八十円あれば善い具合に軍法会議の方を済むようにして遣る」と欺きて出金を促したるにソ満国境事件及北支事変等の為倅の身辺を気遣い居れる折柄とて之を信用したる父OMは貧困なる為近隣にて借金すべく奔走中なることを駐在巡査が聞込み直ちに右自称憲兵伍長を取押え取調べたるに此男は和歌山県生にして強窃盗前科九犯を有し、右の外本年五月頃より神奈川、鳥取、広島、香川、各県下に於いて同一手段を以て七十円乃至二百円宛十回に亘り詐欺を為せることを自供せるが尚余罪ある見込みを以て取調中。（一九三七年七月二十二日　岡山県報告）

詐欺にあった側の心情が「ソ満国境事件及北支事変等の為倅の身辺を気遣い居れる」と記されている。前線の息子を心配していたところにその息子が軍法会議にかけられるという話を聞かされたのだから、おそらく動転したにちがいない。結局、戦地の息子を助けたい一心で金の工面に動いたために、かえって警察の知るところになり詐欺被害を免れたのだが、犯人は全国を渡り歩きながら同じ手口で犯行を繰り返していたとされる。それは、身内が戦時動員によって召集されるという状況が全国に広がっていたことを前提に、家族が戦地の肉親を気遣っているという切実さを悪用したといえる。

これらに共通していることは、しばしば「善意」を装いながら兵士の家族に接近してくるということである。この「善意」を装う「悪意」の話と、銃後の「善意」を語る美談は重なり合う部分があり、両者は、結末部分が対照的な対になる説話群であるといえるだろう。

## 裏切る役職者

出征兵士の家族を取り巻く悪意をめぐる別の一群の話は、ローカルな暮らしの場でそうした家族を支える責任を担っているはずの役職者たちの背信の事例である。銃後の美談では、地域の在郷軍人会の役職者、校長、銃後の後援会関係者、町内会長、そして町の有力者など、地域のリーダーといえる者たちが積極的に銃後の暮らしをもり立てて出征者家族を支援する話が多かった。しかしこの「事犯」の話群のなかには、そうした役職者の犯罪の例がある。先の九十二件のうち48番から55番が、それに該当する。その多くが「横領」という、軍事扶助制度でもたらされる金にまつわる犯罪であることも特色の一つだ。

「51　村役場兵事係が軍事扶助金横領」鹿児島県××郡××村　同村兵事係ＴＩ
被疑者は自己取扱中の軍事扶助金に関し昭和一二年一二月一日より扶助金交付開始せるにも関わらず翌一三年二月一日より開始したるが如く公文書を偽造して二か月分の扶助金三百六十三円七十銭位を着服横領したる外部落民に於いて拠金せる賑恤慰問金中より百三十九円を横領費消せり。（一九三八年七月三十日　鹿児島県報告）

管内の徴兵から軍事扶助まで、軍事に関わる一切を取り仕切る兵事係だからこそ可能だった犯罪である。書類作成という専門業務に加え、慰問金を預かる役割であることも悪用した。ほかにも、兵事係の書記が、自分が作成する軍事扶助調書によって扶助金の多寡が決まると村人が思っていることを利用して、八人の出征者家族から百二十一円五十銭の現金などを収賄していたという例もある（一覧番号57、一九三九年四月六日、秋田県報告）。これは、先の兵事係のように自分の机の上で書類を操作したのではなく、扶助を希望する者の少しでも多く扶助を受けたいという「願い」に付け込んでいるという点であくどい。場合によっては、金品の受け渡しには村人の感謝の言葉さえも添えられていたかもしれない。金品を渡した村人の行為には、少しでも有利に調書を書いてもらおうというごく当たり前の感情ものぞく。

遺家族の支援をする団体である援護会や後援会の係員の犯罪も、この兵事係の例と類似している。名古屋市後援会の書記は、一九三七年九月二日から翌年六月三十日まで自分の書記としての立場を利用して、戦死者遺族に交付すべき弔意料、弔祭料、歳末慰問金など合計六千七百四十三円八十四銭を横領して遊興費などに使ったという（一覧番号49、一九三八年九月八日、愛知県報告）。また、大阪府の出征軍人遺家族援護組合の幹事が、組合の掛け金百九十二円を横領するとともに、出征軍人の家族に配布すべき政府払い下げ米五俵を売却してその代金五十四円七十銭を横領したという例もある（一覧番号54、一九三八年十月十一日、大阪府報告）。

出征兵士の家族を支える動員制度そのもののなかに、そうした悪意の種が潜んでいたことになるだろう。軍事扶助を受けないことがしばしば美談のテーマとなっていたことと照らし合わせると、皮肉な構造に気づく。

このほかにも、出征軍人が出征先から母校に寄付した二十五円を横領した校長の話（一覧番号55、一九三八年十月十一日、広島県報告）、出征した軍人の勤務先から家族に送られる給料を仲介していた村長が、その給料二カ月分七十六円七十六銭を横領するとともに、応召家族九人の扶助料百三十二円六十銭を横領したという話（一覧番号53、一九三八年十月二十六日、大分県報告）などがある。これらの話は、役職者が動員制度のもとで、前向きに自分の使命と善意を達成したという銃後美談と合わせ鏡の関係にあり、そのどちらかが「真の」現実というわけでもなく、双方とも動員の日常から収集された説話群というべきだろう。さらに事例を重ねよう。村長という立場を利用した次のような例がある。

「90　村長が職権を利用して強姦」島根県××郡　元村長ＩＫ

被疑者は本年九月二〇日迄Ｎ村村長たりしものなるが居村内の出征兵士ＴＹが名誉の戦死を遂ぐるや其の妻女〇〇に予てより懸想し居りたるより本年四月二十二、三日頃被疑者は〇〇に対して甘言を以て自宅に呼び寄せ情交を迫りたるも拒絶せらるるや「いうことを聞かねば賜金扶助料の世話は一切中止する」と称し〇〇が一時躊躇する隙に乗じて暴力を以て強姦を遂げ其の後も同様手段を以て強姦を企てたるも一回既遂爾余は未遂に了りた（る）も本年九月九日被害者は遂に告訴を提起したるにより検挙するに至るが之が為被疑者は責任を感じて村長を辞任するに至りたり。（一九三八年十月四日　島根県報告）

夫が戦死した女性に、村長という立場を利用して、いうことをきかないと軍事扶助の世話をしてやらないと脅して強姦した事件である。軍事扶助申請の「世話」を持ち出したところに、当時の庶民が、扶助制度を利用するには公的書類を準備しなければならないなど、手続きに不安を感じていた可能性があること、また制度の仕組み自体を十分に理解できておらず、現場の役職者の力を実質以上に捉えていた可能性があることなどの背景を推測できる。51番の兵事係が収賄によって私腹を肥やすことができた背景も同様であり、こうした制度が一般の人々からどう捉えられていたのかという問題が透けて見える。おそらく、扶助制度は、あくまでも当事者の申告を前提としていたことを含めて、決して親切な制度ではなかったのではないかと考えられる。

この村長は戦死者の妻に「甘言」を用いて家に呼んだとあるが、具体的に何を言ったのだろうか。何か困ったことはないか、何でも力になるから一度相談にいらっしゃい、というような善意を装った言葉だったのではないだろうか。その点では、やはり兵士の家族を支援する銃後美談と重なり合い、事犯をめぐる話と銃後美談が表裏のものとして、同じ銃後の日常の延長に存在していることがわかる。

しかし何よりもここで注視しなければならないのは、出征兵士の家族の女性たちにからみついていた周囲の男たちの性的な欲望のまなざしである。類話をさらにもう一つあげておく。

「69　援護組合長の醜行」大阪市××町　無職ＨＯ

被疑者は肩書町内会長にして且軍人遺家族援護組合長なるが同町内ＭＡ（二五）が夫○○応召出征後幼児を抱え生計困難なるを見て職責上軍事援護手続きに奔走したる為めＭＡが之に感謝の念を抱き居れるに付け入り生来の淫欲を充たさんと秘かに自宅に呼び寄せ又は金子を包みて提供せんとして情交を迫りたるも被害者が之を体良く拒絶するを尚も執拗に欲望を充たさんと付き纏い居れるを聞知し所轄今福署に検束の上厳重加諭したるに前罪を悔い町内会長及び援護組合長を辞任して将来を誓うに至れり。（一九三八年十二月一日　大

阪府報告）

しつこくつきまとっているところを警察に厳重に説諭されたという話で、本人が公職を辞したものの、実際に検挙されたわけではなかった例だ。自らの公的立場を悪用したということでは前例と同様だが、こちらはより明確に、出征者家族のために果たした役割が記されている。夫の応召後に幼児を抱えた女性が生活困難に陥ったのを見て、遺家族援護組合長として、軍事援護の手続きに「奔走」したのだという。これまで紹介してきた銃後の美談のなかでも、しばしばまわりの人間が、出征者家族の困窮状況を見かねて軍事扶助を受けることを勧めたことなどが語られていた。その意味では、ここまでは明らかに、職責に対する責任感にあふれ、遺家族の状況に心配りをしている援護組合長の活躍を語る「美談」のように見える。それが後半で、その女性に「執拗に欲望を充たさんと」つきまとって性交渉を迫る「淫欲」をむき出しにする話になっている。

先にこうした犯罪譚は銃後美談の合わせ鏡だと述べたが、この話の場合、もともと「善意」を装っていただけなのか、それとも責任感と善意自体は本物だったのかはわからない。ただ、少なくとも途中までは「善行」といえる行為の結末が、美談とは百八十度異なるものになるという話は、実は、合わせ鏡というよりも、単に結末が美談と反対になっただけの銃後を語る「類話」と考えることができる。

## 銃後の犯罪とセクシュアリティ

「事犯」の説話90番と69番は、出征兵士の家族の女性にからみついたセクシュアルな欲望をめぐる犯罪だった。先に述べたように、出征者の家族をめぐる犯罪として編集された九十二例のなかには性に関わる事犯が目立つ。

そのなかに、何例か出征軍人の妻もしくは戦死者の妻に対する姦淫を目的とした複数の「住居侵入」例が報告されている。十代後半の「不良少年」が住居侵入を企て検挙された（一覧番号73番、一九三八年九月二十六日、宮崎県報告）という例をはじめ、予備役将校（一覧番号71番、一九三九年一月十二日、富山県報告）や町会議員（一覧番号72番、一九三八年八月三十一日、愛媛県報告）が姦淫を目的として住居侵入したという話がある。さらに、夫の出征中に祖母・二子とともに家を守っていた妻が四人の男性と「不貞」にも「継続的に姦淫」をなしてついに妊娠してしまうが、四人はいずれも家主である夫の意に反して「住居に侵入」したことで検挙された（一覧番号74番、一九三八年十月三十一日、宮崎県報告）という例がある。

74番の例は、継続的な姦淫があったというが、住居侵入によって検挙されたという。この「住居侵入」とは何を意味しているのかについて、次のような例に注目しておきたい。

「82　小学校教員と妻女の不義事件」福岡県○○郡　ＴＹ（二九）
右は受持児童Ｙ○が中学校入学準備の為め其の家庭に出入り中Ｙ○の母たる出征中の○○の妻女○○（三五）と情交関係を結び姦通を継続中遂に妊娠するに至りたるが本件は夫○○の告訴無き所より住居侵入事件として措置せり。（一九三八年十一月一日　福岡県報告）

夫からの「告訴無き所より住居侵入事件として」処理した、という。ここで、この事件の背後にある姦通罪は、夫と妻の扱いに著しく公平性を欠く法律だった。一九〇七年に制定された、夫婦間に生起した不貞行為を罰する刑法第百八十三条は、「有夫ノ婦姦通シタルトキハ二年以下ノ懲役ニ処ス其相姦シタル者亦同シ　前項ノ罪ハ本夫ノ告訴ヲ待テ之ヲ論ス」と、夫婦のうち妻の不貞だけを処罰対象とし、それは夫の「告訴」を前提にしていた。したがって先の例は、夫が告訴しなかった場合には、姦通罪ではなく住居侵入という扱いになったということになる。

この姦通罪は、妻だけを処罰の対象とし夫の姦通は不問に付すという、夫と妻で扱いが異なる、ジェンダー非対称な不平等きわまりない法だった。しかしこの姦通という「事犯」をめぐる事例を見ていると、そもそも妻に「不貞」があったかなかったか、何をもって判断するのかが判然としない。仮に同一の相手と「継続的に」性交渉があったとしても、必ずしも同意があったとはいえないだろう。性的被害を受けたことをまわりに知られることを恐れて黙っていたせいで繰り返し「継続的」に被害にあってしまうということも考えられる。また、先に見たように地域の役職者から迫られた場合は、強姦であっても泣き寝入りせざるをえない場合もあっただろう。「住居侵入」扱いの背景には、強姦なのか互いが納得したうえでの関係なのか、明確に分けられないケースが多々あるようにみえる。さらにいずれだろうとも、周囲の視線や世間体などを考慮して強姦被害を訴えないなど、「住居侵入」という処理にしたことには銃後の妻たちが負わされた難しい状況があったことが推測される。

そして周囲の男たちの欲望の視線とともに、残された妻の振る舞いに近隣の人々の関心や好奇心、さらには監視の視線が注がれていたこともうかがえる例がある。

「80　風評が戦地に迄及びたる不義事件」山形県××郡　TS（二八）

HHの夫Aは陸軍歩兵上等兵として出征中のものなるがHHが隣家のTSと不義を為し居るやの風評あり之が何時しか戦地の夫Aの耳に入りたる為めAより懊悩を訴へたる書面が来信される状態に至りたるより警察は実情を調査したるに其の事実なかりしを以て「不義の如き事実なく真面目に暮らし居るに付き戦地にて奮闘されたし」との書信を差出之を慰安し且TS等に対しては夫々注意を為したり。（一九三八年十月五日　山形県報告）

刑法百三十八条の姦通罪を前提に夫が妻の不義を疑って警察に訴えたので、警察が調査したものと考えられる。その結果「風評」にすぎなかったことが判明したとある。「風評あり之が何時しか戦地の夫Aの耳に入り」とあるが、どのようにしてそれが戦地に伝わったのかはここからはわからない。しかし、誰か近隣のなかに戦地の夫に知らせた者がいたと考えるべきだろう。そもそも「風評」の存在自体が、遺家族にまとわりつくなかば監視としてはたらくような周囲の好奇の視線が存在することを示している。

ここで、第6章第2節「「軍国の妻／母」の姿」で、『軍国の母の姿』第一輯から「家を捨てた「母」」として紹介した後藤たきの話を再び思い起こしたい。日露戦争で夫を亡くしたたきは、義父と義妹そして遺児である長男・長女と暮らしていた。しかし、たきは、「若い後家」という理由で、周囲から「根も葉もない事」を、「口から出まかせ」で言いふらされて悩み、何度か一晩中眠れずに一人泣き明かしたとされていた。(2)

たきを苦しめたのは、戦死者の妻に対する周囲からのなかば「好奇」の、そしてなかば「監視」として機能するような、無責任な視線だったにちがいない。それはまちがいなく、彼女に対する性的な好奇心を戦時という大義名分で隠すことで、結果的に監視するような視線だっただろう。たきをがんじがらめにしていたのは、そうした性的な「風評」を生み出すような視線だけでなく、受け取っていた軍事扶助をめぐるお節介な視線もあり、結局、彼女は婚家を捨てて独立するのである。

彼女の周囲は、夫が戦死してなお一人で家を支えて子を育て、一人でけなげに生きる女のイメージを求めていたのかもしれない。美談として紹介されていた「軍国の母」たちのすべてが、夫の戦死後も、再婚することなく、孤軍奮闘する女性たちだった。そうした話が美談になるのは、夫の死後も貞節を守り続ける残された妻という物語を理想とする価値観があったからだといえるだろう。それは、出征軍人の妻に対する好奇と監視の視線と共通する。

それはまた、第2章第2節の「銃後のかたち」でふれた、出征した夫や雇い人の分まで女手一つで切り盛りした青果店の女将をまわりの人々が「女留守隊長」などと呼んでいるという話とも通底しているのではないだろうか。第2章では、このあだ名には必ずしも「称賛」の意味ばかりでなく、銃後の男性たちの女性に対するある種の揶揄の視線が交じっているのではないかと指摘した。しかし、それだけではなく、銃後の女性に隠微に注がれるセクシュアルな視線を拒絶するような「男勝り」の女性の言動をこそ揶揄していたのではないかと思えてくる。少なくとも、残された妻たちをめぐる不名誉な「風評」と「女留守隊長」という「評判」は、同じような関係性の仕組みのなかから生成すると考えなければならないだろう。

そうした視線が、さらに悲劇的な結末をもたらしてしまうこともある。

「86　不義を醜ぢたる妻女の自殺事件」高知県〇〇郡　HG（四一）
被疑者は居町KTが応召出征の留守宅に無断にて侵入し同人妻女を姦淫したることが出征中の夫の知る所となり之を醜ぢたる妻〇は遂に縊死するに至れり。（一九三九年三月一日　高知県報告）

侵入してきた男に強姦された妻が、それを夫に知られたことから恥じて自ら死を選んだという事件である。「強姦」事件に「不義」という題名がつく点に、そうした被害に遭うこと自体が女性の側が呼び込んだ不始末だと周囲に見なされてしまうという、二重の暴力の存在が垣間見える。さらにこの場合も、出征中の、場合によっては中国大陸にいたかもしれない夫にそれが知られてしまったという。どのようにして夫の知るところとなったのか、やはり事件を夫に知らせた身近な第三者がいたと考えなければならないだろう。応召する男性には「男らしさ」をめぐる圧力がからみつき、銃後の女性にはそのセクシュアリティを対象化するような視線と想像力、さらには暴力がからみついていたということができる。

## 4　善意と悪意のはざま

出征兵士の家族をめぐる「事犯」を、前章までで扱った銃後美談と対比して検討してきたが、美談が銃後の理想で、「事犯」が銃後の現実だというわけでは決してない。両者はそれぞれ異なった枠組みと制度のなかで捕捉された一群の記録なのである。確かに「事犯」の資料集は、こうした「事犯」を時局の翼賛に対立するものとして捉えている。その意味では、銃後美談とは正反対の枠組みのもとに集められた話群である。しかし、銃後美談も銃後の「事犯」も、いずれも動員という事象に付随して生起した出来事に関する話なのである。すでに見てきたように、何が美談になり、何が「事犯」をめぐる説話になるのかという区分は、一見自明のように見えるが、双方が類似した状況から生まれているため、その境目は実は非常に曖昧である。美談か「事犯」か、その分岐となる葛藤や悪意、欲望は、銃後という関係性そのもののなかに生まれるという現実を見据えなければならないだろう。

あえていうなら、銃後美談の主人公も、「事犯」の犯罪者も、暮らしの余裕などないなかで、なお動員体制下で生きていかなければならないという切実な問題を抱えていたことは確かだろう。召集を受けた一人親の父親のためにその子の面倒を引き受ける近隣の人々がいる一方で、出征兵士の家族に暴力を振るってしまう人々や自らの家族をあやめなければならなかった応召軍人がいる。出征兵士の家族の支援に奔走する人々がいる一方で、犯罪の被害者になってしまった兵士の家族がいる。だが、彼らが美談の主人公になるか、犯罪者になるかその被害者になるかは、周囲との関係性のわずかな違いにすぎない。

ごく身近な近隣の人々が追い込まれた家族を支える場合もあれば、反対に犠牲者へと陥れる。そこにあるのは、銃後という日常で、逃れようがない関係性が抱え込んでいる苦悩であり、近隣という地域の関係性はもちろん、家族という関係性、そして学校や職場という関係性もまた、相互に支え合う力になる一方で、互いを追い詰めてしまう力になりうるのである。そのなかにねたみやそねみ、「淫欲」など相手を陥れるような悪意をはらんだ力が生じることもまた、当然ありうることなのである。

本書で私たちが見てきた銃後美談の数々は、単に人々をあおるだけの「建前」を語るフィクションではなく、読み方によって、「美談」の枠組みとは反対の犯罪をめぐる話群と重なり合う要素が書き込まれている。美談が建前のフィクションで、「事犯」をめぐる話こそが現実であるというのではなく、双方が、動員という状況下で人々によって生み出され、かつ人々を包み込んでいく「空気」のありようを語っているのである。

注

(1) 柳田國男編著、朝日新聞社編『明治大正史第4巻 世相篇』朝日新聞社、一九三一年(柳田國男『柳田國男全集』第五巻、筑摩書房、一九九八年)。同書は、地方(農村)がなぜ疲弊することになったのか、その原因を明治・大正の約六十年間の生活の変化のなかに解き明かすことを目的としていた。第十二章「貧と病」で「孤立をともなった貧困」という近代の新たな貧困のあり方を指摘し、親子心中という新たな自死のかたちを問題として取り上げている。第一章から第十一章では、日常の生活の暮らしぶりが「思い思いになって、衣でも食住でもまたその生産でも、個人の考え次第に分かれるような時代」がもたらされた過程を明かし、その結果、「災害には共通のものが追い追いと少なく、貧は孤立であり、従ってその防禦も独力でなければならぬように、傾いて来る」として、当時の貧困の問題を指摘していた。

(2)「削り出しの行商で我が子を局長にした後藤たきさん」、前掲『軍国の母の姿』第一輯所収、一六―二八ページ

# 終章

# 動員と「弱さ」をめぐって

本書では、銃後美談は銃後の暮らしのリアルな一端を記録している資料であるという観点から、愛国の至誠を強調するような言葉をかいくぐり、美談のなかの人々がどのような振る舞いを選択したのか、そこに注目し、称賛と賛美の志向を「逆なで」しながらそれらを読み解いてきた。

「美談」によって扇動を画策した犯人を明らかにすべきだ、または美談がどれほど現実をゆがめていたのかを明らかにすべきだ、という立場からは批判もあるだろう。しかし序章で述べたように、当事者の記憶や記録と照合して「美談」というかたちを与えられた「話」の真相を暴露して相対化していく、という読み方はここでは選ばなかった。むしろ、銃後美談と呼ばれる話群に私自身がふれたときに感じた、ある種のいたたまれなさ、息苦しさ、怖さ、そして切なさがどこからきているのかが明らかになるように銃後美談を語り直してみようと試みたのである。

一つの資料として銃後美談に向き合うと、これらの話群が、総力戦下に生きざるをえなかった一人ひとりの「個」を細かに記録していることにあらためて気づく。「個」を語る資料としては、例えば日記などのように個人が自ら記した資料がある。またオーラルヒストリーも、想起という手段によって個人が過去を記憶として語る資料といえるだろう。銃後の美談もまた、その中心になるのは原則として「個」なのである。オーラルヒストリーが事後に構築された過去の記憶だとするなら、日記は同時代を生きた「個」がつづった言葉といえる。もちろん、当事者がつづった日記であっても、何を書くかを選び、場合によっては装った言葉をつづっている場合もあるだろう。そして、時代の状況に対して抵抗、反発するにしろ、違和感を抱くにしろ、また迎合、適合もしくはただ流されるにしろ、そこにはある個のありようが描かれているにちがいない。その意味で、意思をもった個が自らつづった言葉として価値がある。

一方、銃後美談には、「動員」という仕組みに捕捉された同時代の「個」のありようが、動員の制度の側から語られているのである。銃後美談は、動員体制を支える制度のなかでの「個」が「出征兵士の家族」「妻」「母」「近隣」そして「子ども」などそれぞれの属性にしたがって分類され、そのそれぞれの状況に従って「個」のありようが語られている。「庶民」の戦争などとひとくくりにできない、属性ごとに役割を与えられ動員の対象となった「個」としての私たちの姿を、そこに見ることができる。

## 1　善意の「中間集団全体主義」

銃後美談から、「個」を取り巻く戦時下の日常のどのようなありようが見えてきたのかについて、これまで「空気」という言葉で語ってきたことにもう少し輪郭を与えておきたい。序章で、銃後美談のサンプルの一つとして、ある漁村の一家の話を取り上げた。それは私自身が、銃後美談というものに内在するある不気味さと怖さにふれたと初めて感じた話だった。

一人息子が出征し、あとに身重のその妻、病気のために船を降りて臥床していた父親、そして病弱な母親が残された。周囲の人々がその暮らしの窮状を見かねて軍事扶助を申請することを勧めるが、一家はそれを固辞した。しかし結局、病気の父親とかつて同じ漁船に乗っていた仲間たちが毎回の出漁の稼ぎからこの一家のために配当金を工面し、拒む父親を説得して受け取らせた。するとこの一家は、父親は病臥から立ち上がり、自分の仲間の船の漁具の整理や修理を始め、母親は病弱にもかかわらず遠方まで魚の行商に出るようになり、身重の嫁は製糸工場に働きに出るようになったという話だった。

この例を挙げて、序章では、身近で困っている者に対する周囲の善意が、結果的に他者への力の行使、すなわち暴力へ転化していく過程がそこに描かれているのではないか、と指摘した。銃後美談が図らずも描き出すのは、そうした日常のごく当たり前の相互の気遣いや善意が一人ひとりにからみつき、動員の時代の主人公にならなければならないかのように人を追い込んでいく仕組みのありかたである。別の言い方をするなら、動員は、そうした私たちの日常のありふれた善意をこそ必要としているということでもある。それが、銃後美談という話群を通して見えてきたことだった。

近隣や職場の人間関係ばかりか、場合によっては家族のなかでも、「うちはなぜ軍事献金をしないのか」という時代の大義名分を背負ったかのような子どもの無邪気なひと言が経済的に困窮している親を問いただし、追い詰めることにもなった。

そしてそれらのエピソードによって、国家と一人ひとりの個の間に存在する中間領域を覆っている多様な関係性が、動員という仕組みのなかでどのようにはたらくのかという問題を、あらためて考えさせられるのである。

戦時下の日常のなかの人と人の関係性のありようを、それを経験した者はどのように分析しているのかについて、戦後の言論をリードした丸山眞男の議論から見ておこう。丸山は戦後早くに、戦時体制を「ファシズム」として位置づけ、「どんな専制政治でも、被治者の最小限度の自発的協力がなくては存在することができない」として、その体制を下支えした「担い手」を問うている。(1) この議論のなかで丸山は、二種類の社会階層の存在を指摘する。第一は「疑似インテリゲンチャ」と名付けられた「小工場主、町工場の親方、土建請負業者、小売商店の店主、大工棟梁、小地主、乃至自作農上層、学校教員、殊に小学校・青年学校の教員、村役場の吏員・役員、その他一般の下級官吏、僧侶、神官」などの社会階層、第二は「本来のインテリゲンチャ」とされる「都市におけるサラリーマン階級、いわゆる文化人乃至ジャーナリスト、その他自由知識業者（教授とか弁護士とか）及び学生層」であり、日本の「ファシズム」の社会基盤となったのは第一のグループだったという。確かに、第一のグループとして列挙されているのは、銃後美談にも登場した動員体制の要になるような役割や立場にある人々であり、このグループが「国民の声を作る」役割を果たしたという議論には納得がいく。

さらに、この第一のグループは、「それぞれ自分の属する仕事場、或いは商店、或いは役場、農業会、学校等、地方的な小集団において指導的地位を占めている」と指摘している。ここでいう「小集団」とは、別の言い方をすると、私たちの日常に張り巡らされた多様な関係性のリストのごく一部でもある。それは、「個」を多様に包摂する、国家と「個」の間に存在する中間的な関係性の具体的な場といえるだろう。そしてこの「地方的な小集団」の「地方的」とは、地理的な意味での「都会」などと対比される地方というより、ここでは「日常的」と捉えておきたい。丸山が対照的に位置づけた第二の「本来のインテリゲンチャ」の特質が、日常生活から遊離した存在だったとされることから、私たちの日常をローカルに具体的に規定している関係性が「地方的」な小集団の場なのだと考えておきたい。

丸山は、この第一のグループに含まれる人々が、それぞれの「小集団」のなかで、その集団の成員に対して「家長的な権威」を示し、「小天皇的権威をもった一個の支配者」なのだという。それを丸山は「小さく可愛らしい抑圧者」ともいう。そして、支配層のイデオロギーは、この層によって「翻訳された形態」で「最下部の大衆」に媒介されるのだという。

日本のファシズムの「運動的」側面を分析する丸山は、ナチズムと比較してその特色について、「少数者の観念的理想主義の運動」として展開して「広範な大衆を運動に組織化し動員」する方向性をとらなかったことにあるとした。そのようなかたちのなかで、特に中心的な運動の担い手になったのが、この第一のグループだったという。

丸山は、日本のファシズムをめぐる一連の議論によって、日本の「市民社会」が西欧に比べて未成熟だったと捉え、それを歴史的・文化的に問いただしていくことになるが、ここでは、そうした「日本」的特性をめぐる議論には踏み込まない。戦後の言論をリードしていくことになるその議論の根幹部分で戦時下の日常そのものをどう捉えていたか、それを確認しておきたい。

丸山の議論に基づくなら、「動員」のイメージは、日常生活のなかで実効性をもつ小集団を統括する「疑似インテリ」層がいて、彼らが「家父長的」かつ「小天皇」的な抑圧と強圧の主体として支配層のイデオロギーを末端の大衆に翻訳し媒介したうえで支配した、という像が描き出されることになるだろうか。

実はこのイメージは、戦後生まれで戦争の時代を知らない私自身が、戦時下についていつしか抱くようになっていたイメージとも重なる。そのイメージの起源が何だったか、戦中世代の両親の経験談だったか、それともテレビドラマをはじめとする戦時下の日常を描いた戦後の大衆文化的な表象だったかは、わからない。しかしなぜか、大義名分を背負った怒号と、抑圧・強制の力がはびこっている「空気」のイメージが強く刻まれている。

しかし、その支配と抑圧の力は、具体的な人と人との関係性のなかで生きる人間にとってどのように現れるのだろうか。時局のイデオロギーを語る言葉を連呼し、ただただ暴力的に服従を求めてくるような「小天皇」たちが跋扈し、怒号とある種の威圧的な力が行使される風景だけが徹底して繰り広げられていたというのが、現実だったと考えていいのだろうか。

このような、日常の身近で具体的な関係性がはらむ抑圧的な力を「中間集団全体主義」と名付けたのは、社会学者の内藤朝雄である。[2] 内藤は、今日的な社会問題であるいじめのメカニズムを解き明かすためにこの「中間集団全体主義」という考え方を使い、そのモデルを戦時下の動員の日常に求めている。そして、「全体主義社会」では、「中間集団」が「個人に対して過度な自治と参加を要求」し、「個人に対して徹底的なしめつけを行う」仕組みがあるという。そして、戦時中の隣組について、「普通のおじさんが、急にいばりだしたり、在郷軍人が突然、権力をふるい」だしたと回想する新聞投書を取り上げ、「全体主義」には、第一に「国家が個人を直接圧殺する」側面と、第二に「パブリック」への献身を自己のアイデンティティにするとともに、そうした「パブリック」を離れたプライベートな自由や幸福追求」に対する憎悪が「草の根的に沸騰」する「共同体的専制」という、二つの側面があると指摘する。この国家と個人との間に胚胎する「草の根的に沸騰」する「共同体的専制」を対象化するために「中間集団全体主義」という考え方を提起し、「群れた隣人たちが狼になるメカニズム」を明らかにする必要があるとしている。

内藤は、この「中間集団全体主義」という考え方を通して、特に現代の学校や職場への参加を強いられる「共同体への人格的献身」を問い、「いじめ」のメカニズムを解明しようとしている。それは、戦中から戦後にまで通底する日本の社会のありようを問いただす考え方だといえる。

丸山がいう「小集団」のなかの「家父長的」な「小天皇」的抑圧の主体や、内藤の「草の根的に沸騰する共同体的専制」は、中間的な関係性と場こそが個に対する国家の暴力や抑圧の緩衝としてはたらきうるという、コミュニティの可能性を積極的に評価する考え方を問いただすことになり、動員の日常の暴力性が、むしろ身近な関係性のなかにこそ具体的に立ち現れるという危険性を指し示すといえる。

しかし一方で、本書で紹介してきた銃後美談から見えてきた動員の状況ではたらく力は、怒声や威圧による強制ばかりではなかった。むしろ、日常的な相互関係のなかの「善意」というかたちで現れる力が、一人ひとりにからみついていくさまが浮かび上がった。それが美談という様式のなかで美化されたのである。もちろん、怒号や威圧による強制などなかった、と主張しているわけではないので、それははっきりと断っておきたい。個を動員へと追い詰めていくのは、そうした直接的にはたらく強圧的・抑圧的な力ばかりではない、ということを見ておきたいのである。あえて内藤の概念を借りていうなら、「善意の「中間集団全体主義」」ということになるだろうか。

繰り返すが、私自身は、怒号による強圧的・抑圧的な力を嫌悪している。だが、それ以上に、銃後美談のなかで見てきたような、「善意」というかたちをとった周囲の力に追い詰められていくことは、もっと不気味で恐ろしい。

一見すると「小集団」のなかの抑圧的な「小天皇」や「狼」に変貌した隣人と「善意」をかたちにして他人と関わろうとした人々は、対照的に見える。しかし両者には共通性があることも確かだろう。双方とも動員の時代の価値観に沿って「役に立つ」ことをしていると自覚することで、自己に対する肯定的なアイデンティティを得ていたと思われることである。軍事献金をするために小商いに精を出したり、断られてもめげずに出征兵士の家族に対する手伝いをしようとした子どもたちの行動は、まさに自己充足的なアイデンティティの立ち上げであり、それによって子どもが得ていただろう充足感と同じものを、おそらく大人たちも少なからず得ていたにちがいない。

美談では、必ずといっていいほど、何か解決すべき、もしくは克服すべき問題をもった、手を差し伸べられるべき存在や、また何か問題を抱えながら前向きに何かを実行する人の姿を語る。別の言い方をすれば、そうした人々とは、動員の日常のなかで何らかの「弱さ」を抱え込んでいる存在である。銃後の美談の基本的なモチーフを、やや乱暴であることを承知のうえでまとめるなら、動員という状況のなかで、何らかの困難や問題を抱えた、つまり「弱さ」を抱えた者たちが、その「弱さ」にもかかわらず、もしくはその「弱さ」を克服して、動員に対して前向きの姿勢で関わっていく、というものになるだろう。銃後美談が描き出す人のありようは、まず「弱く」そして多くの場合、真面目である。そして銃後美談の多くは、そうした「弱さ」を、日常生活をともに営む者同士が協力し合って、みんなで克服していく物語なのである。

## 2　「弱さ」をすりつぶす動員

動員の日常を怒号と抑圧による暴力のほうを焦点にして考えると、それをもたらす「小天皇」や狼になったような「隣人たち」を問題視していくことになる。しかし、そこに「小天皇」や狼のような「隣人」とは一見正反対の自らの「善意」で前向きになる銃後美談に登場するような人々を重ね合わせると、双方に共通する一つの「空気」が浮かび上がってくる。それは、一人ひとりが「弱さ」を抱え込んではならない、という動員の日常の論理である。戦争に勝つことを至上の目的とし、そこにすべてを傾注する「動員」は、一人ひとりが抱える「弱さ」を排除していくという本質を隠しもっている。その「弱さ」とは、多くは一見、それぞれの個人的な事情として現れるような苦難や問題である。病気を患った家族を抱えていること、貧しさにさいなまれていること、父子だけで暮らしていることなどの個々の事情は、家族の稼ぎ手が出征することで一気に家族の生存の危機にまで深刻化する。また、近隣や親族、職場の仲間に餞別までもらって見送られ応召したものの即日帰郷になった男たちが抱え込むことになったのも、そうした動員という状況での「弱さ」だった。「弱さ」とは、状況と関係性のなかで一人ひとりにもたらされる、多様なかたちをとる苦難である。そして、銃後美談のなかで語られるこうした「弱さ」は、多くの場合、生活の状況や周囲との関係性のなかに胚胎する現実的な「弱さ」であり、何より動員そのものによってもたらされた問題でもあった。

そうした大人たちの「弱さ」と対照的な「弱さ」を抱えていたのが、銃後美談のなかで前面に出てくることが多い子どもたちだった。彼らは「子ども」という属性そのもののせいで、小さく幼く、保護されるべき「弱さ」をもっていると見なされ、さらには「無垢」という価値も付与されている。銃後美談で、子どもたちの振る舞いを表現するのに用いられた「健気」や「純情」という言葉は、「無垢」の延長上にある。ただし、この無垢なる弱きものとしての子どもという考え方は、自明でも自然でもなく、近代家族と同様に作り出された歴史的産物であることは子どもをめぐる社会史研究などが明らかにしている。つまり、子どもの「弱さ」とは、あくまでも大人の側の視線が捉えたものであり、社会が用意した常識であり、個々の子どもたち自身が抱え込みさいなまれている具体的な「弱さ」ではない。

だからこそ、その「弱さ」を意識せず振る舞うことができる銃後美談の主人公としての子どもたちは無敵なのであり、大人にとってはうっとうしい存在になった。子どもはその意味で、銃後の美談の登場人物として別格でかつ最強な存在になりえるのである。さらにいえば、生活のなかの具体的な苦難を抱え込んでいない子どもをめぐる話こそが、当時求められていた、個々の身に降りかかる不幸や苦難には言及しない、「明朗ナル」銃後美談を具体化できたともいえるだろう。

こうした子どもたちの無敵の「弱さ」とは対照的に、大人たちが抱え込む「弱さ」には、先に述べたように、一人ひとり、または一つひとつの家族にとって抜き差しならない事情があった。

戦争の時代での抜き差しならない「事情」について、思想家であり詩人である辺見庸は、『1《イ》★9《ク》★3《ミ》★7《ナ》』という日中戦争開戦の年をタイトルにつけ、「イクミナ」と読ませる評論のなかでふれている。同書は、戦争に前のめりに関わった私たちの歴史と、それと地続きのものとして存在している中国大陸で日本軍が繰り広げた暴虐を問いただす。

そのなかで、辺見は「事情」を「ワケ」という言葉で置き換え、「ワケ」は「私有」されたものだからこそ、つまり一人ひとりのものだからこそ、「分類や系列化が容易なようでいて、たばねるのが不可能」であるにもかかわらず、戦時下では「公有されたことばでワケを語ろうとする」[3]のだと指摘する。

個別の事情は十分に語られることなく、動員の銃後を彩る「愛国の至誠」や「赤誠」などという公的な言葉のなかに埋もれていく。銃後美談は、そうした「公有化」された時代の言葉でそれぞれの「事情／ワケ」を克服可能なものとして語り、「美談」としての価値を与える装置だともいえるだろう。そのようにして一人ひとりの「弱さ」としての「事情」が、動員を前提とした時代と社会で否定的な意味を与えられ、克服し排除されるべきものとされることそのものが暴力であるといわなければならない。

辺見は、「戦争とは国家規模のワケ殺し」であり「ワケの暴力的浄化」であり、「「敵」ひとりびとりの存在が含みもつ、それぞれにことなったワケを委細かまわずからだごとぶっ壊すだけではない。「味方」のワケを強制的に統一し統合し、ワケの細部と陰影をごういんに消しさる」[4]という。

銃後の美談が語るのは、「味方」の「弱さ」としてのそれぞれのワケが、克服され消し去られていく過程である。だからこそ銃後美談には、動員にとって不都合な、それぞれの多様な「事情／ワケ」が書き込まれていなければならないという逆説が内在していたのである。

そして、みんなで助け合いながら前のめりに戦争に関わっていくことの延長上に、「敵」を、あたかも彼らにはそれぞれが抱えた抜き差しならない「事情」などないかのように、「からだごとぶっ壊す」のが当然なのだと捉える暴虐の現場がある。だから、銃後の美談と表裏のものとして存在していた戦場の武勇を語る美談は、「敵」を「木っ端微塵」にされる「黒蟻」や「泥人形」として語り、またあるときは「百人」またあるときは「六百人」などと単なる数のなかに抽象化して語ったのである。

戦争と動員は、向こう（＝「敵」）もこちら（＝「味方」）も区別なく、それぞれが抱え込んでいる「弱さ」という事情《ワケ》をすりつぶしていくミキサーなのだ。

そして、抑圧的で強圧的な力だけでなく、日常の身近な「善意」や、目の前の人にとってよかれと思って前のめりにおこなう振る舞いがもたらす力もまた、そのミキサーを強力に駆動させるのではないだろうか。「動員」の日常では、私たちがそれを自覚するか否かにかかわらず、「善意」の前のめりの行使は、結果的にそれぞれが抱えた「弱さ」をすりつぶす暴力性を宿しうるのである。

## 3　「動員」のなかで

銃後の美談が語られた総力戦下の動員の時代は、八十年前の過去のことなのだろうか。

動員を前提とした総力戦を、社会の仕組みの変革の契機として捉えた山之内靖の総力戦体制論[5]などを導きに、いま一度、この動員の時代についておさらいしておきたい。山之内は、総力戦体制の特色の一つとして、暮らしのなかの私的な領域と公的な領域の区別がなくなり、私的な領域が公的な領域に引きずり出されていくことを挙げている。

例えば、家族という親密で私的な領域が国民を作り上げていく「家庭教育」の場として位置づけられ、「母」の役割がことさらに前面に押し出されていったこと、そして、家族の私的な領域に属する消費生活が、労働者を再生産するという役割を担うものとして人的動員を果たしていく基礎とされ、公的な価値を与えられるようになることなどを、そうした現れとして考えてもいいだろう。

銃後の美談のなかに垣間見えた戦時下の日常は、それぞれの「事情／ワケ」をすりつぶし、公的な価値を担いうるものに変えていった。それもまた総力戦体制の特質の現れの一つだったといってもいいかもしれない。

さらに山之内は、機能的な動員を可能にする社会への転換という要素は、ファシズム体制によって戦争を乗り切ろうとしたドイツ、イタリア、日本にも、ニューディール的体制で戦争を乗り切ろうとしたアメリカやイギリスなどにも共通していると指摘する。そうした総力戦の捉え方は、第二次世界大戦を非合理的で専制的なファシズム型と合理的で民主的なニューディール型の体制の対決と位置づけ、後者が前者に勝利したとする既存の歴史を相対化する射程をもっている。そしてそこからさらに、この総力戦を可能にした動員の体制が、戦時にだけ限るわけではなく、総力戦を契機に社会の仕組みが編成し直され、民主主義の時代とされる戦後をも規定し続けている、という視点を可能にする。

したがって、戦後日本の高度成長もまた、ある種の動員の体制のなかで展開したと考えることができるのである。経済学者の野口悠紀雄は、企業別の労働組合と労使協調路線、年功序列の賃金体系、戦費を調達するための給与所得の源泉徴収制度を基本とした税制など、「一九四〇年体制」と名付けられた戦時中の制度が戦後の日本の高度成長期を下支えしたと指摘する。[6]そうした高度成長を経て、日本人の多くが「中流」であるという共通した自意識を獲得していくことになった。

だが、高度成長期という動員の時代を支えた価値観や制度は、現在のグローバリゼーションの時代では、すでに過去のものになろうとしている。そうした状況をふまえて、高度成長を下支えしていた仕組みを「一九四〇年体制」と名付けた野口悠紀雄は、「さらば戦時経済」と、この体制は終わったという判断を示している。

　しかし山之内は、総力戦体制が「ナショナルな利害」をめぐる「むき出しの暴力を通して世界的規模で秩序の再編を貫徹しようとする激突に他ならなかった」と考えるなら、それこそが「グローバリゼーションの直接の先駆」[7]とすることもできると指摘する。昨今のグローバリゼーションという市場主義の時代の激烈な「競争」の論理のなかに私たちの日常が根こそぎ包摂されていく状況は、まさに動員そのものである。

　高度成長期の半ばあたりから、私たちは「消費者」と名付けられ、自分たちが商品（モノ）やサービスを選び買い求めて欲望をわがままに追求していくことが世の中を良くするという物語を受け入れるようになった。そして、多様な選択の自由があることを、豊かさの現れの一つとして受け止めるようになった。さらには、モノにとどまらず、かたちがない快適さや親しみやすさ、献身といったいわゆる無形の「サービス」をも貪欲に追い求めるようになった。

　しかし私たちは、「消費者」と名付けられる一方で、働く者として日常的にモノやサービスを提供する立場にもいる。市場主義のなかで、市場はかつてないほど消費者主導になり、モノやサービスを提供する現場は、消費者の際限がない欲望、すなわち「ニーズ」に適応することが求められるようになっていった。

　具体的な例を出そう。一九七〇年代に、東京のタクシー業界に関わる財団の機関紙に「心温まる話」というコラムが連載されていた。親切な運転者に出会ったという利用者からの感謝の便りをもとにした記事だった。いわゆる「小さな親切運動」の表彰対象者の推薦とも連動していたその記事は、広い意味で運転者の「接客態度」について評価するものだったといえる。当時、新聞などでしばしば接客態度の悪さを批判されていた東京のタクシー業界にとって、現場のドライバーへの啓蒙記事だったと考えられ、もう一方の、利用者からの苦情をもとに構成された「こんな事があった」という連載記事と一対の関係にあった。

　その「心温まる話」は、高度成長という「動員」の時代のなかで、快適さや親切、「気遣い」そして献身などを貪欲に消費し始めていた私たちの暮らしに関わる「美談」だった。そしてそれは、運輸交通業としてのタクシー業が「接客」を中心とした「サービス業」として位置づけられ、運転者の仕事が評価される仕組みが整えられていくといった変化と同調していた。こんな親切をしていただきました、と利用者が喜びと感謝いっぱいにつづった手紙をもとに構成した話と、苦情をもとに「接客態度不良」の事案を語る話、その両者のコントラストのなかに、消費者・利用者などと名付けられながら、互いの「弱さ」すなわち「ワケ／事情」をすりつぶしあっている私たち自身のグロテスクな姿が浮かび上がっていたといえる。(8)

これは、戦後の私たちの動員のフォークロアのほんの一例にすぎない。

そのグロテスクさは、市場主義のグローバリゼーションの今日でも、なおリアルであり続けている。主に称賛すべき振る舞いと考えられた「サービス」に対してしばしば使われる「神対応」という表現と、反対に理不尽なまでに苦情を言いつのる消費者の振る舞いを表す「クレーマー」という言葉は、互いに一対のものとして、市場主義のシステムを前のめりになって生きる今日の私たちの姿を象徴しているといえるのではないか。

A・R・ホックシールドが「感情労働」と名付けるような、働く者の人格や感情を「商品化」してやまない仕事のあり方は、高度成長期から今日のグローバリゼーションの時代になっても変わることなく、いっそう広範にかつ深く私たちを縛るようになっているのである。(9)

そして私たちは、消費者としてわがままになる一方で、働く立場のほうでは、消費者の際限がない欲望、すなわち「ニーズ」にフレキシブルに適応し続けることを求められる。「ニーズ」の変化に合わせて、ミッションごとに短期間で「人材」を入れ替えることも当たり前になりつつある。そのため、これまで一つの分野で、段階を踏みながら熟練し社会的なキャリアが形成されてきたやり方が否定的に語られるようになり、求められる条件と能力に短期間のうちに自らを適応させていくことが必要なのだといわれるようになった。一つの職場に長く関わり続けることはもちろん、ずっと同じ仕事をし続けることも、もはや当たり前ではなくなった。

常に現状が批判され否定され、「改革」や「変革」を旗印にして何か新たなことへと自らを駆り立てて更新していくことが是とされる。高度成長期を支えた仕組みはもう古いといいながら、さらなる「成長」に向かって進むしか道はないと追い立てられつづけているという意味では、私たちは、やはりいまだに高度成長期、さらには戦争の時代と何ら変わるところはない、動員の時代を生き／生かされているのである。グローバリゼーションは、世界のどこか抽象的な、もしくは仮想的な空間などにではなく、私たちの日常的な振る舞いや関係性が生起している具体的な場に存在していて、またそうした場を必要としているのだ。

こうした状況のなかで、あの二〇一一年三月十一日の震災が起きた。その後、「復興」を旗印に掲げた「三・一一以後」と呼ばれる日々が続いている。何をもって「復興」というのか、かけがえのない人や大切なものを失った人たちにとって、「復興」とは何を意味するのか。難しい問題であるにもかかわらず、少なくとも私は、特に深く考えようともせずに「復興」という言葉に当たり前のように接してきてしまったことを白状しなければならない。

そして、その「復興」には、二〇一一年十二月二十六日に施行された東日本大震災復興特別区域法に基づく「特区」制度が導入されている。これは既存の規制や手続きを緩和し、復興に市場の論理を導入するということを意味する。特に宮城県知事が強く推し進めて同法の第十四条に組み込まれたという、いわゆる「水産特区」は、当初、漁協を中心とした地元の漁業者たちの反対にあっていた。漁業権を民間資本に開放することで、自分たちが培ってきたローカルな漁業の文化がつぶされることを危惧したのである。

復興に市場主義を導入し、広い意味での「街づくり」を推進することで、まったく新しい論理に基づく暮らしがそこに上書きされ、結局、そこで暮らし被災した人たちが疎外されてしまうという危険はないのだろうか。そもそも、もとに戻すことよりも再活性化を志向する「復興」という前進は、それを危ういこととは考えないのかもしれない。例えばそこで語られる成功談という美談のなかで、一人ひとりのどのような「弱さ」が排除され、それぞれの「事情／ワケ」が埋もれていくのだろうか。

結局、グローバリゼーションの時代のなかで私たちが動員されている仕組みの延長上に、「三・一一以後」という非常時の動員もおこなわれているということではないのか。

私たちが生き／生かされている戦中から現在まで続く動員の状況のなかで、何が「弱さ」とされ、そこにいる一人ひとりのどんな「事情／ワケ」がすりつぶされようとしているのか、見据える必要がある。自分がどのような仕組みのなかに動員されているのか。当たり前に暮らしながらいつのまにか前のめりでその仕組みを下支えし、目の前の他者を追い込んでいないか。それを覚めた目で意識化するためにも、銃後美談のなかで語られた戦争の時代の日常を見据え、それと対話することに意味があると考えるのである。

注

（1）丸山眞男「日本ファシズムの思想と運動」、遠山茂樹／服部之総／丸山眞男『東洋文化講座第二巻 尊攘思想と絶対主義』所収、白日書院、一九四八年（丸山眞男『現代政治の思想と行動 新装版』〔未来社、二〇〇六年〕所収を参照）、特に「5 その社会的担い手における特質」。

（2）内藤朝雄『いじめの社会理論――その生態学的秩序の生成と解体』（柏書房、二〇〇一年）、特に第一章「イントロダクション 中間集団全体主義といじめ研究の射程」。

（3）辺見庸『1《イ》★9《ク》★3《ミ》★7《ナ》』金曜日、二〇一五年、三四六ページ

（4）同書三四九ページ

（5）山之内の総力戦をめぐる主な議論は、前掲『総力戦体制』に所収してある。特に、総力戦体制のファシズム型とニューディール型をめぐる問題については、山之内靖「第二章　戦時動員体制の比較史的考察――今日の日本を理解するために」（初出：岩波書店編「世界」一九八八年四月号、岩波書店、一九八八年）。社会の仕組みの変革の契機として総力戦体制を捉える視点の可能性については同「第三章　方法的序論――総力戦とシステム統合」（初出：前掲『総力戦と現代化』所収）、私的領域と公的領域の関係に関わる議論については同「第四章　戦時期の社会政策論」（初出：「社会政策叢書」編集委員会編「社会政策学会研究大会社会政策叢書」啓文社、一九九八年）を参照した。

（6）総力戦体制を「一九四〇年体制」として捉える考え方については、野口悠紀雄『1940年体制――さらば戦時経済

増補版』(東洋経済新報社、二〇一〇年)。ただし、戦中の「一九四〇年体制」が今日効力を失いつつあるとしても、なお「動員」という状況はグローバリゼーションの市場主義の仕組みのなかでも存続しているといえるだろう。

(7) 山之内靖「編者序文」、前掲『総力戦体制からグローバリゼーションへ』所収、一二ページ

(8) 私は、一九八〇年代から九〇年代にかけて東京のタクシードライバーの仕事の現場をフィールドワークの対象にしてきた。そこでテーマにしたのは、「接客業」や「サービス業」という位置づけのなかで疲弊していた仕事の現場のありようだった。坂口順一/重信幸彦『タクシードライバーの言い分――運転席からの人権宣言』(〔JICCブックレット Acute〕、JICC出版局、一九九〇年)、重信幸彦「東京回游――語られた「タクシーの都市」」(井上俊/上野千鶴子/大澤真幸/見田宗介/吉見俊哉編『都市と都市化の社会学』〔「岩波講座現代社会学」第十八巻〕所収、岩波書店、一九九六年)を参照。

そして、この「心温まる話」と名付けられた「美談」については、重信幸彦「「心温まる話」の政治学――タクシー・ドライバーと「サービス」という神話 その2」(日本口承文芸学会編「口承文芸研究」第十三号、日本口承文芸学会、一九九〇年。同学会ウェブサイトでデジタル公開〔http://ko-sho.org/download/K_013/SFNRJ_K_013-12.pdf〕〔二〇一八年六月一日アクセス〕)で論じた。

(9)「感情労働」については、A・R・ホックシールド『管理される心――感情が商品になるとき』(石川准/室伏亜希訳、世界思想社、二〇〇〇年)。

| 大きさ・製作経緯など | 発行 |
|---|---|
| 158ページ、18.6センチ。第1輯は「国民銃後の熱誠」 | 軍 |
| 148ページ、18.6センチ。第2輯は「出征軍人の部」「家族の部」「遺族の部」で構成している。 | 軍 |
| 87ページ、8.5センチ。「はしがき」は、「在満将士に対し県民の赤誠を伝」えるためと記す。「1、応召美談佳話」35話、「2、後援美談佳話」36話、「3、県民報国赤誠の発露」9話。 | 行＋教＋軍 |
| 121ページ、8.5センチ。応召軍人の美談佳話、一般官民の美談佳話、団体の美談佳話、松本連隊区司令部に送られた充員招集嘆願書、銃後の後援状況の5部構成。 | 行＋教＋軍 |
| 548+2ページ、上製本。「第1篇　護国の華」（戦死者一覧）、「第2篇　奉公の誠」（兵士の美談）、「第3篇　銃後の赤誠」（銃後美談63話、凡例によれば、第9、16師団司令部、各中学校・小学校校長に照会して元資料を収集、選んで読み物化）、「第4篇　支那事変の経過」 | 行 |
| 182ページ、19センチ。「発刊の辞」は「遍ク在満郷土軍将兵」に贈るとし、「第1 兵器献金に関する美談」「第2 慰問金品に関する美談」「第3 従軍嘆願に関する美談」「第4　その他の美談佳話」で構成している。 | 軍 |
| 108ページ、14.7センチ。「兵士と母」と題した「序にかえて」を冒頭に置き、「昭和の「一太郎やぁい」」ほか30話収録。 | 軍 |
| 56ページ、19センチ。京都、福知山、奈良の各連隊区管内ごとに、「団体之部」「個人之部」に分けて構成　福知山だけ「労力奉仕」を別立て。続篇は未見。 | 軍 |
| 181ページ、23センチ。「緒言」には「勇士等の英霊を弔う」こと、「部隊活躍」を顧みて「銃後国民の感謝の微衷」を捧げるという目的を記す。「我等の勇士」「陣中便り」「凱旋勇士のみやげ話」「慰問文集　附録ノ1」（26例）、「銃後美談　附録ノ2」（7例。うち1例中で献金など46例を列挙） | 民 |
| 55ページ、18.5センチ。金沢「軍隊之部」11話、「官公衙学校之部」23話、「各種団体之部」15話、「一般個人之部」27話、「軍隊之部」には、応召美談、応召者の献金などの話を収めている。続篇は未見。 | 軍 |
| 534ページ、上製本 | 軍 |
| 109ページ、15センチ。「つはもの」編輯部が出している「つはもの叢書」と同じ体裁。前線兵士の携行を前提としているか？ | 軍 |
| 68ページ、19センチ。将兵の武勇談と銃後美談を混在して編集するスタイルは本輯以降も変わらず。全13章、21話を収録。第1章は戦死した航空兵（山内中尉と梅林中尉）の母親を題材にした「軍国の母」。 | 軍 |
| 71ページ、19センチ。全15章、20話。第12章は「献金美談」6話を収録。 | 軍 |
| 72ページ、19センチ。全18章、22話。第1章は「武人の妻」3話。第12章は「献金美談」3話。 | 軍 |
| 68ページ、19センチ。全22章、23話。第22章は「皇軍将兵の上を思う少国民の意気」。 | 軍 |
| 69ページ、19センチ。全12章、23話。第12章は「次の大日本帝国を背負う少国民の心意気」6話。 | 軍 |
| 93ページ、19センチ。全11章、32話。本輯は第8章「少国民の赤誠　愛国二万人針から成る軍艦旗献納」、第9章「皇国日本の姿」3話、第11章「献金美談」4話、などの銃後美談を収録している。 | 軍 |
| 86ページ、19センチ。全9章、18話。第9章は「献金美談」4話。うち1話は戦死航空兵の遺志に従い家族が献金した話。 | 軍 |

巻末資料　銃後美談関連図書一覧

| 発行年月 | タイトル | 編集 | 発行 |
|---|---|---|---|
| 1931年12月 | 『満洲事変の生んだ美談佳話』第1輯 | 陸軍省新聞班内「つはもの」編輯部 | 帝国在郷軍人会本部内つはもの発行所 |
| →【1931年12月】 | 『満洲事変の生んだ美談佳話』第2輯 | 陸軍省新聞班内「つはもの」編輯部 | 帝国在郷軍人会本部内つはもの発行所 |
| 1932年6月 | 『日支事変上毛の生んだ美談佳話』 | 群馬県学務部教育課・高崎聯隊区司令部 | 群馬県学務部教育課・高崎聯隊区司令部 |
| 1932年9月 | 『満洲事変・上海事変に長野県の生んだ美談佳話』 | 長野県学務部・松本聯隊区司令部 | 長野県学務部・松本聯隊区司令部 |
| 1932年10月 | 『満洲上海事変忠誠録』 | 滋賀県庁学務部内　滋賀県出動軍人遺家族後援臨時委員会 | 滋賀県庁学務部内　滋賀県出動軍人遺家族後援臨時委員会 |
| 1933年6月 | 『満洲事変に岡山県の生んだ銃後美談』第1輯 | 帝国在郷軍人会・帝国在郷軍人会岡山支部 | 帝国在郷軍人会・帝国在郷軍人会岡山支部 |
| 1934年4月 | 『兵士と母』(「つはもの叢書」第8巻) | 陸軍省新聞班内「つはもの」編輯部 | つはもの発行所 |
| 1935年2月 | 『銃後美談集』第1号 | 第16師団司令部留守部 | 第16師団司令部留守部 |
| 1935年7月 | 我らの勇士の霊に捧ぐ | 新山陰通信社 | 新山陰通信社 |
| 1936年1月 | 『銃後美談集』第1輯 | 第9師団司令部留守部 | 第9師団司令部留守部 |
| 1936年2月 | 『満洲事変恤兵美談集』 | 陸軍大臣官房 | 愛国恤兵会 |
| 1937年10月 | 『支那事変恤兵佳話』 | 陸軍省新聞班内「つはもの」編輯部 | つはもの発行所 |
| 1937年10月 | 『支那事変報国美談』第1輯 | 海軍省海軍軍事普及部 | 海軍省海軍軍事普及部 |
| →【1937年11月】 | 『支那事変報国美談』第2輯 | 海軍省海軍軍事普及部 | 海軍省海軍軍事普及部 |
| →【1937年12月】 | 『支那事変報国美談』第3輯 | 海軍省海軍軍事普及部 | 海軍省海軍軍事普及部 |
| →【1938年1月】 | 『支那事変報国美談』第4輯 | 海軍省海軍軍事普及部 | 海軍省海軍軍事普及部 |
| →【1938年3月】 | 『支那事変報国美談』第5輯 | 海軍省海軍軍事普及部 | 海軍省海軍軍事普及部 |
| →【1938年4月】 | 『支那事変報国美談』第6輯 | 海軍省海軍軍事普及部 | 海軍省海軍軍事普及部 |
| →【1938年7月】 | 『支那事変報国美談』第7輯 | 海軍省海軍軍事普及部 | 海軍省海軍軍事普及部 |

| 大きさ・製作経緯など | 発行 |
|---|---|
| 84ページ、19センチ。全14章、18話。第13章「点呼美談」、母の危篤にもかかわらず点呼に応じた在郷軍人の話。第14章「献金美談」4話。うち2話は、戦死者遺家族による献金美談。 | 軍 |
| 82ページ、19センチ。全8章、18話。第8章「献金美談」6話。 | 軍 |
| 現物未確認。同書の内容は『支那事変報国美談　輝く忠誠』第10輯（1941年3月）から知ることができる。 | 軍 |
| 『支那事変報国美談』第1輯（海軍軍事普及部、1937年10月）と同一内容。判型も同一、ただし表紙は毎号海軍に関連する写真を使った意匠。定価10銭。 | 軍＋民 |
| 『支那事変報国美談』第2輯（海軍軍事普及部、1937年11月）と同一内容。定価10銭。 | 軍＋民 |
| 『支那事変報国美談』第3輯（海軍軍事普及部、1937年12月）と同一内容。定価10銭。 | 軍＋民 |
| 『支那事変報国美談』第4輯（海軍軍事普及部、1938年1月）と同一内容。定価10銭。 | 軍＋民 |
| 『支那事変報国美談』第5輯（海軍軍事普及部、1938年3月）と同一内容。定価10銭。 | 軍＋民 |
| 『支那事変報国美談』第6輯（海軍軍事普及部、1938年4月）と同一内容。定価10銭。 | 軍＋民 |
| 『支那事変報国美談』第7輯（海軍軍事普及部、1938年7月）と同一内容。定価10銭。 | 軍＋民 |
| 『支那事変報国美談』第8輯（海軍軍事普及部、1938年9月）と同一内容。定価10銭。 | 軍＋民 |
| 『支那事変報国美談』第9輯（海軍軍事普及部、1938年11月）と同一内容。定価10銭。 | 軍＋民 |
| 『支那事変報国美談』第10輯（海軍軍事普及部）と同一内容。全9章、14話。第8章「白衣の勇士とその母」、第9章「献金美談」4話。定価10銭。 | 軍＋民 |
| 48ページ、19センチ。「応召美談」「軍国の父・母」「大和撫子・武人の妻」「銃後美談」「献金佳話」「国際仁義」「挙国の花」「軍国風景」全8章、計36話。奥付の次に空白ページ、「写真貼付と慰問文などにご使用ください」とあり、本冊子に手紙や自分の写真を添付して慰問品とすることを促す。定価10銭。続輯は未見。 | 民 |
| 69ページ、19センチ。1937年9月に京城で開催された全鮮青年大会で「外地の青年等」によってもたらされた銃後の美談が「摘録」された。「第1部　銃後の活力」(24話)、「第2部　献金」(42話)、朝鮮人を主人公とした例がほとんどを占める。 | 行 |
| 199ページ、23センチ。「大阪朝日新聞」「大阪毎日新聞」の記事からの抜粋編集。卒業生応召者の記録。 | 教（学校） |
| 80ページ、19センチ。定価12銭。以後、毎輯軍艦など海軍イメージの意匠の表紙。目次はなし。「戦線の報国」に海軍軍人の美談、「銃後の赤誠」に銃後の献金美談、この構成は以後も変わらない。「銃後の赤誠」33件の最後に海軍に献納された飛行機・報国号163機のリストを掲載。 | 団 |
| 96ページ、19センチ。タイトルの「恤兵」が「献金」に変わる。 | 団 |

| 発行年月 | タイトル | 編集 | 発行 |
|---|---|---|---|
| →【1938年9月】 | 『支那事変報国美談』第8輯 | 海軍省海軍軍事普及部 | 海軍省海軍軍事普及部 |
| →【1938年11月】 | 『支那事変報国美談』第9輯 | 海軍省海軍軍事普及部 | 海軍省海軍軍事普及部 |
| 不明 | 『支那事変報国美談』第10輯 | 海軍省海軍軍事普及部 | 海軍省海軍軍事普及部 |
| 1937年11月 | 『支那事変報国美談　輝く忠誠』第1輯 | 海軍省海軍軍事普及部 | 海軍協会 |
| →【1937年12月】 | 『支那事変報国美談　輝く忠誠』第2輯 | 海軍省海軍軍事普及部 | 海軍協会 |
| →【1938年2月】 | 『支那事変報国美談　輝く忠誠』第3輯 | 海軍省海軍軍事普及部 | 海軍協会 |
| →【1938年4月】 | 『支那事変報国美談　輝く忠誠』第4輯 | 海軍省海軍軍事普及部 | 海軍協会 |
| →【1938年7月】 | 『支那事変報国美談　輝く忠誠』第5輯 | 海軍省海軍軍事普及部 | 海軍協会 |
| →【1938年10月】 | 『支那事変報国美談　輝く忠誠』第6輯 | 海軍省海軍軍事普及部 | 海軍協会 |
| →【1939年3月】 | 『支那事変報国美談　輝く忠誠』第7輯 | 海軍省海軍軍事普及部 | 海軍協会 |
| →【1939年7月】 | 『支那事変報国美談　輝く忠誠』第8輯 | 海軍省海軍軍事普及部 | 海軍協会 |
| →【1941年3月】 | 『支那事変報国美談　輝く忠誠』第9輯 | 海軍省海軍軍事普及部 | 海軍協会 |
| →【1941年3月】 | 『支那事変報国美談　輝く忠誠』第10輯 | 海軍省海軍軍事普及部 | 海軍協会 |
| 1937年11月 | 『皇国之輝』第1輯 | 日本国防新聞社 | 皇国之輝編纂部 |
| 1937年12月 | 『銃後美談抄』（「社会教化資料」第22輯） | 朝鮮総督府学務局社会教育課 | 朝鮮総督府学務局社会教育課 |
| 1937年12月 | 『国に尽す道』 | 第三神戸中学校校友会 | 兵庫県立第三神戸中学校校友会 |
| 1937年12月 | 『支那事変海軍報国恤兵美談』第1輯 | 鐵木眞 | 発売・軍事思想普及会<br>発行・愛国婦人会 |
| →【1938年】 | 『支那事変海軍報国献金美談』第2輯 | 鐵木眞 | 愛国婦人会 |

| 大きさ・製作経緯など | 発行 |
|---|---|
| 80ページ、19センチ。定価13銭。タイトルから「支那事変」が消える。「戦線の報国」と「銃後の赤誠」の間に、戦線の兵士と銃後の国民のやりとりの逸話「戦線と銃後」、長期の献金者を取り上げる「長期献金品の赤誠」を置く。 | 団 |
| 第4輯を発行していると推測できるが、未発見。 | 団 |
| 80ページ、19センチ。定価15銭。「銃後の赤誠」28件、「海外同胞の赤誠」を多く収録。 | 団 |
| 89ページ、19センチ。定価ナシ。「銃後の赤誠」の34件のうち1件で東京市編・発行「銃後の護り」(1938年)を取り上げ、そこから「慰問袋」などに関する児童の作文3件を紹介。 | 団 |
| 87ページ、19センチ。定価ナシ。タイトルに「支那事変」が復活。奥付に「海軍省海軍軍事普及部検閲済」という記載がある。「銃後の赤誠」22件。 | 団 |
| 432ページ、18.5センチ。「キング」1月号付録 | 民 |
| 136ページ。「支那事変」勃発以後の彦根市の銃後後援活動の概況をまとめたもの。市長「年頭之辞」には「慰安の一助ともならば幸甚の至りです」と記し、郷土部隊に慰問品として贈られることを想定している。全6章のうち第5章が「銃後美談」3話。第6章は「慰問文」、団体役職者や小学生の慰問文を収録。「慰問文」に全136ページのうち53ページを割く。 | 行 |
| 339ページ、18.6センチ。負傷部位ごとの章立て。日露戦争時の傷痍者の30年の奮闘の記録。「師団よりの調査に基づき」情報を集めた(「はしがき」)。 | 団 |
| 422ページ、19.5センチ。報国篇52話。←前編1937年11月 | 民 |
| 304ページ、18.5センチ。「キング」3月号付録 | 民 |
| 36ページ、21センチ。第2輯以降を確認できず。 | 行 |
| 51ページ、23センチ。最後に「銃後美談」の章を置き、9話を収録。 | 団 |
| 約900ページ、23×31センチ。和綴じ。セクションごとに1からノンブルを付し、写真ページ裏まで含めて900ページ前後。扉のタイトル上に「全国各県代表新聞50社協力執筆」と掲げているように、海軍中将釜屋六郎(海軍省軍事普及部)・陸軍歩兵大佐西垣新七(陸軍省新聞班)署名の「自序」によると「全国各府県を通じて代表新聞社50社の協力支援を得て、応召、戦地、銃後に於ける各美談中より、極めて感激に富める事項を選抜収纂」したとある。■全体は3部構成で、まず「支那事変史」を陸軍篇・海軍篇に分けて叙述し、次に「畏し事変事の竹の園生」で、事変下の皇室の活動を報じ、3番目に本書の8割5分を占める「報国美談編」を置く。■報国美談編は、関東、中部、近畿、中国・四国、九州、奥羽、北海道(含む樺太)と「地方」ごとに分けて、それぞれ各県別に美談と関連する写真ページで構成している。各県とも20編前後の美談を、応召、戦地、銃後混合で掲載している。■同書は、この後、発行元を変えて(各県新聞社など)、タイトル、内容など若干の修正を加えて、さらに7点を出版している。シリーズものではないが、それらを以下に列挙する。定価表示ナシ。 | 民 |
| 約900ページ、23×31センチ。和綴じ。『支那事変皇国乃精華』と比べると、序文や凡例は同一、「支那事変史」は拡充、「畏し事変時の竹の園生」はほぼ同一、報国美談編の関東地方筆頭の「東京」は『支那事変皇国乃精華』では東京朝日新聞編・記事23編・写真18葉だったものが、同書では国民新聞編で、記事49編・写真25葉に拡充。49編のなかには、納豆を売って献金した広尾の六少女の話を収録している。それ以外はほぼ同一。定価23円。 | 民 |

| 発行年月 | タイトル | 編集 | 発行 |
|---|---|---|---|
| →【1938年4月】 | 『海軍報国献金美談』第3輯 | 鐵木眞 | 愛国婦人会 |
| →【1938年？】 | 『海軍報国献金美談』第4輯？ | 鐵木眞？ | 愛国婦人会？ |
| →【1939年2月】 | 『海軍報国献金美談』第5輯 | 鐵木眞 | 愛国婦人会 |
| →【1939年8月】 | 『海軍報国献金美談』第6輯 | 鐵木眞 | 愛国婦人会 |
| →【1940年2月】 | 『支那事変――海軍報国献金美談』第7輯 | 鐵木眞 | 愛国婦人会 |
| 1938年1月 | 「支那事変美談武勇談――付 事変誌並解説」 | 淵田忠良 | 大日本雄弁会講談社 |
| 1938年1月 | 『郷土彦根の春』 | 彦根市役所 | 彦根市役所 |
| 1938年1月 | 『傷痍軍人成功美談集』 | 大日本軍人援護会 | 大日本軍人援護会 |
| 1938年2月 | 『支那事変尽忠報国感激美談』 | 木村定次郎 | 竜文舎 |
| 1938年3月 | 「支那事変忠勇談・感激談――付 支那事変誌」 | 淵田忠良 | 大日本雄弁会講談社 |
| 1938年4月 | 『銃後家庭美談――国民精神総動員』第1輯 | 瀬尾芳夫 | 国民精神総動員中央聯盟 |
| 1938年4月 | 『島根県に於ける軍事援護状況』 | 島根県支那事変軍事援護会 | 同左 |
| 1938年4月 | 『支那事変皇国乃精華』 | 長澤小輔 | 長澤恒治 |
| →【1938年7月(20日)】→1938年8月15日改訂印刷 | 『支那事変聖戦赤心譜』 | 楓井金之助 | 国民新聞社 |

| 大きさ・製作経緯など | 発行 |
|---|---|
| 約900ページ、23×31センチ。和綴じ。『支那事変皇国乃精華』と「支那事変史」「畏し事変時の竹の園生」は同一、「報国美談編」も、関東地方冒頭の「東京」は『支那事変皇国乃精華』と同一ながら「東京朝日新聞編」ではなく「国民新聞社編」。定価23円。 | 民 |
| 約900ページ、23×31センチ。和綴じ。内容は『支那事変皇国乃精華』と同一。定価25円。 | 民 |
| 約900ページ、23×31センチ。内容は『支那事変皇国乃精華』にほぼ準じたもの。「報国美談編」の関東地方の筆頭は「東京」ではなく、「群馬」。『支那事変皇国乃精華』では「群馬」は同書と同様上毛日日新聞、ただし『支那事変皇国乃精華』の群馬の記事22編・写真12葉が、記事99編・写真12葉へと、記事について大幅に拡充している。定価30円。 | 民 |
| 約900ページ、23×31センチ。和綴じ『支那事変皇国乃精華』に比べ、「支那事変史」は陸軍篇・海軍篇ともに大幅に拡張し、陸軍篇は、漢口陥落以後の長期化の可能性を見据えた記述になっている。「報国美談編」で最初に置いた地方は「中部地方」で、その最初に「新潟県」を置く。新潟は『支那事変皇国乃精華』では記事12編・写真4葉だったが、本書では記事66編・写真31葉に拡充。他県にも記事数20件程度という範囲内で若干の入れ替えと補充などが見られる。 定価25円。 | 民 |
| 約900ページ、23×31センチ。和綴じ。同年1月の新潟新聞社発行のものとほぼ同一の記事。「報国美談編」では、ほかの版で見られたような、九州地方ならびに長崎県の位置の変更や記事の拡充は特におこなっていない。定価25円。 | 民 |
| 約900ページ、23×31センチ。和綴じ。表紙と扉に「二万号記念」と記している。内容は同年1月の新潟新聞社発行を基本としながら、「支那事変史」では「武勲薫る吾が郷土部隊その1、その2」を挿入して、「報国美談編」では、「中国・四国地方」を最初に置いて、岡山県がその筆頭。岡山県の記事は記事49編・写真33葉と倍以上に拡充している。定価25円。 | 民 |
| 89ページ、22センチ。日赤の従軍看護婦の美談集。「はしがき」には、「本輯は救護班配属部隊報告並に所属支部の報告に各新聞の報道を取捨選択せるもの」とある。従軍看護婦には、ほぼ兵士と同様の「応召美談」が成立する。構成は「応召美談」29話、「勤務美談」19話、「篤志奇特美談」の3章。「勤務美談」には、輸血申し出、篤志奇特には、献金などの美談。非売品。 | 団 |
| 162ページ、22センチ。「応召美談」「勤務美談」「篤志奇特美談」に、新たに「殉職救護員」「救護班に対し上司より贈られたる感謝状・別辞並に諭告等」「余録」の3章を加えている。この基本構成は、以後も踏襲している。「殉職救護員」は9件。 | 団 |
| 179ページ、21センチ。基本6章のうち「5章　救護班に対し上司の表彰状並感謝状」と微修正。「殉職救護員」は23件。 | 団 |
| 272ページ、21センチ。基本6章のうち「5章　救護班・救護員に対し上司の表彰状・感謝状・賞詞」と微修正。「殉職救護員」は20件。 | 団 |
| 255ページ、21センチ。基本6章のうち「5章　救護員・救護班及病院等に対し上司の表彰状、感謝状、賞詞」と微修正。「殉職救護員」は34件。 | 団 |
| 279ページ、21センチ。「はしがき」の冒頭で「本輯題名を「大東亜戦争救護美談」と改称した」とある。目次タイトルには「大東亜戦争救護員美談　目次」とある。表紙は「支那事変救護員美談」「応召美談勤務美談」と従来の2章を一つに「4章　救護班・救護員及病院に対し上司の表彰状・感謝状・賞詞」と微修正。「殉職救護員」は47件。「殉職救護員」は、第3輯から通し番号。本輯で「124」。多くが病死だった。 | 団 |

| 発行年月 | タイトル | 編集 | 発行 |
|---|---|---|---|
| →【1938年7月(25日)】 | 『支那事変聖戦赤心譜』 | 楓井金之助 | 国民新聞社 |
| →【1938年7月(31日)】 | 『支那事変皇国之精華』 | 川瀬力造 | 新聞資料協会（川江水峰） |
| →【1938年9月(15日)】 | 『支那事変皇国之精華』 | 長澤小輔 | 上毛日日新聞社（発行人・長澤恒治） |
| →【1939年1月(10日)】 | 『支那事変皇国之精華』 | 長澤小輔 | 新潟新聞社（発行人・渡辺鶴蔵） |
| →【1939年2月(27日)】 | 『支那事変皇国之精華』 | 長澤小輔 | 長崎日日新聞社（発行人・寺原雅文） |
| →【1939年5月(20日)】 | 『支那事変銃後赤心譜』 | 周藤二郎 | 合同新聞社（岡山、印刷兼発行・周藤二郎） |
| 1938年5月 | 『支那事変救護員美談』第1輯 | 日本赤十字社 | 日本赤十字社 |
| →【1938年8月】 | 『支那事変救護員美談』第2輯 | 日本赤十字社 | 日本赤十字社 |
| →【1939年】発行年月日不明　本文より推測 | 『支那事変救護員美談』第3輯 | 日本赤十字社 | 日本赤十字社 |
| →【1940年】発行月不明 | 『支那事変救護員美談』第4輯 | 日本赤十字社 | 日本赤十字社 |
| →【1941年2月】 | 『支那事変救護員美談』第5輯 | 日本赤十字社 | 日本赤十字社 |
| →【1943年10月】 | 『支那事変救護員美談』第6輯 | 日本赤十字社 | 日本赤十字社 |

| 大きさ・製作経緯など | 発行 |
|---|---|
| 57ページ、19センチ。冒頭に南洋庁長官北島健次郎の「挙島一致銃後に備えよ」を掲載。「1、精神総動員実行編」、「2、銃後美談」(23話)。パラオ、サイパン、ロタなど南洋群島在住民を対象にした銃後美談集、土地のネイティブの従軍志願や献金美談も収録している。 | 民 |
| 80ページ、22センチ | 行＋教 |
| 107ページ、「6、護国の華」(戦死者の経歴・写真43人分)、「7、戦傷の勇士」(戦傷者一覧に加え6人分の記事)、「8、戦線の巻」(「輝く武勲」10例、以下「陣中逸話」、「戦線より銃後へ」(手紙の紹介)、「9、銃後を護る」(応召者家族の美談、銃後の献金美談など29話の紹介)、「編輯を終わりて」の下に「『大森区の生んだ美談佳話』を編むための逸話募集の要項」を掲載)。 | 教 |
| 155ページ、19センチ | 教 |
| 176ページ、19センチ。第1輯では、美談は分類されていなかったが、第2輯では「成人(男)」「成人(婦人)」「青年(男女)」「少年少女」の4部に分類している。 | 教 |
| 60ページ、20センチ | 団 |
| 37ページ、19センチ。定価10銭。奥付下には、「全国各駅売店・ホーム・街頭新聞スタンド・有名書店にあり」と記している。内容は既存の銃後美談の換骨奪胎。 | 民 |
| 241ページ、19センチ。「第1部　学校篇」は児童の作文を中心に構成、「第2部　団体篇」は自治会関係者、民生委員などによる記事。児童画を多数収録。児童作文と児童画は一席から佳作まで席次あり。 | 行 |
| 244ページ、19センチ。「支那事変展望」「前線美談」(15話)「銃後美談」(16話)「付録軍事知識」の4章構成。「銃後美談」には「山内中尉の母」を収める。定価60銭。 | 民 |
| 349ページ、19.5センチ。「忠勇篇」158話、「報国篇」63話。「報国篇」が銃後美談集にあたる。新聞やラジオ、ニュース映画で報道された「伝うべき事蹟」を永久に留めおくために編纂発行したと編者緒言。→続巻1938年2月 | 民 |
| 287ページ。「支那事変概略」で1937年7月8日から38年5月19日まで日誌的に時系列で戦争を解説。その後57例の「銃後赤誠」の記録、静岡県下の銃後の記録というべき構成で、後半は、磐田郡を中心とした銃後美談を収集掲載。 | 民 |
| 204ページ、16センチ。新聞に掲載された記事から再録。各美談の後ろに掲載新聞・年月日を記している。 | 教 |
| 第3部を「美談佳話」として全国から32話を収録。なお第1輯・第2輯には「美談佳話」の部はない。 | 団 |
| 106ページ、15センチ、21センチ。もっぱら日露戦争時の戦没遺家族の30年にわたる奮闘を女性(妻／母)を中心に語る話を収録する。 | 行 |
| 80ページ、15センチ、21センチ | 行 |
| 127ページ、15センチ、21センチ。この第3輯から支那事変での戦没者の遺家族を取り上げる。 | 行 |
| 128ページ、15センチ、21センチ | 行 |
| 141ページ、15センチ、21センチ | 行 |
| 120ページ、15センチ、21センチ | 行 |

| 発行年月 | タイトル | 編集 | 発行 |
|---|---|---|---|
| 1938年5月 | 『赤道直下に輝く御稜威』 | 山口六郎 | 経国談話会 |
| 1938年 | 『銃後美談』 | 山梨県・山梨県学務課 | 山梨県 |
| 1938年7月 | 『護国の華』 | 東京市大森区教育会 | 東京市大森区 |
| 1938年7月 | 『愛知県銃後美談集』 | 愛知県教育会 | 川瀬書店 |
| →【1940年6月】 | 『愛知県銃後美談集』第2輯 | 愛知県教育会 | 川瀬書店 |
| 1938年8月 | 『銃後美談集』第2輯 | 群馬県銃後後援会 | 群馬県銃後後援会 |
| 1938年8月 | 『実話美談――銃後女性の真心集』 | 武岡秀三 | 亜細亜出版社 |
| 1938年10月 | 「銃後の護り」 | 東京市役所 | 東京市役所 |
| 1938年11月 | 『支那事変忠烈日本魂前線美談・銃後美談』 | 小西武夫 | 元文社 |
| 1938年11月 | 『支那事変忠勇報国美談』 | 木村定次郎 | 竜文舎 |
| 1938年11月 | 『支那事変が生んだ皇国銃後赤誠史』 | 鈴木眞一 | 大日本聯合通信社（浜松） |
| 1938年11月 | 『銃後女性美談』（「白百合叢書」第9篇） | 大阪府立泉尾高等女学校白百合会 | 大阪府立泉尾高等女学校白百合会 |
| 1938年12月 | 『全国青年団銃後活動の概況』第3輯 | 大日本連合青年団 | 大日本連合青年団 |
| 1939年4月 | 『軍国の母の姿』第1輯 | 厚生省・国民精神総動員中央聯盟 | 厚生省・国民精神総動員中央聯盟 |
| →【1939年10月】 | 『軍国の母の姿』第2輯 | 軍事保護院・国民精神総動員中央聯盟 | 軍事保護院・国民精神総動員中央聯盟 |
| →【1940年10月】 | 『軍国の母の姿』第3輯 | 軍事保護院・国民精神総動員中央聯盟 | 軍事保護院・国民精神総動員中央聯盟 |
| →【1941年10月】 | 『軍国の母の姿』第4輯 | 軍事保護院・大政翼賛会 | 軍事保護院・大政翼賛会 |
| →【1942年2月】 | 『軍国の母の姿』第4輯続篇 | 大政翼賛会宣伝部 | 大政翼賛会宣伝部 |
| →【1943年3月】 | 『軍国の母の姿』第5輯 | 軍事保護院・大政翼賛会 | 軍事保護院・大政翼賛会 |

| 大きさ・製作経緯など | 発行 |
|---|---|
| 206ページ、20センチ。21話の銃後美談を読み物として饒舌に語る。「偽装の軍国婆さん」は、山道を孫とともに越えて息子の出征を駅頭に見送った青森の老婆の後日譚。息子への心配を隠して遺家族を慰問し続ける。定価60銭。 | 民 |
| 177ページ、19センチ。前半に前線の郷土兵の武勇談、後半に銃後の美談を集める。 | 行 |
| 168ページ、19センチ | 行 |
| 202ページ、19センチ | 行 |
| 199ページ、18センチ。時系列の編集。1937年7月12日のエピソードから同年9月11日までのエピソードを日ごとに収録。 | 軍＋民 |
| 192ページ、18センチ。時系列の編集。1937年9月から38年6月までのエピソードを月ごとに収録。 | 軍＋民 |
| 191ページ、18センチ。時系列の編集。1938年8月から39年12月までのエピソードを月ごとに収録。 | 軍＋民 |
| 88ページ、25.5センチ。前半は「漫画」、後半65ページから「銃後美談」、「少年ソバヤサン」「ニンジンバアサン」「工場をまもる少年たち」「国松やあい」「坊やのお宮まいり」計4話、「ニンジンバアサン」は人参をかついで軍馬の見送りをする老婆、「国松やあい」は、「一太郎やぁい」類話。 | 民 |
| 290ページ、20センチ。1939年5月から7月まで、「支那」の戦線を視察した坪田が、勇士子弟のつづり方を集めて出版することを思い立つ。百田宗治の紹介で全国100校の教員に趣意書を送り、「二千数百」点の作文を集め、新潮社とうち34点を選出して収録した。一種の銃後美談集と見なしうる。 | 民 |
| 52+240ページ、20センチ。茨城県那珂湊町に限定した内容で、戦死者応召者の遺家族への配布を目的。46人分の英霊顕彰を中心に、銃後の活動の記録全10章のうち第8章が「銃後美談」。 | 民 |
| 363ページ、19センチ。講談社の雑誌「富士」「講談倶楽部」に掲載したものを21話収めたもの。いずれも読み物として童話化した銃後美談。定価1円50銭。 | 民 |
| 89ページ、19センチ。総力戦期の、在日朝鮮人に対する統制団体・中央協和会による在日朝鮮人に関連する銃後美談集。内地在住朝鮮人のうち、特に、協和会の末端を担っていた指導員、補導員を務める朝鮮人の話題が目立つ。 | 団 |
| 108ページ、19センチ | 団 |
| 286ページ、19センチ。児童を主とした55話を、県下の尋常小学校、尋常高等小学校ごとに集めている。 | 行 |
| 20ページ、18センチ | 行 |
| 240ページ、19センチ。「はしがき」や「あとがき」もなく、14章で銃後美談を編集。1章に5話から10話集めた章もあり、「事変銃後佳話」4話のうち「純情大和撫子の赤誠」は、戦地の瀕死の兄のもとに妹の手紙が黒髪とともに届く話。 | 民 |
| 158ページ、19センチ。「はしがき」によると東京府が、町会、部落会、隣組をめぐる善行美績を懸賞募集、当選分21例を収録。15例は東京府から、後半6例は奈良2例、青森、北海道、静岡各1例。1940年に内務省訓令で隣組を制度として位置づけた。 | 行 |

| 発行年月 | タイトル | 編集 | 発行 |
|---|---|---|---|
| 1939年6月 | 『感激美談――銃後美談』 | 山口梧郎 | テンセン社（東京） |
| 1939年8月 | 『名古屋市戦線銃後美談集』第1輯 | 名古屋市教育会 | 星野書店 |
| →【1940年4月】 | 『名古屋市戦線銃後美談集』第2輯 | 名古屋市教育会 | 星野書店 |
| →【1944年4月】 | 『名古屋市戦線銃後美談集』第3輯 | 名古屋市教育会 | 星野書店 |
| 1939年10月 | 『支那事変恤兵美談集』第1輯 | 陸軍画報社・中山正男 | 陸軍恤兵部 |
| →【1940年8月】 | 『支那事変恤兵美談集』第2輯 | 陸軍画報社 | 陸軍恤兵部 |
| →【1941年10月】 | 『支那事変恤兵美談集』第3輯 | 陸軍画報社 | 陸軍恤兵部 |
| 1939年12月 | 『漫画と銃後美談』（「講談社の絵本」131） | 大日本雄弁会講談社 | 大日本雄弁会講談社 |
| 1940年9月 | 『銃後綴方集　父は戦に』 | 坪田譲治 | 新潮社出版 |
| 1940年9月 | 『興亜聖戦尽忠奉公録』 | 茨城東海新聞社 | 茨城東海新聞社 |
| 1941年2月 | 『銃後美談――家宝の日の丸』 | 安倍季雄 | 大日本雄弁会講談社 |
| 1941年5月 | 『内地在住半島同胞銃後美談』第1編（「協和叢書」第7輯） | 武田行雄、中央協和会 | 中央協和会 |
| →【1944年2月】 | 『内地在住半島同胞銃後美談』第2編（「協和叢書」第18輯） | 森高健一、中央協和会 | 中央協和会 |
| 1941年3月 | 『銃後美談』 | 山形県 | 山形県 |
| 1941年 | 『防長路に馥る協和銃後美談』 | 山口県協和会 | 山口県協和会 |
| 1942年2月 | 『街の修養』 | 永井春雄 | 駸々堂書店（大阪） |
| 1942年2月 | 『町会・部落会・隣組銃後美談集：懸賞当選』 | 東京府内政部振興課 | 東京府内政部振興課 |

| 大きさ・製作経緯など | 発行 |
| --- | --- |
| 896ページ、22センチ。広島県での「支那事変」に関する銃後支援制度の網羅的な記録。最終章「第14編」を、「応召者並に銃後美談」にあてている。 | 行 |
| 193ページ、18センチ。「支那事変　恤兵美談集」の「大東亜戦争」版。1941年12月から42年12月のエピソード43タイトルを収録。第2輯以降は発見できていない。 | 軍＋民 |

| 発行年月 | タイトル | 編集 | 発行 |
|---|---|---|---|
| 1942年9月 | 『広島県——支那事変誌』 | 広島県 | 広島県 |
| 1944年9月 | 『大東亜戦争恤兵美談集』第1輯 | 陸軍画報社 | 陸軍恤兵部 |

■1936年から41年12月以前の「日中」間の戦争期に発行された銃後美談を編纂した書籍（雑誌を一部含む）を対象にした。

■国立国会図書館所蔵と重信個人蔵のものを中心に作成した。

■原則として単行本を取り上げ、雑誌・新聞記事は除外した。単行本中に「銃後美談」の章が設けられているものも、できるだけ拾うように心がけた。

■シリーズとしての発行が確認できたものは1冊目が発行された時点に続けて、以下の巻は発行年月に「→【　】」付して列挙した。

　また、シリーズで刊行されていたものについては、1941年12月以降も継続されていたものについては掲載した。

■編集・発行団体について、軍→軍隊、行→行政組織、教→学校教育関係　団→財団など銃後諸団体、民→民間出版社など、の記号で指示した。

# 参考文献一覧

※著者の五十音順で並べた。


赤沢史朗／北河賢三編『文化とファシズム――戦時期日本における文化の光芒』日本経済評論社、一九九三年

朝日新聞「新聞と戦争」取材班『新聞と戦争』朝日新聞出版、二〇〇八年

荒俣宏『決戦下のユートピア』文藝春秋、一九九六年

有馬学『昭和の帝国』（「日本の歴史」第二十三巻）、講談社、二〇〇二年（同『帝国の昭和』〔講談社学術文庫、「日本の歴史」第二十三巻〕、講談社、二〇一〇年）

市川亮一「資料構成・思想資料にみる総動員下の民衆状況」、現代史の会編「季刊現代史」一九七四年十二月号、現代史の会

一ノ瀬俊也『近代日本の徴兵制と社会』吉川弘文館、二〇〇四年

一ノ瀬俊也『故郷《ふるさと》はなぜ兵士を殺したか』（角川選書）、角川学芸出版、二〇一〇年

井上寿一『日中戦争下の日本』（講談社選書メチエ）、講談社、二〇〇七年

井上寿一『理想だらけの戦時下日本』（ちくま新書）、筑摩書房、二〇一三年

今田絵里香『「少女」の社会史』（「双書ジェンダー分析」第十七巻）、勁草書房、二〇〇七年

上野千鶴子『ナショナリズムとジェンダー』青土社、一九九八年

上野英信『天皇陛下万歳――爆弾三勇士序説』（ちくま文庫）、筑摩書房、一九八九年

大浜徹也／小沢郁郎編『帝国陸海軍事典』同成社、一九八四年

岡野幸江／北田幸恵／長谷川啓／渡邊澄子編『女たちの戦争責任』東京堂出版、二〇〇四年

奥村典子『動員される母親たち――戦時下における家庭教育振興政策』六花出版、二〇一四年

荻野富士夫『「戦意」の推移――国民の戦争支持・協力』校倉書房、二〇一四年

グレゴリー・J・カザ『大衆動員社会』岡田良之助訳（「パルマケイア叢書」第十三巻）、柏書房、一九九九年

笠原十九司『「百人斬り競争」と南京事件――史実の解明から歴史対話へ』大月書店、二〇〇八年

家庭総合研究会編『昭和家庭史年表――1926～1989』河出書房新社、一九九〇年

加藤陽子『徴兵制と近代日本――1868―1945』吉川弘文館、一九九六年

加納実紀代『女たちの〈銃後〉増補新版』インパクト出版会、一九九五年
川村湊／成田龍一／上野千鶴子／奥泉光／イ・ヨンスク／井上ひさし／高橋源一郎『戦争はどのように語られてきたか』朝日新聞社、一九九九年
川村湊『作文のなかの大日本帝国』岩波書店、二〇〇〇年
北河賢三編『大政翼賛会文化部と翼賛文化運動』（「資料集 総力戦と文化」第一巻）、大月書店、二〇〇〇年
北河賢三『戦争と知識人』（日本史リブレット）、山川出版社、二〇〇三年
喜多村理子『徴兵・戦争と民衆』吉川弘文館、一九九九年
北本正章『子ども観の社会史――近代イギリスの共同体・家族・子ども』新曜社、一九九三年
カルロ・ギンズブルグ『歴史を逆なでに読む』上村忠男訳、みすず書房、二〇〇三年
倉沢愛子／杉原達／成田龍一／テッサ・モーリス＝スズキ／油井大三郎／吉田裕編『動員・抵抗・翼賛』（「岩波講座アジア・太平洋戦争」第三巻）、岩波書店、二〇〇六年
倉沢愛子／杉原達／成田龍一／テッサ・モーリス＝スズキ／油井大三郎／吉田裕編『日常生活の中の総力戦』（「岩波講座アジア・太平洋戦争」第六巻）、岩波書店、二〇〇六年
郡司淳『近代日本の国民動員――「隣保相扶」と地域統合』刀水書院、二〇〇九年
藤井忠俊「新聞資料構成〝軍国美談〟の構造――東京日日新聞一九三二～三五 戦陣美談 銃後美談 美談の背景 軍国社会」、現代史の会編「季刊現代史」一九七三年五月号、現代史の会
講談社社史編纂委員会編『講談社の歩んだ五十年 昭和編』講談社、一九五九年
小林啓治『総力戦体制の正体』柏書房、二〇一六年
小林信彦『一少年の観た〈聖戦〉』筑摩書房、一九九五年
小山静子『良妻賢母という規範』勁草書房、一九九一年
小山静子『家庭の生成と女性の国民化』勁草書房、一九九九年
今和次郎編『新版大東京案内』中央公論社、一九二九年（同編『新版大東京案内 復刻版』批評社、一九八六年）
権田保之助「モダン生活と変態嗜好性」、改造社編「改造」一九二九年六月号、改造社
櫻本富雄『日本文学報国会――大東亜戦争下の文学者たち』青木書店、一九九五年
斉藤道子「戦時下の女性の生活と意識――『主婦之友』にみる」、赤澤史朗／河北賢三編『文化とファシズム――戦時期日本における文化の光芒』所収、日本経済評論社、一九九三年
佐藤健二「史料としての美談――国勢調査の物語」、現代風俗研究会編『物語の風俗』（「現代風俗研究会年報」第二十三号）所収、河出書房新

社、二〇〇一年
佐藤健二『社会調査史のリテラシー——方法を読む社会学的想像力』新曜社、二〇一一年
佐藤卓己『『キング』の時代——国民大衆雑誌の公共性』岩波書店、二〇〇二年
佐藤忠男『草の根の軍国主義』平凡社、二〇〇七年
志賀町「銃後」の記録調査委員会編著『志賀町「銃後」の記録——日中戦争・太平洋戦争』志賀町、一九八六年
重信幸彦「銃後の美談から——総力戦下の「世間」話・序説」、日本口承文芸学会編「口承文芸研究」第二十三号、日本口承文芸学会、二〇〇〇年
重信幸彦『〈お話〉と家庭の近代』（「日本児童文化史叢書」第三十四巻）、久山社、二〇〇三年
重信幸彦「「話」という言語実践へのまなざし」、日本口承文芸学会編『こえのことばの現在——口承文芸の歩みと展望』所収、三弥井書店、二〇一七年
上法快男『陸軍省軍務局史（昭和編）』下（芙蓉軍事記録リバイバル）、芙蓉書房出版、二〇〇二年
杉森久英『大政翼賛会前後』文藝春秋、一九八八年
高田里惠子『学歴・階級・軍隊——高学歴兵士たちの憂鬱な日常』（中公新書）、中央公論新社、二〇〇八年
高橋源一郎『非常時のことば——震災の後で』朝日新聞出版、二〇一二年
竹村民郎『大正文化帝国のユートピア——世界史の転換期と大衆消費社会の形成』三元社、二〇〇四年
田中丸勝彦、重信幸彦／福間裕爾編『さまよえる英霊たち——国のみたま、家のほとけ』柏書房、二〇〇二年
土田宏成『近代日本の「国民防空」体制』神田外語大学出版局、二〇一〇年
鶴見俊輔『果てしなき戦線 改訂版』（「日本の百年——記録現代史」第八巻）、筑摩書房、一九七八年（橋川文三／今井清一編著『果てしなき戦線』〔ちくま学芸文庫、「日本の百年」第八巻〕、筑摩書房、二〇〇八年）
内藤朝雄『いじめの社会理論——その生態学的秩序の生成と解体』柏書房、二〇〇一年
中内敏夫『軍国美談と教科書』（岩波新書）、岩波書店、一九八八年
中野敏男『大塚久雄と丸山眞男——動員、主体、戦争責任』青土社、二〇〇一年
中山正男『馬喰一代』東光書房、一九五一年
中山正男『馬喰一代 続』日本出版協同、一九五二年
中山正男『一軍国主義者の直言』鱒書房、一九五六年
長浜功『国民精神総動員の思想と構造——戦時下民衆教化の研究』明石書店、一九八七年

滑川道夫『日本作文綴方教育史1 明治篇』国土社、一九七七年

滑川道夫『日本作文綴方教育史2 大正篇』国土社、一九七八年

滑川道夫『日本作文綴方教育史3 昭和篇1』国土社、一九八三年

成田龍一「関東大震災のメタヒストリーのために――報道・哀話・美談」、岩波書店編「思想」一九九六年八月号、岩波書店（成田龍一『近代都市空間の文化経験』岩波書店、二〇〇三年）

成田龍一『「戦争経験」の戦後史――語られた体験／証言／記憶』（戦争の経験を問う）、岩波書店、二〇一〇年

野口悠紀雄『1940年体制――さらば戦時経済 増補版』東洋経済新報社、二〇一〇年

鶴見俊輔／松本三之介／橋川文三／今井清一／神島二郎編集・執筆『アジア解放の夢 改訂版』（「日本の百年――記録現代史」第七巻）、筑摩書房、一九七八年（橋川文三編著『アジア解放の夢』〔ちくま学芸文庫、「日本の百年」第七巻〕、筑摩書房、二〇〇八年）

秦郁彦『日中戦争史 増補改訂版』河出書房新社、一九七二年（同『日中戦争史 復刻新版』河出書房新社、二〇一一年）

原田勝正「総力戦体制と防空演習――「国民動員」と民衆の再編成」、原田勝正／塩崎文雄編『東京・関東大震災前後』所収、日本経済評論社、一九九七年

原田勝正／塩崎文雄編『東京・関東大震災前後』日本経済評論社、一九九七年

早川紀代編『軍国の女たち』（「戦争・暴力と女性」第二巻）、吉川弘文館、二〇〇五年

藤井忠俊『国防婦人会――日の丸とカッポウ着』（岩波新書）、岩波書店、一九八五年

藤井忠俊『在郷軍人会――良兵良民から赤紙・玉砕へ』岩波書店、二〇〇九年

藤原彰『日中全面戦争』（「昭和の歴史」第五巻）、小学館、一九八二年

辺見庸『1《イ》★9《ク》★3《ミ》★7《ナ》』金曜日、二〇一五年

A・R・ホックシールド『管理される心――感情が商品になるとき』石川准／室伏亜紀訳、世界思想社、二〇〇〇年

前坂俊之『太平洋戦争と新聞』（講談社学術文庫）、講談社、二〇〇七年

真鍋昌賢『浪花節 流動する語り芸――演者と聴衆の近代』せりか書房、二〇一七年

丸山眞男「日本ファシズムの思想と運動」、遠山茂樹／服部之総／丸山眞男『東洋文化講座第二巻　尊攘思想と絶対主義』所収、白日書院、一九四八年（同『現代政治の思想と行動 新装版』未來社、二〇〇六年）

南博／社会心理研究所『大正文化――1905～1927』勁草書房、一九六五年

南博／社会心理研究所『昭和文化――1925～1945』勁草書房、一九八七年

三宅正樹／庄司潤一郎／石津朋之／山本文史編著『総力戦の時代』（「検証太平洋戦争とその戦略」第一巻）、中央公論新社、二〇一三年

村田昌子「戦時期の母と子の関係――家庭教育施策・家庭教育論の検討を通して」、赤沢史朗／北河賢三編『文化とファシズム――戦時期日本における文化の光芒』所収、日本経済評論社、一九九三年
八巻明彦／福田俊二共編『軍歌と戦時歌謡大全集』新興楽譜出版社、一九七二年
柳田國男「妹の力」「婦人公論」一九二五年十月号、中央公論社（『妹の力』創元社、一九四〇年、『柳田國男全集』第十一巻、筑摩書房、一九九八年）
柳田國男編著、朝日新聞社編『明治大正史第4巻 世相篇』朝日新聞社、一九三一年（『柳田國男全集』第五巻、筑摩書房、一九九八年）
柳田國男「是からの国語教育」初出一九四六年、国語教育学会戦後復興第一回大会講演（『標準語と方言』明治書院、一九四九年、『柳田國男全集』第十八巻、筑摩書房、一九九九年）
山中雅大「喫茶店の大衆化過程における学生の利用状況――昭和初期の学生に関する記述を手掛かりに」、東京経済大学コミュニケーション学会コミュニケーション科学編集委員会編「コミュニケーション科学」第四十二号、東京経済大学コミュニケーション学会コミュニケーション科学編集委員会、二〇一五年
山中恒『ボクラ小国民』（「ボクラ少国民」第一部）、辺境社、一九七四年（「山中恒少国民文庫」はシリーズ化し、全5巻＋補巻2巻を刊行）
山中恒『戦中教育の裏窓――子どもが〈少国民〉といわれたころ』朝日新聞社、一九七九年
山中恒『新聞は戦争を美化せよ！――戦時国家情報機構史』小学館、二〇〇一年
山之内靖／ヴィクター・コシュマン／成田龍一編『総力戦と現代化』（「パルマケイア叢書」第四巻）、柏書房、一九九五年
山之内靖／酒井直樹編『総力戦体制からグローバリゼーションへ』（「グローバリゼーション・スタディーズ」第一巻）、平凡社、二〇〇三年
山之内靖、伊豫谷登士翁／成田龍一／岩崎稔編『総力戦体制』（ちくま学芸文庫）、筑摩書房、二〇一五年
山室建徳『軍神――近代日本が生んだ「英雄」たちの軌跡』（中公新書）、中央公論新社、二〇〇七年
山室信一／岡田暁生／小関隆／藤原辰史編『総力戦』（「現代の起点 第一次世界大戦」第二巻）、岩波書店、二〇一四年
山本敏子「日本における〈近代家族〉の誕生――明治期ジャーナリズムにおける「一家団欒」像の形成を手掛りに」、教育史学会機関誌編集委員会編「日本の教育史学――教育史学会紀要」第三十四号、教育史学会、一九九一年
山本夏彦『「戦前」という時代』文藝春秋、一九八七年（『「戦前」という時代』〔文春文庫〕、文藝春秋、一九九一年）
ルイーズ・ヤング『総動員帝国――満洲と戦時帝国主義の文化』加藤陽子／川島真／高光佳絵／千葉功／古市大輔訳、岩波書店、二〇〇一年（原著：Louise Young, *Japan's Total Empire: Manchuria and the Culture of Wartime Imperialism*, University of California Press, 1998.）
若桑みどり『戦争がつくる女性像――第二次世界大戦下の日本女性動員の視覚的プロパガンダ』筑摩書房、一九九五年
和田博文『テクストのモダン都市』風媒社、一九九九年

渡邊一弘「戦時中の弾丸除け信仰に関する民俗学的研究――千人針習俗を中心に」総合研究大学院大学博士論文、二〇一四年
渡邊勉「誰が兵士になったのか(1)――兵役におけるコーホート間の不平等」、関西学院大学社会学部研究会編「関西学院大学社会学部紀要」第百十九号、関西学院大学社会学部研究会、二〇一四年

## 参考資料一覧

※著者・編者五十音順で並べ、本文で言及したものだけ示した。

愛知県教育会編『愛知県銃後美談集』川瀬書店、一九三八年
愛知県教育会編『愛知県銃後美談集』第二輯、川瀬書店、一九四〇年
芦谷光久・文『空中戦画報』(「講談社の絵本」第六十八巻)、大日本雄弁会講談社、一九三八年
雨宮巽『私の見た支那』陸軍画報社、一九三七年
池田宣政・文、伊藤幾久造・絵『乃木大将』(「講談社の絵本」第一巻)、大日本雄弁会講談社、一九三六年
伊藤和夫編『防空大鑑』陸軍画報社、一九三六年
伊藤和夫ほか『銃後の花』陸軍画報社、一九三七年
伊奈重誠『名将・ナポレオンの戦術』陸軍画報社、一九三八年
大河内翠山・文、井川洗・絵『岩見重太郎』(「講談社の絵本」第三巻)、大日本雄弁会講談社、一九三六年
大阪毎日新聞社学芸部編「日支事変忠勇美談集」(「サンデー毎日臨時特別号」)、大阪毎日新聞社学芸部、一九三二年六月
勧学園同人編『昭和女子模範慰問文』大阪服部文貴堂、一九四〇年
木村定次郎編『支那事変忠勇報国美談』一九三七年、竜文社
久米元一・文『忠勇美談』(「講談社の絵本」第三十九巻)、大日本雄弁会講談社、一九三七年
軍事保護院編『軍人援護事業概要』川口印刷所、一九四〇年
厚生省/国民精神総動員中央聯盟編『軍国の母の姿』第一輯、厚生省/国民精神総動員中央聯盟、一九三九年
軍事保護院/国民精神総動員中央聯盟編『軍国の母の姿』第二輯、軍事保護院/国民精神総動員中央聯盟、一九三九年
軍事保護院/国民精神総動員中央聯盟編『軍国の母の姿』第三輯、軍事保護院/国民精神総動員中央聯盟、一九四〇年
軍事保護院/大政翼賛会編『軍国の母の姿』第四輯、軍事保護院/大政翼賛会、一九四一年

大政翼賛会宣伝部編『軍国の母の姿』第四輯続篇、大政翼賛会宣伝部、一九四二年
軍事保護院／大政翼賛会編『軍国の母の姿』第五輯、軍事保護院／大政翼賛会、一九四三年
久米元一・文『支那事変美談』(「講談社の絵本」第四十三巻)、大日本雄弁会講談社、一九三七年
久米元一『忠勇感激美談』(「講談社の絵本」第六十巻)、大日本雄弁会講談社、一九三八年
久米元一・文『兵隊さん画報』(「講談社の絵本」第六十四巻)、大日本雄弁会講談社、一九三八年
群馬県学務部教育課・高崎聯隊区司令部『日支事変上毛の生んだ美談佳話』群馬県学務部教育課・高崎聯隊区司令部、一九三二年
小泉長三・文、神保朋世・絵『四十七士』(「講談社の絵本」第二巻)、大日本雄弁会講談社、一九三六年
甲府連隊区司令部内帝国在郷軍人会甲府支部編「甲府支部報」第百九十六号、甲府連隊区司令部内帝国在郷軍人会甲府支部、一九三八年
国際連合通信社編『輝く皇国の精華――日支事変美談と帝国の国防』国際連合通信社、一九三四年
澤田亮編『瀬戸内海――少女ガイド船内物語』瀬戸内海商船、一九三六年
島内登志衛『現代美談善行大鑑』六盟館、一九一〇年
瀬尾芳夫編『銃後家庭美談――国民精神総動員』第一輯、国民精神総動員中央聯盟、一九三八年
壮年団中央協会『銃後風土記――潑溂たる各地壮年団の活躍』壮年団中央協会、一九三七年
第三神戸中学校校友会編『国に尽す道』兵庫県立第三神戸中学校校友会、一九三七年
大日本軍人援護会編『傷痍軍人成功美談集』大日本軍人援護会、一九三八年
大日本連合青年団編『全国青年団銃後活動の概況』第一輯、大日本連合青年団、一九三八年
大日本連合青年団編『全国青年団銃後活動の概況』第二輯、大日本連合青年団、一九三八年
大日本連合青年団編『全国青年団銃後活動の概況』第三輯、大日本連合青年団、一九三八年
武岡秀三編『実話美談――銃後女性の真心集』亜細亜出版社、一九三八年
恒次九水編『日本国勢調査記念録』第一巻、日本国勢調査記念出版協会、一九二二年
恒次九水編『日本国勢調査記念録』第二巻、日本国勢調査記念出版協会、一九二二年
恒次九水編『日本国勢調査記念録』第三巻(福岡県)、日本国勢調査記念出版協会、一九二二年
壺井栄、森田元子・絵『母のない子と子のない母と』光文社、一九五一年
壺井栄、森田元子・絵『二十四の瞳』光文社、一九五二年
帝国軍人後援会編『社団法人帝国軍人後援会史』帝国軍人後援会、一九四〇年
東京市役所編「銃後の護り」東京市役所、一九三八年

東京府編『大正震災美績』東京府、一九二四年
内閣／内務省／文部省編『国民精神総動員と小学校教育』(「国民精神総動員資料」第九輯)、内閣、一九三七年
内閣情報部『国民精神総動員実施概要』第一輯、内閣情報部、一九三八年
内務省警保局『銃後遺家族を巡る事犯と之が防止状況』(「刑事警察研究資料」第十五輯)、内務省警保局、一九三九年
内務省警保局編「出版警察報」第百七号、内務省警保局図書課、一九三七年
内務省警保局編「出版警察報」第百八号、内務省警保局図書課、一九三七年
長野県『満洲事変・上海事変に長野県の生んだ美談佳話』長野県学務部・松本聯隊区司令部、一九三二年
中山正男『一尺の土』陸軍画報社、一九四〇年
中山正男『支那の対日作戦計画――附・支那国防組織（対日作戦）要図』中山正男、一九三七年
中山正男『防共北支建設論――資源と文化 付録・北支従軍記征野に禱る』上・下、陸軍画報社、一九三八年
名古屋市教育会編『名古屋市戦線銃後美談集』第一輯、星野書店、一九三九年
名古屋市教育会編『名古屋市戦線銃後美談集』第二輯、星野書店、一九四〇年
日本的性格教育研究会編、内務省／国民精神総動員中央連盟校閲『国民精神総動員のお話――日本の大使命』文昭社、一九三八年
日本文学報国会編『日本の母』春陽堂書店、一九四三年
野崎敬輔、柏原覚太郎装幀・挿画『実話 水兵の母』児童教育社、一九三一年
野崎文二『文部省認定愛国美談――一太郎やぁい』高文館書店、一九二二年
野溝光編『大日本飛行少年団拾年史』野溝光、一九四一年
フェルヂナン・フォッシュ『戦争論――戦争の原則とその指導』伊奈重誠訳、陸軍画報社、一九三八年
淵田忠良編「支那事変美談武勇談――付 事変誌並解説」(大日本雄弁会講談社編「キング」一九三八年一月号〔第十四巻第一号付録〕)、大日本雄弁会講談社
淵田忠良編「支那事変忠勇談・感激談――付 支那事変誌」(大日本雄弁会講談社編「キング」一九三八年三月号〔第十四巻第三号付録〕)、大日本雄弁会講談社
三原敏男記述、陸軍画報社編纂『日本古戦史』陸軍画報社、一九三八年
文部省社会教育局「戦時家庭教育指導要項」文部省社会教育局、一九四二年五月
山梨県／山梨県学務課編『銃後美談』山梨県、一九三八年
陸軍画報社編『列強陸軍現勢』陸軍画報社、一九三五年

陸軍画報社編『支那事変戦跡の栞』上・中・下、陸軍恤兵部、一九三八年
陸軍画報社編『昭和十一年度特別大演習画報』陸軍画報社、一九三六年
陸軍画報社編『赤軍読本』陸軍画報社、一九三八年
陸軍画報社編『陸軍士官学校』陸軍画報社、一九三七年
陸軍画報社／中山正男編纂『支那事変恤兵美談集』第一輯、陸軍恤兵部、一九三九年
陸軍画報社編纂『支那事変恤兵美談集』第二輯、陸軍恤兵部、一九四〇年
陸軍画報社編纂『支那事変恤兵美談集』第三輯、陸軍恤兵部、一九四一年
陸軍画報社編纂『大東亜戦争恤兵美談集』第一輯、陸軍恤兵部、一九四四年
陸軍省『改訂 傷痍軍人の為に』陸軍省、一九三九年
陸軍省新聞班内「つはもの」編輯部編『兵士と母』（「つはもの叢書」第八巻）、つはもの発行所、一九三四年
陸軍省新聞班内「つはもの」編輯部編『満洲事変の生んだ美談佳話』第一輯、帝国在郷軍人会本部内つはもの発行所、一九三二年
陸軍省新聞班内「つはもの」編輯部編『満洲事変の生んだ美談佳話』第二輯、帝国在郷軍人会本部内つはもの発行所、一九三二年
陸軍省新聞班内「つはもの」編輯部編『支那事変恤兵佳話』（つはもの叢書）、つはもの発行所、一九三七年
陸軍恤兵部編『支那事変恤兵概観』陸軍恤兵部、一九三八年
陸軍大臣官房編『満洲事変恤兵美談集』愛国恤兵会、一九三六年
「一太郎やぁい」、大日本図書編『尋常小学国語読本教授書』巻七、大日本図書、一九二四年
『支那事変大手柄絵話』（「講談社の絵本」第五十七巻）、大日本雄弁会講談社、一九三八年
『支那事変海軍大画報』（「講談社の絵本」第八十四巻）、大日本雄弁会講談社、一九三八年
『支那事変大勝記念号』（「講談社の絵本」第五十巻）、大日本雄弁会講談社、一九三八年
『支那事変武勇談』（「講談社の絵本」第四十六巻）、大日本雄弁会講談社、一九三七年
『支那事変奮戦大画報』（「講談社の絵本」第五十四巻）、大日本雄弁会講談社、一九三八年
『出征兵士に送る男女慰問手紙文集』積文堂書店、一九四〇年
『飛行機画報』（「講談社の絵本」第五十一巻）、大日本雄弁会講談社、一九三八年
『漫画傑作集』（「講談社の絵本」第四巻）、大日本雄弁会講談社、一九三六年
『漫画と愛国美談』（「講談社の絵本」第八十三巻）、大日本雄弁会講談社、一九三八年『漫画と軍歌画集』（「講談社の絵本」第四十五巻）、大日本雄弁会講談社、一九三七年『漫画と軍国美談』（「講談社の絵本」第五十九巻）、大日本雄弁会講談社、一九三八年

『漫画と支那事変美談』(「講談社の絵本」第九十二巻)、大日本雄弁会講談社、一九三八年
『漫画と忠勇絵話』(「講談社の絵本」第七十五巻)、大日本雄弁会講談社、一九三八年
『漫画と武勇絵話』(「講談社の絵本」第五十三巻)、大日本雄弁会講談社、一九三八年

# あとがき

民俗学は、いわゆる口承文芸という領域を擁していること、そして何より「聞き書き」という実践を基本としていることから、広い意味での「お話」と向き合う学問だと思っている。自分自身、これまで三十年近く「聞き書き」を基本にしながらものを考え、関心の軸の一つを「口承」という問題に置いてきた。しかし本書は、「聞き書き」による資料は一切使わずに、既存の印刷メディアの「お話」と向き合って書き進めてきた。その意味では、民俗学という場所に身を置いてきた自分の仕事としては、ややイレギュラーである。

ただ、突き詰めると、口承で媒介される「お話」も、何らかの意図と仕組みのなかで収集され記録されてはじめて研究の素材になる、という意味では、それ以外のメディアで媒介される「お話」と区別する必要はないと思う。それらも、私たちの暮らしのなかで、何らかの意図と仕組みと過程を経て収集され記録されて具体的なかたちを与えられているからだ。民俗学や口承文芸学でも、何らかの意図のもとにおこなわれた「聞き書き」からもたらされる「お話」は、録音や文字化されたテクストというかたちを与えられてはじめて資料になる。

本書で扱った銃後美談も、総力戦の動員のシステムの多様な仕組みのなかで調査され収集されて編集された末に、私たちの目の前に存在している。私たちの「聞き書き」の末に生み出された資料とはその過程はまったく異なるものの、いずれも資料として扱うときには、結局、その「調査」の意図や過程、仕組みの違いをふまえたうえで、その素材としての「お話」とどう向き合うかが問題になるということは変わらないだろう。

もちろん、その基礎には「お話」の生態そのものを検討することが必要であることは確かなのだが、私自身は、どちらかというと「お話」「を」研究するよりも「お話」「で」研究することを志向してきた、と思う。そして最終的に、「お話」を素材にして、一つの生活誌を描き出すことに関心をもっている。本書も、総力戦の動員を進めた制度の側が収集した「お話」を素材にした、総力戦下の動員の日常の生活誌の試みである。

ただし、確かな客観的な史・資料を使って歴史の「真実」を明らかにすべきだ、という立場からすれば噴飯ものだろう。また、民衆の「声」を直接に聞き取ってこそ「真実」に迫ることができる、という立場からすれば言語道断かもしれない。

そうした批判は、素直に受け止めるしかない。こうして「あとがき」を記している自分としては、「銃後美談」というある意味で戦後は〝エンガチョ〟なものとして扱われ、また直接聞き取りをした「声」の素材としての「お話」ではないものからでも、向き合い方によってはじめて見えてくることがあると思っているが、その判断は読者に委ねるしかない。

白状すれば、一度だけ、銃後美談の当事者に会いたいと動いたことがあった。二〇一五年、鳥取に行く機会があったときに、本書の序章でふれた、私が初めて強い印象を刻まれた「浜の人々の義心」と題された銃後美談に登場した森本市之助さんの関係者にぜひとも会いたいと思ったのである。もとより、関係者がいまもその地にいるかはわからなかった。図書館で電話帳と住宅地図をもとに二十件ほどの電話番号を抜き出し、片っ端から連絡を入れて、なんとか森本さんのご自宅につながった。

電話に年配の女性の声が出た。自己紹介をして、「森本市之助さんと英雄さんのお宅でしょうか」と尋ねると、「はいそうですが?」と怪訝そうな声が返ってきた。市之助さんとその一人息子の英雄さんの名前を出しながら、戦時中の暮らしについて勉強していて、八十年前のエピソードをめぐってご家族のお話をうかがいたいと、丁寧に説明した、と思う。

「そんな昔の話、いま頃なんなのでしょう」

電話口の声は、そう言った。確かにそうである。そんな話を聞いて何になるのか、といった質問は、これまでのフィールドワークの経験のなかで何度か投げかけられたことがある。特に今回は、突然電話をしてきた、どこの馬の骨かもわからない見ず知らずの者が、家族の固有名詞をあげて、約八十年前の話を持ち出すのである。そうした言葉が返ってくるのは当たり前だった。

思わず、話をつなぐためにいくつかの質問を続けながらしばらくやりとりをした。しかし結局、「私は外からこの家にきたもので、古いことはわからないし……いまは、このうちに独りでいるので、知らない人を家に上げたりしたら、ほんとに娘に叱られてしまうから」と懇願するように言われてしまった。その声を聞いて、私はそのときお会いすることをあきらめていた。

実は、いくつか交わしたやりとりのなかで、あのときに出征した森本家の一人息子・英雄さんについて、「英雄も平成二年（一九九〇年）に亡くなりましたし」と言われた。思わず、「英雄さんは、無事に戦地から帰ってこられたんですね」と聞き返していた。

電話口の女性がどんな関係なのかも確認できなかった。あのとき、出征した英雄さんの身重の妻のお腹にいた子に嫁いできた方なのだろうか。いずれにせよ、英雄さんがともかく戦地から帰ってきて一九九〇年までご存命だったということを聞いて、どこかで心の底からほっとしていた。訪問をあきらめたのは、それを知ったからだったように思う。

そのときは、もう一度あらためて手紙をしたためてから訪ねようと思っていたが、結局、そうすることはなかった。考えてみれば、家族の約八十年前の記憶と経験を突然突き付けられたのである。時間の彼方から亡霊が訪れたようなものだったかもしれない。美談の主人公たちがしばしば戦後はその経験と記憶を重いものとして背負って生きていかざるをえなかった、という話をよく目にした。電話口の女性の、「そんな昔の話、いま頃なんなのでしょう」という言葉の向こうに、家族のどんな記憶と歴史がうずくまっているのかわからない。

当時盛んに喧伝された話だったために、戦時中の美談は現在ではなおさら亡霊になるのだと思う。自分がいま掘り起こしているものがどのようなものなのか、あらためて思い知ることになった。そこで本書では、原典では基本的に実名で叙述された美談の資料を、凡例で示したように一部を除いて仮名にすることにした。だから、この「森本市之助」や「英雄」という名前も仮名である。

本書では、当時の動員の日々に広めるべき記録として生み出された銃後の美談という「お話」そのものを読もうとした。美談の当事者たちの経験とその後については、本書が立てた問いとは別の問いを立てなければならないだろう。

銃後の美談について、資料を集め始めたのはもう四半世紀近く前のことだ。古書店のカタログで見つけた美談集の情報を教えてくれたり、古書店で美談集を見つけたと送ってくれたり、図書館でコピーをして送ってくれた同業の仲間がいた。一人ひとりのお名前はあげないが、そうやって、自分がやろうとしていることに関心を抱いて励ましてくれる人たちがいるという事実は、途中で投げ出しそうになる自分の励みになった。

本書のもとになった草稿は、二〇一五年に非常勤講師を勤めていた大学のうち二つの大学の講義のノートとして作成した。東京大学教養学部後期課程の「日本文化研究Ⅰ」と慶應義塾大学文学部の「文化人類学特殊Ⅵ」であり、双方とも「動員のフォークロア」というタイトルだった。いずれの受講者も熱心に耳を傾けてくれ、厳しい意見も含めて、こちらが気づいていなかったことなどについて前向きなコメントを寄せてくれたことは本当にありがたかった。

そして、近代日本文学専攻の筑波大学人文社会系准教授・馬場美佳さんには本書の原稿を読んでいただいた。全体にわたって詳細なコメントを付して多くの気づきの機会を与えてくださったことはもちろん、何より背中を押してくださり、おかげで美談テクストの読みに関するさまざまな迷いを振り切ることができた。特に記して感謝したい。

本書がかたちになる過程に青弓社の編集者・矢野未知生さんが伴走してくださった。矢野さんが丁寧な手紙で私に出版を勧めてくださったのは二〇〇六年一月のことだった。当初は、私が書きためていた近代日本の美談に関する論文を中心に編集して一冊にするという企画だった。それで走り始めたのだが、途中で、日中戦争期の銃後美談に焦点化して書き下ろしで一冊にまとめたいとわがままを言って方針を転換した。そのときから数えても七、八年にはなるだろう。長い間、見捨てずにいてくださったことに本当に感謝したい。

矢野さんが、細かく目を通して鉛筆書きでびっしりとコメントを記してくださったゲラと向き合うのは、自分の原稿を通して矢野さんと対話を重ねながら、あらためて自分の言葉を自省していく貴重な時間になった。ぜいたくな経験だった。

思い起こせば、多くの方々のお力添えで本書をかたちにすることができた。だがもちろん、本書のなかにあるだろう誤解や錯誤は、すべて私の責任である。

いずれにせよ、十三年越しの矢野未知生さんとの約束がようやく果たせそうなので、少しほっとしている。

二〇一九年二月二十五日

重信幸彦

ま



や



ら

# 索引

［著者略歴］
重信幸彦（しげのぶ ゆきひこ）
1959年、東京都生まれ
専攻は民俗学、口承文芸学、近代都市生活文化研究
慶應義塾大学文学部卒業、筑波大学大学院博士課程歴史人類学研究科単位取得退学
著書に『〈お話〉と家庭の近代』（久山社）、『タクシー／モダン東京民俗誌』（日本エディタースクール出版部）、共著に『市民の日本語へ――対話のためのコミュニケーションモデルを作る』（ひつじ書房）、『タクシードライバーの言い分――運転席からの人権宣言』（ＪＩＣＣ出版局）、共編著に『民俗表象の現在――博物館型研究統合の視座から』（岩田書院）、『たったひとりのメディアが走った――「タクシージャーナル」三十三年の奮闘記』（現代書館）など

みんなで戦争《せんそう》　銃後美談と動員のフォークロア

発行――2019年3月26日　第1刷
定価――3200円＋税
著者――重信幸彦
発行者――矢野恵二
発行所――株式会社青弓社
〒162-0801 東京都新宿区山吹町337
電話 03-3268-0381（代）
http://www.seikyusha.co.jp
印刷所――三松堂
製本所――三松堂

ISBN978-4-7872-2082-0　C0021